BFF **Handbuch** Verträge

Wolfgang Maaßen

3. vollständig überarbeitete
und erweiterte Auflage

BFF Handbuch Verträge

Vertragsmuster, Formulare und Musterbriefe

für Fotografen und Repräsentanten,
für Bildagenturen und Werbeagenturen,
für alle, die mit Fotografen zu tun haben

Autor   Wolfgang Maaßen

Hinweis   Alle Vertragsmuster, Formulare und Musterbriefe in diesem Buch wurden mit größter Sorgfalt erarbeitet
und geprüft. Für die Richtigkeit, Vollständigkeit und Aktualität der Texte kann jedoch keine Gewähr übernommen werden.

Gestaltung   Regelindis Westphal Grafik-Design, Berlin

Technische Umsetzung   Berno Buff, Norbert Lauterbach

Druck   druckhaus köthen GmbH

ISBN   978-3-933989-45-1

©   2011 BFF Bund Freischaffender Foto-Designer, Stuttgart

• • • • • • • • • • • • • • • • ● *Vorwort*

Mit dem Vertragshandbuch will der BFF den Fotografen und allen, die mit Fotografen oder mit Fotografie zu tun haben, eine Hilfestellung bei der Gestaltung und Abwicklung ihrer Vertragsbeziehungen geben. Das Buch enthält eine Sammlung von Vertragsmustern, Formularen und Musterbriefen, die zum überwiegenden Teil im Verlauf meiner langjährigen Tätigkeit als BFF-Justiziar entstanden und deshalb ganz auf die Bedürfnisse der Praxis zugeschnitten sind.

Die in dem Handbuch abgedruckten Muster und Formulare geben lediglich Anregungen zur Auftragsabwicklung und Vertragsgestaltung. Sie können dem Benutzer die eigenverantwortliche Formulierung der geschäftlichen Korrespondenz und der Verträge, insbesondere die stets notwendige Abstimmung auf die spezifischen Umstände des jeweiligen Einzelfalles, nicht abnehmen. Es wird deshalb davor gewarnt, die Mustertexte unbesehen und ohne Rücksicht auf die Besonderheiten der konkreten Vertragssituation kritiklos zu übernehmen.

Das Buch wurde für die dritte Auflage vollständig überarbeitet und um einzelne Mustertexte erweitert. So enthält das Kapitel 9 (Ausstellung und Verkauf von künstlerischen Fotografien) jetzt auch Geschäftsbedingungen für Galerieverkäufe im Internet und das Kapitel 13 (Beschäftigung von Mitarbeitern und Praktikanten) ein Vertragsmuster für Minijobs. In dem neuen Kapitel 14 werden die Musterprotokolle für die Gründung einer GmbH oder einer Unternehmergesellschaft im vereinfachten Verfahren vorgestellt. Die meisten Mustertexte, die in dem Vertragshandbuch abgedruckt sind, stehen auch in digitaler Form zur Verfügung. Die Dateien sind für die Ersterwerber des Buches mit dem Zugangscode, der auf dem Vorsatztitel des Buches zu finden ist, problemlos im Internet abrufbar.

Kritik, Anregungen und Hinweise der Leser sind stets willkommen.

Düsseldorf, im Februar 2011

Wolfgang Maaßen

Inhaltsverzeichnis

Einführung

Wer Bilder produziert oder sein Geld mit dem Verkauf von Bildlizenzen verdient, muss Verträge abschließen. Vertragsabschlüsse sind die unvermeidliche Grundlage des Geschäfts mit Bildern.

Verträge sollen einerseits möglichst kurz und unkompliziert sein, andererseits aber die Geschäftsbeziehung der Vertragsparteien so umfassend regeln, dass sie in Problem- und Zweifelsfällen eine sichere Handhabe bei der Beantwortung aller Fragen und bei der Lösung eventuell auftretender Konflikte bieten. Daraus resultiert der Wunsch nach Vertragsmustern und Formularen, die in der Praxis ohne umständliche Überlegungen anzuwenden sind und durch die man sich dennoch zuverlässig gegen unangenehme juristische Überraschungen absichern kann.

Die hier vorgestellten Vertragsmuster, Formulare und Musterbriefe sind lediglich Beispiele für die mögliche Gestaltung der Vertragsbeziehungen. Sie sollen die regelungsbedürftigen Punkte aufzeigen und die Rechtsprobleme verdeutlichen, die bei der Bildproduktion, bei der Bildverwertung und bei Verträgen mit Repräsentanten, Modellen, Stylisten, Visagisten, Assistenten und anderen Beteiligten auftreten können. Die Muster dürfen nicht als Empfehlung oder gar als Patentlösung für bestimmte Vertragsgestaltungen missverstanden werden. Vertragsklauseln und Mustertexte, die in dem einen Fall vielleicht passen mögen, bedürfen in anderen Fällen unter Umständen einer Anpassung an spezielle Interessenkonstellationen. Jedes Muster sollte deshalb vor seiner Verwendung darauf überprüft werden, ob es auch tatsächlich den konkreten Vereinbarungen und Bedürfnissen der Vertragsparteien entspricht. Vor einer „blinden" Übernahme der Mustertexte wird nachdrücklich gewarnt.

Zu beachten ist außerdem, dass die Geschäftsbedingungen und die meisten Vertragsmuster in diesem Buch für Rechtsgeschäfte konzipiert sind, die mit Unternehmern abgeschlossen werden. Als Unternehmer gelten Personen und Personengesellschaften, die bei Abschluss eines Rechtsgeschäfts in Ausübung ihrer gewerblichen oder selbständigen beruflichen Tätigkeit handeln. Da fast alle Leistungen, um die es in den hier vorgestellten Verträgen geht, für die gewerblichen bzw. selbständigen beruflichen Zwecke der jeweiligen Vertragspartner verwendet werden, handelt es sich bei den Vertragsbeteiligten in der Regel um Unternehmer. Für Verträge mit Unternehmern gelten teilweise andere gesetzliche Vorschriften als für Verträge mit Verbrauchern, die die jeweilige Vertragsleistung weder für gewerbliche Zwecke noch im Rahmen einer selbständigen beruflichen Tätigkeit verwenden. Deshalb sind die hier vorgestellten Geschäftsbedingungen und der überwiegende Teil der Vertragsmuster für Rechtsgeschäfte mit Verbrauchern nicht oder nur bedingt verwendbar.

Bei vorformulierten Vertragsbedingungen, die eine Vertragspartei der anderen Partei bei Abschluss eines Vertrages stellt, sind die gesetzlichen Regelungen zu beachten, die für Allgemeine Geschäftsbedingungen (AGB) gelten. Diese Regelungen enthalten eine Reihe von Klauselverboten, die allerdings nur bei Vertragsabschlüssen mit Verbrauchern umfassend gelten. Werden die AGB dagegen nicht gegenüber einem Verbraucher, sondern gegenüber einem Unternehmer eingesetzt, sind lediglich solche Klauseln zu vermeiden, die überraschend sind oder den Vertragspartner entgegen den Geboten von Treu und Glauben unangemessen benachteiligen. Von einer solchen unangemessenen Benachteiligung ist regelmäßig dann auszugehen, wenn eine Vertragsbestimmung wesentliche Rechte oder einzelne Kardinalpflichten so einschränkt, dass die Erreichung des Vertragszwecks gefährdet ist.

Die Beschränkungen, die das Gesetz für AGB-Regelungen vorsieht, gelten zwar im Prinzip nur für Vertragsmuster, die bei einer Vielzahl von Vertragsabschlüssen eingesetzt werden. Das bedeutet aber nicht, dass derjenige, der eines der hier vorgestellten Muster nur ein einziges Mal verwenden möchte, von diesen Beschränkungen entbunden ist. Denn bei Vertragsmustern oder Formularen, die von Dritten vorformuliert und dann in einem Vertragshandbuch zur mehrfachen Anwendung bereitgestellt werden, geht die Rechtsprechung generell davon aus, dass es sich dabei um Allgemeine Geschäftsbedingungen handelt (BGH NJW 2010, 1131).

Damit die Vertragsmuster und Formulare auch richtig eingesetzt werden, sollte jeder Anwender zumindest über einige Grundkenntnisse der rechtlichen Zusammenhänge verfügen, mit denen sich die einzelnen Muster befassen. Fehlen diese Kenntnisse, kann es leicht zu einem Fehlgriff bei der Auswahl des passenden Vertragsmusters oder zu einer fehlerhaften Anwendung des ausgewählten Musters kommen. Wer solche Pannen vermeiden will, sollte sich entweder die notwendigen Grundkenntnisse aneignen (z.B. mit Hilfe des BFF Handbuchs „Basiswissen", ISBN 978-3-933989-43-7) oder aber an einen Rechtsanwalt wenden, der ihn bei der vielfach notwendigen Anpassung der Vertragsmuster an die spezifischen Erfordernisse des jeweiligen Einzelfalles unterstützt.

Jedem der nachfolgenden Vertragsmuster und Formulare ist eine Erläuterung zum Zweck und Anwendungsbereich des Musters vorangestellt. Diese Einführung enthält auch rechtliche Hinweise, soweit sie zum Verständnis und zur sachgerechten Verwendung der Texte erforderlich sind. Eine weitere Hilfestellung bieten die Anmerkungen, die in den Mustertexten mit Nummern gekennzeichnet und im Anschluss an den jeweiligen Text abgedruckt sind. Die Anmerkungen erleichtern das korrekte Ausfüllen von Leerzeilen/-stellen. Außerdem enthalten sie ergänzende Hinweise zu einzelnen Klauseln und Formulierungen.

Diejenigen Mustertexte, die in dem Handbuch mit dem Download-Symbol gekennzeichnet sind, stehen auch in digitaler Form zur Verfügung. Die Dateien sind für die Ersterwerber des Buches mit dem Zugangscode, der auf Seite 313 des Buches zu finden ist, im Internet abrufbar und können von dort problemlos in alle gängigen Textverarbeitungsprogramme übernommen werden. Wie der Abruf aus dem Internet zu erfolgen hat, wird im Anhang Seite 300 ff. erläutert.

Auftragsabwicklung 1

* Das Fallbeispiel hat Thomas Kettner für das BFF Handbuch „Basiswissen" entwickelt. Es wird hier in einer überarbeiteten und erweiterten Fassung verwendet.

Der Schriftverkehr, der bei der Abwicklung eines Fotojobs zu erledigen ist, wird im folgenden Kapitel an einem praktischen Beispiel dargestellt.* Bei dem Fallbeispiel geht es um den Auftrag einer Werbeagentur, die ein Foto für Werbeanzeigen eines Kosmetikkunden produzieren möchte. Die Auftragsabwicklung wird vom Briefing über den Kostenvoranschlag, die Auftragsbestätigung und die Schlussrechnung bis hin zur Zahlungserinnerung dokumentiert. Die an dem Fallbeispiel entwickelten Schriftstücke sind mit entsprechenden Änderungen der Zahlen, Daten und Termine problemlos bei anderen Aufträgen einsetzbar.

Leistungsbeschreibung / Briefing

Bevor es zu einer Auftragserteilung kommt, wird meist in einem Briefing erläutert, welche Leistung der potentielle Auftraggeber erwartet. Anhand dieser Leistungsbeschreibung kann der Fotograf prüfen, ob er die von dem Kunden gewünschten Bilder herstellen kann, welcher Zeitaufwand dafür anzusetzen ist und welche Kosten voraussichtlich anfallen. Wird der Fotograf anschließend mit dem Shooting beauftragt, erfolgt die Auftragserteilung in der Regel auf der Grundlage des Briefings, dessen Leistungsbeschreibung dann für beide Parteien verbindlich ist. Weicht der Fotograf bei der Ausführung des Auftrags ohne Abstimmung mit dem Auftraggeber von den Briefing-Vorgaben ab, kann der Auftraggeber die Abnahme verweigern und eine Wiederholung der Fotoproduktion entsprechend den in dem Briefing festgelegten Vorgaben verlangen.

Ein Briefing kann mündlich oder schriftlich erfolgen. Da der genaue Inhalt eines mündlichen Briefings bei späteren Meinungsverschiedenheiten nur schwer nachweisbar sein wird, empfiehlt es sich, die bei der Fotoproduktion zu beachtenden Vorgaben und Anforderungen des Kunden schriftlich zu fixieren.

Wenn das Briefing die von dem Auftraggeber erwarteten Leistungen nur ungenau oder unvollständig definiert, muss für eine Präzisierung der unklaren Leistungsbeschreibung gesorgt werden, damit bei der Honorarkalkulation auch wirklich alle Leistungen richtig erfasst werden und es nicht während der Auftragsabwicklung hinsichtlich der Leistungsanforderungen zu unliebsamen Überraschungen kommt.

In dem hier abgedruckten Muster eines schriftlichen Briefings wird die geforderte Leistung präzise definiert. Auf der Grundlage dieser Leistungsbeschreibung lässt sich ein detaillierter Kostenvoranschlag erstellen, der dem Kunden einen zuverlässigen Überblick über die voraussichtlichen Kosten der geplanten Fotoproduktion gibt.

Job Nr.:	XY 06-90-11
Ablieferungstermin:	11. April 2011
Ansprechperson:	Klaus Meister, CD und GF, Werbeagentur DesignAdventure GmbH
Telefon:	040-654321
E-Mail:	klaus.meister@designadventure.de
Kunde:	Fa. SPLASH – Sonnenkosmetikhersteller, Produkt ULTRASUN

Allgemeine Anforderungen

Für ein Relaunch des Produkts „ULTRASUN" benötigt der Kunde im Sommer 2012 ein Motiv für eine starke Folgekampagne auf seine bisher gut funktionierende Imagekampagne.

Das zunehmende Gesundheitsbewusstsein und die Angst vor Hautkrebs stellen neue Anforderungen an die fotografische Umsetzung, Lichtführung, Bräunungsgrad der Modelle und Location. Es soll in besonderem Maße auf die Wahl der Modelle geachtet werden, da das Produkt sehr hochpreisig ist und Zielgruppe nicht die Zwanzigjährigen sind, sondern man bewusst auch die Älteren (ab 35 Jahre) als Kunden gewinnen möchte.

Modelle

Die drei weiblichen Modelle – alle berufstätige, erfolgreiche Frauen, teilweise verheiratet und teilweise mit Kindern – treffen sich am späten Nachmittag am Strand. Dort ist auch der Mann, Single, erfolgreicher Bankangestellter im Publikumsbereich. Die Modelle sind in ihrer Erscheinung unterschiedlich, nicht unbedingt einem Land zuzuordnen, jedoch sollten keine zu südländischen, exotischen Ausstrahlungen darunter sein. Die Körper sind gesund, nicht zu „buliminös", und der Mann sollte nicht übertrieben muskulös sein.

Lichtführung

Die Sonne wird zunehmend als „Feind" der Haut betrachtet. ULTRASUN ist kein Sunblocker im herkömmlichen Sinne, im Gegenteil, es animiert die Haut zur Bildung des eigenen Schutzmantels durch eine intensive, mit Vitaminen angereicherte Pflegelotion, die der Haut einen samtigen Schimmer verleiht. Diese samtige Optik, die man beinahe als „sportlich-mystisch" bezeichnen kann, soll über eine einzigartige Lichtführung herausgearbeitet werden. Die Lichtstimmung ist ein spätes Nachmittagslicht, welches nicht zu gelb im Charakter ist. Es soll bewusst auf künstliches Licht verzichtet werden. Sollten zusätzliche Lichtquellen benötigt werden, dürfen diese in keinem Fall „sichtbar" werden.

Fotografie

Die Print-Kampagne ist als Doppelseite angelegt, die Citylights sind Hochformat. Bei der Fotografie ist darauf zu achten, dass die Bildaufteilung exakt dem Layout entspricht. Die Perspektive soll moderat, leicht von unten sein. Es ist darauf zu achten, dass der Horizont im Bild nicht zu weit am unteren Ende angesiedelt ist. Es soll keinerlei „Effektfotografie" angewandt werden. Das Aufnahmematerial ist digital KB, mindestens 22 Mio./Pixel mit einer Auflösung von 300 dpi/A3.

Kostenvoranschlag / Angebot

Wenn ein Fotograf einen Auftrag für eine Bildproduktion erhält, wird – rechtlich betrachtet – ein Werkvertrag abgeschlossen. Der Werkvertrag (Produktionsvertrag) verpflichtet den Fotografen zur Herstellung der bei ihm angeforderten Bilder. Der Auftraggeber wird verpflichtet, für diese Leistung eine Vergütung zu zahlen.

Das Muster enthält ein Angebot, das auf den Abschluss eines Werkvertrages gerichtet ist. Das Angebot ist in der Form eines Kostenvoranschlags abgefasst, wie es den Gepflogenheiten der Werbebranche entspricht. Fotografen werden vor Beginn einer Bildproduktion häufig aufgefordert, zunächst einen Kostenvoranschlag einzureichen. Die Kostenkalkulation soll darüber Aufschluss geben, was der Auftraggeber bei Erteilung des Produktionsauftrags voraussichtlich zu zahlen hat.

Die bloße Aufforderung an einen Fotografen, die Kosten einer Bildproduktion zu kalkulieren, führt noch nicht zu einem Vertragsabschluss. Ein Vertrag kommt erst dann zustande, wenn jemand ein Angebot unterbreitet und derjenige, an den sich das Angebot richtet, dessen Annahme erklärt. Die Aufforderung zur Vorlage einer Kostenkalkulation beinhaltet normalerweise noch kein Vertragsangebot, sondern nur die Aufforderung, ein Angebot in Form eines Kostenvoranschlags zu unterbreiten. Nach Vorlage dieses Angebots kann der Empfänger frei entscheiden, ob er das Angebot annehmen und einen Produktionsauftrag entsprechend dem Kostenvoranschlag erteilen will.

Was die Zahlenangaben betrifft, so hat ein Kostenvoranschlag in der Regel nur die Bedeutung einer unverbindlichen Berechnung der voraussichtlichen Kosten. Erst wenn ein Fotograf die Gewähr für die Richtigkeit seiner Kostenkalkulation übernimmt, ist er an die von ihm veranschlagten Kosten gebunden. Unterbleibt eine solche Garantieerklärung, dann darf er den Kostenvoranschlag bei der Abrechnung seiner Leistungen durchaus überschreiten. Allerdings muss er seinen Auftraggeber bei der Abwicklung des Auftrags unverzüglich informieren, sobald eine wesentliche Überschreitung der ursprünglichen Kalkulation abzusehen ist. Der Auftraggeber hat in einem solchen Fall das Recht, den Vertrag sofort zu kündigen. Bei einer Kündigung braucht er nur die Arbeiten zu bezahlen, die bereits ausgeführt wurden.

Anzuzeigen ist dem Auftraggeber allerdings nur eine wesentliche Überschreitung des Kostenvoranschlags. Als wesentlich betrachtet man im Allgemeinen eine Überschreitung um 15 bis 20 %. Trotzdem sollte ein Fotograf die Kostenangaben in seiner Kalkulation nicht zu knapp bemessen. Auch wenn ein Kostenvoranschlag prinzipiell überschritten werden darf, ist es einem Auftraggeber im Zweifel sympathischer, wenn die tatsächlichen Kosten bei der späteren Abrechnung etwas niedriger liegen als ursprünglich veranschlagt.

Carolin Miller
Fotografin
Wertgasse 23
40121 Düsseldorf

Tel.: 02 11 / 48 33 44
Fax: 02 11 / 48 33 45
mail@carolin-miller.de

Werbeagentur
DesignAdventure GmbH
Pappendorfer Allee 135
20147 Hamburg

14. Februar 2011

Kostenvoranschlag / Angebot [1,2]

Kunde:	FA. SPLASH – Sonnenkosmetikhersteller, Produkt ULTRASUN		
Job Nr.:	XY 06-90-11		
Auftrag:	1 Motiv „3 Frauen und 1 Mann in Bademoden am Strand / Südafrika" gemäß Fotobriefing vom 11. Februar 2011[3]		
Aufnahmetermin:	letzte Märzwoche 2011		
Verwendung:	Doppelseitige Anzeigen in Magazinen, P.O.S., Citylight / Plakate und Internet, alles 1 Jahr ab Rechnungsdatum, nur Deutschland[4]		

Honorare [5]

Vorbereitung, Location, Recherche	1,00	2.500,00	2.500,00 €
Reise	2,00	1.500,00	3.000,00 €
Shooting	1,00	2.500,00	2.500,00 €
Nutzung für o. a. Verwendungszweck [6]	3,00	2.500,00	7.500,00 €
(300 % des Shooting-Honorars)			

Nebenkosten [7]

Reisekosten Fotograf ca.	1,00	1.500,00	1.500,00 €
Übernachtung Fotograf ca.	5,00	150,00	750,00 €
Spesen Fotograf	5,00	40,00	200,00 €
Organisation und Casting	3,00	520,00	1.560,00 €
Assistent vor Ort	3,00	150,00	450,00 €
Datenbereitstellungspauschale [8] Hinweis: Daten werden geliefert als CMYK-tiff in 300 dpi / A3 auf DVD inkl. Kontaktbogen gewandelt mit angehängtem ISO-Standard Profil	1,00	500,00	500,00 €
Verbrauchsmaterial ca.	1,00	300,00	300,00 €
Operator	1,00	300,00	300,00 €
3 weibliche Modelle und 1 männliches Modell ab Kapstadt	4,00	3.000,00	12.000,00 €

inkl. 20 % Agenturprovision; Modellrechte

für o.g. Verwendungszweck

Styling ab Kapstadt: Shooting Hinweis: zzgl. Fahrtkosten 0,30 €/km	2,00	450,00	900,00 €
Leihgebühren Bademoden Hinweis: getragene Kleidungsstücke müssen vom Kunden gekauft werden	1,00	600,00	600,00 €
Hair & Make Up ab Kapstadt	1,00	450,00	450,00 €
Hair & Make Up ab Kapstadt (Assistent)	1,00	320,00	320,00 €
Production Company inkl. Preproduction	3,00	250,00	750,00 €
Production Manager	2,00	110,00	220,00 €
Runner	1,00	80,00	80,00 €
Permitts	1,00	80,00	80,00 €
Locationgebühr	1,00	250,00	250,00 €
Mietwagen Fotograf inkl. Versicherung, zzgl. Benzin	3,00	70,00	210,00 €
Minivan (9-Sitzer) inkl. Versicherung, zzgl. Benzin	1,00	90,00	90,00 €
Mercedes Sprinter inkl. Versicherung, zzgl. Benzin	1,00	130,00	130,00 €
Licht, Generator etc., ca.	1,00	1.500,00	1.500,00 €
Catering (on Set) ca.	1,00	140,00	140,00 €
Postproduction Regie (2 x 0,5 Tage)	1,00	2.500,00	2.500,00 €
Postproduction EBV:			
• Motiv wandeln von RGB nach CMYK (Hoch- und Querformat)	2,00	50,00	100,00 €
• Retusche (aufwendig)	2,00	800,00	1.600,00 €
• Composing (aufwendig)	1,50	800,00	1.200,00 €
• Digitaler Proof (hoch und quer) mit ISO Standard in A3	2,00	50,00	100,00 €
• Autorenkorrekturen Hinweis: 1 x inkl., jede weitere Korrektur wird nach Zeitaufwand mit 120,00 Euro/Std. berechnet	1,00	0,00	0,00 €
Kurierfahrten ca.	1,00	170,00	170,00 €
Büropauschale (Telefon, Fax etc.)	1,00	200,00	200,00 €
Produktionsversicherung ca.	1,00	500,00	500,00 €
Sonstiges/Unvorhergesehenes ca. [9]	1,00	1.500,00	1.500,00 €

Summe netto   **46.650,00 €**

zuzüglich MwSt. [10] und evtl. bei der Fotografin anfallender Künstlersozialabgabe
für Fremdleistungen [11] in der jeweiligen gesetzlichen Höhe

Die weiteren Pflichtangaben gemäß DL-InfoV sind im Internet unter der Adresse
www.carolin-miller.de/impressum.html zugänglich. [12]

Für die Annahme und Durchführung des Auftrags gelten die Allgemeinen
Geschäftsbedingungen für Fotografen (AGB/BFF), die im Internet unter der
Adresse www.carolin-miller.de/agb.html abrufbar sind. [13]

1   Die Bezeichnung „Kostenvoranschlag" stellt klar, dass es sich lediglich um eine unverbindliche Berech-
    nung der voraussichtlichen Kosten handelt. Die Fotografin hält sich damit die Möglichkeit offen, die Kos-
    tenansätze bei der späteren Abrechnung zu überschreiten. Allerdings entbindet sie die ausdrückliche De-
    klaration als „Kostenvoranschlag" nicht von der Verpflichtung, den Auftraggeber unverzüglich zu benach-
    richtigen, sobald sich nach der Auftragserteilung eine Überschreitung der ursprünglichen Kostenansätze
    um mehr als 15 bis 20 % abzeichnet.

2   Das Angebot sollte die Vorgaben des Kunden genau auflisten und alle weiteren Informationen enthalten,
    die für die Abwicklung des Auftrags und die Kalkulation der Honorare und Kosten von Bedeutung sind.
    Es empfiehlt sich, die voraussichtlich anfallenden Honorare und Kosten nicht nur grob zu schätzen, son-
    dern möglichst konkret zu ermitteln. Eine genaue Kostenrecherche bewahrt die Beteiligten vor unange-
    nehmen Überraschungen und hat außerdem den Vorteil, dass sie der Fotografin bei Verhandlungen, die
    sich auf Grund von Konkurrenzangeboten ergeben können, einen besseren Überblick über eventuelle
    Verhandlungsspielräume gibt.
    Die Kosten sollten nicht nur der Höhe nach exakt recherchiert, sondern auch möglichst vollständig ange-
    geben werden. Zwar ist eine spätere Überschreitung des Kostenvoranschlags in gewissen Grenzen
    durchaus möglich, doch sollte man den Auftraggeber nicht dadurch verärgern, dass man ihm erst in der
    Schlussrechnung Kostenpositionen präsentiert, die bereits in dem Kostenvoranschlag hätten berück-
    sichtigt werden können.

3   Es kommt immer wieder vor, dass Fotografen während des Shootings gebeten werden, außer dem bei
    der Auftragserteilung besprochenen Motiv noch weitere Motive aufzunehmen. Damit es später nicht
    heißt, die zusätzlichen Motive seien von Anfang an Bestandteil des Auftrags gewesen und bereits von
    dem Kostenvoranschlag erfasst, sollten die Motive, auf die sich das Angebotsschreiben bezieht, mög-
    lichst genau bezeichnet werden.

4   Der detaillierte Beschreibung des vorgesehenen Verwendungszwecks verhindert spätere Streitigkeiten
    über den Umfang der Nutzungsrechte, die der Auftraggeber mit der Überlassung der Fotos erwirbt. Nach
    der im Urheberrecht geltenden Zweckübertragungsregel (§ 31 Abs. 5 UrhG) bestimmt sich der Umfang
    des Nutzungsrechts nach dem mit seiner Einräumung verfolgten Zweck, wenn bei der Einräumung des
    Nutzungsrechts die Nutzungsarten, auf die sich das Recht erstrecken soll, nicht einzeln bezeichnet sind.
    Es empfiehlt sich deshalb, entweder die Nutzungsart, für die die Fotos vorgesehen sind, bereits im Kos-
    tenvoranschlag/Angebot exakt zu bezeichnen oder aber möglichst konkret anzugeben, für welchen Zweck
    die Fotos produziert werden. Dadurch wird der Umfang der eingeräumten Nutzungsrechte eingegrenzt
    und sichergestellt, dass der Auftraggeber die Fotos später nicht ohne Zustimmung der Fotografin und oh-
    ne zusätzliche Honorarzahlung für weitere, ursprünglich nicht vorgesehene Zwecke verwenden kann.

5   Das Honorar der Fotografin ist deutlich von den anfallenden Nebenkosten abzugrenzen. Grundlage für die Honorarbemessung ist bei Fotoproduktionen üblicherweise das individuelle Tageshonorar, das mit der Anzahl der Arbeitstage multipliziert wird. Allerdings wird für einzelne Zeitabschnitte (z. B. Anreise) meist ein reduziertes Tageshonorar angesetzt.

6   Es empfiehlt sich, das Honorar für die Einräumung der Nutzungsrechte getrennt von den Honoraren für die Fotoproduktion auszuweisen. Die gesonderte Berechnung des Nutzungshonorars führt dem Auftraggeber vor Augen, dass die urheberrechtlichen Nutzungsrechte einen eigenen wirtschaftlichen Wert haben, der ihm zusätzlich zu der Produktionsleistung überlassen wird. Außerdem hat der getrennte Ausweis von Produktions- und Nutzungshonoraren in denen Fällen, in denen die Honorare mit dem ermäßigten Mehrwertsteuersatz (zur Zeit 7 %) abgerechnet werden sollen, auch steuerliche Vorteile. Denn das Mehrwertsteuerprivileg kann nur für Umsätze in Anspruch genommen werden, die aus der Einräumung, Übertragung und Wahrnehmung von urheberrechtlichen Nutzungsrechten resultieren. In dem Kostenvoranschlag muss deshalb ebenso wie in der späteren Rechnung deutlich zum Ausdruck gebracht, dass die Überlassung von Nutzungsrechten wesentlicher Teil der geschuldeten Leistung ist.

7   Bei den Nebenkosten sollten möglichst alle Kosten aufgelistet werden, die nach gründlicher Recherche voraussichtlich anfallen. Es ist nicht sinnvoll und in der Regel auch nicht zulässig, später zusätzliche Kosten zu berechnen, die ohne weiteres im Kostenvoranschlag hätten berücksichtigt werden können. Grundsätzlich ist zu unterscheiden zwischen den Nebenkosten, deren Höhe bereits feststeht, und den Positionen, die sich bei der Erstellung der Kostenkalkulation noch nicht genau fixieren lassen und die deshalb als „Circakosten" ausgewiesen werden (z. B. Reisekosten, Kurierfahrten, Spesen etc.). Fotografen berechnen bei der Kalkulation der Nebenkosten in der Regel keine Provisionen. So werden etwa die Kosten für freie Mitarbeiter (z. B. Assistenten) oder die vom Fotografen eingeschalteten Subunternehmer (z. B. Stylisten, Visagisten) ohne jeden Aufschlag an den Kunden weitergegeben.

8   Bei einer digitalen Produktion sollte man in dem Kostenvoranschlag eine Datenbereitstellungspauschale ausweisen. Ein Fotograf, der seinen Kunden stets den aktuellen Stand der digitalen Technik bieten will, muss laufend in neue Hardware und in die eigene Fortbildung investieren. Es empfiehlt sich, die dadurch anfallenden Kosten in Form einer Datenbereitstellungspauschale an die Kunden weiterzubelasten. Die Datenbereitstellungspauschale sollte nicht unter 250,00 € und nicht mehr als 500,00 € pro Shooting-Tag betragen. Verbrauchsmaterialien wie DVD, Ausdrucke und Proofs sind mit dieser Pauschale nicht abgegolten. Sie müssen gesondert berechnet werden.

9 Die Position „Sonstiges/Unvorhergesehenes" soll die Kosten abdecken, die selbst bei genauester Planung nicht im Voraus zu kalkulieren sind oder die während der Produktion unvorhergesehen anfallen können.

10 Sowohl bei den Honoraren als auch bei den Nebenkosten werden alle aufgeführten Beträge normalerweise als Nettobeträge ohne die gesondert zu berechnende Mehrwertsteuer ausgewiesen. Der Zusatz „zuzüglich MwSt." stellt klar, dass zu den angegebenen Nettohonoraren und -kosten noch die gesetzliche Mehrwertsteuer hinzu kommt.
Richtet sich das Angebot ausnahmsweise an einen Kunden, der die Fotoproduktion nicht für sein Unternehmen oder für sonstige gewerbliche, behördliche oder dienstliche Zwecke benötigt, sondern sie in seinem privaten Bereich verwenden will, muss der Kostenvoranschlag nach den Bestimmungen der Preisangabenverordnung den Endpreis nennen, der einschließlich Mehrwertsteuer zu zahlen ist.

11 Fotografen, die bei der Abwicklung eines Produktionsauftrags die Leistungen anderer selbständiger Künstler in Anspruch nehmen, müssen für die an diese Künstler gezahlten Entgelte eine Künstlersozialabgabe entrichten, sofern sie die entsprechenden Aufträge im eigenen Namen erteilen. Als Künstler gelten insbesondere die Visagisten und Stylisten (vgl. BSG, Urteil vom 12. Mai 2005, SGB 2006, 44). Deshalb unterliegen die Honorare und Kosten, die die an einer Fotoproduktion beteiligten selbstständigen Visagisten und Stylisten in Rechnung stellen, der Künstlersozialabgabepflicht.
Die Abgabe ist von dem Auftraggeber der Visagisten/Stylisten an die Künstlersozialkasse abzuführen. Ist der Fotograf der Auftraggeber (was wohl der Regelfall sein dürfte), so ist er auch für die Entrichtung der Künstlersozialabgabe verantwortlich. Diese Zusatzkosten kann und sollte der Fotograf an seine Kunden weiterbelasten. Damit eine solche Weiterbelastung problemlos möglich ist, muss die Künstlersozialabgabe bereits im Kostenvoranschlag berücksichtigt werden. Das kann einmal in der Form geschehen, dass der Fotograf die Kosten für die Visagisten und Stylisten in seiner Kalkulation entsprechend erhöht. Denkbar ist aber auch, dass er die Künstlersozialabgabe im Kostenvoranschlag als gesonderte Position offen ausweist.
In der Regel empfiehlt es sich nicht, die Künstlersozialabgabe bereits im Kostenvoranschlag mit einem festen Betrag anzusetzen. Da sich die Künstlersozialabgabesätze mit jedem Jahreswechsel ändern und außerdem nicht auszuschließen ist, dass das Bundessozialgericht weiteren Berufsgruppen (z. B. Fotomodellen, digitale Bildbearbeitern) den Künstlerstatus zuerkennt, muss ein Fotograf stets damit rechnen, dass die Künstlersozialabgabe bei der späteren Abrechnung der Fotoproduktion den ursprünglich veranschlagten Betrag übersteigt. Deshalb sollte man die Künstlersozialabgabe bei der Kostenkalkulation ebenso wie die Mehrwertsteuer nicht konkret berechnen, sondern lediglich ankündigen, dass zu dem im Kostenvoranschlag ausgewiesenen Netto-Endbetrag noch die Künstlersozialabgabe „in der jeweiligen gesetzlichen Höhe" hinzukommt.

12 *Nach den Bestimmungen der Dienstleistungs-Informationspflichten-Verordnung (DL-InfoV) müssen „Dienstleistungserbringer" ihren Kunden vor Abschluss eines schriftlichen Vertrages oder, falls kein schriftlicher Vertrag abgeschlossen wird, vor Erbringung der Dienstleistung eine Reihe von Informationen in klarer und verständlicher Form zur Verfügung stellen. Da selbständige Fotografen zu den „Dienstleistungserbringern" gehören, besteht diese Informationspflicht auch für sie. Ein Fotograf hat daher seinen Kunden vor einem Vertragsabschluss – also in der Regel bereits mit der Übersendung seines Leistungsangebots bzw. des Kostenvoranschlags – folgende Informationen ungefragt zur Verfügung zu stellen:*

- *seinen Familien- und Vornamen, bei rechtsfähigen Personengesellschaften und juristischen Personen die Firma unter Angabe der Rechtsform,*
- *eine ladungsfähige Anschrift sowie weitere Angaben, die es dem Dienstleistungsempfänger ermöglichen, schnell und unmittelbar mit ihm in Kontakt zu treten, insbesondere eine Telefonnummer und eine E-Mail-Adresse oder Faxnummer,*
- *falls er mit seinem Unternehmen in das Handelsregister oder Partnerschaftsregister eingetragen ist, das zuständige Registergericht und die Registernummer,*
- *die Umsatzsteuer-Identifikationsnummer, falls ihm eine solche ID gemäß § 27 a UStG zugeteilt wurde,*
- *seine AGB, falls er solche Geschäftsbedingungen verwendet,*
- *Vertragsklauseln über das auf den Vertrag anwendbare Recht oder über den Gerichtsstand, sofern er solche Klauseln verwendet und die Klauseln nicht bereits in den AGB enthalten sind,*
- *eventuell bestehende Garantien, die über die gesetzlichen Gewährleistungsrechte hinausgehen,*
- *die wesentlichen Merkmale der „Dienstleistung", soweit sich diese Merkmale nicht bereits aus dem Zusammenhang (z.B. aus der Leistungsbeschreibung in dem Kostenvoranschlag) ergeben,*
- *falls eine Berufshaftpflichtversicherung besteht, Angaben zu dieser Versicherung, insbesondere den Namen und die Anschrift des Versicherers sowie den räumlichen Geltungsbereich der Versicherung.*

Die Pflichtinformationen können in das schriftliche Leistungsangebot aufgenommen oder dem Angebot gesondert beigefügt werden (§ 2 Abs. 2 Ziff. 4 DL-InfoV). Alternativ besteht die Möglichkeit, diese Informationen für alle Interessenten im Internet zugänglich zu machen und in dem Leistungsangebot nur noch auf die Web-Adresse zu verweisen, unter der die Informationen abrufbar sind (§ 2 Abs. 2 Ziff. 3 DL-InfoV). Da inzwischen fast jeder Fotograf über eine eigene Webseite verfügt, dürfte die Bereitstellung der Informationen im Internet und die Bekanntgabe der Web-Adresse wohl der einfachste und bequemste Weg sein, um die Anforderungen der DL-InfoV zu erfüllen.

Das hier vorgestellten Muster enthält bereits einige der vorgeschriebenen Informationen (z. B. den vollständigen Namen, die Kontaktdaten und die wesentlichen Merkmale der angebotenen Leistung). Wegen der weiteren Pflichtangaben (z. B. Umsatzsteuer-ID, Berufshaftpflichtversicherung) verweist die Fotografin auf das Impressum ihrer Webseite, wo diese Angaben dann selbstverständlich auch zu finden sein müssen. Es ist allerdings nicht zwingend, dass alle Pflichtangaben im Impressum untergebracht werden. So kann man etwa für die AGB durchaus eine gesonderte Seite einrichten. Für den Kunden muss allerdings aus der in dem Leistungsangebot angegebenen Adresse klar ersichtlich sein, wo die einzelnen Informationen auf der Webseite zu finden sind.

13 *Ein Fotograf, der Allgemeine Geschäftsbedingungen (AGB) verwenden und den Vertrag unter Einbeziehung seiner AGB abschließen möchte, sollte darauf bereits in dem Kostenvoranschlag/Angebot hinweisen. Ein Hinweis auf die Geltung der Geschäftsbedingungen reicht aber für sich allein nicht aus, um die AGB des Fotografen wirksam in den Vertrag einzubeziehen. Darüber hinaus muss dem Empfänger des Angebots auch die Möglichkeit verschafft werden, in zumutbarer Weise vom Inhalt der AGB Kenntnis zu nehmen. Das kann z. B. dadurch geschehen, dass man die Geschäftsbedingungen auf der Rückseite des Angebots abdruckt oder dem Angebot ein Exemplar der Geschäftsbedingungen beifügt. In diesem Fall ist darauf zu achten, dass auf der Vorderseite des Kostenvoranschlags/Angebots ausdrücklich auf die Geltung der „umseitig abgedruckten" bzw. der „als Anlage beigefügten" AGB hingewiesen wird. Eine andere Möglichkeit, dem Kunden die AGB zur Kenntnis zu bringen, ist die Angabe einer Web-Adresse, unter der die Geschäftsbedingungen für ihn abrufbar sind. Von dieser Möglichkeit wird in dem hier vorgestellten Muster Gebrauch gemacht.*

Bestätigungsschreiben / Auftragsbestätigung

Fotografen schließen nur selten schriftliche Verträge mit ihren Auftraggebern ab. Meist bleibt es bei mündlichen Vereinbarungen, über deren Inhalt es später leicht zu Meinungsverschiedenheiten kommen kann. Wer solche Auseinandersetzungen vermeiden will, sollte mündlich getroffene Vereinbarungen stets schriftlich bestätigen.

Das hier vorgestellte Bestätigungsschreiben ist einerseits so konzipiert, dass es den wesentlichen Inhalt des erteilten Auftrags noch einmal festhält und so für beide Parteien Klarheit schafft. Auf der anderen Seite berücksichtigt das Muster die weit verbreitete Scheu der Auftraggeber, sich auf schriftliche Verträge einzulassen. Es ist deshalb in der Form eines freundlichen Briefes gehalten, den der Auftraggeber nicht gegenzeichnen, sondern nur zur Kenntnis nehmen muss. So werden Irritationen, die durch die Vorlage eines ausführlichen schriftlichen Vertrages ausgelöst werden können, weitgehend vermieden.

Ein Auftraggeber (Unternehmer), der ein Bestätigungsschreiben erhält und ihm nicht sofort widerspricht, muss dessen Inhalt gegen sich gelten lassen. Er kann also später nicht einfach behaupten, es sei etwas anderes vereinbart worden als das, was in dem Bestätigungsschreiben steht. Sein Schweigen nach Empfang des Bestätigungsschreibens wird als Zustimmung gewertet. Diese besondere Wirkung des Bestätigungsschreibens wurde ursprünglich nur bei Verträgen zwischen Kaufleuten anerkannt. Inzwischen geht man jedoch davon aus, dass für Personen, die ähnlich wie Kaufleute am geschäftlichen Verkehr teilnehmen, nichts anderes gelten kann. Wenn daher ein Fotograf beispielsweise mit einer Werbeagentur einen mündlichen Vertrag abschließt, diesen Vertrag anschließend gegenüber der Agentur schriftlich bestätigt und die Agentur dazu schweigt, wird das Schweigen in der Regel als Zustimmung zu dem Inhalt des Bestätigungsschreibens zu werten sein.

Zu dieser Regel gibt es allerdings Ausnahmen. So bleibt das Schweigen auf ein Bestätigungsschreiben für den Empfänger ohne Folgen, wenn die mündlich getroffenen Vereinbarungen bewusst unrichtig wiedergegeben werden oder das Bestätigungsschreiben so weit von dem Besprochenen abweicht, dass der Absender vernünftigerweise nicht mit dem Einverständnis des Empfängers rechnen kann.

Carolin Miller
Fotografin
Wertgasse 23
40121 Düsseldorf

Tel.: 02 11 / 48 33 44
Fax: 02 11 / 48 33 45
mail@carolin-miller.de

Werbeagentur
DesignAdventure GmbH
Pappendorfer Allee 135
20147 Hamburg

22. Februar 2011

Auftragsbestätigung [1]

Sehr geehrter Herr Meister,

ich bedanke mich für Ihren Anruf vom 21. Februar 2011 und darf den Auftrag, den Sie mir
telefonisch erteilt haben, hiermit noch einmal bestätigen: [2]

Kunde:	FA. SPLASH – Sonnenkosmetikhersteller, Produkt ULTRASUN
Job Nr.:	XY 06-90-11
Auftrag:	1 Motiv „3 Frauen und 1 Mann in Bademoden am Strand / Südafrika« gemäß Fotobriefing vom 11. Februar 2011
Aufnahmetermin:	letzte Märzwoche 2011
Verwendung:	Doppelseitige Anzeigen in Magazinen, P.O.S., Citylight / Plakate und Internet, alles 1 Jahr ab Rechnungsdatum, nur Deutschland

Die Auftragserteilung erfolgt auf der Grundlage des Fotobriefings vom 11. Februar 2011
und meines Kostenvoranschlags vom 14. Februar 2011. [3]

Es gelten die Allgemeinen Geschäftsbedingungen für Fotografen (AGB/BFF), die im
Internet unter www.carolin-miller.de/agb.html abrufbar sind. [4]

Mit freundlichen Grüßen

Carolin Miller

1   Der Begriff „Auftragsbestätigung" entspricht dem in der Praxis üblichen Sprachgebrauch. Juristisch ist der Begriff nicht ganz korrekt, denn eine Auftragsbestätigung ist an sich etwas anderes als ein Bestätigungsschreiben. Während das Bestätigungsschreibens den Inhalt eines nach Ansicht des Absenders bereits geschlossenen Vertrages noch einmal schriftlich fixiert, wird mit der Auftragsbestätigung die Annahme eines Vertragsangebots erklärt und damit der Vertragsabschluss erst herbeigeführt.

Die Wahl der Begriffe ist aber nicht entscheidend, sofern sich aus dem Inhalt des Schreibens deutlich ergibt, dass damit nicht etwa ein Vertragsangebot angenommen, sondern ein bereits abgeschlossener Vertrag schriftlich bestätigt werden soll. Diese Klarstellung erfolgt bei dem hier vorgestellten Musterschreiben durch die Formulierung im ersten Satz. Wer den Charakter des Bestätigungsschreibens noch deutlicher hervorheben will, sollte im Betreff statt „Auftragsbestätigung" den Begriff „Vertragsbestätigung" oder die Formulierung „Bestätigung der Auftragserteilung" verwenden.

2   Das Bestätigungsschreiben muss eindeutig gefasst sein. Unklarheiten gehen zu Lasten dessen, der das Schreiben verfasst. Deshalb muss klar und unmissverständlich zum Ausdruck gebracht werden, dass der Absender des Bestätigungsschreibens von einem bereits abgeschlossenen und für beide Seiten verbindlichen Vertrag ausgeht. Anderenfalls kann das Schweigen auf das Bestätigungsschreiben nicht als Zustimmung zu dessen Inhalt gewertet werden.

Auf keinen Fall sollte der Auftraggeber aufgefordert werden, das Bestätigungsschreiben als Zeichen seiner Zustimmung zu unterschreiben und dann wieder zurückzusenden. Eine solche Aufforderung hätte zur Folge, dass ein Schweigen des Auftraggebers gerade nicht als Zustimmung zu dem Inhalt des Schreibens gewertet werden könnte, sondern als Verweigerung der Zustimmung interpretiert werden müsste. Der Vertragsabschluss wäre damit in Frage gestellt oder es wäre jedenfalls zweifelhaft, mit welchem Inhalt der Vertrag zustande gekommen ist.

Falls die Werbeagentur den Auftrag nicht im eigenen Namen, sondern als Vertreterin des Kunden erteilt, sollte dieser Sachverhalt klargestellt und der Vertragsabschluß mit folgender Formulierung bestätigt werden: „... und darf den Auftrag, den Sie mir im Namen und für Rechnung Ihres Kunden SPLASH erteilt haben, hiermit noch einmal bestätigen".

3   Durch die Bezugnahme auf das Briefing und den Kostenvoranschlag werden die dort fixierten Punkte in den Vertrag einbezogen. Eine erneute Auflistung aller Details der vertraglichen Vereinbarung lässt sich so vermeiden. Das Bestätigungsschreiben kann sich auf die Wiedergabe der wesentlichen Punkte beschränken.

Wird der Auftrag nicht auf der Grundlage eines vorher erstellten Kostenvoranschlags erteilt, muss das Bestätigungsschreiben die Einzelheiten der vertraglichen Vereinbarung ausführlich wiedergeben.

Falls der Auftrag zwar auf der Grundlage eines Kostenvoranschlags erteilt, aber in einzelnen Punkten von den dort fixierten Bedingungen abgewichen wird, genügt die bloße Bezugnahme auf den Kostenvoranschlag nicht. Es sind dann auch die von dem Kostenvoranschlag abweichenden Vereinbarungen in dem Bestätigungsschreiben festzuhalten. Dasselbe gilt bei Abweichungen von dem Briefing.

4 Auf die Geltung der Geschäftsbedingungen sollte in dem Bestätigungsschreiben vorsorglich nochmals hingewiesen werden. Es ist außerdem zu empfehlen, den Empfänger des Schreibens (erneut) darüber zu informieren, unter welcher Web-Adresse die Geschäftsbedingungen abrufbar sind. Selbstverständlich besteht auch die Möglichkeit, die AGB auf der Rückseite des Bestätigungsschreibens abzudrucken oder sie als Anlage beizufügen. In diesem Fall ist der Text dahingehend zu ändern, dass auf die „umseitig abgedruckten" bzw. „als Anlage beigefügten" Geschäftsbedingungen verwiesen wird.

Bestätigung einer Auftragsänderung oder Auftragserweiterung

Bei der Abwicklung von Fotoproduktionen kommt es nicht selten zu mündlichen Auftragsänderungen oder zu einer Auftragserweiterung. Da sich solche Umstellungen in der Regel auf das Honorar und die sonstigen Kosten auswirken, sollte jede Änderung oder Erweiterung des ursprünglich erteilten Auftrags durch Übersendung eines entsprechenden Bestätigungsschreibens dokumentiert werden. Schweigt der Auftraggeber auf eine solche Nachtragsbestätigung, dann kann er später in der Regel nicht mehr einwenden, die Änderung oder Erweiterung des Auftrags sei so nicht vereinbart worden.

Carolin Miller
Fotografin
Wertgasse 23
40121 Düsseldorf

Tel.: 02 11 / 48 33 44
Fax: 02 11 / 48 33 45
mail@carolin-miller.de

Werbeagentur
DesignAdventure GmbH
Pappendorfer Allee 135
20147 Hamburg

Auftragserweiterung / Nachkalkulation [1]   3. März 2011

Sehr geehrter Herr Meister,

der Auftrag, den Sie mir am 21. Februar 2011 erteilt haben, wurde inzwischen erweitert.

Vereinbarungsgemäß soll das bestellte Motiv nicht nur in Deutschland, sondern in allen europäischen Ländern genutzt werden. Ich bestätige daher den neuen Auftragsumfang wie folgt:

Kunde:	FA. SPLASH – Sonnenkosmetikhersteller, Produkt ULTRASUN
Job Nr.:	XY 06-90-11
Auftrag:	1 Motiv „3 Frauen und 1 Mann in Bademoden am Strand / Südafrika"
	gemäß Fotobriefing vom 11. Februar 2011
Aufnahmetermin:	letzte Märzwoche 2011
Verwendung:	Doppelseitige Anzeigen in Magazinen, P.O.S., Citylight / Plakate und Internet,
	alles 1 Jahr ab Rechnungsdatum, Europa

Durch die Auftragserweiterung ergeben sich folgende Zusatzkosten: [2]

Honorare

Nutzungshonorar Fotografin – erweiterte Nutzung Europa	2,00	2.500,00	5.000,00 €
(200 % des Shooting-Honorars) [3]			

Nebenkosten

Nutzungshonorar für 4 Fotomodelle – erweiterte Nutzung Europa	8,00	3.000,00	24.000,00 €
(200 % des Modellhonorars inkl. 20 % Agenturprovision) [3]			

Summe netto	**29.000,00 €**

zuzüglich MwSt. und evtl. bei der Fotografin anfallender Künstlersozialabgabe für Fremdleistungen [4] in der jeweiligen gesetzlichen Höhe

Diese Kostenschätzung ergänzt den Kostenvoranschlag vom 14. Februar 2011.

Auch für die Auftragserweiterung gelten die Allgemeinen Geschäftsbedingungen für Fotografen (AGB/BFF), die im Internet unter www.carolin-miller.de/agb.html abrufbar sind. [5]

Mit freundlichen Grüßen

Carolin Miller

1   *Die Formulierung „Auftragserweiterung/Nachkalkulation" verdeutlicht, dass es hier um die Bestätigung der Ausweitung eines bereits erteilten Auftrags und die Kalkulation der zusätzlichen Kosten geht, die mit der Auftragserweiterung verbunden sind.*

2   *Die Zusatzkosten der Auftragserweiterung sollten wie in einem Kostenvoranschlag spezifiziert werden. Wegen der Einzelheiten wird auf die Erläuterungen auf Seite 15 ff. verwiesen. Es ist deutlich darauf hinzuweisen, dass die in der Nachtragsbestätigung aufgeführten Kosten zu den Kosten des ursprünglich erteilten Auftrags hinzukommen.*

3   *Der hier zugrunde gelegte Erhöhungssatz (200 % der jeweiligen Tageshonorare) soll lediglich beispielhaft verdeutlichen, wie sich das Honorar für eine Nutzungserweiterung berechnen lässt. In der Praxis werden vielfach andere Erhöhungssätze oder Berechnungsmethoden angewendet.*

4   *Obwohl in der Nachkalkulation als „Fremdleistungen" nur die zusätzlichen Nutzungsentgelte der Fotomodelle aufgeführt werden und solche Entgelte normalerweise nicht der Künstlersozialabgabe unterliegen, empfiehlt sich der vorsorgliche Zusatz, dass zu den kalkulierten Kosten die von der Fotografin eventuell zu entrichtende Künstlersozialabgabe hinzukommt. Da nicht auszuschließen ist, dass die zuständigen Sozialversicherungsträger (KSK, DRV) auch Fotomodelle als Künstler einstufen, wird durch den hier empfohlenen Zusatz sicher gestellt, dass die Fotografin in diesem Fall die auf die Modellhonorare entfallende Künstlersozialabgabe an ihren Kunden weiterbelasten kann.*

5   *Der Hinweis, dass die Geschäftsbedingungen auch für die Auftragserweiterung gelten, ist nicht unbedingt notwendig, aber aus Gründen der Klarheit durchaus ratsam. Hat der Auftraggeber die Geschäftsbedingungen mit dem Kostenvoranschlag oder der ersten Auftragsbestätigung in gedruckter Form erhalten, kann auf die bereits übermittelten AGB Bezug genommen werden.*

Die Nebenkosten einer Fotoproduktion sind manchmal höher als das Honorar, das die Fotografen für ihre Arbeit erhalten. Da es den Fotografen nicht zuzumuten ist, die Kosten der von ihnen eingeschalteten Subunternehmer (Fotomodelle, Stylisten, Visagisten etc.) oder die Kosten für die Anmietung eines Studios, die Beschaffung von Requisiten und die Bereitstellung sonstiger Hilfsmittel zu kreditieren, sollten sie dafür sorgen, dass ihnen der Auftraggeber einen angemessenen Kostenvorschuss zur Verfügung stellt.

In den Fällen, in denen die Vertragsbeziehung zwischen dem Fotografen und seinem Auftraggeber als entgeltliche Geschäftsbesorgung einzustufen ist, ergibt sich die Vorschusspflicht bereits unmittelbar aus dem Gesetz (§§ 675, 669 BGB). Ein Geschäftsbesorgungsvertrag wird aber regelmäßig nur dann vorliegen, wenn der Fotograf nicht nur mit einer einzelnen Arbeit beauftragt wird, sondern laufend für denselben Auftraggeber tätig ist und beispielsweise sämtliche Werbefotos für ihn anfertigt. Wird dagegen – wie im Regelfall – lediglich eine konkrete Fotoproduktion in Auftrag gegeben, handelt es sich bei der Vertragsbeziehung um einen Werkvertrag. Bei Werkverträgen ist der Auftraggeber nach der gesetzlichen Regelung (§ 632 a BGB) nur unter bestimmten Voraussetzungen zur Bereitstellung von Vorschüssen bzw. Abschlagszahlungen verpflichtet. Der Nachweis, dass diese Voraussetzungen erfüllt sind, ist bei Fotoproduktionen oft nur schwer zu führen. Deshalb ist jedem Fotografen anzuraten, die Verpflichtung des Auftraggebers zur Bereitstellung von Kostenvorschüssen oder Abschlagszahlungen vertraglich zu regeln.

Ein Nebenkostenvorschuss ist bei der Abwicklung von Fotoaufträgen allgemein üblich und bei besonders kostenintensiven Produktionen sogar die Regel. Die Anforderung des Vorschusses sollte unmittelbar nach der Auftragserteilung erfolgen. Die Vorschussrechnung kann also dem Schreiben, mit dem der Fotograf die Auftragserteilung bestätigt, direkt beigefügt werden.

Carolin Miller [1]
Fotografin
Wertgasse 23
40121 Düsseldorf

Tel.: 02 11/48 33 44
Fax: 02 11/48 33 45
mail@carolin-miller.de

Werbeagentur [2]
DesignAdventure GmbH
Pappendorfer Allee 135
20147 Hamburg

14. März 2011 [3]

Nebenkosten-Vorschussrechnung

Rechnung Nr. 0201/2011 [4]
USt-ID: DE 337 718 407 [5]

Für die Fotoproduktion [6]

Kunde:	FA. SPLASH – Sonnenkosmetikhersteller, Produkt ULTRASUN
Job Nr.:	XY 06-90-11
Auftrag:	1 Motiv „3 Frauen und 1 Mann in Bademoden am Strand/Südafrika"
	gemäß Fotobriefing vom 11. Februar 2011
Aufnahmetermin:	letzte Märzwoche 2011 [7]

bitte ich um Zahlung eines Vorschusses auf die gemäß Kostenvoranschlag vom 14. Februar 2011
anfallenden Nebenkosten:

Nebenkosten-Vorschuss	30.000,00 € [8]
zuzüglich 19 % MwSt. [9]	5.700,00 € [10]
Summe brutto	**35.700,00 €**

Jede Rechnung – auch eine Vorschussrechnung – muss gemäß § 14 Abs. 4 UStG folgende Angaben enthalten:

1   den vollständigen Namen und die vollständige Anschrift des leistenden Unternehmers und

2   des Leistungsempfängers,

3   das Ausstellungsdatum der Rechnung,

4   eine fortlaufende Rechnungsnummer,

5   die dem leistenden Unternehmer vom Finanzamt erteilte Steuernummer oder die ihm vom Bundesamt für Finanzen erteilte Umsatzsteuer-Identifikationsnummer,

6   Art und Umfang der Leistung,

7   den Zeitpunkt der Leistung bzw. den voraussichtlichen Zeitpunkt der Leistung, wobei in den Fällen, in denen der Zeitpunkt noch nicht feststeht (z. B. bei Abschlagsrechnungen über noch nicht erbrachte Leistungen), dies auf der Rechnung kenntlich zu machen ist (z. B. durch die Überschrift „Nebenkosten-Vorschussrechnung") und gegebenenfalls nur der Kalendermonat angegeben zu werden braucht, in dem die Leistung ausgeführt wird (§ 31 Abs. 4 UStDV),

8   das nach Steuersätzen aufgeschlüsselte Entgelt für die Leistung sowie jede im Voraus vereinbarte Minderung des Entgelts, sofern sie nicht bereits im Entgelt berücksichtigt ist,

9   den anzuwendenden Steuersatz sowie

10 den auf das Entgelt entfallenden Steuerbetrag.

Vollmacht für Fremdaufträge

Besonders gefährlich wird es für einen Fotografen, wenn er Aufträge an Dritte (Subunternehmer) vergibt. Da solche Aufträge häufig Kosten verursachen, die das Produktionshonorar um ein Vielfaches übersteigen, ist die Auftragserteilung mit erheblichen Risiken verbunden. Zum einen haftet der Fotograf gegenüber seinem Kunden für Fehler des Subunternehmers, zum anderen haftet er dem Subunternehmer für die Bezahlung, wenn der Kunde seinerseits nicht zahlt. Diese Risiken lassen sich vermeiden, wenn der Fotograf Aufträge an Dritte nicht im eigenen Namen, sondern im Namen des Kunden erteilt. Er handelt dann als Vertreter des Kunden mit der Folge, dass alle Rechte und Pflichten aus dem Vertrag mit dem Subunternehmer nicht ihn, sondern den Kunden direkt treffen. Dieser positive Effekt tritt jedoch nur ein, wenn drei Voraussetzungen erfüllt sind:

- Der Fotograf muss unmissverständlich (und möglichst schriftlich) klarstellen, dass er den Auftrag an den Subunternehmer im Namen des Kunden erteilt.
- Der Fotograf muss sich eine schriftliche Vollmacht geben lassen. Hat er die nicht und kann er auch keine mündliche Bevollmächtigung nachweisen, haftet er als sogenannter „vollmachtloser Vertreter", auch wenn er den Auftrag im Namen des Kunden erteilt.
- Die Vollmacht muss auf Seiten des Kunden von der richtigen Person unterschrieben sein. Bei einer GmbH ist dies in der Regel der Geschäftsführer oder ein Prokurist, bei einer Einzelfirma der Inhaber oder eine Person, die Handlungsvollmacht besitzt, bei einem Verein der Vorsitzende oder der Geschäftsführer.

Die hier als Muster abgedruckte Vollmacht trägt diesen Erfordernissen Rechnung. Am besten ist es, wenn sich der Fotograf eine solche Vollmacht in zweifacher Ausfertigung geben lässt. Dann kann er ein Original dem Auftrag an den Subunternehmer beifügen und eine Ausfertigung bei seinen Akten aufbewahren und im Streitfall vorlegen. Steht ihm nur ein Exemplar der Vollmacht zur Verfügung, muss er diese Ausfertigung auf Verlangen des Subunternehmers vorlegen. Erfahrungsgemäß wird allerdings der Subunternehmer nur dann die Vorlage einer Vollmacht verlangen, wenn es Schwierigkeiten gibt, der Kunde also beispielsweise nicht zahlt.

Vollmacht

Die Werbeagentur DesignAdventure GmbH,
vertreten durch den Geschäftsführer Klaus Meister
Pappendorfer Allee 135, 20147 Hamburg,

bevollmächtigt hiermit

die Fotografin Carolin Miller,
Wertgasse 23, 40121 Düsseldorf,

die zur Durchführung des ULTRASUN-Shootings („3 Frauen und 1 Mann in Bademoden am Strand / Südafrika",
Job Nr. XY 06-90-11) erforderlichen Fremdaufträge an Fotomodelle, Visagisten, Stylisten und sonstige Dritte
im Namen und für Rechnung der Werbeagentur zu erteilen.

Hamburg, den 15. März 2011

....
(Werbeagentur DesignAdventure GmbH)

Schlussrechnung

Die Endabrechnung (Schlussrechnung) sollte wie der Kostenvoranschlag gegliedert sein, um dem Auftraggeber die Prüfung zu erleichtern. Die Honorare sind also entsprechend der Aufteilung in dem Kostenvoranschlag deutlich von den Nebenkosten zu trennen. Die Rechnung muss außerdem die gesetzlich vorgeschriebenen Angaben enthalten (vgl. dazu die Erläuterungen auf Seite 32).

Es empfiehlt sich, in der Schlussrechnung nicht nur die Art der ausgeführten Arbeiten, sondern auch den vereinbarten Verwendungszweck noch einmal festzuhalten. Ob außerdem das Nutzungshonorar getrennt von den Tageshonoraren ausgewiesen werden sollte, muss jeder Fotograf selbst entscheiden. Da manche Auftraggeber meinen, dass mit dem Tageshonorar zugleich die Nutzung abgegolten ist, kann es manchmal ratsam sein, das Produktionshonorar und das Nutzungshonorar in einer Summe zusammenzufassen, um Irritationen beim Auftraggeber zu vermeiden. Der getrennte Ausweis der Nutzungshonorare hat allerdings den Vorteil, dass die Abrechnung dadurch transparenter und besser verständlich wird. Außerdem wird so für das Finanzamt bei einer eventuellen Steuerprüfung deutlich erkennbar, dass mit dem Fotohonorar nicht nur die Produktionsleistung, sondern zugleich die Einräumung der urheberrechtlichen Nutzungsrechte abgegolten wird. Das kann vor allem dann wichtig sein, wenn ein Fotograf seine Leistungen mit dem ermäßigten Mehrwertsteuersatz von 7 % abrechnet, denn die Übertragung von Nutzungsrechten ist wesentliche Voraussetzung für die Inanspruchnahme des Mehrwertsteuerprivilegs.

Carolin Miller
Fotografin
Wertgasse 23
40121 Düsseldorf

Tel.: 02 11 / 48 33 44
Fax: 02 11 / 48 33 45
mail@carolin-miller.de

Werbeagentur
DesignAdventure GmbH
Pappendorfer Allee 135
20147 Hamburg

Rechnung Nr. 0234 / 2011   27. April 2011

USt-ID: DE 337 718 407

Für die Fotoproduktion

Kunde:	FA. SPLASH – Sonnenkosmetikhersteller, Produkt ULTRASUN
Job Nr.:	XY 06-90-11
Auftrag:	1 Motiv „3 Frauen und 1 Mann in Bademoden am Strand / Südafrika"
	gemäß Fotobriefing vom 11. Februar 2011
Aufnahmetermin:	30. März 2011, Südafrika
Verwendung:	Doppelseitige Anzeigen in Magazinen, P.O.S., Citylight/Plakate und Internet,
	alles 1 Jahr ab Rechnungsdatum, Europa

berechne ich Ihnen folgende Honorare und Nebenkosten:

Honorare

Vorbereitung, Location, Recherche	1,00	2.500,00	2.500,00 €
Reise	2,00	1.500,00	3.000,00 €
Shooting	1,00	2.500,00	2.500,00 €
Nutzung für o. a. Verwendungszweck (500 % des Shooting-Honorars) [1]	5,00	2.500,00	12.500,00 €

Nebenkosten

Reisekosten Fotograf (Beleg Nr. 001) [2]	1,00	1.495,70	1.495,70 €
Übernachtung Fotograf (Beleg Nr. 002)	5,00	150,00	750,00 €
Spesen Fotograf	5,00	40,00	200,00 €
Organisation und Casting	3,00	520,00	1.560,00 €
Assistent vor Ort (Josh Foster; Beleg Nr. 003)	3,00	150,00	450,00 €
Datenbereitstellungspauschale	1,00	500,00	500,00 €
Verbrauchsmaterial:			
• Booklet	3,00	10,00	30,00 €
• DVD-Brennen	4,00	30,00	120,00 €
• Digitaler Print A4 matt	45,00	3,10	139,50 €
• Polaroids	10,00	1,80	18,00 €
Zwischensumme			25.763,20 €

Übertrag			25.763,20 €
Operator (Rodrigo Gonzales; Beleg Nr. 004)	1,00	300,00	300,00 €
Weibliche Modelle (Linda Groß, Janet Kontz, Monica Bloom – Agentur Body; inkl. 20 % Agenturprovision; Modellrechte für o.g. Verwendungszweck; Beleg Nr. 005) [3]	3,00	9.000,00	27.000,00 €
Männliches Modell (Georg Wessel – Agentur Muscles; inkl. 20 % Agenturprovision; Modellrechte für o.g. Verwendungszweck; Beleg Nr. 006) [3]	1,00	9.000,00	9.000,00 €
Styling ab Kapstadt (Bonita Basmati; Beleg Nr. 007)	2,00	450,00	900,00 €
Künstlersozialabgabe Styling (3,9 % von 900,00 €) [4]	1,00	35,10	35,10 €
Fahrtkosten Bonita Basmati, 61 km; Beleg Nr. 008)	61,00	0,30	18,30 €
Leihgebühren Bademoden (Beleg Nr. 009)	1,00	598,36	598,36 €
Hair & Make Up ab Kapstadt (Eric Moore; Beleg Nr. 010)	1,00	450,00	450,00 €
Hair & Make Up – Assistent (Loretta Baci; Beleg Nr. 011)	1,00	320,00	320,00 €
Künstlersozialabgabe Hair & Make Up (3,9 % von 450,00 € + 320,00 € = 770,00 €) [5]	1,00	30,03	30,03 €
Production Company (Sky Arts; Beleg Nr. 012)	3,00	250,00	750,00 €
Production Manager	2,00	110,00	220,00 €
Neil Myers (Production Company; Beleg Nr. 013)			
Runner (Production Company; Beleg Nr. 014)	1,00	80,00	80,00 €
Permitts (Production Company; Beleg Nr. 015)	1,00	80,00	80,00 €
Locationgebühr (Production Company; Beleg Nr. 016)	1,00	250,00	250,00 €
Mietwagen Fotograf (Beleg Nr. 017)	3,00	70,00	210,00 €
Minivan, 9-Sitzer inkl. Versicherung (Beleg Nr. 018)	1,00	90,00	90,00 €
Mercedes Sprinter inkl. Versicherung (Beleg Nr. 019)	1,00	130,00	130,00 €
Benzin insgesamt (Belege Nr. 020)	1,00	97,68	97,68 €
Special Equipment (Sunrise Company; Beleg Nr. 021)	1,00	1.650,13	1.650,13 €
Catering on Set (Beleg Nr. 022)	1,00	210,00	210,00 €
Postproduction Regie (2 x 0,5 Tage)	1,00	2.500,00	2.500,00 €
Postproduction EBV:			
• Motiv wandeln von RGB nach CMYK (Hoch- und Querformat)	2,00	50,00	100,00 €
• Retusche	2,00	800,00	1.600,00 €
• Composing	1,50	800,00	1.200,00 €
• Digitaler Proof (hoch und quer) mit ISO Standard in DIN A3	2,00	50,00	100,00 €
• Autorenkorrekturen (1 x inkl.; zzgl. 2. Korrektur à 1,5 Std.)	1,50	120,00	180,00 €
Zwischensumme			73.862,80 €

Übertrag			73.862,80 €
Kurierfahrten (Beleg Nr. 023)	1,00	155,00	155,00 €
Büropauschale (Telefon, Fax etc.)	1,00	200,00	200,00 €
Produktionsversicherung (Belege Nr. 024)	1,00	500,00	500,00 €
Übergepäck (Beleg Nr. 025)	1,00	1.500,00	1.500,00 €
Zwischensumme netto			76.217,80 €
Abzüglich Vorschusszahlung netto [6]			30.000,00 €
Endsumme netto			46.217,80 €
zuzüglich 19 % MwSt. [7]			8.781,39 €
Endsumme brutto			**54.999,18 €**

Zahlbar sofort ohne jeden Abzug [8]

Bankverbindung: Stadtsparkasse Düsseldorf, BLZ 300 501 10, Konto 363 454 232

Anlagen: 25 Belege, Kopien der Modellverträge [9]

1   Der Aufschlag, der im Kostenvoranschlag für die Nutzung in Deutschland vorgesehen war (300 %), wurde hier der Einfachheit halber mit dem in der Nachkalkulation genannten Aufschlag für die erweiterte Nutzung (200 %) zu einem einheitlichen Wert (500 %) zusammengefasst. Wenn der Auftraggeber wünscht,
dass die ursprünglichen Ansätze des Kostenvoranschlags in der Schlussrechnung getrennt von den Beträgen ausgewiesen werden, die durch die Auftragserweiterung hinzukommen, ist die Rechnung entsprechend zu ändern.

2   Die Nebenkosten sollten möglichst über kopierte Belege abgerechnet werden. In die Rechnung werden
nur die Nettobeträge der Belege übernommen.

3   Das im Kostenvoranschlag ausgewiesene Honorar für die Fotomodelle hat sich durch die nachträgliche
Nutzungserweiterung um 6.000,00 € pro Modell erhöht. Deshalb geht die Schlussrechnung von einem
entsprechend erhöhten Einzelhonorar aus. Wenn der Auftraggeber wünscht, dass die ursprünglichen
Ansätze des Kostenvoranschlags in der Schlussrechnung getrennt von den Beträgen ausgewiesen werden, die durch die Auftragserweiterung hinzukommen, ist die Rechnung auch in Bezug auf die Modell-
kosten entsprechend zu ändern.

4   Visagisten und Stylisten werden vom Bundessozialgericht als Künstler eingestuft (BSG, Urteil vom
12. Mai 2005, SGB 2006, 44). Deshalb unterliegen die Entgelte, die an selbständige Visagisten und
Stylisten gezahlt werden, der Künstlersozialabgabepflicht. Abgabepflichtig ist in der Regel der Auftrag-

geber, in dem hier dokumentierten Fallbeispiel also die Fotografin, die alle Fremdaufträge im eigenen Namen und auf eigene Rechnung erteilt hat. Die Tatsache, dass das Shooting in Südafrika stattgefunden hat und die Stylistin (vermutlich) in Südafrika wohnt und arbeitet, spielt in diesem Zusammenhang keine Rolle. Entscheidend ist, dass die Fotografin als Auftraggeberin der Stylistin in Deutschland ansässig ist. Das reicht aus, um für sie die Künstlersozialabgabepflicht zu begründen (EuGH, Urteil vom 8. März 2001, NJW 2002, 589).

Bemessungsgrundlage für die Künstlersozialabgabe ist das an die Stylistin gezahlte Entgelt. Auf diese Bemessungsgrundlage ist der Abgabesatz anzuwenden, der jedes Jahr neu festgesetzt wird. Da die Entgeltzahlung an die Stylistin hier im Jahre 2011 erfolgt, ist der Abgabesatz für 2011 anzuwenden.

5   Abgabepflichtig sind sämtliche Zahlungen, die der Abgabepflichtige an den Künstler leistet. Zur Bemessungsgrundlage gehören dementsprechend nicht nur die Honorare, sondern auch die Nebenkosten und Auslagen, die ein Künstler seinem Auftraggeber in Rechnung stellt. Unberücksichtigt bleiben lediglich die Reise- und Bewirtungskosten gemäß Entgeltverordnung vom 22. Januar 1991 (BGBl. I S. 156).
Da der Visagist in dem Fallbeispiel für Hair & Make Up nicht nur sein eigenes Honorar (450,00 €), sondern auch die Kosten seiner Assistentin (320,00 €) abgerechnet hat, unterliegen diese Ausgaben insgesamt der Künstlersozialabgabepflicht. Der Abgabesatz ist daher auf die Summe der beiden Positionen (770,00 €) anzuwenden.

6   Die Zahlung, die der Auftraggeber auf die Nebenkosten-Vorschussrechnung geleistet hat (vgl. dazu Seite 31), ist bei der Endabrechnung zu berücksichtigen.

7   Zu der Frage, ob die Mehrwertsteuer mit dem Regelsatz (zur Zeit 19 %) oder mit dem ermäßigten Steuersatz von derzeit 7 % anzusetzen ist, wird auf die Erläuterungen in dem BFF Handbuch „Basiswissen" (4. Auflage, Seite 278 ff.) verwiesen.

8   Denkbar ist auch ein späteres Zahlungsziel, das allerdings präzise benannt werden sollte (z. B. „Zahlbar bis 20. Mai 2011"). Allgemeine Fristbestimmungen, bei denen der Beginn der Frist nicht exakt angegeben wird und damit auch das Ende der Frist unklar bleibt (z. B. „Zahlbar innerhalb von zwei Wochen"), sind zu vermeiden.

9   Die mit den Fotomodellen abgeschlossenen Verträge sollten der Rechnung in Kopie beigefügt werden, damit der Auftraggeber jederzeit den Nachweis führen kann, dass die für die Fotonutzung erforderliche Einwilligung der Modelle ordnungsgemäß erteilt ist.

Erste Zahlungserinnerung

Wenn der Auftraggeber nicht zahlt, sollte er zunächst mit einer Mahnung („Zahlungserinnerung") zur Begleichung der Rechnung aufgefordert werden. Allerdings kommt ein Schuldner auch ohne vorherige Mahnung in Verzug kommt, wenn für die Zahlung eine bestimmte Frist vertraglich festgelegt ist und er diese Frist nicht einhält (§ 286 Abs. 2 BGB) oder wenn er die Geldforderung nicht innerhalb von 30 Tagen nach Fälligkeit und Zugang einer Rechnung oder einer gleichwertigen Zahlungsaufforderung ausgleicht (§ 284 Abs. 3 BGB).

Der Verzug, der durch Versäumung einer vertraglich vereinbarten Zahlungsfrist, durch Überschreitung der 30-Tage-Frist oder durch eine Mahnung herbeigeführt wird, ist für den Schuldner mit einigen unangenehmen Folgen verbunden. So sind vom Verzugseintritt an bei Geschäften mit Verbrauchern Verzugszinsen in Höhe von mindestens fünf Prozentpunkten über dem Basiszinssatz fällig. Bei Geschäften mit Unternehmern (wozu wohl die meisten Kunden der Fotografen gehören dürften) erhöht sich dieser Zinssatz sogar auf acht Prozentpunkte über dem Basiszinssatz. Außerdem muss der in Verzug geratene Schuldner den gesamten Verzugsschaden ersetzen, der dem Gläubiger durch die Zahlungsverzögerung entsteht. Zum Verzugsschaden gehören normalerweise auch die Kosten, die mit der Einschaltung eines Rechtsanwalts verbunden sind.

Auch wenn die Verzugsfolgen allein schon durch Überschreitung der 30-Tage-Frist eintreten und es daher nicht unbedingt einer Mahnung bedarf, empfiehlt es sich nicht, auf eine Mahnung generell zu verzichten und den Auftraggeber, der die 30-Tage-Frist versäumt, gleich mit einer Klage oder einem gerichtlichen Mahnverfahren zu überziehen. Zum einen ist bei einem solchen Vorgehen nicht auszuschließen, dass dem Gläubiger sämtliche Prozesskosten auferlegt werden, falls der Schuldner die Geldforderung in dem Gerichtsverfahren sofort anerkennt. Zum anderen kann eine vorherige Mahnung dazu beitragen, die Gründe für die Zahlungsverzögerung bzw. Zahlungsverweigerung des Schuldners zu klären und den Gläubiger so vor überraschenden Einwänden nach Einleitung eines kostenaufwendigen Gerichtsverfahrens zu bewahren.

Für die Mahnung gibt es keine Formvorschriften. Es ist nicht einmal erforderlich, dass der Schuldner ausdrücklich zur Zahlung aufgefordert wird. Daher kann eine Mahnung beispielsweise auch durch das Übersenden einer Rechnungskopie, die Zusendung einer ausgefüllten Zahlkarte oder in Form einer höflichen Zahlungserinnerung erfolgen. Wichtig ist nur, dass der Mahnende unzweideutig zum Ausdruck bringt, dass er von dem Schuldner eine bestimmte Leistung verlangt.

Carolin Miller
Fotografin
Wertgasse 23
40121 Düsseldorf

Tel.: 02 11/48 33 44
Fax: 02 11/48 33 45
mail@carolin-miller.de

Werbeagentur
DesignAdventure GmbH
Pappendorfer Allee 135
20147 Hamburg

26. Mai 2011

Zahlungserinnerung [1]

Sehr geehrter Herr Meister,

nach Abschluss der Fotoproduktion für den Kunden SPLASH (Job Nr. XY 06-90-11) habe ich Ihnen meine Rechnung Nr. 0234/2011 vom 27. April 2011 zugeschickt. Leider ist bisher keine Zahlung bei mir eingegangen. Ich bitte Sie deshalb, den Rechnungsbetrag in Höhe von 54.999,18 € [2] nunmehr bis zum 7. Juni 2011 [3] zu begleichen.

Sollte sich diese Zahlungserinnerung mit Ihrer Überweisung gekreuzt haben, betrachten Sie bitte mein Schreiben als gegenstandslos.

Mit freundlichen Grüßen

Carolin Miller

1 *Die Bezeichnung „Zahlungserinnerung" ist eine höfliche Alternative zu dem vielfach als Drohung empfundenen Begriff „Mahnung". Zwar ist die Verwendung dieser Begriffe nicht vorgeschrieben, doch empfiehlt es sich, durch solche oder ähnliche Formulierungen deutlich zu machen, dass es sich um ein Mahnschreiben handelt.*

2 *In der Mahnung sollte man den Betrag, der gefordert wird, konkret beziffern. Um dem Einwand vorzubeugen, die Rechnung sei nicht eingegangen oder nicht mehr auffindbar, kann es außerdem ratsam sein, der Mahnung nochmals eine Kopie der Rechnung beizufügen.*

3 Die Zahlungsfrist sollte so bemessen werden, dass sie unter Berücksichtigung der normalen Postlaufzeiten, einer angemessenen Prüfungsfrist und der üblichen Zeitdauer für den Geldtransfer vom Schuldner auch eingehalten werden kann. Sie sollte deshalb ein Minimum von zehn Tagen, gerechnet ab dem Datum des Mahnschreibens, in der Regel nicht unterschreiten.

Allgemeine Fristbestimmungen, bei denen das Ende der Zahlungsfrist nicht exakt festgelegt ist (z.B. „Zahlung innerhalb von zwei Wochen"), sind zu vermeiden. Statt dessen sollte als Zahlungsziel stets ein konkretes Datum genannt werden (z. B. „Zahlung bis zum 7. Juni 2011")..

Letzte Mahnung

Die Versendung mehrerer Mahnungen ist an sich nicht erforderlich. Eine Mahnung reicht bereits aus, um den Schuldner in Verzug zu setzen (sofern er nicht bereits dadurch in Verzug geraten ist, dass er eine vereinbarte Zahlungsfrist oder die gesetzliche 30-Tage-Frist versäumt hat). Dennoch kann es insbesondere bei langjährigen, besonders guten oder im Prinzip zahlungswilligen Kunden sinnvoll sein, nach der ersten Mahnung eventuell noch eine zweite oder dritte Mahnung zu schicken, bevor man ein gerichtliches Mahnverfahren einleitet oder Klage erhebt.

Auch wenn die Androhung bestimmter Folgen nicht vorgeschrieben ist, sollte spätestens in der letzten Mahnung angekündigt werden, mit welchen Konsequenzen der Schuldner zu rechnen hat, falls er auch diese Zahlungsaufforderung nicht beachtet.

Carolin Miller
Fotografin
Wertgasse 23
40121 Düsseldorf

Tel.: 02 11 / 48 33 44
Fax: 02 11 / 48 33 45
mail@carolin-miller.de

Werbeagentur
DesignAdventure GmbH
Pappendorfer Allee 135
20147 Hamburg

Mahnung   10. Juni 2011

Sehr geehrter Herr Meister,

meine Rechnung Nr. 0234 / 2011 vom 27. April 2011 ist immer noch nicht ausgeglichen. Auf meine Zahlungserinnerung vom 26. Mai 2011 haben Sie leider nicht reagiert. Ich sehe mich deshalb zu meinem Bedauern
veranlasst, Ihnen eine letzte Zahlungsfrist bis

Dienstag, den 21. Juni 2011

zu setzen. Sollte der Rechnungsbetrag von 54.999,18 € bis zum Ablauf dieser Frist nicht auf meinem Konto
eingegangen sein, müssen Sie damit rechnen, dass ich den Vorgang meinem Rechtsanwalt zur weiteren
Bearbeitung übergebe. Es liegt in Ihrem eigenen Interesse, die damit verbundenen Kosten durch eine rechtzeitige Zahlung zu vermeiden.

Mit freundlichen Grüßen

Carolin Miller

Allgemeine Geschäftsbedingungen 2

Mündliche Vereinbarungen zwischen Fotografen und ihren Auftraggebern beschränken sich meist auf das notwendige Minimum. Oft wird nur der Umfang der Leistungen grob festgelegt und nicht einmal über die Höhe der Vergütung gesprochen. Angesichts dieser Vertragspraxis kann ein Fotograf seine Rechte nur dann wahren, wenn er vorformulierte Vertragsbedingungen verwendet, auf die er bei Abschluss eines Vertrages einfach Bezug nimmt. Solche Allgemeinen Geschäftsbedingungen (AGB) haben den Vorteil, dass sie die Punkte, die für den Fotografen bei der Abwicklung eines Auftrags besonders wichtig sind, für eine Vielzahl von Verträgen regeln. Die einzelnen Klauseln brauchen nicht bei jedem Vertragsabschluss neu verhandelt zu werden. Es genügt, dass der Fotograf auf seine AGB bei der Auftragserteilung hinweist und sie so in den Vertrag einbezieht.

Der Hinweis auf die AGB kann mündlich erfolgen, doch wird ein solcher mündlicher Hinweis später nur schwer nachweisbar sein. Besser ist es, den Auftraggeber während der Vertragsgespräche auf die AGB hinzuweisen und ihm anschließend ein Bestätigungsschreiben zu übersenden, in dem nochmals festgehalten wird, dass die AGB des Fotografen gelten. Allerdings reicht eine solche Bestätigung für sich allein nicht aus, um die Geschäftsbedingungen wirksam in den Vertrag einzubeziehen. Der Fotograf muss außerdem sicherstellen, dass sich der Auftraggeber in zumutbarer Weise über den Inhalt der AGB informieren kann. Es gibt verschiedene Möglichkeiten, diese Anforderung zu erfüllen. So kann man die Geschäftsbedingungen beispielsweise auf der Rückseite des Bestätigungsschreibens abdrucken oder dem Schreiben ein Exemplar der Geschäftsbedingungen beifügen, wobei darauf zu achten ist, dass auf der Vorderseite des Bestätigungsschreibens ausdrücklich auf die Geltung der „umseitig abgedruckten" bzw. der „als Anlage beigefügten" AGB hingewiesen wird. Eine andere Möglichkeit, dem Auftraggeber die AGB zur Kenntnis zu bringen, ist die Angabe einer Web-Adresse, unter der die Geschäftsbedingungen für ihn abrufbar sind. Dazu sollte der AGB-Text in einer downloadfähigen Version (z. B. als PDF-Datei) auf der Webseite des Fotografen bereitgestellt werden. In dem Bestätigungsschreiben kann dann einfach darauf verwiesen werden, dass die Geschäftsbedingungen unter der angegebenen Web-Adresse einsehbar bzw. abrufbar sind.

Allgemeine Geschäftsbedingungen müssen prinzipiell den besonderen Anforderungen genügen, die das Gesetz für vorformulierte Vertragsbedingungen vorsieht (§§ 305 ff. BGB). Allerdings sind diese Anforderrungen unterschiedlich, je nachdem ob die AGB gegenüber Verbrauchern oder gegenüber Unternehmern zur Anwendung kommen. So sind zahlreiche AGB-Klauseln in Verträgen, die mit Verbrauchern abgeschlossen werden, generell verboten (§§ 308, 309 BGB), während bei Vertragsabschlüssen mit Unternehmern lediglich überraschende Klauseln und solche Klauseln unzulässig sind, die den Vertragspartner entgegen den Geboten von Treu und Glauben unangemessen benachteiligen (§§ 305 c, 307 BGB). Da es sich bei den Kunden der Fotografen in der Regel um Unternehmer handelt, wurden die nachfolgenden AGB-Muster auch nur für Rechtsgeschäfte zwischen Fotografen und Unternehmern konzipiert. Für eine Verwendung gegenüber Verbrauchern, die die jeweilige Vertragsleistung weder für gewerbliche Zwecke noch im Rahmen einer selbständigen beruflichen Tätigkeit verwenden, sind diese Geschäftsbedingungen nicht geeignet.

Individuelle Vertragsabreden – auch mündliche – haben stets Vorrang vor Allgemeinen Geschäftsbedingungen. Der Wirkungsbereich von AGB-Bestimmungen ist also begrenzt. Vereinbaren die Vertragsparteien zu einzelnen Punkten eine individuelle Regelung, die von den AGB abweicht, treten die AGB insoweit außer Kraft.

Allgemeine Geschäftsbedingungen gelten auch nur dann, wenn ihnen nicht widersprochen wird. Der Widerspruch kann dadurch erfolgen, dass der andere Vertragspartner die AGB ausdrücklich ablehnt. Es ist aber auch ein konkludenter Widerspruch in der Form möglich, dass der Vertragspartner seine eigenen AGB ins Spiel bringt und erklärt, er wolle diese zum Vertragsbestandteil machen. Wenn und soweit sich die AGB der beiden Parteien in einem solchen Fall gegenseitig widersprechen, gelten weder die AGB des Fotografen noch die des Auftraggebers. Statt dessen gilt das Werkvertrags- oder Dienstvertragsrecht des BGB.

Das mag zunächst unbefriedigend erscheinen, kann aber für den Fotografen, der ja häufig der schwächere Vertragspartner ist, durchaus von Vorteil sein. Dadurch, dass er den AGB des Auftraggebers seine eigenen Geschäftsbedingungen entgegensetzt, kann er zumindest erreichen, dass die gesetzlichen Regelungen gelten, soweit seine AGB mit denen des Auftraggebers nicht übereinstimmen. Auf diese Weise lässt sich Schlimmeres verhindern, denn die gesetzlichen Regelungen sind für ihn meist günstiger als die AGB seines Auftraggebers.

Geschäftsbedingungen für Fotografen (deutsche Fassung)

Die nachfolgenden „Allgemeinen Geschäftsbedingungen für Fotografen (AGB/BFF)" regeln die Vertragsbeziehung zwischen Fotografen und ihren Auftraggebern. Sie sind nicht nur bei Aufträgen zur Herstellung neuer Bilder (Produktionsverträgen), sondern auch bei der Einräumung und Übertragung von Nutzungsrechten an bereits hergestellten Bildern (Lizenzverträgen) und bei der Verwertung von Archivmaterial anwendbar.

Der BFF Bund Freischaffender Foto-Designer empfiehlt seinen Mitgliedern, die AGB/BFF in alle Verträge mit ihren Auftraggebern einzubeziehen. Diese Empfehlung ist unverbindlich. Den BFF-Mitgliedern steht es frei, der Empfehlung zu folgen oder auf andere Geschäftsbedingungen zurückzugreifen.

Die AGB/BFF können in der hier vorgestellten Fassung ohne weiteres verwendet und beispielsweise auf der Rückseite eines Bestätigungsschreibens (Muster auf Seite 24) abgedruckt werden. Aber auch in den Fällen, in denen ihre Einbeziehung in einen Vertrag einmal nicht möglich ist, können die AGB eine wertvolle Hilfe sein. Da sie die wichtigsten Punkte behandeln, auf die ein Fotograf bei jedem Vertragsabschluss achten sollte, sind sie bei Vertragsverhandlungen wie eine Checkliste verwendbar. Sie geben Hinweise, was mit dem Auftraggeber besprochen werden sollte und wie einzelne Vertragspunkte zu formulieren sind.

Allgemeine Geschäftsbedingungen für Fotografen (AGB/BFF)

1 Geltung der Geschäftsbedingungen

1.1 Die Produktion von Bildern und die Erteilung von Bildlizenzen erfolgt ausschließlich auf der Grundlage nachstehender Geschäftsbedingungen. Diese Bedingungen gelten auch für alle künftigen Produktions- und Lizenzverträge, sofern nicht ausdrücklich abweichende Regelungen vereinbart werden.

1.2 Geschäftsbedingungen des Auftraggebers, die von den nachstehenden Bedingungen abweichen, werden nicht anerkannt. Solche abweichenden Geschäftsbedingungen werden auch dann nicht Vertragsinhalt, wenn der Fotograf ihnen nicht ausdrücklich widerspricht

2 Produktionsaufträge

2.1 Kostenvoranschläge des Fotografen sind unverbindlich. Kostenerhöhungen braucht der Fotograf nur anzuzeigen, wenn eine Überschreitung der ursprünglich veranschlagten Gesamtkosten um mehr als 15 % zu erwarten ist.

2.2 Bei Personenaufnahmen und bei Aufnahmen von Objekten, an denen fremde Urheberrechte, Eigentumsrechte oder sonstige Rechte Dritter bestehen, ist der Auftraggeber verpflichtet, die für die Anfertigung und Nutzung der Bilder erforderliche Zustimmung der abgebildeten Personen und der Rechtsinhaber einzuholen. Der Auftraggeber hat den Fotografen von Ersatzansprüchen Dritter freizustellen, die aus der Verletzung dieser Pflicht resultieren. Die Freistellungsverpflichtung entfällt, sofern der Auftraggeber nachweist, dass ihn kein Verschulden trifft.

Die vorstehende Regelung gilt auch dann, wenn der Fotograf die aufzunehmenden Personen oder Objekte selbst auswählt, sofern er den Auftraggeber so rechtzeitig über die getroffene Auswahl informiert, dass dieser die notwendigen Zustimmungserklärungen einholen oder andere geeignete Personen bzw. Objekte für die Aufnahmearbeiten auswählen und zur Verfügung stellen kann.

2.3 Muss bei der Auftragsabwicklung die Leistung eines Dritten in Anspruch genommen oder ein sonstiger Vertrag mit Dritten abgeschlossen werden, ist der Fotograf bevollmächtigt, die entsprechenden Verpflichtungen im Namen und für Rechnung des Auftraggebers einzugehen.

2.4 Der Fotograf wählt die Bilder aus, die er dem Auftraggeber bei Abschluss der Produktion zur Abnahme vorlegt. Nutzungsrechte werden unter der Voraussetzung vollständiger Zahlung (Ziffer 3.4) nur an den Bildern eingeräumt, die der Auftraggeber als vertragsgemäß abnimmt.

2.5 Der Auftraggeber ist verpflichtet, die ihm nach Abschluss der Aufnahmearbeiten vorgelegten Bilder innerhalb einer angemessenen Frist zu untersuchen und eventuelle Mängel gegenüber dem Fotografen zu rügen. Die Rüge von offensichtlichen Mängeln muss schriftlich innerhalb von zwei Wochen nach Ablieferung der Bilder, die Rüge nicht offensichtlicher Mängel innerhalb einer Frist von zwei Wochen nach dem Erkennen des Mangels erfolgen. Zur Wahrung der Rügefrist genügt die rechtzeitige Absendung der Rüge. Bei Verletzung der Untersuchungs- und Rügepflicht gelten die Bilder in Ansehung des betreffenden Mangels als genehmigt.

3   Produktionshonorar und Nebenkosten

3.1 Wird die für die Aufnahmearbeiten vorgesehene Zeit aus Gründen, die der Fotograf nicht zu vertreten hat, wesentlich überschritten, ist ein vereinbartes Pauschalhonorar entsprechend zu erhöhen. Ist ein Zeithonorar vereinbart, erhält der Fotograf auch für die Zeit, um die sich die Aufnahmearbeiten verlängern, den vereinbarten Stunden- oder Tagessatz.

3.2 Der Auftraggeber hat zusätzlich zu dem geschuldeten Honorar die Nebenkosten zu erstatten, die dem Fotografen im Zusammenhang mit der Auftragsdurchführung entstehen (z.B. für Filmmaterial, digitale Bildbearbeitung, Fotomodelle, Reisen).

3.3 Das Produktionshonorar ist bei Ablieferung der Bilder fällig. Wird eine Bildproduktion in Teilen abgeliefert, ist das entsprechende Teilhonorar jeweils bei Ablieferung eines Teiles fällig. Erstreckt sich die Ausführung eines Auftrags über einen längeren Zeitraum, kann der Fotograf Abschlagszahlungen entsprechend dem erbrachten Arbeitsaufwand verlangen.

3.4 Die urheberrechtlichen Nutzungsrechte erwirbt der Auftraggeber erst mit der vollständigen Bezahlung des Honorars und der Erstattung sämtlicher Nebenkosten.

4   Anforderung von Archivbildern

4.1 Bilder, die der Auftraggeber aus dem Archiv des Fotografen anfordert, werden zur Sichtung und Auswahl für die Dauer eines Monats ab Datum des Lieferscheins zur Verfügung gestellt. Kommt innerhalb der Auswahlfrist kein Lizenzvertrag zustande, sind analoge Bilder und vom Fotografen zur Verfügung gestellte Bilddatenträger bis zum Ablauf der Frist zurückzugeben sowie sämtliche Bilddaten, die der Auftraggeber auf eigenen Datenträgern gespeichert hat, zu löschen.

4.2 Mit der Überlassung der Bilder zur Sichtung und Auswahl werden keine Nutzungsrechte übertragen. Jede Nutzung bedarf einer vorherigen schriftlichen Freigabeerklärung des Fotografen.

4.3 Die Verwendung der Bilder als Arbeitsvorlagen für Skizzen oder zu Layoutzwecken, ebenso die Präsentation bei Kunden, stellt bereits eine kostenpflichtige Nutzung dar. Werden Diarahmen oder Folien geöffnet, ist der Fotograf – vorbehaltlich eines weitergehenden Zahlungsanspruchs – zur Berechnung eines Layouthonorars berechtigt, auch wenn es zu einer Nutzung der Bilder nicht gekommen ist.

4.4 Für die Zusammenstellung der Bildauswahl kann der Fotograf eine Bearbeitungsgebühr berechnen, die sich nach Art und Umfang des entstandenen Aufwandes bemisst und mindestens 30 € beträgt. Versandkosten (Verpackung, Porto) einschließlich der Kosten für besondere Versandarten (Taxi, Luftfracht, Eilboten) hat der Auftraggeber zusätzlich zu erstatten.

4.5 Wird die in 4.1 geregelte oder die im Lizenzvertrag vereinbarte Rückgabefrist für analoges Bildmaterial überschritten, ist bis zum Eingang der Bilder beim Fotografen neben den sonstigen Kosten und Honoraren eine Blockierungsgebühr zu zahlen. Die Blockierungsgebühr beträgt 1,50 € pro Tag und Bild, wobei für das einzelne Bild ungeachtet der jeweiligen Blockierungsdauer höchstens der Betrag gefordert werden kann, der in Ziffer 7.5 (Satz 2) der Geschäftsbedingungen als Schadenspauschale für den Verlust des Bildes vorgesehen ist. Dem Auftraggeber bleibt der Nachweis vorbehalten, dass dem Fotografen durch die verspätete Rückgabe der Bilder kein Schaden entstanden oder der entstandene Schaden wesentlich niedriger ist als die Blockierungsgebühr.

5 Nutzungsrechte

5.1 Der Auftraggeber erwirbt an den Bildern nur Nutzungsrechte in dem vertraglich festgelegten Umfang. Eigentumsrechte werden nicht übertragen. Ungeachtet des Umfangs der im Einzelfall eingeräumten Nutzungsrechte bleibt der Fotograf berechtigt, die Bilder im Rahmen seiner Eigenwerbung zu verwenden.

5.2 Die Einräumung und Übertragung der vom Auftraggeber erworbenen Nutzungsrechte an Dritte, auch an andere Redaktionen eines Verlags, bedarf der schriftlichen Zustimmung des Fotografen.

5.3 Eine Nutzung der Bilder ist grundsätzlich nur in der Originalfassung zulässig. Jede Änderung oder Umgestaltung (z. B. Montage, fototechnische Verfremdung, Colorierung) und jede Veränderung bei der Bildwiedergabe (z. B. Veröffentlichung in Ausschnitten) bedarf der vorherigen Zustimmung des Fotografen. Hiervon ausgenommen ist lediglich die Beseitigung ungewollter Unschärfen oder farblicher Schwächen mittels digitaler Retusche.

5.4 Bei jeder Bildveröffentlichung ist der Fotograf als Urheber zu benennen. Die Benennung muss beim Bild erfolgen.

6 Digitale Bildverarbeitung

6.1 Die Digitalisierung analoger Bilder und die Weitergabe von digitalen Bildern im Wege der Datenfernübertragung oder auf Datenträgern ist nur zulässig, soweit die Ausübung der eingeräumten Nutzungsrechte diese Form der Vervielfältigung und Verbreitung erfordert.

6.2 Bilddaten dürfen nur für die eigenen Zwecke des Auftraggebers und nur für die Dauer des Nutzungsrechts digital archiviert werden. Die Speicherung der Bilddaten in Online-Datenbanken oder sonstigen digitalen Archiven, die Dritten zugänglich sind, bedarf einer gesonderten Vereinbarung zwischen dem Fotografen und dem Auftraggeber.

6.3 Bei der digitalen Erfassung der Bilder muss der Name des Fotografen mit den Bilddaten elektronisch verknüpft werden. Der Auftraggeber hat außerdem durch geeignete technische Vorkehrungen sicherzustellen, dass diese Verknüpfung bei jeder Datenübermittlung, bei der Übertragung der Bilddaten auf andere Datenträger, bei der Wiedergabe auf einem Bildschirm sowie bei jeder öffentlichen Wiedergabe erhalten bleibt und der Fotograf jederzeit als Urheber der Bilder identifiziert werden kann.

7 Haftung und Schadensersatz

7.1 Der Fotograf haftet nur für Schäden, die er selbst oder seine Erfüllungsgehilfen vorsätzlich oder grob fahrlässig herbeiführen. Davon ausgenommen sind Schäden aus der Verletzung einer Vertragspflicht, die für die Erreichung des Vertragszwecks von wesentlicher Bedeutung ist (Kardinalpflicht), sowie Schäden aus der Verletzung des Lebens, des Körpers oder der Gesundheit, für die der Fotograf auch bei leichter Fahrlässigkeit haftet.

7.2 Der Fotograf übernimmt keine Haftung für die Art der Nutzung seiner Bilder. Insbesondere haftet er nicht für die wettbewerbs- und markenrechtliche Zulässigkeit der Nutzung.

7.3 Ansprüche des Auftraggebers, die sich aus einer Pflichtverletzung des Fotografen oder seiner Erfüllungsgehilfen ergeben, verjähren ein Jahr nach dem gesetzlichen Verjährungsbeginn. Davon ausgenommen sind Schadensersatzansprüche, die auf einer vorsätzlichen oder grob fahrlässigen Pflichtverletzung des Fotografen oder seiner Erfüllungsgehilfen beruhen, und Schadensersatzansprüche wegen Verletzung des Lebens, des Körpers oder der Gesundheit, auch soweit sie auf einer leicht fahrlässigen Pflichtverletzung des Fotografen oder seiner Erfüllungsgehilfen beruhen; für diese Schadensersatzansprüche gelten die gesetzlichen Verjährungsfristen.

7.4 Die Zusendung und Rücksendung von Bildern erfolgt auf Gefahr und für Rechnung des Auftraggebers.

7.5 Gehen analoge Bilder im Risikobereich des Auftraggebers verloren oder werden solche Bilder in einem Zustand zurückgegeben, der eine weitere Verwendung nach den üblichen Gepflogenheiten ausschließt, hat der Auftraggeber Schadensersatz zu leisten. Der Fotograf ist in diesem Fall berechtigt, mindestens Schadensersatz in Höhe von 1.000 € für jedes Original und von 200 € für jedes Duplikat zu verlangen, sofern nicht der Auftraggeber nachweist, dass ein Schaden überhaupt nicht entstanden oder wesentlich niedriger ist als die geforderte Schadenspauschale. Die Geltendmachung eines höheren Schadensersatzanspruchs bleibt dem Fotografen vorbehalten.

7.6 Bei unberechtigter Nutzung, Veränderung, Umgestaltung oder Weitergabe eines Bildes ist der Fotograf berechtigt, eine Vertragsstrafe in Höhe des fünffachen vereinbarten oder, mangels Vereinbarung, des fünffachen üblichen Nutzungshonorars zu fordern, mindestens jedoch 500 € pro Bild und Einzelfall. Die Geltendmachung eines weitergehenden Schadensersatzanspruchs bleibt hiervon unberührt.

7.7 Unterbleibt bei einer Bildveröffentlichung die Benennung des Fotografen (Ziffer 5.4) oder wird der Name des Fotografen mit dem digitalen Bild nicht dauerhaft verknüpft (Ziffer 6.3), hat der Auftraggeber eine Vertragsstrafe in Höhe von 100 % des vereinbarten oder, mangels Vereinbarung, des üblichen Nutzungshonorars zu zahlen, mindestens jedoch 200 € pro Bild und Einzelfall. Dem Fotografen bleibt auch insoweit die Geltendmachung eines weitergehenden Schadensersatzanspruchs vorbehalten.

8 Mehrwertsteuer, Künstlersozialabgabe

Zu den vom Auftraggeber zu zahlenden Honoraren, Gebühren und Kosten kommt die Mehrwertsteuer und die Künstlersozialabgabe, die bei dem Fotografen eventuell für Fremdleistungen anfällt, in der jeweiligen gesetzlichen Höhe hinzu.

9 Statut und Gerichtsstand

9.1 Es gilt das Recht der Bundesrepublik Deutschland.

9.2 Für den Fall, dass der Auftraggeber keinen allgemeinen Gerichtsstand in der Bundesrepublik Deutschland hat oder seinen Sitz oder gewöhnlichen Aufenthalt nach Vertragsabschluss ins Ausland verlegt, wird der Wohnsitz des Fotografen als Gerichtsstand vereinbart.

Geschäftsbedingungen für Fotografen (englische Fassung)

Wenn ein Fotograf für einen ausländischen Kunden arbeitet, wird die Korrespondenz meist in Englisch geführt. In solchen Fällen erwartet der Kunde, dass auch die Konditionen des Vertrags, den er mit dem Fotografen abschließt, in englischer Sprache abgefasst sind. Die nachfolgende englische Version der „Allgemeinen Geschäftsbedingungen für Fotografen (AGB / BFF)" stimmt inhaltlich mit der auf Seite 48 ff. abgedruckten deutschen Fassung überein. Deutsche Fotografen können damit ihren ausländischen Kunden die Vertragsbedingungen in einer für sie verständlichen Sprache vorlegen.

General Terms and Conditions for Photographers (AGB / BFF)

1   Application of the Terms and Conditions

1.1   Images are produced and image licenses conferred solely on the basis of the Terms and Conditions set forth hereinbelow. These Terms and Conditions shall also apply to all future production and license agreements unless or to the extent that regulations deviating herefrom are explicitly agreed.

1.2   Terms and conditions of the customer deviating from the Terms and Conditions set forth hereinbelow are not accepted. Such deviating terms and conditions shall not become part of the agreement even if not explicitly repudiated by the photographer.

2   Production Orders

2.1   Cost estimates by the photographer are not binding. The photographer has to indicate increased costs only if the difference to be anticipated compared with the overall costs originally estimated exceeds 15 percent.

2.2   In the case of photographs of people and of objects enjoying third party copyright, ownership or other third party rights, the customer is obliged to obtain the consent required for the production and use of the images from the person depicted and from the holders of the rights. The customer must indemnify the photographer against compensation claims asserted by third parties resulting from a breach of this duty. The indemnification obligation shall lapse insofar as the customer evidences that he is not at fault.
The aforementioned provision shall also apply if the photographer himself selects the persons or objects to be depicted, provided that the photographer informs the customer of his selection in such good time as to enable the customer to obtain the necessary declarations of consent or to select other suitable persons or objects for the photographic work and make them available.

2.3   If, during the processing of the assignment, the services of a third party have to be used or if any other contract has to be concluded with third parties, the photographer is authorized to enter into the respective obligations in the name and for the account of the customer.

2.4   The photographer selects the images he presents to the customer for acceptance upon conclusion of the production. Subject to the condition that full payment is made (Section 3.4), rights of use are conferred only with respect to those photographs accepted by the customer as being compliant with the agreement.

2.5 The customer is obliged to examine the photographs presented to him upon completion of the production work within a reasonable period of time and to make any complaints as to defects to the photographer. A complaint regarding obvious defects must be asserted in writing within two weeks of delivery of the images, a complaint relating to defects which are not obvious must be raised within a deadline of two weeks after the defect is detected. The deadline for raising complaints is met if the complaint is dispatched in good time. In the event of a violation of the duty to examine the photographs and to assert complaints, the photographs shall be deemed approved with regard to the respective defect.

3 Production Fee and Incidental Costs

3.1 If the time period set for the photographic work is considerably exceeded for reasons for which the photographer is not accountable, any flat rate fee agreed upon shall be increased accordingly. If an hourly or daily fee has been agreed upon, the photographer shall also be paid the hourly or daily rate agreed upon for that period of time by which the photographic work is extended.

3.2 In addition to the fee owed, the customer shall also reimburse the photographer for the incidental costs he incurs in connection with conducting the assignment (e.g. on film material, digital image processing, models, travel).

3.3 The production fee is due upon delivery of the images. If an image production is delivered in parts, that respective part of the fee shall fall due when a part is delivered. If the assignment is for a lengthy period of time, the photographer may demand advance payments in accordance with the time expended.

3.4 The customer does not acquire the rights of use under copyright law until the fee has been paid in full and all incidental costs have been reimbursed.

4 Request for Archived Images

4.1 Images which the customer requests from the photographer's archives shall be made available for viewing and selection for a period of one month from the date of the delivery note. If no license agreement is entered into within the selection period, analogue images and image data media provided by the photographer must be returned to the photographer before expiry of this period and all and any image data stored by the customer on his own data media must be deleted.

4.2 No rights of use are transferred upon provision of images for viewing and selection. Each and any use requires the prior written declaration of approval by the photographer.

4.3 The use of the images as work copy for sketches or layout purposes and a presentation to customers already constitutes use subject to payment of a fee. If slide frames or foil are/is opened, the photographer is entitled to charge a layout fee - without prejudice to any entitlement to further payment – even if there has been no use of the images.

4.4 The photographer may charge a processing fee for the composition of the image selection; this fee is calculated on the basis of the type and scope of the work entailed and amounts to no less than € 30. Carriage costs (packaging, postage), including the costs of special types of transport (taxi, air freight, express courier), must be reimbursed separately by the customer.

4.5 If the period for returning the analogue image material set forth in Section 4.1 or agreed in the license agreement is not met, a blocking fee shall also be payable – in addition to the other costs and fees – pending receipt of the images by the photographer. The blocking fee amounts to € 1.50 per picture and day, where by the maximum amount which may be demanded for each individual image shall not exceed the amount provided for in Section 7.5 (sentence 2) of the General Terms and Conditions as flat rate compensation for the loss of the image, irrespective of the duration of the blocked period. The customer remains entitled to evidence that the photographer did not incur any damage due to the belated return of the images or that the damage incurred is considerably lower than the blocking fee.

5 Rights of Use

5.1 The customer only acquires the rights to use the images for the scope defined in the agreement. No ownership rights are transferred. Irrespective of the scope of the rights of use conferred in individual cases, the photographer remains entitled to use the images within the framework of his own advertising.

5.2 The written consent of the photographer is required prior to conferring and transferring to third parties, including the editors of a publishing house, the rights of use acquired by the customer.

5.3 In principle, only the original version of the image may be used. The consent of the photographer is required prior to any re-working (e.g. montage, alienation using photographic techniques, colouring) and each and any change in the reproduction of the image (e.g. publication of excerpts). The only exception to this is eliminating any undesired lack of focus or colour weaknesses by electronic retouching.

5.4 The photographer must be named as the creator of the image in every publication thereof. The name must be indicated with the image.

6 Digital Image Processing

6.1 Digitalizing analogue images and transmitting digital images by remote data transmission or on data media is only admissible if and insofar as exercising the rights of use conferred requires this form of reproduction and dissemination.

6.2 Image data may only be digitally archived for the customer's own purposes and only for the duration of the right of use. A separate agreement between the photographer and the customer is required for storing the image data in online databases or in other digital archives accessible to third parties.

6.3 During the digital recording of the images, the name of the photographer must be electronically linked to the image data. Furthermore, the customer is obliged to ensure, by taking suitable technical precautions, that this linking is preserved during every transmission of the data, when the image data are transferred onto other data media, when the data are reproduced on a screen and during any publication, and that the photographer can always be identified as the creator of the image.

7 Liability and Compensation

7.1 The photographer is only liable for damage which he or his agents cause by deliberate acts or gross negligence. This does not apply to damage resulting from the breach of a contractual duty which is of material significance for achieving the object of the agreement (cardinal duty) or to damage resulting from fatal injury, physical injury or damage to health for which the photographer is also liable in case of slight negligence.

7.2 The photographer assumes no liability for the type of use of his images. In particular the photographer is not liable for the admissibility of the use under competition or trademark law.

7.3 Claims by the customer arising from a breach of duty by the photographer or the photographer's agents shall become time-barred one year after commencement of the statutory period of limitations. This does not include claims for damages based on a deliberate or grossly negligent breach of duty by the photographer or the photographer's agents or to claims for damages on account of fatal or physical injury or damage to health, even insofar as these are based on a slightly negligent breach of duty by the photographer or the photographer's agents; the statutory period of limitation applies to claims for damages of this kind.

7.4 Images are sent and returned at the risk and expense of the customer.

7.5 If analogue pictures are lost in the area of risk of the customer, or if such pictures are returned in a condition precluding any further use in accordance with customary practice, then the customer shall pay compensation. In such a case the photographer shall be entitled to demand compensation in an amount of € 1,000 for each original and of € 200 for each duplicate, unless or to the extent that the customer can evidence that no damage arose at all or that it is considerably less than the flat rate demanded as compensation. The photographer reserves the right to assert a claim for a higher amount of compensation.

7.6 In case of the unjustified use, change, reworking or passing on of an image, the photographer has the right to demand a contractual penalty in the amount of five times the agreed fee for use, or, in the absence of such agreement, five times the customary fee for use, but not less than € 500 per picture and individual case. Asserting a claim for any further damages shall remain unaffected hereby.

7.7 If, when an image is published, there is no indication of the name of the photographer (Section 5.4) or if the photographer's name is not permanently linked with a digital image (Section 6.3), the customer shall pay a contractual penalty in the amount of 100 percent of the agreed fee for use, or, in the absence of such agreement, five times the customary fee for use, but not less than € 200 per picture and individual case. The photographer also reserves the right to assert a claim for a higher amount of damages in this respect.

8 Value Added Tax, social security for self-employed artists

The fees, charges and costs to be paid for by the customer also include Value Added Tax and social security for self-employed artists at the respective statutory rate, which the photographer may incur on third party services.

9 Governing Law and Jurisdiction

9.1 The law of the Federal Republic of Germany shall apply hereto.

9.2 In the event that the customer has no general place of jurisdiction in the Federal Republic of Germany or if he relocates his registered office or normal place of residence abroad after entering into the contract, the place of residence of the photographer is agreed as being the place of jurisdiction.

Geschäftsbedingungen für Architekturfotografen

Architekturfotografen, die ein Bauvorhaben dokumentieren oder ein bereits errichtetes Bauwerk aufnehmen sollen, sind in das komplizierte Beziehungsgeflecht eingebunden, das zwischen Eigentümer/Bauherr, Architekt und Bauunternehmer besteht. Ein Architekturfotograf, der den Gang durch dieses „Minenfeld" unbeschadet überstehen will, muss sich rechtlich nach mehreren Seiten absichern.

Zusätzliche Probleme ergeben sich bei den Architekturfotografen aus der Tatsache, dass es sich bei den Bauwerken und Inneneinrichtungen, die sie abzulichten haben, häufig um urheberrechtlich geschützte Werke handelt. Deshalb müssen Architekturfotografen durch entsprechende vertragliche Vorkehrungen sicherstellen, dass bei der Auftragsdurchführung und bei der späteren Nutzung ihrer Bilder keine fremden Urheberrechte oder sonstigen Schutzrechte Dritter verletzt werden.

Diese und einige weitere Besonderheiten, die eine Bildproduktion im Bereich der Architekturfotografie von anderen Bildproduktionen unterscheiden, werden in den hier vorgestellten „Allgemeinen Geschäftsbedingungen für Architekturfotografen" berücksichtigt. Bei der Anwendung dieser Geschäftsbedingungen sind die üblichen Regeln zu beachten, die für jede Einbeziehung von Geschäftsbedingungen in einen Vertrag gelten. Wegen der Einzelheiten wird auf die Erläuterungen in der Einleitung zu diesem Kapitel (Seite 46 f.) verwiesen.

Allgemeine Geschäftsbedingungen für Architekturfotografen

1 Geltung der Geschäftsbedingungen

1.1 Die Anfertigung von Bildern und die Einräumung von Nutzungsrechten erfolgt ausschließlich aufgrund nachstehender Geschäftsbedingungen (AGB).

1.2 Geschäftsbedingungen des Auftraggebers, die von den nachstehenden Bedingungen abweichen, werden nicht anerkannt. Solche abweichenden Geschäftsbedingungen werden auch dann nicht Vertragsinhalt, wenn der Fotograf ihnen nicht ausdrücklich widerspricht.

2 Auftragsabwicklung

2.1 Der Auftraggeber ist verpflichtet, dem Fotografen den freien Zugang zu den Örtlichkeiten und Objekten zu verschaffen, die fotografiert werden sollen. Er hat außerdem dafür zu sorgen, dass sich die Örtlichkeiten und Objekte in einem fotografierbaren Zustand befinden und die Fotoarbeiten nicht durch Baumaßnahmen oder andere störende Umstände behindert werden.

2.2 Soll auf einer Baustelle oder an einem Ort fotografiert werden, an dem eine erhöhte Unfallgefahr besteht oder erhöhte gesundheitliche Risiken nicht auszuschließen sind, hat der Auftraggeber durch entsprechende Schutzmaßnahmen zu gewährleisten, dass der Fotograf gefahrlos arbeiten kann. Der Auftraggeber haftet für sämtliche Schäden, die dem Fotografen aus der Unterlassung notwendiger Schutzmaßnahmen oder der Nichtbeachtung behördlicher oder gesetzlicher Schutzvorschriften entstehen.

2.3 Kann ein Aufnahmetermin wegen der Wetterverhältnisse, der aktuellen Situation vor Ort oder aus anderen Gründen nicht durchgeführt oder zu Ende geführt werden, ist dem Fotografen Gelegenheit zu geben, die Aufnahmen zu einem späteren Zeitpunkt nachzuholen.

2.4 Der Fotograf wählt die Bilder aus, die er dem Auftraggeber bei Abschluss der Aufnahmearbeiten zur Abnahme vorlegt. Nutzungsrechte werden nur an den Bildern eingeräumt, die der Auftraggeber als vertragsgemäß abnimmt.

2.5 Der Auftraggeber ist verpflichtet, die ihm nach Abschluss der Aufnahmearbeiten vorgelegten Bilder innerhalb einer angemessenen Frist zu untersuchen und eventuelle Mängel gegenüber dem Fotografen zu rügen. Die Rüge von offensichtlichen Mängeln muss schriftlich innerhalb von zwei Wochen nach Ablieferung der Bilder, die Rüge nicht offensichtlicher Mängel innerhalb einer Frist von zwei Wochen nach dem Erkennen des Mangels erfolgen. Zur Wahrung der Rügefrist genügt die rechtzeitige Absendung der Rüge. Bei Verletzung der Untersuchungs- und Rügepflicht gelten die Bilder in Ansehung des betreffenden Mangels als genehmigt.

3 Honorare und Nebenkosten

3.1 Kostenvoranschläge des Fotografen sind unverbindlich. Kostenerhöhungen braucht er nur anzuzeigen, wenn eine Überschreitung der ursprünglich veranschlagten Gesamtkosten um mehr als 15 % zu erwarten ist.

3.2 Wird die für die Aufnahmearbeiten vorgesehene Zeit aus Gründen, die der Fotograf nicht zu vertreten hat, wesentlich überschritten, ist ein vereinbartes Pauschalhonorar entsprechend zu erhöhen. Ist ein Zeithonorar vereinbart, erhält der Fotograf auch für die Zeit, um die sich die Aufnahmearbeiten verlängern, den vereinbarten Stunden- oder Tagessatz.

3.3 Zusatzleistungen, insbesondere die Anfertigung von Bildern über den bei Vertragsbeginn festgelegten Umfang hinaus, sind nach Zeitaufwand gesondert zu vergüten.

3.4 Der Auftraggeber hat zusätzlich zu dem geschuldeten Honorar die Nebenkosten zu erstatten, die dem Fotografen im Zusammenhang mit der Auftragsdurchführung entstehen (z.B. für Filmmaterial, digitale Bildbearbeitung, Reisen, Übernachtungen). Gesondert zu erstatten sind auch die Kosten, die dem Fotografen durch besonders aufwendige Bilder (z.B. Luftaufnahmen) oder durch den Einsatz spezieller Technik (z.B. Hebebühne, aufwendige Lichtanlagen) entstehen.

3.5 Das Honorar ist bei Ablieferung der Bilder fällig. Wird eine Bildproduktion in Teilen abgeliefert, ist das entsprechende Teilhonorar jeweils bei Ablieferung eines Teiles fällig. Erstreckt sich die Ausführung eines Auftrags über einen längeren Zeitraum, kann der Fotograf Abschlagszahlungen entsprechend dem erbrachten Arbeitsaufwand verlangen.

3.6 Die Nebenkosten sind zu erstatten, sobald sie beim Fotografen angefallen sind.

3.7 Zu den vom Auftraggeber zu zahlenden Honoraren und Kosten kommt die Mehrwertsteuer in der jeweiligen gesetzlichen Höhe hinzu.

4 Nutzungsrechte

4.1 Der Auftraggeber erwirbt an den Bildern nur einfache Nutzungsrechte in dem vertraglich festgelegten Umfang. Eigentumsrechte werden nicht übertragen. Die nach dem Vertrag einzuräumenden Nutzungsrechte erwirbt der Auftraggeber erst mit der vollständigen Bezahlung des Honorars und der Erstattung sämtlicher Nebenkosten.

4.2 Die Übertragung der vom Auftraggeber erworbenen Nutzungsrechte auf Dritte bedarf der schriftlichen Zustimmung des Fotografen. Das gilt auch für die Weitergabe von Bildern an Buch-, Zeitungs- und Zeit- schriftenverlage. Der Fotograf ist berechtigt, die Erteilung der Zustimmung zu der geplanten Drittnutzung von der Zahlung eines angemessenen Lizenzhonorars abhängig zu machen.

4.3 Ungeachtet des Umfangs der vom Auftraggeber erworbenen Nutzungsrechte bleibt der Fotograf berech- tigt, die Bilder ohne jede inhaltliche, zeitliche oder räumliche Beschränkung für alle in Betracht kommen- den Zwecke selbst zu verwerten.

4.4 Bei jeder Bildveröffentlichung ist der Fotograf als Urheber zu benennen. Die Benennung muss beim Bild erfolgen.

5 Digitale Bildverarbeitung

5.1 Die Digitalisierung analoger Bilder und die Weitergabe von digitalen Bildern im Wege der Datenfernüber- tragung oder auf Datenträgern ist nur zulässig, soweit die Ausübung der eingeräumten Nutzungsrechte diese Form der Vervielfältigung und Verbreitung erfordert.

5.2 Bilddaten dürfen nur für die eigenen Zwecke des Auftraggebers und nur für die Dauer des Nutzungsrechts digital archiviert werden. Die Speicherung der Bilddaten in Online-Datenbanken oder sonstigen digitalen Archiven, die Dritten zugänglich sind, bedarf einer gesonderten Vereinbarung zwischen dem Fotografen und dem Auftraggeber.

6 Schutzrechte Dritter

6.1 Sofern die aufzunehmenden Bauwerke, Objekte oder Inneneinrichtungen urheberrechtlich geschützt sind, ist der Auftraggeber verpflichtet, die für die Nutzung der Bilder erforderliche Einwilligung der Urhe- ber einzuholen. Die Einwilligung muss sich auch auf die Nutzung der Bilder durch den Fotografen (Zif- fer 4.3) und/oder durch Dritte erstrecken, denen der Fotograf Nutzungsrechte einräumt oder auf die er solche Rechte überträgt.

6.2 Für den Fall, dass an den aufzunehmenden Bauwerken, Objekten oder Inneneinrichtungen sonstige Schutzrechte Dritter bestehen, ist Ziffer 6.1 analog anzuwenden.

6.3 Der Auftraggeber hat den Fotografen von allen Ansprüchen freizustellen, die aus einer Verletzung der Verpflichtungen gemäß Ziffer 6.1 oder 6.2 resultieren. Die Freistellungsverpflichtung entfällt, sofern der Auftraggeber nachweist, dass ihn kein Verschulden trifft.

6.4 Ist der Auftraggeber selbst Urheber der aufzunehmenden Bauwerke, Objekte oder Inneneinrichtungen, hat er die Nutzung der Bilder durch den Fotografen (Ziffer 4.3) ebenso zu dulden wie eine Nutzung durch Dritte, denen der Fotograf Nutzungsrechte einräumt oder auf die er solche Rechte überträgt. Dasselbe gilt für den Fall, dass dem Auftraggeber sonstige Schutzrechte an den aufgenommenen Bauwerken, Objekten oder Inneneinrichtungen zustehen.

7 Haftung und Schadensersatz

7.1 Der Fotograf haftet nur für Schäden, die er selbst oder seine Erfüllungsgehilfen vorsätzlich oder grob fahrlässig herbeiführen. Davon ausgenommen sind Schäden aus der Verletzung einer Vertragspflicht, die für die Erreichung des Vertragszwecks von wesentlicher Bedeutung ist (Kardinalpflicht), sowie Schäden aus der Verletzung des Lebens, des Körpers oder der Gesundheit, für die der Fotograf auch bei leichter Fahrlässigkeit haftet.

7.2 Ansprüche des Auftraggebers, die sich aus einer Pflichtverletzung des Fotografen oder seiner Erfüllungs-gehilfen ergeben, verjähren ein Jahr nach dem gesetzlichen Verjährungsbeginn. Davon ausgenommen sind Schadensersatzansprüche, die auf einer vorsätzlichen oder grob fahrlässigen Pflichtverletzung des Fotografen oder seiner Erfüllungsgehilfen beruhen, und Schadensersatzansprüche wegen Verletzung des Lebens, des Körpers oder der Gesundheit, auch soweit sie auf einer leicht fahrlässigen Pflichtverlet-zung des Fotografen oder seiner Erfüllungsgehilfen beruhen; für diese Schadensersatzansprüche gelten die gesetzlichen Verjährungsfristen.

7.3 Die Zusendung und Rücksendung von Bildern erfolgt auf Gefahr und für Rechnung des Auftraggebers.

7.4 Gehen analoge Bilder im Risikobereich des Auftraggebers verloren oder werden solche Bilder in einem Zustand zurückgegeben, der eine weitere Verwendung nach den üblichen Gepflogenheiten ausschließt, hat der Auftraggeber Schadensersatz zu leisten. Der Fotograf ist in diesem Fall berechtigt, mindestens Schadensersatz in Höhe von 1.000 € für jedes Original und von 200 € für jedes Duplikat zu verlangen, sofern nicht der Auftraggeber nachweist, dass ein Schaden überhaupt nicht entstanden oder wesentlich niedriger ist als die geforderte Schadenspauschale. Die Geltendmachung eines höheren Schadenser-satzanspruchs bleibt dem Fotografen vorbehalten.

7.5 Bei unberechtigter Nutzung oder Weitergabe eines Bildes durch den Auftraggeber ist der Fotograf be-rechtigt, eine Vertragsstrafe in Höhe des fünffachen vereinbarten oder, mangels Vereinbarung, des fünf-fachen üblichen Nutzungshonorars zu fordern, mindestens jedoch 500,00 € pro Bild und Einzelfall. Die Geltendmachung eines weitergehenden Schadensersatzanspruchs bleibt hiervon unberührt.

7.6 Unterbleibt bei einer Bildveröffentlichung die Benennung des Fotografen (Ziffer 4.4), hat der Auftrag-geber eine Vertragsstrafe in Höhe von 100 % des vereinbarten oder, mangels Vereinbarung, des üblichen Nutzungshonorars zu zahlen, mindestens jedoch 200 € pro Bild und Einzelfall. Dem Fotografen bleibt auch insoweit die Geltendmachung eines weitergehenden Schadensersatzanspruchs vorbehalten.

8 Statut und Gerichtsstand

8.1 Es gilt das Recht der Bundesrepublik Deutschland.

8.2 Für den Fall, dass der Auftraggeber keinen allgemeinen Gerichtsstand in der Bundesrepublik Deutschland hat oder seinen Sitz oder gewöhnlichen Aufenthalt nach Vertragsabschluß ins Ausland verlegt, wird der Wohnsitz des Fotografen als Gerichtsstand vereinbart.

Produktionsverträge 3

Bei den Verträgen, die Fotografen mit ihren Auftraggebern abschließen, handelt es sich in der Regel um Produktionsverträge. Produktionsverträge zielen darauf ab, dass ein Fotograf bestimmte Bilder, die es noch nicht gibt, für den Auftraggeber herstellt. Rechtlich sind solche Verträge meist als Werkverträge einzustufen. Da allerdings die Auftraggeber mit einer Bildproduktion nichts anfangen können, wenn sie nicht zugleich die urheberrechtlichen Nutzungsrechte erwerben, enthalten Produktionsverträge, die mit Fotografen abgeschlossen werden, meist auch lizenzrechtliche Bestimmungen. Dementsprechend sind solche Verträge nur selten reine Werkverträge, sondern im Regelfall eine Mischung aus Werkvertrag und Lizenzvertrag.

Im folgenden Kapitel werden einzelne Produktionsverträge für verschiedene Sparten der Auftragsfotografie vorgestellt. Die Vertragsmuster zeigen, dass es unterschiedliche Möglichkeiten gibt, den Abschluss eines Produktionsvertrages formal zu dokumentieren. Die Palette reicht vom Kurzvertrag, bei dem nur die Vorderseite eines Vertragsformulars unterschrieben und im Übrigen auf die umseitig abgedruckten Geschäftsbedingungen Bezug genommen wird, bis hin zum ausführlichen schriftlichen Vertrag, der aus mehreren Seiten besteht und den beide Vertragsparteien auf der letzten Seite unterschreiben.

Für Verlagsverträge gelten die besonderen Regeln des Verlagsgesetzes. Allerdings ist nicht jeder Vertrag zwischen einem Autor und einem Verleger ein Verlagsvertrag. Gegenstand eines Verlagsvertrages können nur Werke der Literatur und Tonkunst sein. Verträge mit Fotografen, die Aufnahmen für ein Buchprojekt anfertigen oder aus ihrem Archiv liefern, sind deshalb nicht als Verlagsverträge, sondern als normale Werk- oder Lizenzverträge einzustufen. Dennoch kommt auch bei solchen Verträgen unter Umständen eine ana- loge Anwendung verlagsrechtlicher Bestimmungen in Betracht, sofern sich der Verleger gegenüber dem Fotografen zur Vervielfältigung und Verbreitung des Buches verpflichtet, für das die Bilder bestimmt sind. Das hier vorgestellte Vertragsmuster regelt die Rechtsbeziehungen zwischen einem Verlag, der ein Buch herausbringen will, und dem Fotografen, der die für das Buch benötigten Bilder aufnehmen soll. Da das Buch von einem Textautor geschrieben wird und die Bilder auf den Text abzustimmen sind, enthält der Vertrag auch Regeln für die Zusammenarbeit zwischen Text- und Bildautor.

Der Textautor schließt mit dem Verlag normalerweise einen eigenen Vertrag ab. Der Vertrag mit dem Text- autor bildet die Geschäftsgrundlage für den Vertrag zwischen dem Verlag und dem Bildautor, denn ohne die Leistung des Textautors bleibt der Beitrag des Bildautors wirtschaftlich sinnlos. Zwischen dem Bildautor (Fotografen) und dem Textautor bestehen keine direkten Vertragsbeziehungen. Probleme bei der Zusam- menarbeit müssen deshalb stets über den Verlag gelöst werden.

Zwischen[1]

··

– im folgenden „Verlag" genannt –

und

··

– im folgenden „Bildautor" genannt –

wird folgender Vertrag geschlossen:

1   Werkleistung

1.1   Der Bildautor wird die für das Buchprojekt mit dem Arbeitstitel[2]

··

benötigten Fotografien anfertigen. Den genauen Umfang der Arbeiten wird er mit dem Textautor und dem Verlag abstimmen. Es besteht jedoch Einigkeit darüber, dass der Bildautor höchstens .... Fotografien abzuliefern und nicht mehr als .... Aufnahmetage aufzuwenden hat. [3]

1.2   Ungeachtet der erforderlichen Abstimmung mit dem Textautor und dem Verlag besteht für den Bildautor bei der Anfertigung der Fotografien künstlerische Gestaltungsfreiheit.

1.3   Der Verlag wird dafür Sorge tragen, dass der Textautor bei den Aufnahmearbeiten zugegen ist, falls der Bildautor dies wegen eventueller Rückfragen und zur besseren Abstimmung für erforderlich hält.

2   Rechtseinräumung

2.1   An den Fotografien, die der Bildautor für das unter Ziffer 1.1 genannte Buchprojekt zur Verfügung stellt, räumt er dem Verlag das ausschließliche, räumlich und zeitlich unbegrenzte Recht zur verlagsmäßigen Vervielfältigung und Verbreitung für alle Auflagen des Buches ein.

2.2   Der Abdruck der Fotografien in Sonderausgaben des Buches (z.B. Buchgemeinschafts-, Taschenbuch-, Volks-, Schul-, Paperback-, Reprint-Ausgaben) ist nur mit Zustimmung des Bildautors zulässig. Dasselbe gilt für die öffentliche Zugänglichmachung sowie für die Vervielfältigung und Verbreitung des Buches in besonderen Verfahren (z.B. E-Book, fotomechanischer Nachdruck, Übertragung auf Datenträger).

2.3   Das Recht, die Fotografien zu bearbeiten und umzugestalten, verbleibt dem Bildautor. Eine Weitergabe der Fotografien sowie die Weiterübertragung des Vervielfältigungs- und Verbreitungsrechts an Dritte bedarf der schriftlichen Zustimmung des Bildautors.

2.4   In den in Ziffer 2.2 und 2.3 genannten Fällen darf der Bildautor die Erteilung seiner Zustimmung von der Zahlung eines zusätzlichen Honorars abhängig machen.

3 Pflichten des Verlags

3.1 Der Bildautor bleibt Eigentümer der analogen Vorlagen (Fotoabzüge, Dias, Negative), die er dem Verlag zur Reproduktion überlässt. Der Verlag ist verpflichtet, diese Vorlagen an den Bildautor zurückzugeben, sobald feststeht, dass das Buch nicht mehr neu aufgelegt wird. [4]

3.2 Der Verlag wird den Bildautor in dem Buch an geeigneter Stelle und in augenfälliger Form als Urheber der Fotografien benennen.

3.3 Der Bildautor erhält für seinen eigenen Bedarf .... Freiexemplare [5] je 1000 erschienener Exemplare. Weitere Exemplare des Buches werden ihm zum Verlagsabgabepreis zuzüglich Mehrwertsteuer zur Verfügung gestellt.

3.4 Der Verlag ist verpflichtet, bei ihm eingehende Rezensionen des Buches dem Bildautor zur Kenntnis zu bringen.

4 Honorar

4.1 Der Bildautor erhält für die Anfertigung der Fotografien (Werkleistung) ein einmaliges Honorar von .... €. [6] Das Honorar ist bei Ablieferung der Fotografien fällig.

4.2 Verlangt der Verlag eine Überarbeitung der Fotografien oder die Anfertigung weiterer Fotografien, kann der Bildautor die Zahlung eines zusätzlichen Honorars verlangen. Dasselbe gilt für den Fall, dass der vereinbarte zeitliche Rahmen (Ziffer 1.1) wesentlich überschritten wird. Sollten sich die Parteien über die Höhe des Zusatzhonorars nicht einigen können, hat der Bildautor Anspruch auf das übliche und angemessene Honorar für die von ihm erbrachte Mehrleistung.

4.3 Für die Einräumung des Vervielfältigungs- und Verbreitungsrechts erhält der Bildautor zusätzlich ein Absatzhonorar, das nach dem Absatz von .... Exemplaren des Buches erstmals zu zahlen ist. Das Absatzhonorar beträgt .... % vom Nettopreis. [7] Der Nettopreis ist der Ladenpreis des Buches abzüglich der Mehrwertsteuer in der jeweiligen gesetzlichen Höhe. Honorarpflichtig sind alle Exemplare, die nach dem Verkauf der in Satz 1 genannten Menge abgesetzt werden.

4.4 Die Abrechnung des Absatzhonorars hat im Juli und Januar für das jeweils vorausgegangene Kalenderhalbjahr zu erfolgen. Das Absatzhonorar wird mit der Abrechnung fällig.

4.5 Der Bildautor kann verlangen, dass ein von ihm beauftragter, zur Berufsverschwiegenheit verpflichteter Dritter (Rechtsanwalt, Wirtschaftsprüfer, Steuerberater, vereidigter Buchsachverständiger) zwecks Überprüfung der Abrechnungen Einsicht in die Bücher und Unterlagen des Verlags erhält. Die dadurch anfallenden Kosten trägt der Verlag, sofern sich die Abrechnungen als fehlerhaft erweisen.

4.6 Sämtliche Honorare sind zuzüglich Mehrwertsteuer zu zahlen. Außerdem kann der Bildautor die Erstattung der Künstlersozialabgabe verlangen, die er im Zusammenhang mit der Fotoproduktion eventuell für Fremdleistungen zu entrichten hat. [8]

5 Schlussbestimmungen

5.1 Ergänzend gelten die Bestimmungen des Urheberrechtsgesetzes und des Verlagsgesetzes.

5.2 Die Nichtigkeit oder Unwirksamkeit einzelner Bestimmungen dieses Vertrages berührt die Wirksamkeit der übrigen Bestimmungen nicht.

Ort, Datum

....

(Verlag)   (Bildautor)

1 *Hier sind die Namen und die Anschriften des Verlags und des Bildautors vollständig einzutragen. Werden die Vertragsverhandlungen von einer Redaktion oder einer Abteilung des Verlags geführt, ist trotzdem der Verlag (und nicht die Redaktion oder Abteilung) als Vertragspartner zu benennen und der Vertragstext vom Geschäftsführer/Vorstand oder einer von der Geschäftsführung bzw. vom Vorstand entsprechend bevollmächtigten Person zu unterzeichnen. Da es sich bei dem Verlag meist um eine Gesellschaft handeln wird, muss auch auf die exakte Angabe der Rechtsform (z.B. GmbH, AG) geachtet werden.*

2 *Es empfiehlt sich, das Buchprojekt möglichst exakt zu bezeichnen und den vorgesehenen Buchtitel auch als Arbeitstitel zu verwenden. Wenn beispielsweise nur der Titel der Buchreihe genannt wird, zu der das geplante Buch gehören soll, besteht die Gefahr, dass die Fotografien auch für andere Bücher dieser Reihe genutzt werden.*

3 *Hier sollte die Höchstmenge der abzuliefernden Fotografien und die maximale Zahl der Aufnahmetage festgelegt werden, damit es nicht zu einer übermäßigen Inanspruchnahme des Bildautors kommt.*

4 *Dieser Absatz kann komplett gestrichen werden, falls ausschließlich digitale Fotografien abzuliefern sind. Die Nummerierung der nachfolgenden Absätze ist dann entsprechend zu ändern.*

5 *Es gibt keine festen Regeln dafür, wie viele Freiexemplare einem Bildautor zu überlassen sind. Die Anzahl der Freiexemplare können die Vertragsparteien frei vereinbaren. Die genaue Zahl sollte in dem Vertrag auf jeden Fall schriftlich fixiert werden.*

Eine gewisse Orientierung, welche Anzahl von Freiexemplaren angemessen ist, bietet § 25 VerlG. Diese Regelung, die an sich nur für Verträge über Werke der Literatur gilt, sieht für den Autor auf je hundert Abzüge ein Freiexemplar vor, mindestens jedoch fünf und höchstens fünfzehn Exemplare pro Auflage.

6 *Das Honorar, das hier einzusetzen ist, soll lediglich die Bildproduktion, also die Werkleistung des Fotografen, nicht aber die Nutzung der Bilder abgelten. Für die Bildnutzung ist in Ziffer 4.3 des Vertrages ein zusätzliches Honorar in Form einer prozentualen Beteiligung am Verkaufserlös vorgesehen.*

7 *Mit dem Absatzhonorar wird die Überlassung der urheberrechtlichen Nutzungsrechte durch den Bildautor abgegolten. Das Vertragsmuster sieht vor, dass das Absatzhonorar erst gezahlt wird, wenn eine bestimmte Menge von Büchern verkauft ist. Die Vertragsparteien müssen hier festlegen, ab dem wievielten Exemplar das Absatzhonorar fällig wird und wie viel Prozent vom Nettopreis als Absatzhonorar zu zahlen sind.*

8 *Wer bei einer Fotoproduktion die Leistungen anderer selbständiger Künstler in Anspruch nimmt, muss für die an die Künstler gezahlten Entgelte eine Künstlersozialabgabe entrichten. Als Künstler gelten insbesondere die Visagisten und Stylisten (vgl. BSG, Urteil vom 12. Mai 2005, SGB 2006, 44). Deshalb unterliegen die Honorare und Kosten, die die an einer Fotoproduktion beteiligten selbstständigen Visagisten und Stylisten in Rechnung stellen, der Künstlersozialabgabepflicht.*
Die Abgabe ist von dem Auftraggeber der Visagisten und Stylisten an die Künstlersozialkasse abzuführen. Ist der Fotograf der Auftraggeber (was bei einer Fotoproduktion wohl der Regelfall sein dürfte), so ist er auch für die Zahlung der Künstlersozialabgabe verantwortlich. Diese Zusatzkosten kann und sollte der Fotograf an seine Kunden weiterbelasten. Damit eine solche Weiterbelastung problemlos möglich ist, sollte sich der Fotograf in dem schriftlichen Vertrag ausdrücklich vorbehalten, die nach den gesetzlichen Bestimmungen anfallende Künstlersozialabgabe in seiner Rechnung auszuweisen.

Produktionsvertrag für Bildjournalisten

Das nachfolgende Vertragsmuster ist für Bildjournalisten bestimmt, die von einem Verlag mit einer Foto-produktion beauftragt werden. Der Auftrag, für einen Verlag neue Bilder zu produzieren, ist rechtlich als Werkvertrag einzustufen. Da allerdings der Verleger mit der Fotoproduktion nichts anfangen kann, wenn er nicht zugleich die urheberrechtlichen Nutzungsrechte erwirbt, muss zusätzlich ein Lizenzvertrag ab-geschlossen werden. Der Mustervertrag verknüpft beide Vertragstypen zu einem einheitlichen Werk- und Lizenzvertrag.

In der Regel diktieren die Verlage aufgrund ihrer wirtschaftlichen Übermacht den Inhalt der Verträge, die sie mit den Bildjournalisten abschließen. Die gängigen Vertragsmuster sind dementsprechend einseitig auf die Interessen der Verlage abgestimmt und für die Bildjournalisten oft sehr nachteilig. Das hier vor-gestellte Vertragsmuster ist eher ein Kontrastprogramm zu den Verträgen, mit denen in der Praxis übli-cherweise operiert wird. Es regelt die beiderseitigen Rechte und Pflichten unter besonderer Berücksich-tigung der Interessen der Bildjournalisten, ohne dabei allerdings die berechtigten Interessen der Verlage außer Acht zu lassen.

Da die Bildjournalisten bei Verhandlungen mit den Verlagen regelmäßig der schwächere Partner sind, werden sie nur selten die Möglichkeit haben, den Werk- und Lizenzvertrag in der hier vorgeschlagenen Form durchzusetzen. Dennoch kann das Vertragsmuster nützlich sein, weil es bei einem Vergleich mit den von der Verlegerseite konzipierten Verträgen verdeutlicht, welche Rechte die Bildjournalisten haben und in welchem Umfang diese Rechte durch die Verträge der Verleger beschränkt oder sogar vollständig aufgehoben werden.

Das Vertragsmuster besteht aus zwei Teilen. Der erste Teil, der auf der Vorderseite eines DIN A4-Bogens platziert wird, ist wie ein normaler Vertrag konzipiert. Hier sind die üblichen Vertragsdaten und die kon-kreten Vereinbarungen zur Produktionszeit und zur Höhe des Honorars zu notieren sowie die Unterschrif-ten zu leisten. Der zweite Teil, der auf der Rückseite des DIN A4-Bogens abgedruckt wird, hat die Form von Allgemeinen Geschäftsbedingungen (AGB). Hier muss nichts mehr ausgefüllt oder unterschrieben werden. Verknüpft werden die beiden Vertragsteile dadurch, dass der Text auf der Vorderseite auf die „umseitig abgedruckten Geschäftsbedingungen" verweist.

Werk- und Lizenzvertrag

Zwischen [1]

....

– nachstehend „Bildautor" genannt –

und

....

– nachstehend „Verlag" genannt –

Der Verlag beauftragt den Bildautor, für die Zeitung / Zeitschrift [2]

....

zu dem Thema (Arbeitstitel) [3]

....

fotografische Leistungen zu erbringen. Als Produktionszeit sind .... Tage / Wochen / Monate vorgesehen [4].
Die beiderseitigen Rechte und Pflichten ergeben sich im einzelnen aus den umseitig abgedruckten Geschäftsbedingungen, die Bestandteil dieses Vertrages sind und deren Geltung beide Parteien mit ihrer Unterschrift
anerkennen. Das Garantiehonorar (§ 5 der Geschäftsbedingungen) beträgt .... € pro Tag / Woche. Als
Bildseitenhonorar (§ 6 der Geschäftsbedingungen) werden für jede veröffentlichte 1/1 Bildseite .... €
vereinbart. [5]

Ort, Datum

....

(Bildautor)   (Verlag)

Geschäftsbedingungen

§ 1   Pflichten des Verlags

(1)   Bei Ablieferung der fotografischen Arbeiten erhält der Verlag eine Aufstellung, in der die vom Bildautor übergebenen Fotos aufgelistet sind. Der Verlag hat diese Aufstellung nach Eingang zu überprüfen und den Bildautor innerhalb von zwei Wochen auf eventuell fehlende Fotos schriftlich hinzuweisen. Erfolgt ein solcher Hinweis nicht oder nicht rechtzeitig, bleibt der Verlag später mit dem Einwand ausgeschlossen, die Lieferung sei unvollständig gewesen.

(2)   Der Verlag ist verpflichtet, die ihm übergebenen Fotos innerhalb einer angemessenen Frist zu untersuchen und eventuelle Mängel gegenüber dem Bildautor zu rügen. Die Rüge von offensichtlichen Mängeln muss schriftlich innerhalb von zwei Wochen nach Ablieferung der Fotos, die Rüge nicht offensichtlicher Mängel innerhalb einer Frist von zwei Wochen nach dem Erkennen des Mangels erfolgen. Zur Wahrung der Rügefrist genügt die rechtzeitige Absendung der Rüge. Bei Verletzung der Untersuchungs- und Rügepflicht gelten die Fotos in Ansehung des betreffenden Mangels als genehmigt.

(3)   Die veröffentlichten fotografischen Arbeiten sind mit dem Urhebervermerk des Bildautors zu kennzeichnen. Der Urhebervermerk ist unter oder neben den Fotos anzubringen.

(4)   Der Verlag hat den Bildautor über die Veröffentlichung der Fotos durch kostenfreie Übersendung von zwei Belegexemplaren zu informieren, wobei mindestens ein Belegexemplar vollständig sein muss.

(5)   Analoge Fotos sind nach dem Erlöschen des Nutzungsrechts (§ 2 Abs. 2) unaufgefordert an den Bildautor zurückzugeben.

§ 2   Rechtseinräumung

(1)   Der Bildautor räumt dem Verlag das ausschließliche Recht ein, die fotografischen Arbeiten einmal innerhalb von 18 Monaten nach Ablieferung der Fotos in einer deutschsprachigen Ausgabe der umseitig genannten Zeitung/Zeitschrift zu veröffentlichen. Der Verlag ist nicht verpflichtet, das bestellte und gelieferte Material zu veröffentlichen.

(2)   Das Nutzungsrecht des Verlags erlischt, sobald die Fotos vollständig oder auch nur teilweise veröffentlicht sind, spätestens jedoch mit Ablauf der in Absatz 1 genannten 18-Monatsfrist, ohne dass es eines Rückrufs durch den Bildautor bedarf. Eine Nutzung der fotografischen Arbeiten durch den Verlag ist dann nur noch aufgrund einer neuen Vereinbarung mit dem Bildautor zulässig.

(3)   Nach Ausübung des Nutzungsrechts durch den Verlag ist der Bildautor für die Dauer von sechs Monaten ab dem Datum der Veröffentlichung verpflichtet, keine anderweitige Veröffentlichung der Fotos in einer deutschsprachigen Zeitung oder Zeitschrift zuzulassen, sofern ihm innerhalb einer Frist von zwei Wochen ab dem Datum der Veröffentlichung ein entsprechendes schriftliches Verlangen des Verlags zugeht.

(4)   Die fotografischen Arbeiten dürfen nur von der Redaktion genutzt werden, für deren Zeitung/Zeitschrift sie vom Verlag bestellt werden. Jede Weitergabe an Dritte, auch an andere Redaktionen des Verlages, bedarf der schriftlichen Zustimmung des Bildautors.

(5)   Eine Digitalisierung analoger Fotos ist nur zulässig, soweit die Ausübung des eingeräumten Nutzungsrechts diese Form der Vervielfältigung erfordert. Bei der digitalen Erfassung hat der Verlag sicherzustellen, dass der Name des Bildautors mit den Bilddaten elektronisch verknüpft wird. Die Speicherung der

Bilddaten in Online-Datenbanken oder sonstigen digitalen Archiven, die Dritten zugänglich sind, bedarf einer gesonderten Vereinbarung zwischen dem Bildautor und dem Verlag.

(6) Eine Nutzung der Fotos ist nur in der Originalfassung zulässig. Jede Änderung und Umgestaltung (z.B. Montagen, fototechnische Verfremdung, Kolorierung, elektronische Bearbeitung) bedarf der vorherigen Zustimmung des Bildautors. Hiervon ausgenommen ist lediglich die Beseitigung ungewollter Unschärfen und farblicher Schwächen.

§ 3 Wahrung des Rechts am eigenen Bild

Sofern abgebildete Personen ihre Einwilligung zur Verwertung des Bildnisses durch den Verlag erteilt haben, werden die Fotos vom Bildautor entsprechend gekennzeichnet. Bei den Fotos, auf denen diese Kennzeichnung fehlt, hat der Verlag in eigener Verantwortung zu prüfen, ob durch die vorgesehene Veröffentlichung das Recht am eigenen Bild beeinträchtigt wird. Eine Haftung des Bildautors für Veröffentlichungen, die trotz der vom Verlag vorzunehmenden rechtlichen Überprüfung zu einer Verletzung des Rechts am eigenen Bild führen, wird ausgeschlossen.

§ 4 Haftung und Schadensersatz

(1) Der Bildautor haftet nur für Schäden, die er selbst oder seine Erfüllungsgehilfen vorsätzlich oder grob fahrlässig herbeiführen. Davon ausgenommen sind Schäden aus der Verletzung einer Vertragspflicht, die für die Erreichung des Vertragszwecks von wesentlicher Bedeutung ist (Kardinalpflicht), sowie Schäden aus der Verletzung des Lebens, des Körpers oder der Gesundheit, für die der Bildautor auch bei leichter Fahrlässigkeit haftet.

(2) Ansprüche des Verlags, die sich aus einer Pflichtverletzung des Bildautors oder seiner Erfüllungsgehilfen ergeben, verjähren ein Jahr nach dem gesetzlichen Verjährungsbeginn. Davon ausgenommen sind Schadensersatzansprüche, die auf einer vorsätzlichen oder grob fahrlässigen Pflichtverletzung des Bildautors oder seiner Erfüllungsgehilfen beruhen, und Schadensersatzansprüche wegen Verletzung des Lebens, des Körpers oder der Gesundheit, auch soweit sie auf einer leicht fahrlässigen Pflichtverletzung des Bildautors oder seiner Erfüllungsgehilfen beruhen; für diese Schadensersatzansprüche gelten die gesetzlichen Verjährungsfristen.

(3) Die Zusendung und Rücksendung von Bildern erfolgt auf Gefahr und für Rechnung des Verlags, soweit nicht § 5 Abs. 2 eine andere Regelung vorsieht.

(4) Gehen analoge Bilder im Risikobereich des Verlags verloren oder werden solche Bilder in einem Zustand zurückgegeben, der eine weitere Verwendung nach den üblichen Gepflogenheiten ausschließt, hat der Verlag Schadensersatz zu leisten. Der Bildautor ist in diesem Fall berechtigt, mindestens Schadensersatz in Höhe von 1.000 € für jedes Original und von 200 € für jedes Duplikat zu verlangen, sofern nicht der Verlag nachweist, dass ein Schaden überhaupt nicht entstanden oder wesentlich niedriger ist als die geforderte Schadenspauschale. Die Geltendmachung eines höheren Schadensersatzanspruchs bleibt dem Bildautor vorbehalten.

(5) Bei unberechtigter Nutzung oder Weitergabe eines Bildes durch den Verlag ist der Bildautor berechtigt, eine Vertragsstrafe in Höhe des fünffachen vereinbarten oder, mangels Vereinbarung, des fünffachen üblichen Nutzungshonorars zu fordern, mindestens jedoch 500,00 € pro Bild und Einzelfall. Die Geltendmachung eines weitergehenden Schadensersatzanspruchs bleibt hiervon unberührt.

(6) Unterbleibt bei einer Bildveröffentlichung die Benennung des Bildautors (§ 1 Abs. 3), hat der Verlag eine Vertragsstrafe in Höhe von 100 % des vereinbarten oder, mangels Vereinbarung, des üblichen Nutzungshonorars zu zahlen, mindestens jedoch 200 € pro Bild und Einzelfall. Dem Bildautor bleibt auch insoweit die Geltendmachung eines weitergehenden Schadensersatzanspruchs vorbehalten.

§ 5 Garantiehonorar

(1) Der Bildautor erhält ein Garantiehonorar, das sich nach der tatsächlichen Produktionsdauer einschließlich Reisetage bestimmt.

(2) Werden die fotografischen Arbeiten vor der Ablieferung beim Verlag beschädigt oder zerstört oder gehen sie verloren, ohne dass der Bildautor dies zu vertreten hat, bleibt sein Anspruch auf das Garantiehonorar unberührt. Er ist jedoch in diesem Fall zur Ersatzbeschaffung zu einem vom Verlag zu zahlenden Selbstkostenpreis verpflichtet, sofern nicht der Verlag die Beschädigung, die Zerstörung oder den Verlust der Fotos zu vertreten hat.

§ 6 Bildseitenhonorar

(1) Für jede veröffentlichte Bildseite wird ein Bildseitenhonorar berechnet. Übersteigt das Bildseitenhonorar das nach § 5 zu zahlende Garantiehonorar, hat der Bildautor in Höhe des Differenzbetrages einen Anspruch auf Nachhonorierung. Fällt das Bildseitenhonorar geringer aus als das Garantiehonorar, hat der Bildautor nur Anspruch auf Zahlung des Garantiehonorars.

(2) Wird eine Bildseite nur teilweise belegt, gilt für die Berechnung des Bildseitenhonorars folgendes:
(a) Veröffentlichungen bis $1/4$-Bildseite werden mit 25 % des Honorars für die $1/1$-Bildseite berechnet.
(b) Veröffentlichungen bis zu $1/2$-Bildseite werden mit 50 % des Honorars für die $1/1$-Bildseite berechnet.
(c) Veröffentlichungen bis zu $3/4$-Bildseite werden mit 75 % des Honorars für die $1/1$-Bildseite berechnet.
(d) Veröffentlichungen, die mehr als $3/4$-Bildseite belegen, werden mit dem vollen Honorar für die $1/1$-Bildseite berechnet.

§ 7 Allgemeine Honorarbestimmungen

(1) Das Garantiehonorar (§ 5) ist bei Ablieferung der Fotos fällig und innerhalb von vier Wochen nach dem Ablieferungstermin an den Bildautor zu zahlen.

(2) Eine eventuelle Nachhonorierung (§ 6 Abs. 1) ist bei Veröffentlichung der fotografischen Arbeiten fällig und zahlbar.

(3) Nebenkosten (z. B. für Filmmaterial, digitale Bildbearbeitung, Requisiten, Modellhonorare etc.) sowie die bei der Abwicklung des Auftrags anfallenden Reisekosten und Spesen werden vom Verlag gesondert erstattet. Der Bildautor hat Anspruch auf Zahlung eines angemessenen Reisekostenvorschusses. Die Nebenkosten sind nach Vorlage der Zahlungsbelege oder Abrechnungen unverzüglich und ohne Abzug zu erstatten.

(4) Sonderleistungen des Bildautors, die den in diesem Vertrag festgelegten Leistungsumfang überschreiten, sind gesondert zu vergüten. Dasselbe gilt für Nutzungen, die über den in § 2 festgelegten Nutzungsumfang hinausgehen. Solche weitergehenden Nutzungen – auch die Verwendung der Fotos für die Eigenwerbung des Verlags – bedürfen in jedem Fall der vorherigen Zustimmung des Bildautors.

(5) Soweit finanzielle Leistungen an den Bildautor mehrwertsteuerpflichtig sind, zahlt der Verlag zusätzlich die gesetzliche Mehrwertsteuer. Außerdem kann der Bildautor die Erstattung der Künstlersozialabgabe verlangen, die er im Zusammenhang mit der Fotoproduktion eventuell für Fremdleistungen (z. B. für Visagisten oder Stylisten) zu entrichten hat.

§ 8   Schlussbestimmungen

(1) Es gilt das Recht der Bundesrepublik Deutschland.

(2) Für den Fall, dass der Verlag keinen allgemeinen Gerichtsstand in der Bundesrepublik Deutschland hat oder seinen Sitz oder gewöhnlichen Aufenthalt ins Ausland verlegt, wird als Gerichtsstand der Wohnsitz des Bildautors vereinbart.

1 *Hier sind die Namen und die Anschriften des Verlags und des Bildautors vollständig einzutragen. Werden die Vertragsverhandlungen von einer Redaktion oder einer Abteilung des Verlags geführt, ist trotzdem der Verlag (und nicht die Redaktion oder Abteilung) als Vertragspartner zu benennen und der Vertragstext vom Geschäftsführer/Vorstand oder einer von der Geschäftsführung bzw. vom Vorstand entsprechend bevollmächtigten Person zu unterzeichnen. Da es sich bei dem Verlag meist um eine Gesellschaft handeln wird, muss auch auf die exakte Angabe der Rechtsform (z.B. GmbH, AG) geachtet werden.*

2 *Vor allem bei großen Verlagen, die mehrere Zeitungen oder Zeitschriften herausgeben, sollte der Titel der Zeitung/Zeitschrift präzise angegeben werden. Bei einer unklaren Bezeichnung besteht die Gefahr, dass auch andere Zeitungs- oder Zeitschriftenredaktionen des Verlags die Bilder beanspruchen.*

3 *Bei der Nennung des Themas bzw. Arbeitstitels ist Vorsicht geboten. Wenn das Thema bei Abschluss des Vertrages noch nicht genau feststeht oder nicht klar umrissen ist, sollte der Arbeitstitel flexibel formuliert oder ein entsprechender Vorbehalt notiert werden. Anderenfalls besteht die Gefahr, dass dem Bildautor bei Ablieferung der Bilder vorgehalten wird, er habe „am Thema vorbei" gearbeitet.*

4 *Bei den Angaben zur Produktionszeit ist festzulegen, wie viele Tage, Wochen oder Monate für die Produktion veranschlagt werden. Hier sollte der Bildautor darauf achten, dass er sich zeitlich nicht zu sehr einengen lässt und ein gewisser zeitlicher Spielraum für ihn verbleibt. Bei den zur Auswahl gestellten Möglichkeiten („Tage/Wochen/Monate") sind die Alternativen, die nicht in Frage kommen, unbedingt zu streichen.*

5   *Das Honorar für die Bildproduktion und die Einräumung der urheberrechtlichen Nutzungsrechte setzt sich zusammen aus dem Garantiehonorar, das in § 5 der Geschäftsbedingungen definiert ist, und dem Bildseitenhonorar, mit dem sich § 6 der Geschäftsbedingungen näher befasst. Vor der Unterzeichnung des Vertrags muss unbedingt die Höhe des Garantiehonorars und der genaue Betrag des Bildseitenhonorars festgelegt und in das Vertragsformular eingetragen werden.*

Vertrag über die Fotodokumentation eines Bauwerks

Wenn ein Architekturfotograf beauftragt wird, die gesamte Entwicklung eines Bauprojekts vom ersten Spatenstich bis zur endgültigen Fertigstellung zu dokumentieren, bedarf eine solche langfristige Zusammenarbeit einer stabilen Vertragsgrundlage. Die notwendige Stabilität wird in der Regel nur durch einen schriftlichen Vertrag zu erreichen sein, der die Besonderheiten des jeweiligen Bauprojekts berücksichtigt und die spezifischen Probleme, die sich bei der Auftragsabwicklung ergeben können, individuell regelt. Allgemeinen Geschäftsbedingungen, die lediglich Standardlösungen für die bei Produktionsaufträgen üblichen Rechtsprobleme enthalten, werden in solchen Fällen nur eine begrenzte Vertragssicherheit bieten können. Das gilt selbst dann, wenn es sich dabei um Geschäftsbedingungen handelt, die speziell für Architekturfotografen konzipiert sind.

Das hier vorgestellte Vertragsmuster ähnelt im Aufbau und in der Diktion einem Bauvertrag. Das hat den Vorteil, dass der Vertragstext von den Auftraggebern des Fotografen, die als Bauherren, Architekten oder Bauunternehmer häufig mit Bauverträgen zu tun haben und deshalb mit der Konzeption solcher Verträge bestens vertraut sind, leichter verstanden und schneller akzeptiert wird.

Vertrag über die Fotodokumentation eines Bauprojekts

Zwischen [1]

....

– nachstehend „Auftraggeber" genannt –

und

....

– nachstehend „Auftragnehmer" genannt –

§ 1   Gegenstand und Grundlagen des Vertrages

(1)   Vertragsgegenstand ist die Anfertigung einer Fotodokumentation über das nachstehend näher bezeichnete Bauprojekt: [2]

....

Die Fotos sollen den Urzustand des Baugrundstücks und die gesamte Entwicklung des Projekts bis zu dessen Abschluss in regelmäßigen zeitlichen Abschnitten festhalten. Ziel der Fotodokumentation ist die Erstellung eines Werkes, das als baubegleitende Chronik über das ständige Fortschreiten des Bauprozesses detailliert Auskunft gibt.

---

(2) Vertragsgrundlagen sind ergänzend zu diesem Vertrag in der Rangfolge der nachstehenden Auflistung: [3]

(a) das Protokoll des Gesprächs, in dem die Vertragsparteien die Aufgabenstellung und den genauen Umfang der Fotodokumentation festgelegt haben (Anlage 1); [4]

(b) der von der Bauleitung erstellte Terminplan für das Bauprojekt (Anlage 2);

(c) die „Geschäftsbedingungen für Architekturfotografen" (Anlage 3); [5]

(d) die Vorschriften des Werkvertragsrechts (§§ 631 ff. BGB) und des Urheberrechtsgesetzes.

§ 2 Leistungspflichten des Auftragnehmers

(1) Der Auftragnehmer wird die Fotodokumentation nach Maßgabe des Gesprächsprotokolls erstellen, das dem Vertrag als Anlage 1 beigefügt ist. Änderungen der Protokollvorgaben sind nur verbindlich, wenn sie schriftlich vereinbart werden, es sei denn, die Änderungen beruhen auf einer ausdrücklichen oder individuellen Vertragsabrede.

(2) Kann ein Bauabschnitt aus Gründen, die der Auftragnehmer nicht zu vertreten hat, zu dem vorgesehenen Termin nicht vollständig oder nicht in der vereinbarten Weise dokumentiert werden und lassen sich die Aufnahmen später auch nicht mehr nachholen, entfällt insoweit die Leistungspflicht, nicht jedoch der Honoraranspruch des Auftragnehmers.

(3) Bei der Anfertigung der Fotodokumentation besteht für den Auftragnehmer künstlerische Gestaltungsfreiheit, wobei jedoch die verbindlichen Vorgaben des Auftraggebers zu beachten sind. Die Auswahl der Fotos, die Bestandteil der Fotodokumentation werden sollen, erfolgt durch den Auftragnehmer.

§ 3 Mitwirkungspflichten des Auftraggebers

(1) Der Auftraggeber ist verpflichtet, dem Auftragnehmer und gegebenenfalls auch seinem Assistenten zu den vereinbarten Terminen den freien Zugang zu den Örtlichkeiten zu verschaffen, die fotografisch dokumentiert werden sollen. Der Auftraggeber hat die Bauleitung rechtzeitig über geplante Fototermine zu informieren und dafür zu sorgen, dass sich die Örtlichkeiten in einem fotografierbaren Zustand befinden und die Fotoarbeiten nicht durch Baumaßnahmen, Baumaschinen, Baugerüste etc. behindert werden.

(2) Der Auftraggeber wird dem Auftragnehmer mindestens einen Ansprechpartner benennen, der während der Fototermine vor Ort zur Klärung eventueller Fragen und Probleme zur Verfügung steht. Die vom Auftraggeber benannten Ansprechpartner sind dessen Erfüllungsgehilfen. Sie sind bevollmächtigt, für den Auftraggeber alle Erklärungen abzugeben und entgegenzunehmen, die die Vertragsabwicklung betreffen.

(3) Der Auftraggeber hat durch entsprechende Schutzmaßnahmen zu gewährleisten, dass der Auftragnehmer und gegebenenfalls auch sein Assistent auf der Baustelle gefahrlos arbeiten können. Eventuell notwendige Schutzkleidung ist vom Auftraggeber bereitzustellen. Der Auftraggeber haftet für sämtliche Schäden, die dem Auftragnehmer oder seinem Assistenten aus der Unterlassung notwendiger Schutzmaßnahmen oder der Nichtbeachtung behördlicher oder gesetzlicher Schutzvorschriften entstehen.

(4) Kann ein Aufnahmetermin wegen der Wetterverhältnisse, der aktuellen Situation auf der Baustelle oder aus anderen Gründen nicht durchgeführt oder zu Ende geführt werden, ist dem Auftragnehmer Gelegenheit zu geben, die Aufnahmen zu einem späteren Zeitpunkt nachzuholen.

(5) Der Auftragnehmer ist über jede Änderung der Projekt- und/oder Zeitplanung zu informieren, sofern sich diese Änderung auf die Fotodokumentation und die Abwicklung des Auftrags auswirken kann. Auch Ereignisse auf der Baustelle und Maßnahmen der Bauleitung, die Auswirkungen auf die Fotodokumentation und insbesondere wesentliche Veränderungen der zu dokumentierenden Objekte zur Folge haben können, sind dem Auftragnehmer unverzüglich mitzuteilen.

§ 4 Mängelrügen

(1) Der Auftraggeber ist verpflichtet, die ihm übergebenen Fotos innerhalb einer angemessenen Frist zu untersuchen und eventuelle Mängel gegenüber dem Auftragnehmer zu rügen. Die Rüge von offensichtlichen Mängeln muss schriftlich innerhalb von zwei Wochen nach Ablieferung der Fotos, die Rüge nicht offensichtlicher Mängel innerhalb einer Frist von zwei Wochen nach dem Erkennen des Mangels erfolgen. Zur Wahrung der Rügefrist genügt die rechtzeitige Absendung der Rüge.

(2) Bei Verletzung der Untersuchungs- und Rügepflicht gelten die Fotos in Ansehung des betreffenden Mangels als genehmigt.

§ 5 Honorare und Nebenkosten

(1) Der Auftragnehmer erhält für die Erstellung der Fotodokumentation ein Honorar in Höhe von .... €. [6] Sollte der Terminplan für das Bauprojekt (Anlage 2 des Vertrags) nicht eingehalten werden und sollte sich dadurch der Zeitaufwand des Auftragnehmers gegenüber dem ursprünglich veranschlagten Aufwand erhöhen, erhöht sich auch das vereinbarte Honorar entsprechend.

(2) Muss ein geplanter Aufnahmetermin verschoben oder ein Termin abgebrochen und zu einem späteren Zeitpunkt zu Ende geführt werden, kann der Auftragnehmer eine gesonderte Vergütung des ihm dadurch entstehenden zusätzlichen Zeit- und Kostenaufwands verlangen, sofern die Terminverschiebung oder der Abbruch des bereits begonnenen Aufnahmetermins vom Auftraggeber zu vertreten ist.

(3) Zusatzleistungen, insbesondere die Anfertigung von Fotos über den bei Vertragsbeginn festgelegten Umfang hinaus, sind nach Zeitaufwand gesondert zu vergüten.

(4) Als Vergütung für den zusätzlichen Zeitaufwand (§ 5 Abs. 2 und Abs. 3) wird ein Tagessatz von .... € und ein Stundensatz von .... € vereinbart. [7] Der Auftragnehmer wird auf der Basis des vereinbarten Tagessatzes abrechnen, falls der zusätzliche Zeitaufwand pro Tag mehr als vier und weniger als neun Stunden beträgt. Anderenfalls ist auf Stundensatzbasis abzurechnen.

(5) Die Nebenkosten, die dem Auftragnehmer im Zusammenhang mit der Auftragsdurchführung entstehen (z. B. für digitale Bildbearbeitungen, Reisen, Übernachtungen), sind zusätzlich zu dem geschuldeten Honorar zu erstatten. Ausgenommen sind eventuelle Kosten eines Assistenten, die in dem Honorar des Auftragnehmers bereits enthalten sind.

(6) Gesondert zu erstatten sind auch die Kosten, die dem Auftragnehmer durch besonders aufwendige Fotos (z. B. Luftaufnahmen) oder durch den Einsatz spezieller Technik (z. B. Hebebühne, aufwendige Lichtanlagen) entstehen. Der Auftragnehmer wird den Auftraggeber in den Fällen, in denen ungewöhnliche und bei Vertragsabschluß noch nicht abzusehende Kosten entstehen, vorab über Art und Umfang der Kosten informieren und seine Zustimmung einholen.

(7) Der Auftragnehmer liefert die Bilder als TIFF-Dateien [8] im RGB-Format mit eingelagertem Farbprofil auf einem Datenträger. Die Kosten für Farbausdrucke und digitale Proofs, die auf Veranlassung des Auftraggebers angefertigt werden, sind in dem Aufnahmehonorar nicht enthalten und gesondert zu erstatten. [9]

(8) Zu den vom Auftraggeber zu bezahlenden Honoraren und Kosten kommt die Mehrwertsteuer in der jeweiligen gesetzlichen Höhe hinzu.

§ 6   Fälligkeit

(1) Die vom Auftraggeber zu zahlenden Honorare sind wie folgt fällig:

(a) 30 % der Honorarsumme gemäß § 5 Abs. 1 Satz 1 bei Unterzeichnung dieses Vertrages;

(b) weitere 30 % nach Ablauf der Hälfte der Zeit, die nach dem Terminplan (Anlage 2) für die Fertigstellung des Bauprojekts vorgesehen ist;

(c) das restliche Honorar und die weiteren Vergütungen (§ 5 Abs. 1 Satz 2, Abs. 2 und Abs. 3) bei Ablieferung der vollständigen Fotodokumentation.

(2) Die Nebenkosten (§ 5 Abs. 5 bis Abs. 7) sind zu erstatten, sobald sie beim Auftragnehmer angefallen sind.

§ 7   Urheberrecht und Nutzungsrechte

(1) Der Auftragnehmer ist alleiniger Urheber der von ihm angefertigten Fotos. Vorschläge und Weisungen des Auftraggebers begründen kein Miturheberrecht.

(2) Der Auftraggeber erwirbt an den Fotos, die er als vertragsgemäß abnimmt, mit der vollständigen Bezahlung der geschuldeten Honorare und Nebenkosten die ausschließlichen, zeitlich und räumlich unbeschränkten Nutzungsrechte für folgende Verwendungszwecke: [10]

....

....

....

(3) Der Auftragnehmer bleibt berechtigt, die für die Fotodokumentation erstellten Aufnahmen im Rahmen seiner Eigenwerbung zu verwenden. [11]

(4) Die Einräumung und Übertragung der vom Auftraggeber erworbenen Nutzungsrechte auf Dritte bedarf der schriftlichen Zustimmung des Auftragnehmers. Das gilt auch für die Weitergabe von Fotos an Buch-, Zeitungs- und Zeitschriftenverlage. Der Auftragnehmer ist berechtigt, die Erteilung der Zustimmung zu der geplanten Drittnutzung von der Zahlung eines angemessenen Lizenzhonorars abhängig zu machen.

(5) Der Auftragnehmer ist bei jeder Veröffentlichung der Fotodokumentation oder einzelner Fotos aus dieser Dokumentation als Urheber zu benennen.

§ 8   Schutzrechte Dritter

(1) Der Auftraggeber wird vor Beginn der Aufnahmearbeiten klären, ob und in welchem Umfang an dem Bauwerk oder den anderen aufzunehmenden Objekten ein Urheberrecht oder sonstige Schutzrechte Dritter bestehen. Für den Fall, dass solche Rechte bestehen, wird der Auftraggeber die für das Fotografieren des Bauwerks oder der Objekte und die für die Nutzung der Fotos erforderliche Einwilligung der Berechtigten einholen.

(2) Soweit der Auftragnehmer Fotos aufzunehmen hat, auf denen Bauarbeiter oder andere mit dem Bauprojekt befasste Personen zu sehen sind, ist der Auftraggeber dafür verantwortlich, dass die aufgenommenen Personen die nach § 22 KUG eventuell erforderliche Einwilligung erteilen.

(3) Der Auftraggeber hat den Auftragnehmer von allen Ansprüchen freizustellen, die aus einer Verletzung der Verpflichtungen gemäß § 8 Abs. 1 oder Abs. 2 resultieren. Die Freistellungsverpflichtung entfällt, sofern der Auftraggeber nachweist, dass ihn kein Verschulden trifft.

§ 9 Haftung und Schadensersatz [12]

(1) Der Auftragnehmer haftet nur für Schäden, die er selbst oder seine Erfüllungsgehilfen vorsätzlich oder grob fahrlässig herbeiführen. Davon ausgenommen sind Schäden aus der Verletzung einer Vertragspflicht, die für die Erreichung des Vertragszwecks von wesentlicher Bedeutung ist (Kardinalpflicht), sowie Schäden aus der Verletzung des Lebens, des Körpers oder der Gesundheit, für die der Auftragnehmer auch bei leichter Fahrlässigkeit haftet.

(2) Ansprüche des Auftraggebers, die sich aus einer Pflichtverletzung des Auftragnehmers oder seiner Erfüllungsgehilfen ergeben, verjähren ein Jahr nach dem gesetzlichen Verjährungsbeginn. Davon ausgenommen sind Schadensersatzansprüche, die auf einer vorsätzlichen oder grob fahrlässigen Pflichtverletzung des Auftragnehmers oder seiner Erfüllungsgehilfen beruhen, und Schadensersatzansprüche wegen Verletzung des Lebens, des Körpers oder der Gesundheit, auch soweit sie auf einer leicht fahrlässigen Pflichtverletzung des Auftragnehmers oder seiner Erfüllungsgehilfen beruhen; für diese Schadensersatzansprüche gelten die gesetzlichen Verjährungsfristen.

(3) Unterbleibt bei einer Bildveröffentlichung die Benennung des Auftragnehmers (§ 7 Abs. 5), hat der Auftraggeber eine Vertragsstrafe in Höhe von 100 % des Nutzungshonorars zu zahlen, das für die betreffende Veröffentlichung üblich und angemessen ist, mindestens jedoch 200 € pro Bild und Einzelfall. Dem Auftragnehmer bleibt die Geltendmachung eines weitergehenden Schadensersatzanspruchs vorbehalten.

§ 10 Schlussbestimmungen

(1) Die Nichtigkeit oder Unwirksamkeit einzelner Bestimmungen dieses Vertrages lässt die Gültigkeit der übrigen Bestimmungen unberührt.

(2) Es gilt das Recht der Bundesrepublik Deutschland.

(3) Für den Fall, dass der Auftraggeber keinen allgemeinen Gerichtsstand in der Bundesrepublik Deutschland hat oder seinen Sitz oder gewöhnlichen Aufenthalt nach Vertragsabschluß ins Ausland verlegt, wird der Wohnsitz des Auftragnehmers als Gerichtsstand vereinbart.

Ort, Datum

....

(Auftraggeber)   (Auftragnehmer)

1   Hier sind die Namen und Anschriften des Auftraggebers (Bauherr, Architekt, Bauunternehmer) und des Auftragnehmers (Fotograf) vollständig einzutragen. Handelt es sich bei dem Auftraggeber um eine Gesellschaft, ist auf die exakte Angabe der Rechtsform (z.B. GmbH, AG) sowie darauf zu achten, dass der Vertrag auf der Auftraggeberseite von dem vertretungsberechtigten Organ der Gesellschaft (Geschäftsführer, Vorstand) unterschrieben wird.

2   Das Bauprojekt ist exakt zu bezeichnen. Anzugeben sind insbesondere der Name, die örtliche Lage und der Bauherr des Projekts, sofern der Bauherr nicht mit dem Auftraggeber identisch ist. Sind im Rahmen eines größeren Bauprojekts nur einzelne Bauabschnitte oder Teile des Gesamtprojekts zu dokumentieren, müssen die Objekte und Abschnitte, die Gegenstand des Dokumentationsauftrags sind, von den anderen Objekten und Bauabschnitten genau abgegrenzt werden. Das kann unter Umständen mit Hilfe von Plänen geschehen, die mit entsprechenden Markierungen zu versehen und dem Vertrag als (weitere) Anlage beizufügen sind.

3   Die in § 1 Abs. 2 aufgeführten Anlagen sind Teil des Vertrages. Sie müssen dem Vertragstext beigefügt werden. Es empfiehlt sich, die Anlagen mit den einzelnen Vertragsausfertigungen fest zu verbinden und sie außerdem von beiden Vertragsparteien abzeichnen zu lassen, damit hinsichtlich der Identität der Anlagen, auf die der Vertrag Bezug nimmt, später keine Zweifel auftreten können.

4   Der Vertrag setzt voraus, dass die Aufgabenstellung und der genaue Umfang der Fotodokumentation vor Vertragsabschluss in einem Gespräch geklärt und der wesentliche Inhalt dieses Gesprächs in einem Protokoll schriftlich festgehalten wird. Das Gesprächsprotokoll, das dem Vertrag als Anlage beizufügen ist, sollte im Detail festhalten, welche Absprachen die Vertragsparteien zu folgenden Punkten getroffen haben:
  • Art der aufzunehmenden Motive
  • Anzahl der Aufnahmen
  • Zeitabschnitte, die zu dokumentieren sind, und ungefähre Datierung der Aufnahmetage
  • veranschlagter Zeitaufwand (Anzahl der Aufnahmetage)
  • Verwendungszweck der Aufnahmen

5   Jeder Vertrag kann Lücken aufweisen, die sich oft erst im Streitfall bemerkbar machen. Um solche Lücken sinnvoll schließen zu können, empfiehlt es sich, vorsorglich die Geltung ergänzender Regeln zu vereinbaren. Hier werden als ergänzendes Regelwerk die „Geschäftsbedingungen für Architekturfotografen" (abgedruckt auf Seite 57 ff.) in den Vertrag einbezogen. Diese Geschäftsbedingungen sollen allerdings nur gelten, soweit der Vertrag selbst und die Anlagen zu diesem Vertrag keine Regelung zu dem Problem enthalten, das zu klären ist.

6   *Da der Umfang der Arbeiten, der Zeitaufwand für die Fotodokumentation und die geplante Nutzung vor Vertragsabschluss in einem Gesprächsprotokoll festgelegt werden (Anlage 1 des Vertrags), kann sich der Fotograf auf ein Pauschalhonorar einlassen, wie es in § 5 Abs. 1 des Vertrages vorgesehen ist. Durch die Regelungen in § 5 Abs. 2 und Abs. 3 des Vertrages ist sichergestellt, dass zusätzliche Leistungen, die den vereinbarten Zeit- und Kostenaufwand überschreiten, gesondert honoriert werden.*

7   *Hier sind die konkreten Beträge der Tages- und Stundensätze einzutragen, die der Fotograf für die nach § 5 Abs. 2 und Abs. 3 gesondert zu vergütenden Zusatzleistungen berechnen kann.*

8   *Falls die Bilder nicht im TIFF-Format, sondern als JPG-Dateien geliefert werden, ist der Text entsprechend zu ändern. Die Überlassung von RAW-Dateien ist nicht üblich und aus Sicht des Fotografen auch nicht zu empfehlen.*

9   *Die Regelung geht davon aus, dass digital fotografiert wird. Bei einer Fotoproduktion im analogen Verfahren sollte § 5 Abs. 7 des Vertrages wie folgt gefasst werden:*
     „Der Auftraggeber erhält zu jedem Motiv ein Originaldia in dem vereinbarten Aufnahmeformat. Die Kosten für Vervielfältigungen (Vergrößerungen, Kontakte, Duplikate etc.), die auf Veranlassung des Auftraggebers angefertigt werden, sind in dem Aufnahmehonorar nicht enthalten und gesondert zu erstatten."

10   *Nach der im Urheberrecht geltenden Zweckübertragungsregel (§ 31 Abs. 5 UrhG) bestimmt sich der Umfang der Nutzungsrechte nach dem von beiden Parteien zugrundegelegten Vertragszweck. Deshalb empfiehlt es sich, den vorgesehenen Verwendungszweck der Aufnahmen auch dann, wenn er bereits in dem Gesprächsprotokoll (Anlage 1 des Vertrags) erwähnt wird, hier noch einmal konkret zu beschreiben. Dadurch wird der Umfang der eingeräumten Nutzungsrechte eingegrenzt und sichergestellt, dass der Auftraggeber die Fotos später nicht ohne die Zustimmung des Fotografen und ohne zusätzliche Honorarzahlung für weitere, ursprünglich nicht vorgesehene Zwecke verwendet.*

11   *Falls der Auftraggeber analoges Fotomaterial erhält, sollte hier zur Klarstellung eventuell noch folgender Satz angefügt werden: „Die Eigentumsrechte an den Fotos verbleiben beim Auftragnehmer."*

12   *Wenn nicht digital, sondern analog fotografiert wird, empfiehlt sich eine Haftungsregelung für den Fall, dass die analogen Bilder verloren gehen oder beschädigt werden. § 9 sollte dann am Ende durch folgenden Absatz 4 ergänzt werden:*
     „Gehen analoge Bilder im Risikobereich des Auftraggebers verloren oder werden solche Bilder in einem Zustand zurückgegeben, der eine weitere Verwendung nach den üblichen Gepflogenheiten ausschließt, hat der Auftraggeber Schadensersatz zu leisten. Der Auftragnehmer ist in diesem Fall berechtigt, min-

destens Schadensersatz in Höhe von 1.000 € für jedes Original und von 200 € für jedes Duplikat zu verlangen, sofern nicht der Auftraggeber nachweist, dass ein Schaden überhaupt nicht entstanden oder wesentlich niedriger ist als die geforderte Schadenspauschale. Die Geltendmachung eines höheren Schadensersatzanspruchs bleibt dem Auftragnehmer vorbehalten. "

Rahmenvereinbarung über eine ständige Zusammenarbeit (mit Zeitkontingent und garantiertem Mindesthonorar)

Wenn ein Fotograf mit einem Auftraggeber ständig zusammenarbeitet, empfiehlt sich der Abschluss einer Rahmenvereinbarung. In einer solchen Vereinbarung können die Fragen, die sich bei der Erteilung einzelner Produktionsaufträge stets in gleicher Weise stellen, einheitlich geregelt werden, so dass sie nicht jedes Mal neu verhandelt werden müssen.

Die hier vorgeschlagene Rahmenvereinbarung verpflichtet den Fotografen, dem Auftraggeber jeden Monat für eine bestimmte Anzahl von Aufnahmetagen zur Verfügung zu stehen. Umgekehrt wird der Auftraggeber dazu verpflichtet, ein monatliches Mindesthonorar zu zahlen, auch wenn er die Leistungen des Fotografen nicht oder nur in geringem Umfang in Anspruch nimmt. Diese wechselseitige Bindung gibt beiden Parteien eine gewisse Sicherheit und ermöglicht damit sowohl dem Auftraggeber als auch dem Fotografen eine langfristige Planung.

Die Festlegung des zeitlichen Rahmens, den der Auftraggeber ausschöpfen kann, und die Bemessung des Mindesthonorars, das an den Fotografen zu zahlen ist, darf nicht zu einer persönlichen Abhängigkeit des Fotografen von dem Auftraggeber führen. Wenn die zeitliche Bindung des Fotografen so stark ausgeweitet wird, dass er kaum noch andere Aufträge annehmen kann, und wenn dadurch bedingt das Mindesthonorar zur einzigen oder jedenfalls hauptsächlichen Einkunftsquelle des Fotografen wird, dann kann die Vertragsbeziehung zu dem Auftraggeber unter Umständen als Arbeitsverhältnis und der Fotograf als unselbständiger Arbeitnehmer einzustufen sein – mit entsprechenden Folgen in Bezug auf die Lohnsteuer- und Sozialversicherungspflicht.

Der Rahmenvertrag regelt lediglich die allgemeinen Grundlagen der Zusammenarbeit. Die konkreten Leistungen, die der Fotograf zu erbringen hat, müssen jeweils durch Einzelverträge festgelegt werden. In den Einzelverträgen brauchen sich die Parteien allerdings nur noch über Art und Verwendungszweck der Aufnahmen sowie über Zeitpunkt, Ort und Umfang der fotografischen Arbeiten zu verständigen.

Rahmenvereinbarung

Zwischen [1]

....

– nachstehend „Auftraggeber" genannt –

und

....

– nachstehend „Fotograf" genannt –

ist eine langfristige und fortlaufende Zusammenarbeit geplant. Zu diesem Zweck schließen die Parteien folgende Rahmenvereinbarung:

§ 1   Vertragsgegenstand

(1)   Der Fotograf wird fortlaufend die Fotoaufnahmen erstellen, die der Auftraggeber für seine geschäftlichen Zwecke benötigt. Art, Umfang und Verwendungszweck der von dem Fotografen zu erbringenden Leistungen werden in den gesondert abzuschließenden Einzelverträgen festgelegt.

(2)   Die Bedingungen dieser Rahmenvereinbarung gelten unmittelbar für die noch abzuschließenden Einzelverträge, auch wenn in den Einzelverträgen nicht auf die Rahmenvereinbarung Bezug genommen wird.

§ 2   Sozialversicherungsrechtlicher Status des Fotografen [2]

(1)   Der Fotograf ist als selbständiger Künstler nach dem Künstlersozialversicherungsgesetz (KSVG) pflichtversichert und Mitglied der Künstlersozialkasse (KSK). Beide Parteien gehen davon aus, dass sich der sozialversicherungsrechtliche Status durch den Abschluss dieser Rahmenvereinbarung nicht verändert und der Fotograf weiterhin selbständig tätig ist.

(2)   Der Fotograf wird den Auftraggeber informieren, sobald seine KSK-Mitgliedschaft endet oder sich Anhaltspunkte dafür ergeben, dass die Voraussetzungen für eine Mitgliedschaft in der KSK nicht mehr bestehen und die Tätigkeit als abhängige Beschäftigung einzustufen sein könnte. Der Fotograf ist in diesem Fall verpflichtet, durch die Erteilung von Auskünften und die Bereitstellung von Unterlagen daran mitzuwirken, dass sein sozialversicherungsrechtlicher Status geklärt wird.

(3)   Sollte ein Sozialversicherungsträger die ständige Zusammenarbeit zwischen dem Auftraggeber und dem Fotografen außerhalb eines Statusfeststellungsverfahrens als sozialversicherungspflichtige Beschäftigung einstufen, wird der Fotograf den Auftraggeber davon unverzüglich in Kenntnis setzen.

§ 3   Zusammenarbeit der Vertragspartner

(1)   Der Auftraggeber kann den Fotografen pro Kalendermonat höchstens für .... Aufnahmetage [3] buchen. Überschreiten die monatlichen Buchungen die vereinbarte Höchstzeit, so darf der Fotograf die Mehrarbeit ablehnen, ohne dass der Auftraggeber daraus ein Kündigungsrecht ableiten kann.

(2) Der Auftraggeber hat dem Fotografen bei der Bestellung von Fotoaufnahmen die zur Erledigung der Aufnahmearbeiten notwendigen Informationen zu geben sowie alle erforderlichen Unterlagen und Requisiten zur Verfügung zu stellen. Dazu gehört insbesondere die Bekanntgabe von Anzahl, Art und Verwendungszweck der jeweils benötigen Aufnahmen, außerdem die verbindliche Festlegung eines Ablieferungstermins. Alle aufnahmetechnischen und gestalterischen Fragen (z.B. Layout, Hintergründe, Accessoires) sind rechtzeitig mit dem Fotografen abzustimmen.

(3) Die Bestellung von Fotoaufnahmen muss spätestens .... Tage/Wochen/Monate [4] vor dem geplanten Ablieferungstermin erfolgt sein. Diese Frist ist unbedingt einzuhalten, damit sich der Fotograf auf die Aufnahmearbeiten einrichten kann. Wird die vereinbarte Frist überschritten, darf der Fotograf die Anfertigung der bestellten Aufnahmen verweigern. Eine solche Weigerung berechtigt den Auftraggeber weder zu einer Kürzung der Mindestvergütung (§ 5 Absatz 2) noch zur Kündigung des Vertrages.

(4) Bei Ausführung der Aufnahmearbeiten besteht für den Fotografen künstlerische Gestaltungsfreiheit, wobei jedoch die verbindlichen Vorgaben des Auftraggebers zu beachten sind.

(5) Der Auftraggeber ist verpflichtet, die ihm übergebenen Fotoaufnahmen innerhalb einer angemessenen Frist zu untersuchen und eventuelle Mängel gegenüber dem Fotografen zu rügen. Die Rüge von offensichtlichen Mängeln muss schriftlich innerhalb von zwei Wochen nach Ablieferung der Fotos, die Rüge nicht offensichtlicher Mängel innerhalb einer Frist von zwei Wochen nach dem Erkennen des Mangels erfolgen. Zur Wahrung der Rügefrist genügt die rechtzeitige Absendung der Rüge. Bei Verletzung der Untersuchungs- und Rügepflicht gelten die Fotos in Ansehung des betreffenden Mangels als genehmigt.

§ 4 Rechtseinräumung

(1) Nutzungsrechte werden nur an den Fotografien eingeräumt, die der Auftraggeber als vertragsgemäß abnimmt. Eigentumsrechte werden nicht übertragen. Die Originale sind daher nach ihrer bestimmungsgemäßen Verwendung unbeschädigt an den Fotografen zurückzugeben. [5]

(2) Die Fotografien dürfen nur für den bei der Bestellung bekannt gegebenen Zweck verwendet werden. Jede anderweitige und weitergehende Nutzung bedarf der Zustimmung des Fotografen. Der Fotograf ist berechtigt, die Erteilung der Zustimmung von der Zahlung eines zusätzlichen, angemessenen Nutzungshonorars abhängig zu machen.

(3) Eine Nutzung der Aufnahmen ist grundsätzlich nur in der Originalfassung zulässig. Jede Änderung oder Umgestaltung (z.B. Montage, fototechnische Verfremdung, Kolorierung) und jede Veränderung bei der Bildwiedergabe (z.B. Veröffentlichung in Ausschnitten) bedarf der vorherigen Zustimmung des Fotografen. Hiervon ausgenommen ist lediglich die Beseitigung ungewollter Unschärfen oder farblicher Schwächen mittels digitaler Retusche.

§ 5 Honorar und Nebenkosten

(1) Für die Anfertigung der Fotoaufnahmen und die Einräumung der Nutzungsrechte erhält der Fotograf ein Honorar, dessen Höhe sich nach dem jeweiligen Zeitaufwand bemisst (Zeithonorar). Das Zeithonorar des Fotografen ist auf der Basis eines Tagessatzes von .... € für jeden angefangenen Aufnahmetag zu berechnen. Für Fotoassistenten, die der Fotograf hinzuzieht, beträgt der Tagessatz .... €. [6]

(2) Unabhängig von dem nach Absatz 1 geschuldeten Zeithonorar erhält der Fotograf ein monatliches Mindesthonorar in Höhe von .... €. [7] Der Fotograf hat zum Abschluss eines jeden Monats eine Abrech-

nung über das Zeithonorar für die Aufnahmearbeiten vorzulegen, die er in dem betreffenden Monat für den Auftraggeber ausgeführt hat. Übersteigt die Nettosumme des Zeithonorars den Nettobetrag des Mindesthonorars, ist die Differenz zwischen dem Mindesthonorar und dem Zeithonorar von dem Auftraggeber nachzuzahlen. Fällt dagegen das Zeithonorar geringer aus als das monatliche Mindesthonorar, bleibt es bei dem monatlichen Mindesthonorar, mit dem dann zugleich das Zeithonorar abgegolten ist. Der Auftraggeber ist in diesem Fall nicht berechtigt, die Erstattung des Differenzbetrages zu verlangen.

(3) Zusätzlich zu dem Zeithonorar bzw. Mindesthonorar hat der Auftraggeber die Nebenkosten zu erstatten, die dem Fotografen im Zusammenhang mit der Abwicklung der Einzelverträge entstehen (z.B. für Filmmaterial, digitale Bildbearbeitungen, Fotomodelle). Dazu gehören auch die Kosten und Spesen für Reisen, die der Fotograf in Abstimmung mit dem Auftraggeber unternimmt, sowie die Künstlersozialabgabe, die der Fotograf bei Inanspruchnahme bestimmter Fremdleistungen (z.B. Leistungen der Visagisten und Stylisten) zu entrichten hat. [8]

(4) Wird ein Einzelvertrag aus Gründen, die der Fotograf nicht zu vertreten hat, noch vor Beginn der Aufnahmearbeiten storniert, kann der Fotograf das Zeithonorar, das bei der Vertragsdurchführung angefallen wäre, in der nach Absatz 2 zu erstellenden Monatsabrechnung mit 50 % berücksichtigen. Bei einer Stornierung nach Beginn der Aufnahmearbeiten ist das volle Zeithonorar anzusetzen. Der Fotograf muss sich in beiden Fällen dasjenige anrechnen lassen, was er infolge der Vertragsstornierung an Aufwendungen erspart oder dadurch erwirbt, dass er einen anderen Auftrag ausführt, den er ohne die Kündigung nicht hätte ausführen können.

(5) Die vereinbarte Mindestvergütung ist zu Beginn eines jeden Monats fällig und spätestens bis zum 10. des betreffenden Monats an den Fotografen zu zahlen. Eine gemäß Absatz 2 nachzuzahlende Differenz zwischen der Mindestvergütung und dem Zeithonorar ist nach Vorlage der entsprechenden Monatsabrechnung des Fotografen fällig. Die Nebenkosten sind zu erstatten, sobald sie beim Fotografen angefallen sind.

(6) Zu den vom Auftraggeber zu zahlenden Honoraren und Kosten kommt die Mehrwertsteuer in der jeweiligen gesetzlichen Höhe hinzu.

§ 6 Haftung

(1) Der Fotograf haftet nur für Schäden, die er selbst oder seine Erfüllungsgehilfen vorsätzlich oder grob fahrlässig herbeiführen. Davon ausgenommen sind Schäden aus der Verletzung einer Vertragspflicht, die für die Erreichung des Vertragszwecks von wesentlicher Bedeutung ist (Kardinalpflicht), sowie Schäden aus der Verletzung des Lebens, des Körpers oder der Gesundheit, für die der Fotograf auch bei leichter Fahrlässigkeit haftet.

(2) Schließt der Fotograf aufgrund einer entsprechenden Vollmacht im Namen und für Rechnung des Auftraggebers einen Vertrag mit Dritten ab, so haftet er nicht für die Leistungen und Arbeitsergebnisse der beauftragten Personen und Unternehmen.

(3) Der Fotograf übernimmt keine Haftung für die Art der Nutzung seiner Bilder. Insbesondere haftet er nicht für die wettbewerbs- und markenrechtliche Zulässigkeit der Nutzung.

(4) Ansprüche des Auftraggebers, die sich aus einer Pflichtverletzung des Fotografen oder seiner Erfüllungsgehilfen ergeben, verjähren ein Jahr nach dem gesetzlichen Verjährungsbeginn. Davon ausgenommen sind Schadensersatzansprüche, die auf einer vorsätzlichen oder grob fahrlässigen Pflichtverletzung des

Fotografen oder seiner Erfüllungsgehilfen beruhen, und Schadensersatzansprüche wegen Verletzung des Lebens, des Körpers oder der Gesundheit, auch soweit sie auf einer leicht fahrlässigen Pflichtverletzung des Fotografen oder seiner Erfüllungsgehilfen beruhen; für diese Schadensersatzansprüche gelten die gesetzlichen Verjährungsfristen.

(5) Die Zusendung und Rücksendung von Fotografien, Requisiten, Accessoires und sonstigen Unterlagen erfolgt auf Gefahr und für Rechnung des Auftraggebers.

§ 7 Vertragsdauer und Kündigung

(1) Dieser Vertrag wird auf unbestimmte Zeit abgeschlossen. Er kann von beiden Parteien zum Ende eines jeden Kalenderhalbjahres mit einer Frist von drei Monaten gekündigt werden. Die Kündigung hat schriftlich zu erfolgen.

(2) Das Recht zur fristlosen Kündigung aus wichtigem Grund bleibt unberührt. Ein wichtiger Grund liegt für den Auftraggeber insbesondere dann vor, wenn der Fotograf

(a) den Auftraggeber über eine Beendigung der KSK-Mitgliedschaft oder über Anhaltspunkte dafür, dass die Voraussetzungen für eine Mitgliedschaft in der KSK nicht mehr bestehen und die Tätigkeit als abhängige Beschäftigung einzustufen sein könnte, nicht unverzüglich informiert (§ 2 Abs. 2 Satz 1 des Vertrages);

(b) trotz Fristsetzung und Androhung der fristlosen Kündigung die Auskünfte und Unterlagen, die der Auftraggeber zur Überprüfung der sozialversicherungsrechtlichen Verhältnisse des Fotografen benötigt, nicht oder nicht vollständig erteilt bzw. vorlegt (§ 2 Abs. 2 Satz 2 des Vertrages);

(c) den Auftraggeber nicht unverzüglich davon in Kenntnis setzt, dass ein Sozialversicherungsträger die ständige Zusammenarbeit außerhalb eines Statusfeststellungsverfahrens als sozialversicherungspflichtige Beschäftigung einstuft (§ 2 Abs. 3 des Vertrages).

§ 8 Schlussbestimmungen

(1) Änderungen und Ergänzungen dieses Vertrages sowie die Änderung oder Aufhebung dieser Schriftformklausel sind nur wirksam, wenn sie schriftlich vereinbart werden, es sei denn, sie beruhen auf einer ausdrücklichen oder individuellen Vertragsabrede.

(2) Soweit in diesem Vertrag keine Bestimmungen getroffen sind, kommen ergänzend die Vorschriften über den Werkvertrag (§§ 631 ff. BGB) und die Vorschriften des Urheberrechtsgesetzes zur Anwendung.

(3) Die Nichtigkeit oder Unwirksamkeit einzelner Bestimmungen des Vertrages berührt die Gültigkeit der übrigen Bestimmungen nicht.

Ort, Datum

....

(Auftraggeber)   (Fotograf)

1　Hier sind die Namen und Anschriften des Auftraggebers und des Fotografen vollständig einzutragen. Handelt es sich bei dem Auftraggeber um eine Gesellschaft, ist auf die exakte Angabe der Rechtsform (z. B. GmbH, AG) sowie darauf zu achten, dass der Vertrag auf der Auftraggeberseite von dem vertretungsberechtigten Organ der Gesellschaft (Geschäftsführer, Vorstand) unterschrieben wird.

2　Bei Abschluss der Rahmenvereinbarung sollte der sozialversicherungsrechtliche Status des Fotografen überprüft werden. Gerade bei einer langfristigen und fortlaufenden Zusammenarbeit kann vor allem dann, wenn der Fotograf im Wesentlichen nur für einen Auftraggeber tätig ist, ein abhängiges Beschäftigungsverhältnis und damit ein Fall von Scheinselbständigkeit vorliegen. Zu den Merkmalen der Scheinselbständigkeit und zu den Folgen, die sich aus der Feststellung der Scheinselbständigkeit ergeben können, wird auf die Erläuterungen in dem BFF Handbuch „Basiswissen" (4. Auflage, Seite 324 ff.) verwiesen.

Die Gefahr, dass die fortlaufende Zusammenarbeit mit einem Auftraggeber als abhängige Beschäftigung eingestuft wird, ist bei Fotografen, die Mitglied der Künstlersozialkasse (KSK) sind, erheblich geringer als bei solchen Fotografen, die nicht der KSK angehören. Da die KSK nur selbständige Künstler und Publizisten aufnimmt und in jedem Einzelfall prüft, ob tatsächlich eine selbständige Tätigkeit ausgeübt wird, ist mit der Aufnahme in die KSK zugleich die Selbständigkeit nachgewiesen. Dementsprechend gehen die Sozialversicherungsträger bei Bestehen einer KSK-Mitgliedschaft in der Regel ohne weitere Nachprüfung von einer selbständigen Berufsausübung aus. Voraussetzung ist allerdings, dass bei dem betreffenden Künstler oder Publizisten seit der Feststellung der Selbständigkeit durch die KSK keine Änderung der tatsächlichen Verhältnisse eingetreten ist.

Das Vertragsmuster geht in § 2 Abs. 1 davon aus, dass der Fotograf Mitglied der KSK und die Selbständigkeit somit positiv festgestellt ist. Da sich allerdings der sozialversicherungsrechtliche Status im Laufe der Zusammenarbeit ändern kann, sieht die Rahmenvereinbarung in § 2 Abs. 2 und Abs. 3 vor, dass der Fotograf seinen Auftraggeber über Entwicklungen, die Auswirkung auf seinen Status haben können (z.B. Beendigung der KSK-Mitgliedschaft), unverzüglich informiert. So wird der Auftraggeber vor unangenehmen Überraschungen bewahrt und sichergestellt, dass er sich auf die Folgen einer veränderten sozialversicherungsrechtlichen Situation rechtzeitig einstellen kann.

Bei einer Zusammenarbeit mit Fotografen, die nicht Mitglied der KSK sind, ist § 2 und die ergänzende Regelung in § 7 Abs. 2 Satz 2 der Rahmenvereinbarung zu streichen. In solchen Fällen empfiehlt sich zumindest dann, wenn die Selbständigkeit des Fotografen nicht zweifelsfrei feststeht, die Durchführung eines Statusfeststellungsverfahrens (§ 7 a SGB IV). Der Antrag auf Statusfeststellung sollte bei der Deutschen Rentenversicherung Bund (DRV) innerhalb eines Monats nach Beginn der Zusammenarbeit zwischen dem Fotografen und dem Auftraggeber gestellt werden, damit die Chance gewahrt wird, eine rückwirkende Belastung mit Sozialversicherungsabgaben zu vermeiden (§ 7 a Abs. 6 SGB IV). Dazu wird ergänzend auf das BFF-Handbuch „Basiswissen" (4. Auflage, Seite 326/327) verwiesen.

3   An dieser Stelle ist die Höchstzahl der Aufnahmetage einzutragen, für die der Fotograf monatlich gebucht werden kann.

4   Hier ist einzutragen, bis wann die Bestellung von Fotoaufnahmen spätestens erfolgt sein muss. Es ist die Anzahl der Tage, Wochen oder Monate anzugeben, die zwischen der Bestellung und dem Ablieferungstermin liegen müssen. Bei den zur Auswahl gestellten Möglichkeiten („Tage / Wochen / Monate") sind die Alternativen, die nicht in Frage kommen, unbedingt zu streichen.

5   Die Regelungen zu den Eigentumsrechten (Satz 2) und zur Rückgabe der Originale (Satz 3) können gestrichen werden, falls ausschließlich digitale Fotografien anzufertigen sind.

6   An den dafür vorgesehenen Stellen ist jeweils das Zeithonorar einzusetzen, das für die fotografischen Arbeiten zu zahlen ist. Einzutragen sind die Tagessätze für den Fotografen und gegebenenfalls auch für die Fotoassistenten, die der Fotograf hinzuzieht.

7   Hier ist das Mindesthonorar anzugeben, das der Fotograf unabhängig von seiner tatsächlichen monatlichen Inanspruchnahme erhalten soll.

8   Wer bei einer Fotoproduktion die Leistungen anderer selbständiger Künstler in Anspruch nimmt, muss für die an die Künstler gezahlten Entgelte eine Künstlersozialabgabe entrichten. Als Künstler gelten insbesondere die Visagisten und Stylisten (vgl. BSG, Urteil vom 12. Mai 2005, SGB 2006, 44). Deshalb unterliegen die Honorare und Kosten, die die an einer Fotoproduktion beteiligten selbstständigen Visagisten und Stylisten in Rechnung stellen, der Künstlersozialabgabepflicht.

Die Abgabe ist von dem Auftraggeber der Visagisten und Stylisten an die Künstlersozialkasse abzuführen. Ist der Fotograf der Auftraggeber (was bei einer Fotoproduktion wohl der Regelfall sein dürfte), dann ist er auch für die Zahlung der Künstlersozialabgabe verantwortlich. Diese Zusatzkosten kann und sollte der Fotograf an seinen Auftraggeber weiterbelasten. Damit eine solche Weiterbelastung problemlos möglich ist, ist hier in § 5 Abs. 3 ausdrücklich geregelt, dass dem Fotografen bei der Inanspruchnahme von Fremdleistungen eventuell anfallende Künstlersozialabgaben zu erstatten sind.

Rahmenvereinbarung über eine ständige Zusammenarbeit (ohne Zeitkontingent und ohne Honorargarantie)

Das nachfolgende Vertragsmuster regelt ebenso wie die auf den vorherigen Seiten abgedruckte Rahmenvereinbarung die laufende Zusammenarbeit zwischen einem Fotografen und seinem Auftraggeber. Anders als die Rahmenvereinbarung auf Seite 83 ff. berücksichtigt der hier vorgestellte Mustertext allerdings eher die Interessen des Auftraggebers. Deshalb ist in der Vereinbarung kein Mindesthonorar für den Fotografen vorgesehen. Umgekehrt wird der Fotograf auch nicht verpflichtet, dem Auftraggeber jeden Monat ein bestimmtes Zeitkontingent zur Verfügung zu stellen.

Da der Rahmenvertrag nur die allgemeinen Grundlagen der Zusammenarbeit regelt, müssen die konkreten Leistungen, die der Fotograf zu erbringen hat, von Fall zu Fall in Einzelverträgen bestimmt werden. Das gilt auch für die Honorare, die der Fotograf für seine Leistungen erhält und die bei der Erteilung der Einzelaufträge unter Berücksichtigung des jeweiligen Leistungsumfangs individuell zu vereinbaren sind.

Rahmenvereinbarung

Zwischen [1]

....

– nachstehend „Auftraggeber" genannt –

und

....

– nachfolgend „Fotograf" genannt –

findet seit einiger Zeit eine fortlaufende Zusammenarbeit statt. Um dieser Zusammenarbeit für die Vergangenheit und die Zukunft eine klar geregelte vertragliche Grundlage zu geben, schließen die Parteien folgende Rahmenvereinbarung: [2]

1   Geltung der Rahmenvereinbarung

1.1   Die Regelungen dieser Rahmenvereinbarung gelten unmittelbar für alle fotografischen Arbeiten, die der Fotograf für den Auftraggeber ausführt, auch wenn in den dazu noch abzuschließenden Einzelverträgen auf die Rahmenvereinbarung nicht ausdrücklich Bezug genommen wird.

1.2   Zwischen den Parteien besteht Einigkeit darüber, dass die Bestimmungen der Rahmenvereinbarung auch für die in der Vergangenheit abgeschlossenen und bereits durchgeführten Einzelverträge gelten, soweit nicht in den Einzelverträgen ausdrücklich abweichende Regelungen vereinbart wurden. [3]

---

2 Vertragsgegenstand, Abschlussfreiheit

2.1 Der Fotograf wird im Rahmen der Zusammenarbeit entsprechend den Vorgaben des Auftraggebers fortlaufend Fotos anfertigen, die der Auftraggeber für seine geschäftlichen Zwecke benötigt. Art und Umfang der von dem Fotografen zu erbringenden Leistungen werden in gesondert abzuschließenden Einzelverträgen geregelt.

2.2 Der Auftraggeber ist nicht verpflichtet, den Fotografen mit der Ausführung bestimmter Fotoarbeiten zu beauftragen. Der Fotograf kann seinerseits die Ausführung einzelner Arbeiten und den Abschluss entsprechender Einzelverträge ohne Angabe von Gründen ablehnen.

3 Sozialversicherungsrechtlicher Status des Fotografen [4]

3.1 Der Fotograf ist als selbständiger Künstler nach dem Künstlersozialversicherungsgesetz (KSVG) pflichtversichert und Mitglied der Künstlersozialkasse (KSK). Beide Parteien gehen davon aus, dass sich der sozialversicherungsrechtliche Status durch den Abschluss dieser Rahmenvereinbarung nicht verändert und der Fotograf weiterhin selbständig tätig ist.

3.2 Der Fotograf wird den Auftraggeber informieren, sobald seine KSK-Mitgliedschaft endet oder sich Anhaltspunkte dafür ergeben, dass die Voraussetzungen für eine Mitgliedschaft in der KSK nicht mehr bestehen und die Tätigkeit als abhängige Beschäftigung einzustufen sein könnte. Der Fotograf ist in diesem Fall verpflichtet, durch die Erteilung von Auskünften und die Bereitstellung von Unterlagen daran mitzuwirken, dass sein sozialversicherungsrechtlicher Status geklärt wird.

3.3 Sollte ein Sozialversicherungsträger die ständige Zusammenarbeit zwischen dem Auftraggeber und dem Fotografen außerhalb eines Statusfeststellungsverfahrens als sozialversicherungspflichtige Beschäftigung einstufen, wird der Fotograf den Auftraggeber davon unverzüglich in Kenntnis setzen.

4 Zusammenarbeit der Vertragspartner

4.1 Der Fotograf erledigt die ihm übertragenen Arbeiten in eigener Verantwortung. Ein Weisungs- und Direktionsrecht des Auftraggebers besteht nicht, doch hat der Fotograf die inhaltlichen und fachlichen Vorgaben zu beachten, die sich aus dem jeweiligen Einzelauftrag ergeben.

4.2 Der Fotograf führt die ihm erteilten Aufträge mit eigenen Geräten und Arbeitsmitteln aus. Der Auftraggeber stellt ihm die für die Auftragsdurchführung erforderlichen Informationen und Unterlagen zur Verfügung.

4.3 Werden Fotos angefertigt, auf denen Personen oder Objekte zu sehen sind, an denen fremde Urheberrechte, Eigentumsrechte oder sonstige Rechte Dritter bestehen, ist der Fotograf verpflichtet, die für die Anfertigung und Nutzung der Fotos erforderliche Zustimmung der abgebildeten Personen und der Rechtsinhaber der abgebildeten Objekte einzuholen. Der Fotograf hat den Auftraggeber von Ersatzansprüchen Dritter freizustellen, die aus der Verletzung dieser Pflicht resultieren. Die Freistellungspflicht entfällt, sofern der Fotograf nachweist, dass ihn kein Verschulden trifft.

4.4 Muss bei einer Fotoproduktion die Leistung eines Dritten in Anspruch genommen werden, bedarf die Erteilung eines Auftrags an den Dritten der schriftlichen Genehmigung des Auftraggebers. Der Fotograf ist nicht berechtigt, ohne diese Genehmigung irgendwelche Verpflichtungen im Namen und für Rechnung des Auftraggebers einzugehen.

4.5 Der Fotograf ist verpflichtet, über die ihm anvertrauten, zugänglich gemachten oder sonst bekannt gewordenen Geschäftsgeheimnisse und vertraulichen Angelegenheiten des Auftraggebers auch nach Beendigung der Zusammenarbeit Stillschweigen zu bewahren.

5 Honorar und Nebenkosten

5.1 Der Fotograf erhält für seine Fotoarbeiten ein Honorar, dessen Höhe in den Einzelverträgen unter Berücksichtigung des jeweiligen Leistungsumfangs zu bestimmen ist. Mit der Zahlung des Honorars ist zugleich die Einräumung und Übertragung der Nutzungsrechte an den Fotoarbeiten vollständig abgegolten, und zwar auch für die Zeit nach Beendigung des Vertragsverhältnisses. [5]

5.2 Der Auftraggeber erstattet dem Fotografen die im Einzelfall erforderlichen und durch Belege nachzuweisenden Nebenkosten, die ihm im Zusammenhang mit der Abwicklung eines Auftrags entstehen (z.B. für Scans, Filmmaterial). Dazu gehören auch die Kosten und Spesen für notwendige Reisen, sofern der Auftraggeber diese Kosten vor ihrer Entstehung dem Grunde und der Höhe nach genehmigt hat.

5.3 Ist der Fotograf mit seinen Umsätzen mehrwertsteuerpflichtig, kommt zu den Honoraren und den der Mehrwertsteuer unterliegenden Kostenerstattungen noch die gesetzliche Mehrwertsteuer hinzu. [6]

6 Rechtseinräumung

6.1 Der Auftraggeber hat das ausschließliche Recht, alle von dem Fotografen im Rahmen der Zusammenarbeit angefertigten Fotos ohne jede zeitliche, räumliche oder inhaltliche Beschränkung zu nutzen. Das Nutzungsrecht erstreckt sich auf alle derzeit bekannten Nutzungsarten und umfasst insbesondere die Vervielfältigung, Verbreitung und Ausstellung sowie die öffentliche Zugänglichmachung und sonstige öffentliche Wiedergabe. Die Fotos dürfen sowohl digital als auch analog in allen dafür geeigneten Medien (einschließlich Multimedia-Anwendungen und Internet) genutzt und in Datenbanken gespeichert werden. Die Nutzung ist für alle denkbaren Zwecke, insbesondere Werbezwecke, weltweit und ohne jede Beschränkung hinsichtlich der Nutzungsdauer, der Nutzungsfrequenz und des Nutzungsumfangs (Auflagenhöhe, Format etc.) zulässig. Der Auftraggeber ist außerdem berechtigt, die Fotos zu bearbeiten oder umzugestalten und sie in bearbeiteter oder umgestalteter Form zu verwerten. Ebenso ist die Nutzung der Fotos in Teilen (Ausschnittverwertung, Composing etc.) zulässig.

6.2 Der Auftraggeber darf die ihm eingeräumten Nutzungsrechte ganz oder teilweise auf Dritte weiterübertragen oder Dritten entsprechende Rechte einräumen. Der Fotograf verzichtet darauf, bei der Vervielfältigung, Verbreitung, Ausstellung und/oder öffentlichen Wiedergabe seiner Fotos als Urheber genannt zu werden.

6.3 Dem Auftraggeber werden an analogen Fotos, die der Fotograf im Rahmen der Zusammenarbeit anfertigt, außer den Nutzungsrechten auch die Eigentumsrechte übertragen. Bei digitalen Fotos hat der Auftraggeber einen Anspruch auf Überlassung der dazu vorhandenen Datenträger, Dateien und Daten.

7 Vertragsdauer und Kündigung

7.1 Die Rahmenvereinbarung wird auf unbestimmte Zeit abgeschlossen. Sie kann von beiden Vertragsparteien mit einer Frist von drei Monaten zum Ende eines jeden Kalenderhalbjahres gekündigt werden. Die Kündigung hat schriftlich zu erfolgen.

7.2 Das Recht zur fristlosen Kündigung aus wichtigem Grund bleibt unberührt. Ein wichtiger Grund liegt für den Auftraggeber insbesondere dann vor, wenn der Fotograf seinen Informations- und Mitwirkungspflichten gemäß Ziffer 3.2 und 3.3 der Rahmenvereinbarung nicht oder nicht ordnungsgemäß nachkommt.

8 Schlussbestimmungen

8.1 Änderungen und Ergänzungen dieses Vertrages sowie die Änderung oder Aufhebung dieser Schriftformklausel sind nur wirksam, wenn sie schriftlich vereinbart werden, es sei denn, sie beruhen auf einer ausdrücklichen oder individuellen Vertragsabrede.

8.2 Die Nichtigkeit oder Unwirksamkeit einzelner Bestimmungen dieser Rahmenvereinbarung berührt die Gültigkeit der übrigen Bestimmungen nicht.

Ort, Datum

....
(Auftraggeber)   (Fotograf)

---

1 Hier sind die Namen und Anschriften des Auftraggebers und des Fotografen vollständig einzutragen. Handelt es sich bei dem Auftraggeber um eine Gesellschaft, ist auf die exakte Angabe der Rechtsform (z.B. GmbH, AG) sowie darauf zu achten, dass der Vertrag auf der Auftraggeberseite von dem vertretungsberechtigten Organ der Gesellschaft (Geschäftsführer, Vorstand) unterschrieben wird.

2 Der einleitende Text geht von dem in der Praxis recht häufigen Fall aus, dass die Vertragsparteien schon seit einiger Zeit zusammenarbeiten und die grundlegenden Regeln dieser Zusammenarbeit nunmehr schriftlich fixieren möchten. Sofern dieser Sachverhalt nicht zutrifft und der Rahmenvertrag gleich zu Beginn der Zusammenarbeit abgeschlossen werden soll, muss der Text gestrichen bzw. entsprechend geändert werden. Zu streichen ist dann auch die Regelung in Ziffer 1.2 des Vertrags.

3 Wenn die laufende Zusammenarbeit schon vor Abschluss der Rahmenvereinbarung begonnen wurde, stellt sich die Frage, ob die für die Zukunft vereinbarten Regelungen auch für die in der Vergangenheit bereits ausgeführten Arbeiten gelten sollen. Der Auftraggeber wird regelmäßig daran interessiert sein, dass die in der Rahmenvereinbarung vorgesehene umfassende Einräumung der urheberrechtlichen Nutzungsrechte auch die Aufnahmen einschließt, die der Fotograf bereits vor Abschluss des schriftlichen Vertrags angefertigt hat. Deshalb sieht Ziffer 1.2 vor, dass die Bestimmungen der Rahmenvereinbarung

auch für die schon abgewickelten Aufträge gelten. Ausgenommen bleiben allerdings die Aufträge, bei denen die Parteien abweichende Absprachen getroffen haben. Solche Absprachen sollen ungeachtet der Regelungen, die der Rahmenvertrag vorsieht, weiterhin gültig bleiben.

Die hier vorgesehene Einbeziehung der früheren Aufträge betrifft vor allem die Fälle, in denen die Parteien zum Umfang der eingeräumten Nutzungsrechte nichts weiter besprochen haben. Fehlt eine solche Absprache, führt die Regelung in Ziffer 1.2 dazu, dass die umfassende Nutzungsrechtseinräumung gemäß Ziffer 6 der Rahmenvereinbarung auch für Fotos gilt, die bereits vor Abschluss dieser Vereinbarung angefertigt wurden.

Eine solche rückwirkende Absicherung von Rechten mag für den Auftraggeber gewisse Vorteile haben. Sie kann für ihn aber auch zu einer erheblichen finanziellen Belastung führen. Da jeder Urheber einen gesetzlich garantierten Anspruch darauf hat, dass er für die eingeräumten Nutzungsrechte auch eine angemessene Vergütung erhält, kann die nachträgliche Einbeziehung bereits fertiggestellter Fotos in die umfassende Nutzungsregelung der Rahmenvereinbarung zur Folge haben, dass sich die ursprünglich gezahlte Vergütung als nicht mehr angemessen erweist. Für den Auftraggeber hätte das die unangenehme Konsequenz, dass er dem Fotografen u. U. eine zusätzliche Vergütung für die bereits abgelieferten Fotos zahlen muss (§ 32 Abs. 1 Satz 3 UrhG). Wer dieses Risiko vermeiden will, sollte Ziffer 1.2 aus dem Vertrag streichen.

4   *Bei Abschluss der Rahmenvereinbarung sollte der sozialversicherungsrechtliche Status des Fotografen überprüft werden. Gerade bei einer langfristigen und fortlaufenden Zusammenarbeit kann vor allem dann, wenn der Fotograf im Wesentlichen nur für einen Auftraggeber tätig ist, ein abhängiges Beschäftigungsverhältnis und damit ein Fall von Scheinselbständigkeit vorliegen. Zu den Merkmalen der Scheinselbständigkeit und zu den Folgen, die sich aus der Feststellung der Scheinselbständigkeit ergeben können, wird auf die Erläuterungen in dem BFF Handbuch „Basiswissen" (4. Auflage, Seite 324 ff.) verwiesen.*

Die Gefahr, dass die fortlaufende Zusammenarbeit mit einem Auftraggeber als abhängige Beschäftigung eingestuft wird, ist bei Fotografen, die Mitglied der Künstlersozialkasse (KSK) sind, erheblich geringer als bei solchen Fotografen, die nicht der KSK angehören. Da die KSK nur selbständige Künstler und Publizisten aufnimmt und in jedem Einzelfall prüft, ob tatsächlich eine selbständige Tätigkeit ausgeübt wird, ist mit der Aufnahme in die KSK zugleich die Selbständigkeit nachgewiesen. Dementsprechend gehen die Sozialversicherungsträger bei Bestehen einer KSK-Mitgliedschaft in der Regel ohne weitere Nachprüfung von einer selbständigen Berufsausübung aus. Voraussetzung ist allerdings, dass bei dem betreffenden Künstler oder Publizisten seit der Feststellung der Selbständigkeit durch die KSK keine Änderung der tatsächlichen Verhältnisse eingetreten ist.

Das Vertragsmuster geht in Ziffer 3.1 davon aus, dass der Fotograf Mitglied der KSK und die Selbständigkeit somit positiv festgestellt ist. Da sich allerdings der sozialversicherungsrechtliche Status im Laufe der

Zusammenarbeit ändern kann, sieht die Rahmenvereinbarung in Ziffer 3.2 und 3.3 vor, dass der Fotograf seinen Auftraggeber über Entwicklungen, die Auswirkung auf seinen Status haben können (z. B. Beendigung der KSK-Mitgliedschaft), unverzüglich informiert. So wird der Auftraggeber vor unangenehmen Überraschungen bewahrt und sichergestellt, dass er sich auf die Folgen einer veränderten sozialversicherungsrechtlichen Situation rechtzeitig einstellen kann.

Bei einer Zusammenarbeit mit Fotografen, die nicht Mitglied der KSK sind, ist Ziffer 3 und die ergänzende Regelung in Ziffer 7.2 der Rahmenvereinbarung zu streichen. In solchen Fällen empfiehlt sich zumindest dann, wenn die Selbständigkeit des Fotografen nicht zweifelsfrei feststeht, die Durchführung eines Statusfeststellungsverfahrens (§ 7 a SGB IV). Der Antrag auf Statusfeststellung sollte bei der Deutschen Rentenversicherung Bund (DRV) innerhalb eines Monats nach Beginn der Zusammenarbeit zwischen dem Fotografen und dem Auftraggeber gestellt werden, damit die Chance gewahrt wird, eine rückwirkende Belastung mit Sozialversicherungsabgaben zu vermeiden (§ 7 a Abs. 6 SGB IV). Dazu wird ergänzend auf das BFF-Handbuch „Basiswissen" (4. Auflage, Seite 326/327) verwiesen.

5 *Bei Abschluss der Einzelverträge wird zu berücksichtigen sein, dass der Rahmenvertrag die umfassende Einräumung aller urheberrechtlichen Nutzungsrechte vorsieht. Eine solche umfassende Rechtseinräumung muss in der Honorierung ihren Niederschlag finden, denn der Fotograf hat als Urheber der Fotos einen gesetzlichen garantierten Anspruch darauf, dass er für die eingeräumten Nutzungsrechte auch eine angemessene Vergütung erhält. Wenn das nicht beachtet und das Honorar in den Einzelverträgen zu niedrig angesetzt wird, kann es später eventuell zu Nachforderungen des Fotografen kommen (§ 32 Abs. 1 Satz 3 UrhG).*

Ein Auftraggeber, der solche Nachforderungen vermeiden will, sollte bei Abschluss der Einzelverträge im eigenen Interesse sorgfältig prüfen, ob das mit dem Fotografen vereinbarte Honorar tatsächlich die umfassende Nutzungsrechtseinräumung abdeckt, die in Ziffer 6 der Rahmenvereinbarung vorgesehen ist, oder ob damit lediglich – wie in der Praxis vielfach üblich – nur die bei Abschluss der Einzelvereinbarung konkret beabsichtigte Nutzung abgegolten wird und das vereinbarte Honorar deshalb zu niedrig ist. Selbstverständlich ist es möglich, in den Einzelverträgen von Fall zu Fall eine von dem Rahmenvertrag abweichende Rechtsübertragung vorzusehen, um den Konsequenzen des § 32 UrhG zu entgehen. Ist beispielsweise bei bestimmten Fotoarbeiten abzusehen, dass sie nur für einen eng begrenzten Zweck genutzt werden, kann in dem Einzelvertrag eine entsprechende Beschränkung der Nutzungsrechte vereinbart und das Honorar entsprechend niedrig angesetzt werden. Diese Vereinbarung sollte dann aber auch schriftlich fixiert werden, damit die von den Parteien gewollte Abweichung von dem Rahmenvertrag schriftlich dokumentiert ist.

6 *Der Auftraggeber sollte sich bewusst sein, dass er außer der Mehrwertsteuer auch noch die Künstlersozialabgabe zu entrichten hat. Da Fotografen von der Künstlersozialkasse in der Regel als Künstler einge-*

stuft werden, unterliegen sämtliche Entgelte, die der Auftraggeber für die Leistungen des Fotografen zahlt, der Künstlersozialabgabepflicht. Das gilt unabhängig davon, ob der Fotograf künstlersozialversicherungspflichtig ist oder nicht. Die Künstlersozialabgabe ist allerdings nicht an den Fotografen, sondern an die Künstlersozialkasse abzuführen.

Haftungsfreistellung, Ideenschutz und Copyrightvermerk

4

In dem nachfolgenden Kapitel geht es zunächst um eine Absicherung in den Fällen, in denen ein Fotograf durch das Nachfotografieren bereits vorhandener Bilder oder dadurch, dass er bestimmte Personen oder Gegenstände ablichtet, möglicherweise die Rechte Dritter verletzt. Außerdem wird ein Vertragsmuster vorgestellt, das Fotografen gegen eine Übernahme ihrer ungeschützten Bild- und Gestaltungsideen schützt. Zum Abschluss des Kapitels wird die Bedeutung des Copyrightvermerks erklärt und an zwei Beispielen gezeigt, wie ein solcher Vermerk aussehen sollte.

Haftungsfreistellung durch den Auftraggeber

Bei Fotoproduktionen kann sich die Frage ergeben, ob die von dem Auftraggeber gewünschten Aufnahmen zulässig sind. Rechtliche Bedenken können sich vor allem dann einstellen, wenn das vorgegebene Layout aus einem Bild besteht, das ein anderer Fotograf aufgenommen hat und das nach dem Willen des Auftraggebers nachgestellt werden soll. In einem solchen Fall kann bereits das Nachstellen des fremden Bildes zu einer Verletzung der Urheberrechte des Fotografen führen, der die Layoutvorlage aufgenommen hat. Das gilt insbesondere dann, wenn die Vorlage weitgehend ohne Änderungen nachfotografiert wird.

Eine Verletzung der Rechte Dritter ist auch dann denkbar, wenn auf einem Bild ein Objekt zu sehen ist, an dem fremde Urheberrechte bestehen oder das beispielsweise als Marke geschützt ist. Wenn solche Abbildungen geschützter Objekte von den jeweiligen Rechtsinhabern nicht genehmigt worden sind, kann es sehr schnell Ärger geben und der Fotograf, der das rechtsverletzende Bild aufgenommen hat, in einen unangenehmen Rechtsstreit hineingezogen werden. Das gilt auch in den Fällen, in denen Personen auf einem Bild erscheinen, die zu der vorgesehenen Bildnutzung keine Zustimmung erteilt haben.

Die Frage, ob die vom Auftraggeber gewünschten Bilder möglicherweise die Rechte Dritter verletzen, kann sich bereits beim Briefing stellen, wird aber manchmal auch erst während des Shootings akut. Die Fotografen befinden sich dann oft in einer Zwangslage, weil der Auftrag bereits erteilt ist und die gesamte Produktion gefährdet wäre, wenn der Fotograf darauf bestehen würde, dass zunächst die Frage einer möglichen Rechtsverletzung geklärt wird. Um in dieser Situation die Produktion fortführen zu können und gleichzeitig sicherzustellen, dass er später nicht wegen einer Verletzung der Rechte Dritter haftbar gemacht wird, sollte der Fotograf auf einer Haftungsfreistellung durch den Auftraggeber bestehen. Das nachfolgende Vertragsmuster zeigt, wie eine solche Haftungsfreistellung formuliert werden kann.

Wer als Fotograf eine Haftungsfreistellung vereinbart, muss sich darüber im Klaren sein, dass eine solche Vereinbarung nur im Verhältnis zum Auftraggeber wirksam ist. Der in seinen Rechten verletzte Dritte wird dadurch nicht gehindert, seine Schadensersatzansprüche direkt gegenüber dem Fotografen geltend zu machen. Die Haftungsfreistellung bewirkt aber, dass der Fotograf die finanziellen Folgen der Haftung, die im Außenverhältnis gegenüber Dritten bestehen bleibt, im Innenverhältnis an seinen Auftraggeber weitergeben kann.

Wirksam ist eine Haftungsfreistellung nur, wenn die Rechtslage für den Fotografen ungewiss ist. Liegt dagegen klar auf der Hand, dass die Herstellung bzw. Nutzung der geplanten Aufnahmen die Rechte Dritter verletzt, dann läuft die Fotoproduktion auf eine sittenwidrige und möglicherweise sogar strafbare Schädigung anderer Personen hinaus. In einem solchen Fall kann die Vereinbarung einer Haftungsfreistellung nichts bewirken. Sie ist nichtig (§ 138 BGB) und der Fotograf kann daraus später keine Freistellungsansprüche gegen den Auftraggeber ableiten.

Vereinbarung über eine Haftungsfreistellung

zwischen [1]

....

– nachstehend „Auftraggeber" genannt –

und

....

– nachfolgend „Fotograf" genannt –

Im Zusammenhang mit der Fotoproduktion [2]

....

hat sich die Frage ergeben, ob nicht möglicherweise die Rechte Dritter verletzt werden, wenn der Fotograf den Auftrag entsprechend den Vorgaben in dem Briefing [3] des Auftraggebers ausführt. Dazu wird Folgendes vereinbart:

1. Der Fotograf wird sich bei der Ausführung des Auftrags an die Vorgaben halten, die der Auftraggeber in dem Briefing formuliert hat. Die Parteien sind sich darüber einig, dass die Klärung der Frage, ob die Herstellung der Bilder nach den Briefing-Vorgaben und deren spätere Nutzung zu einer Verletzung der Rechte Dritter führen kann, nicht zu den Aufgaben des Fotografen gehört.

2. Das Risiko, dass die Fotoproduktion und/oder die vorgesehene Nutzung fremde Urheberrechte, das Recht der abgebildeten Personen am eigenen Bild oder sonstige Rechte Dritter verletzt, trägt ausschließlich der Auftraggeber. Es ist daher Sache des Auftraggebers, vor einer Verwendung der Bilder für die vereinbarten Zwecke zunächst mit einem Rechtberater zu klären, ob solche Rechtsverletzungen auszuschließen sind.

3. Für den Fall, dass die Herstellung und/oder Nutzung der Bilder die Rechte Dritter verletzt, wird der Auftraggeber den Fotografen von sämtlichen Ansprüchen freistellen, die von den betroffenen Dritten gegen den Fotografen geltend gemacht werden. Die Freistellungsverpflichtung umfasst auch die Kosten, die dem Fotografen durch die Abwehr solcher Ansprüche entstehen.

Ort, Datum

....

(Auftraggeber)   (Fotograf)

1 Hier sind die Namen und Anschriften des Auftraggebers und des Fotografen vollständig einzutragen. Handelt es sich bei dem Auftraggeber um eine Gesellschaft, ist auf die exakte Angabe der Rechtsform (z. B. GmbH, AG) sowie darauf zu achten, dass der Vertrag auf der Auftraggeberseite von dem vertretungsberechtigten Organ der Gesellschaft (Geschäftsführer, Vorstand) unterschrieben wird.

2 Die Fotoproduktion, bei der sich die Frage einer möglichen Verletzung der Rechte Dritter ergeben hat, sollte in der Leerzeile präzise beschrieben werden. Wenn das Problem nur bei einzelnen Aufnahmen einer Produktion besteht, sind die betreffenden Motive anzugeben.

3 Da auf das Briefing Bezug genommen wird, empfiehlt sich eine schriftliche Fixierung der Briefing-Vorgaben, damit es darüber später keinen Streit gibt und der Fotograf nicht in Beweisschwierigkeiten gerät. Zur Formulierung eines Briefings wird auf das Muster auf Seite 14 verwiesen.

Vertrag über den Schutz einer Bildidee / Bildkonzeption

Fotografen entwickeln häufig Bildideen oder vollständige Bildkonzeptionen, die sie schon aus Kostengründen nicht selbst realisieren können und für deren Umsetzung sie deshalb einen Auftraggeber brauchen. Potentielle Auftraggeber werden aber in der Regel nicht bereit sein, die „Katze im Sack" zu kaufen. Ein Fotograf muss deshalb, um den Auftrag zu erhalten, zunächst seine Idee/Konzeption präsentieren. Eine solche Präsentation ist angesichts der Tatsache, dass für abstrakte Ideen und Konzeptionen kein Urheberrechtsschutz besteht, sehr riskant. Es besteht die Gefahr, dass sich die Gesprächspartner des Fotografen die Idee oder Konzeption vorstellen lassen, um sie dann anschließend nicht mit dem Schöpfer dieser Idee, sondern mit einem anderen Fotografen zu realisieren.

Da das Urheberrechtsgesetz gegen einen solchen „Ideenklau" keinen ausreichenden Schutz bietet, können sich die Fotografen meist nur durch eine vertragliche Vereinbarung davor schützen, dass die von ihnen entwickelten Ideen und Konzeptionen einfach übernommen werden. Zwar gibt es gesetzliche Regelungen, die demjenigen, dem ein Fotograf beispielsweise ein Scribble, eine Fotomontage oder ähnliche Vorlagen präsentiert, die unbefugte Verwertung dieser Vorlagen verbieten (§ 18 UWG) und die einem potentiellen Kunden, dem ein Fotograf in der Hoffnung auf einen Vertragsabschluss bestimmte Ideen/Konzeptionen offenbart, gewisse Schutzpflichten auferlegen, wozu auch die Verpflichtung zur Geheimhaltung der anvertrauten Dinge gehört (§ 311 Abs. 2 Ziff. 2 BGB). Es wird aber oft nur schwer nachzuweisen sein, dass sämtliche Voraussetzungen dieser Vorschriften im konkreten Fall erfüllt sind und welcher Schaden dem Fotografen durch die Verletzung der gesetzlichen Pflichten entstanden ist. Deshalb erweist sich eine vertragliche Vereinbarung, die exakt auf die jeweilige Leistung des Fotografen zugeschnitten ist und die Einhaltung der Vertragspflichten mit einem Vertragsstrafeversprechen verknüpft, vielfach als der bessere Schutz.

Wie eine solche vertragliche Vereinbarung aussehen kann, zeigt das hier vorgestellte Muster. Damit dieser Vertrag auch seinen Schutzzweck erfüllt, muss er vor der Präsentation der Idee/Konzeption verhandelt und unterschrieben werden. Ein solcher „Vorvertrag" mag zwar ungewöhnlich sein, doch wird ein seriöser Interessent Verständnis dafür haben, dass sich der Fotograf gegen eine unentgeltliche Übernahme seiner Ideen absichern muss.

Vertrag über den Schutz einer Bildidee / Bildkonzeption

Zwischen[1]

....

– nachstehend „Fotograf" genannt –

und

....

– nachfolgend „Unternehmen" genannt –

wird folgender Vertrag geschlossen:

1. Der Fotograf hat eine Bildidee/Bildkonzeption entwickelt, die für die Zwecke des Unternehmens ver-
    wendbar ist. Der Fotograf bietet dem Unternehmen diese Bildidee / Bildkonzeption zur Auswertung an.
    Er versichert, dass die Idee/Konzeption nach seinem Wissensstand bisher von keinem anderen Unter-
    nehmen verwendet wird.

2. Der Fotograf wird seine Bildidee/Bildkonzeption nach Abschluss dieses Vertrages vorstellen und erläu-
    tern. Das Unternehmen wird nach der Präsentation innerhalb einer Frist von zwei Wochen entscheiden,
    ob es die Bildidee/Bildkonzeption auswerten will oder nicht.

3. Wenn sich das Unternehmen für eine Auswertung entscheidet, wird es den Fotografen mit der Herstel-
    lung der Bilder nach der von ihm entwickelten Idee/Konzeption beauftragen. Das Unternehmen verpflich-
    tet sich, zu diesem Zweck einen Werkvertrag auf der Basis der Allgemeinen Geschäftsbedingungen des
    Fotografen [2] abzuschließen. Das Unternehmen bestätigt durch die Unterzeichnung des vorliegenden
    Vertrages, ein Exemplar dieser Geschäftsbedingungen von dem Fotografen erhalten zu haben.
    Können die Parteien bei Abschluss des Produktionsvertrages keine Einigung über das an den Fotografen
    zu zahlende Honorar erzielen, so bestimmt der Fotograf die Höhe des Honorars nach billigem Ermessen.[3]

4. Mit Zustimmung des Fotografen kann das Unternehmen auch andere Personen mit der Herstellung der
    Bilder nach der Idee/Konzeption des Fotografen beauftragen. In diesem Fall hat das Unternehmen für
    die Entwicklung der Bildidee/Bildkonzeption ein Honorar von ....€[4] zuzüglich Mehrwertsteuer an
    den Fotografen zu zahlen.

5. Der Fotograf verpflichtet sich, seine Bildidee/Bildkonzeption keinem Dritten anzubieten und Dritte auch
    nicht bei der Realisierung einer solchen Idee/Konzeption zu unterstützen, sofern sich das Unternehmen
    innerhalb der unter 2. genannten Frist dazu entschließt, die Bildidee/Bildkonzeption selbst auszuwerten.

6. Wenn sich das Unternehmen gegen eine Auswertung entscheidet, ist es verpflichtet, die Bildidee/Bildkonzeption des Fotografen oder einzelne Elemente dieser Idee/Konzeption auch später nicht zu verwenden und sie Dritten gegenüber geheim zu halten. Das Unternehmen verpflichtet sich, für jeden Fall der Zuwiderhandlung gegen diese Unterlassungs- und Geheimhaltungspflicht eine Vertragsstrafe in Höhe von .... € [5] an den Fotografen zu zahlen. Die Geltendmachung eines weitergehenden Schadensersatzanspruchs durch den Fotografen bleibt hiervon unberührt.

7. Die Honorierungspflicht (Ziffer 4.) und die Unterlassungs- und Geheimhaltungspflicht (Ziffer 6.) des Unternehmens entfällt, wenn es innerhalb von einer Woche nach der Präsentation der Bildidee/Bildkonzeption nachweist, dass ihm die Idee/Konzeption in ihren wesentlichen Elementen bereits vorher bekannt gewesen ist.

Ort, Datum

....
(Fotograf)   (Unternehmen)

Anlage: Allgemeine Geschäftsbedingungen des Fotografen

1   *Hier sind die Namen und Anschriften des Fotografen und des Unternehmens, mit dem die Vereinbarung getroffen wird, vollständig einzutragen. Handelt es sich bei dem Unternehmen nicht um eine Einzelperson, sondern um eine Gesellschaft, muss auf die exakte Angabe der Rechtsform (z. B. GmbH, AG) sowie darauf geachtet werden, dass der Vertrag vom Geschäftsführer/Vorstand der Gesellschaft oder von einer entsprechend bevollmächtigten Person unterschrieben wird.*

2   *Die Allgemeinen Geschäftsbedingungen, auf die hier verwiesen wird, müssen dem Vertrag unbedingt als Anlage beigefügt werden, weil die Vereinbarung sonst ins Leere läuft. Als Vorlage für die Geschäftsbedingungen können die auf Seite 48 ff. abgedruckten „Allgemeinen Geschäftsbedingungen für Fotografen (AGB/BFF)" verwendet werden.*

3   *Was „billigem Ermessen" entspricht, ist unter Berücksichtigung der Interessen beider Parteien zu ermitteln. Maßgebend ist dabei in der Regel das bei vergleichbaren Werkverträgen übliche Honorar.*

4 *Hier ist der Betrag einzusetzen, den der Fotograf als Honorar für die Entwicklung und Überlassung der Bildidee/Bildkonzeption erhalten soll, falls das Unternehmen andere Personen mit der Bildproduktion beauftragt.*

5 *An dieser Stelle ist der Betrag einzusetzen, der bei einer Verletzung der Unterlassungs- und Geheimhaltungspflicht als Vertragsstrafe gezahlt werden soll. Dabei ist zu beachten, dass die Vertragsstrafe nicht unverhältnismäßig hoch sein darf (§ 343 BGB). Bei der Festlegung der Vertragsstrafe sollte man sich an dem finanziellen Schaden orientieren, der dem Fotografen bei einem Vertragsbruch entstehen kann. Übersteigt die Vertragsstrafe den potentiellen Schaden nicht, dann ist sie auch angemessen.*

Copyrightvermerk bei Bildern

Fotografien sind entweder als Lichtbildwerke (§ 2 Abs. 1 Ziff. 5 UrhG) oder als einfache Lichtbilder (§ 72 UrhG) geschützt. Der Urheber- bzw. Leistungsschutz entsteht ohne weitere Formalien in dem Augenblick, in dem ein Foto geschaffen wird. Deshalb ist es an sich nicht notwendig, Fotografien mit einem Copyrightvermerk zu versehen. Dennoch kann es sinnvoll sein, einen solchen Vermerk anzubringen.

So lassen sich urheberrechtliche Ansprüche in den USA leichter durchsetzen, wenn Fotografien von der ersten Veröffentlichung an das Kennzeichen © in Verbindung mit dem Namen des Urhebers und der Jahreszahl der ersten Veröffentlichung tragen. Zwar ist eine solche copyright-notice inzwischen auch in den USA nicht mehr die Voraussetzung für den Erwerb des Urheberrechtsschutzes, doch kann der Vermerk in einem Prozess vor US-Gerichten beweisrechtliche Vorteile bringen und demjenigen, dessen Rechte verletzt sind, einen höheren Schadensersatz sichern.

Auch im Geltungsbereich des deutschen Urheberrechtsgesetzes ist der Abdruck eines Copyrightvermerks bei jeder Bildveröffentlichung dringend zu empfehlen. Wer nämlich auf dem Original eines Fotos, einem Fotoabzug oder auf einem sonstigen Vervielfältigungsstück (z.B. beim Abdruck in einer Zeitschrift) in der üblichen Weise als Urheber benannt ist, wird bis zum Beweis des Gegenteils als Urheber angesehen. Der Urhebervermerk führt also zu einer Umkehrung der Beweislast. Der Fotograf, der auf seinen Fotos oder im Zusammenhang mit dem Abdruck seiner Fotos durch einen Copyrightvermerk oder auf sonstige Weise als Urheber ausgewiesen ist, braucht in einem Streitfall nicht mehr nachzuweisen, dass er die betreffenden Fotos tatsächlich selbst aufgenommen hat. Statt dessen muss derjenige, der ihm seine Rechte streitig macht, die (gesetzlich vermutete) Urheberschaft widerlegen. Dadurch wird die rechtliche Ausgangsposition des Fotografen, der sich gegen eine unerlaubte Nutzung seiner Bilder zur Wehr setzen will, erheblich verbessert.

Ein weiterer Vorteil des Copyrightvermerks ist – abgesehen von der Werbewirkung – die damit sichergestellte Namensnennung bei Zitaten und anderen gesetzlich erlaubten Nutzungen. Dazu muss man wissen, dass es im Urheberrechtsgesetz eine Reihe von Ausnahmeregelungen gibt, die eine Nutzung urheberrechtlich geschützter Werke ohne Zustimmung des Urhebers ermöglichen. So dürfen beispielsweise Fotos in Sammlungen für den Kirchen-, Schul- oder Unterrichtsgebrauch aufgenommen (§ 46 UrhG) und unter bestimmten Voraussetzungen für Zitatzwecke verwendet werden (§ 51 UrhG), ohne dass dafür die Erlaubnis des Fotografen einzuholen ist. Zwar besteht in solchen Fällen die Verpflichtung, den Urheber zu benennen, doch entfällt die Verpflichtung zur Namensnennung, wenn der Urheber in der Publikation, aus der man das Werk entnommen hat, nicht namentlich ausgewiesen wird und sein Name auch nicht anderweitig bekannt ist (§ 63 UrhG). Wer daher verhindern will, dass seine Fotos unter Berufung auf diese Regelung ohne Namensnennung zitiert oder in sonstiger Weise genutzt werden, sollte dafür sorgen, dass sie stets mit einem Urhebernachweis publiziert werden.

Für den Copyrightvermerk ist keine bestimmte Form vorgeschrieben. Es empfiehlt sich jedoch, zumindest die Anforderungen zu beachten, die das Welturheberrechtsabkommen (Art. III 1 WUA) für die copyright-notice vorsieht und die auch die notwendige Voraussetzung für die Gewährung der oben beschriebenen Vorteile bei urheberrechtlichen Auseinandersetzungen vor US-Gerichten sind. Deshalb sollte der Urhebervermerk entweder das Copyrightsymbol „©" oder das Wort „Copyright" enthalten und außerdem den vollständigen Namen des Urhebers sowie das Jahr der ersten Veröffentlichung ausweisen.

Copyrightvermerk – einfache Fassung [1]

© Frodo Graf 2011

Copyrightvermerk – ausführliche Fassung [2]

© Frodo Graf 2011

Bilderstraße 1, 40489 Düsseldorf
Tel. 02 11-40 40 37, Fax 02 11-40 78 01
frodo.graf@fotonet.com

Jede Nutzung bedarf einer vorherigen Honorarvereinbarung mit dem Urheber.

[1] *Diese Fassung des Copyrightvermerks entspricht den Anforderungen des Welturheberrechtsabkommens. Nach deutschem Recht könnte der Urhebervermerk auch anders aussehen. So muss etwa das © nicht unbedingt erscheinen; ebenso ist das Jahr der Erstveröffentlichung entbehrlich; statt des Namens könnte der Vermerk auch das Pseudonym des Urhebers ausweisen.*

[2] *Auf Fotoabzügen und Datenträgern, die für Dritte bestimmt sind bzw. an Dritte weitergegeben werden, sollte ebenso wie in den Datei-Informationen digitaler Bilder nicht nur der Name des Fotografen, sondern auch seine vollständige Adresse angegeben werden. So können diejenigen, die das Werk verwerten möchten, mit dem Fotografen Kontakt aufnehmen und die für die geplante Nutzung notwendigen Rechte ordnungsgemäß erwerben.*

Der weitere Hinweis, dass jede Nutzung einer vorherigen Honorarvereinbarung mit dem Urheber bedarf, dient der Klarstellung. Oft landen Fotoabzüge oder Bilddatenträger in fremden Archiven, wo sie dann später für Verwendungszwecke entnommen werden, für die sie ursprünglich nicht gedacht waren und zu denen der Urheber auch keine Zustimmung erteilt hat. Um solche unerlaubten Verwertungen zu verhindern, sollte man den hier vorgeschlagenen ausführlichen Copyrightvermerk auf die Rückseite des Fotoabzugs stempeln oder kleben und bei digitalen Bildern die Datenträger entsprechend kennzeichnen. Dadurch werden Missverständnisse verhindert und es wird dem Einwand, man habe den Urheber nicht ermitteln können, von vornherein die Grundlage entzogen.

Lizenzverträge 5

Fotografien sind entweder als Lichtbildwerke urheberrechtlich geschützt (§ 2 Abs. 1 Ziff. 5 UrhG) oder als einfache Lichtbilder den urheberrechtlich geschützten Werken gleichgestellt (§ 72 UrhG). Das Urheberrecht an Lichtbildwerken ist ebenso wie das Leistungsschutzrecht, das an einfachen Lichtbildern besteht, prinzipiell nicht übertragbar. Fotografen haben jedoch die Möglichkeit, Lizenzen an ihren Bildern zu vergeben. Die Lizenz ist ein vom Urheber- bzw. Leistungsschutzrecht abgeleitetes Nutzungsrecht. Die Einräumung von Nutzungsrechten durch den Abschluss von Lizenzverträgen ist das wichtigste Instrument zur wirtschaftlichen Verwertung der Rechte, die den Fotografen an ihren Bildern zustehen.

Der Lizenzvertrag ist ein selbständiges Rechtsgeschäft, dem ein Werkvertrag vorgeschaltet sein kann, aber keineswegs vorgeschaltet sein muss. Lizenzverträge können auch über Fotos abgeschlossen werden, die der Fotograf „frei", d.h. ohne Auftrag produziert hat oder die zwar als Auftragsarbeit entstanden sind, an denen aber der Auftraggeber keine Nutzungsrechte oder nur einen Teil der Nutzungsrechte erworben hat.

Im folgenden Kapitel werden verschiedene Lizenzverträge für Fotografen und Bildjournalisten vorgestellt. Die Vertragsmuster sind auf die unterschiedlichen Anforderungen der Praxis zugeschnitten.

Vertrag über Bildlizenzen für einen Fotokalender

Bei diesem Vertrag geht es um die Bereitstellung von Fotografien für einen Fotokalender. Der Verlag überlässt es dem Fotografen, ob er die für den Kalender benötigten Fotos extra anfertigt oder aus seinem vorhandenen Bildbestand auswählt. Auch wenn die Bilder neu produziert werden, erhält der Fotograf kein festes Werkhonorar, sondern nur ein Absatzhonorar. Die Höhe der Vergütung hängt damit ausschließlich vom Verkaufserfolg des Kalenders ab.

Das Vertragsmuster besteht aus zwei Teilen. Der erste Teil, der auf der Vorderseite eines DIN A4-Bogens platziert wird, ist wie ein normaler Vertrag konzipiert. Hier sind die üblichen Vertragsdaten und die konkreten Vereinbarungen zur Anzahl der abzuliefernden Fotos, zum Absatzhonorar, zur Anzahl der Freiexemplare etc. zu notieren sowie die Unterschriften zu leisten. Der zweite Teil, der auf der Rückseite des DIN A4-Bogens abgedruckt wird, hat die Form von Allgemeinen Geschäftsbedingungen (AGB). Hier muss nichts mehr ausgefüllt oder unterschrieben werden. Verknüpft werden die beiden Vertragsteile dadurch, dass der Text auf der Vorderseite unter Punkt a) auf die „umseitig abgedruckten Vertragsbedingungen" verweist.

Verlagsvertrag [1]

zwischen [2]

....

– nachstehend „Verlag" genannt –

und

....

– nachstehend „Fotograf" genannt –

Der Verlag hat die Absicht, für das Jahr .... einen Wandkalender (Fotokalender) zu erstellen. Für den Kalender ist ein Format von .... cm x .... cm vorgesehen. Er wird Arbeiten des Fotografen zu folgendem Thema (Arbeitstitel) enthalten: [3]

....

Zwischen dem Verlag und dem Fotografen wird dazu vereinbart: [4]

a) Die beiderseitigen Rechte und Pflichten regeln die umseitig abgedruckten Vertragsbedingungen, die Bestandteil dieser Vereinbarung sind und deren Geltung beide Parteien mit ihrer Unterschrift anerkennen.

b) Der Kalender wird .... Blätter (einschließlich Deckblatt) umfassen. Für die Fotoauswahl (§ 1 Absatz 1 der Vertragsbedingungen) sind dem Verlag mindestens .... Fotografien zur Verfügung zu stellen.

c) Das Absatzhonorar (§ 5 Absatz 1 der Vertragsbedingungen) beträgt .... % vom Nettopreis. Der Nettopreis ist der Ladenpreis abzüglich Mehrwertsteuer.

d) Als Vorschuss (§ 5 Absatz 2 der Vertragsbedingungen) erhält der Fotograf einen Betrag von .... € zuzüglich Mehrwertsteuer.

e) Der Fotograf erhält .... Freiexemplare (§ 6 Absatz 1 der Vertragsbedingungen).

f) Der Anteil des Fotografen an dem Verramschungserlös (§ 7 Absatz 1 der Vertragsbedingungen) beträgt .... % vom Nettoerlös.

Ort, Datum

....

(Verlag)   (Fotograf)

Vertragsbedingungen

§ 1 Auswahl von Fotografien

(1) Der Fotograf wird dem Verlag zu dem vereinbarten Kalenderthema eine Fotoauswahl zur Verfügung stellen. Aus den vorgelegten Arbeiten wählt der Verlag die für den Kalender benötigten Bilder aus.

(2) Der Fotograf steht dafür ein, dass die von ihm vorgelegten Fotografien bisher nicht für einen Wandkalender oder ähnliche Zwecke verwendet wurden und dass der geplanten Nutzung durch den Verlag keine Rechte Dritter entgegenstehen.

§ 2 Rechtseinräumung

(1) Der Fotograf räumt dem Verlag das ausschließliche und räumlich unbegrenzte Recht ein, die vom Verlag ausgewählten Fotografien in Form eines farbigen Wandkalenders für das vereinbarte Jahr verlagsmäßig zu vervielfältigen und zu verbreiten. Weitergehende Rechte, insbesondere Nebenrechte, werden durch diesen Vertrag nicht eingeräumt oder übertragen.

(2) Bilddaten dürfen nur für die eigenen Zwecke des Auftraggebers und nur für die Dauer des Nutzungsrechts digital archiviert werden. Die Speicherung der Bilddaten in Online-Datenbanken oder sonstigen digitalen Archiven, die Dritten zugänglich sind, ist unzulässig.

(3) Eine Nutzung der Bilder ist grundsätzlich nur in der Originalfassung erlaubt. Jede Änderung oder Umgestaltung (z. B. Montage, fototechnische Verfremdung, Kolorierung) und jede Veränderung bei der Bildwiedergabe (z. B. Veröffentlichung in Ausschnitten) bedarf der vorherigen Zustimmung des Fotografen. Hiervon ausgenommen ist lediglich die Beseitigung ungewollter Unschärfen oder farblicher Schwächen mittels elektronischer Retusche.

§ 3 Rechte und Pflichten des Verlags

(1) Der Verlag darf für den Kalender nur Arbeiten des Fotografen verwenden. Auf den einzelnen Kalenderblättern darf jeweils nur ein Foto erscheinen, sofern nicht der Fotograf dem Abdruck mehrerer Fotos auf einem Blatt ausdrücklich zustimmt.

(2) Der Verlag ist verpflichtet, den Kalender zu vervielfältigen und zu verbreiten und dafür angemessen zu werben. Die Auflagenhöhe, den Auslieferungstermin, den Ladenpreis und die Werbemaßnahmen bestimmt der Verlag nach pflichtgemäßem Ermessen. Die Ausstattung, die Gestaltung des Deckblatts und die Reihenfolge der Fotos in dem Kalender hat der Verlag mit dem Fotografen abzustimmen. Der Fotograf darf seine Zustimmung nicht wider Treu und Glauben verweigern.

(3) Der Verlag hat auf jedem einzelnen Kalenderblatt den Namen des Fotografen zu nennen. Der Name ist außerdem auf dem Deckblatt in deutlich hervorgehobener Form anzugeben.

§ 4 Rückgabe analoger Fotografien

(1) Fotografien, die dem Verlag in analoger Form zur Verfügung gestellt werden, verbleiben im Eigentum des Fotografen. Sie sind in unbeschädigtem Zustand an ihn zurückzugeben. Die Gefahr des zufälligen Untergangs bei der Rücksendung trägt der Verlag.

(2) Analoge Fotografien, die der Verlag bei der Prüfung der ihm vorgelegten Auswahl aussortiert und die für den Kalender nicht verwendet werden, sind nach Abschluss des Auswahlverfahrens unverzüglich an den Fotografen zurückzugeben. Die Rückgabe der für den Kalender ausgewählten Fotografien hat spätestens nach Erscheinen des Kalenders zu erfolgen.

§ 5 Honorar

(1) Der Fotograf erhält für die Einräumung des Verlagsrechts das vereinbarte Absatzhonorar. Honorarpflichtig sind alle verkauften Exemplare, darüber hinaus auch die Exemplare, die der Verlag für seine eigenen Werbezwecke kostenlos abgibt. Zu dem Absatzhonorar kommt die Mehrwertsteuer hinzu.

(2) Der Fotograf erhält auf seinen Honoraranspruch bei Ablieferung der Fotoauswahl (§ 1 Absatz 1) einen Vorschuss in der vereinbarten Höhe.

(3) Die Abrechnung des Absatzhonorars erfolgt im Februar des Jahres, für das der Kalender bestimmt ist. Falls zu diesem Zeitpunkt eine vollständige Abrechnung noch nicht möglich ist, wird der Verlag im Juni desselben Jahres eine weitere Abrechnung erstellen.

(4) Der Fotograf kann verlangen, dass ein von ihm beauftragter, zur Berufsverschwiegenheit verpflichteter Dritter (Rechtsanwalt, Wirtschaftsprüfer, Steuerberater oder vereidigter Buchsachverständiger) zwecks Überprüfung der Abrechnungen Einsicht in die Bücher und Unterlagen des Verlags erhält. Die dadurch anfallenden Kosten trägt der Verlag, sofern sich die Abrechnungen als fehlerhaft erweisen.

§ 6 Freiexemplare

(1) Der Fotograf erhält für seinen Bedarf die vereinbarte Menge von Freiexemplaren. Ihm werden auf Anforderung weitere Exemplare des Kalenders zum Verlagsabgabepreis zuzüglich Mehrwertsteuer zur Verfügung gestellt.

(2) Ein Verkauf der Freiexemplare und der verbilligt überlassenen Kalender ist dem Fotografen nicht gestattet.

§ 7 Verramschung und Makulierung

(1) Der Verlag darf den Kalender verramschen, wenn wegen Zeitablaufs ein nennenswerter Verkauf zum Normalpreis nicht mehr zu erwarten ist. An dem Erlös ist der Fotograf in dem vereinbarten Umfang zu beteiligen.

(2) Erweist sich eine Verramschung als undurchführbar, kann der Verlag die Restauflage makulieren. Vor der Makulierung ist dem Fotografen Gelegenheit zu geben, die restlichen Kalender unentgeltlich bei dem Verlag abzuholen.

§ 8 Schlussbestimmungen

(1) Änderungen und Ergänzungen dieses Vertrages sowie die Änderung oder Aufhebung dieser Schriftformklausel sind nur wirksam, wenn sie schriftlich vereinbart werden, es sei denn, sie beruhen auf einer ausdrücklichen oder individuellen Vertragsabrede.

(2) Die Nichtigkeit oder Unwirksamkeit einzelner Bestimmungen dieses Vertrages berührt die Gültigkeit der übrigen Bestimmungen nicht.

(3) Es gilt das Recht der Bundesrepublik Deutschland.

(4) Für den Fall, dass eine der Vertragsparteien keinen allgemeinen Gerichtsstand in der Bundesrepublik Deutschland hat oder die im Klagewege in Anspruch zu nehmende Partei nach Vertragsschluss ihren Wohnsitz oder gewöhnlichen Aufenthaltsort aus dem Geltungsbereich der deutschen Zivilprozessordnung verlegt, wird als Gerichtsstand der Wohnsitz des Fotografen vereinbart.

1 Die Überschrift „Verlagsvertrag" ist juristisch nicht ganz korrekt. Gegenstand eines Verlagsvertrages können an sich nur Werke der Literatur oder Tonkunst sein. Folglich sind Verträge mit Fotografen, die Arbeiten für ein Kalenderprojekt anfertigen oder aus ihrem Archiv liefern, nicht als Verlagsvertrag, sondern als Werk- oder Lizenzvertrag einzustufen. Die für Verlagsverträge geltenden Bestimmungen des Verlagsgesetzes sind aber auf den hier vorgestellten Vertrag zumindest analog anwendbar, da sich der Verlag in § 3 Abs. 2 der Vertragsbedingungen zur Vervielfältigung und Verbreitung des Kalenders verpflichtet. Deshalb erscheint es sachgerecht, den Vertrag ungeachtet der Tatsache, dass er keine Werke der Literatur oder Tonkunst zum Gegenstand hat, als „Verlagsvertrag" zu bezeichnen.

2 Hier sind die Namen und Anschriften des Verlags und des Fotografen vollständig einzutragen. Handelt es sich bei dem Verlag um eine Gesellschaft, ist auf die exakte Angabe der Rechtsform (z. B. GmbH, AG) sowie darauf zu achten, dass der Vertrag von dem vertretungsberechtigten Organ der Gesellschaft (Geschäftsführer, Vorstand) unterschrieben wird.

3 In den ersten Absatz des Vertragstextes müssen folgende Daten eingetragen werden:
- das Jahr, für das der Kalender bestimmt ist;
- das Format des Kalenders;
- das Thema, zu dem der Fotograf eine Bildauswahl vorlegen soll.

4 Der weitere Vertragstext ist durch folgende Angaben zu vervollständigen:
- Unter Punkt b) ist einzutragen, wie viele Blätter der Kalender voraussichtlich haben wird. Außerdem ist die Höchstzahl der Fotos festzulegen, die der Fotograf abzuliefern hat, damit eine übermäßige Inanspruchnahme durch den Verlag vermieden wird.
- Unter Punkt c) ist zu notieren, wie viel Prozent vom Nettopreis als Absatzhonorar zu zahlen sind.
- Der Betrag, der als Vorschuss gezahlt werden soll, ist unter Punkt d) zu beziffern.
- Unter Punkt e) ist die Anzahl der Freiexemplare anzugeben, die der Fotograf erhalten soll.
- Unter Punkt f) ist der Prozentanteil am Verramschungserlös zu bestimmen.

Ausführlicher Lizenzvertrag für Bildjournalisten

Das hier vorgestellte Vertragsmuster ist für Bildjournalisten gedacht, die einem Verlag aus einem bereits vorhandenen Bildbestand eine Auswahl von (noch nicht publizierten) analogen und/oder digitalen Bildern zur Veröffentlichung anbieten wollen. Es unterscheidet sich von dem Vertrag auf Seite 68 ff. des Vertragshandbuches dadurch, dass es die Bildproduktion ausklammert und sich nur mit der Lizenzerteilung befasst.

Lizenzvertrag

Zwischen [1]

– nachstehend „Bildautor" genannt –

und

– nachfolgend „Verlag" genannt –

§ 1   Vertragsgegenstand

(1)   Der Bildautor stellt dem Verlag zu dem Thema / Arbeitstitel [2]

---

eine noch zu bestimmende Anzahl von Fotos zur Verfügung. Durch den Vertrag soll dem Verlag die Möglichkeit eingeräumt werden, diese Fotos in der Zeitung / Zeitschrift [3]

---

zu veröffentlichen.

(2)   Die Bestimmungen dieses Vertrages gelten für alle fotografischen Arbeiten, die der Bildautor dem Verlag zur Verfügung stellt, also auch für solche Fotos, bei denen die urheberrechtlichen Schutzfristen bereits abgelaufen sind.

§ 2   Bereitstellung der Fotos

(1)   Der Bildautor wird dem Verlag eine Auswahl von Fotos zu dem in § 1 Absatz 1 genannten Thema übergeben. Der Verlag hat nach Erhalt der Fotos innerhalb einer Frist von zwei Monaten aus dem bereitgestellten Material diejenigen Fotos auszuwählen, die für die geplante Veröffentlichung in Frage kommen. Über die getroffene Auswahl ist der Bildautor spätestens bei Ablauf der zweimonatigen Auswahlfrist schriftlich zu informieren.

(2) Der Verlag erhält zusammen mit der Fotoauswahl des Bildautors eine Aufstellung der gelieferten Fotos. [4] Er ist verpflichtet, diese Aufstellung nach Eingang zu überprüfen und den Bildautor innerhalb von zwei Wochen auf eventuell fehlende oder beschädigte Fotos schriftlich hinzuweisen. Erfolgt ein solcher Hinweis nicht oder nicht rechtzeitig, bleibt der Verlag später mit dem Einwand ausgeschlossen, die Fotoauswahl sei unvollständig gewesen oder einzelne Fotos seien in beschädigtem Zustand geliefert worden.

§ 3   Rechtseinräumung

(1) Der Bildautor räumt dem Verlag das ausschließliche Recht ein, die ausgewählten Fotos einmal innerhalb von 12 Monaten nach Erhalt der Fotoauswahl (Nutzungsfrist) in einer deutschsprachigen Ausgabe der in § 1 Absatz 1 genannten Zeitung/Zeitschrift zu veröffentlichen.

(2) Für den Verlag besteht keine Verpflichtung zur Veröffentlichung der Fotos. Nach Ablauf der Nutzungsfrist entfällt sein Nutzungsrecht, ohne dass es eines Rückrufs durch den Bildautor bedarf. Eine Nutzung der Fotos durch den Verlag ist dann nur noch aufgrund einer neuen Vereinbarung mit dem Bildautor möglich.

(3) Die Fotos dürfen nur von der Redaktion genutzt werden, für deren Zeitung/Zeitschrift sie angefordert und ausgewählt werden. Jede Weitergabe an Dritte, auch an andere Redaktionen des Verlags, bedarf der schriftlichen Zustimmung des Bildautors.

(4) Der Verlag darf analoge Duplikate der Fotos nur mit Zustimmung des Bildautors herstellen oder herstellen lassen, sofern nicht die Herstellung von Duplikaten zur Ausübung des eingeräumten Nutzungsrechts erforderlich ist. Auch die Digitalisierung analoger Fotos ist nur zulässig, soweit die Ausübung der eingeräumten Nutzungsrechte diese Form der Vervielfältigung erfordert. Bei der digitalen Erfassung hat der Verlag sicherzustellen, dass der Name des Bildautors mit den Bilddaten elektronisch verknüpft wird.

(5) Die Speicherung der Bilddaten in Online-Datenbanken oder sonstigen digitalen Archiven, die Dritten zugänglich sind, bedarf einer gesonderten Vereinbarung zwischen dem Bildautor und dem Verlag.

(6) Eine Nutzung der Fotos ist nur in der Originalfassung zulässig. Jede Änderung oder Umgestaltung (z B. Montagen, fototechnische Verfremdung, Kolorierung, elektronische Bearbeitung) bedarf der vorherigen Zustimmung des Bildautors. Hiervon ausgenommen ist lediglich die Beseitigung ungewollter Unschärfen und farblicher Schwächen.

§ 4   Wahrung des Rechts am eigenen Bild

Sofern abgebildete Personen ihre Einwilligung zur Verwertung des Bildnisses erteilt haben, werden die Fotos vom Bildautor entsprechend gekennzeichnet. Bei den Fotos, auf denen diese Kennzeichnung fehlt, hat der Verlag in eigener Verantwortung zu prüfen, ob durch die vorgesehene Veröffentlichung das Recht am eigenen Bild beeinträchtigt wird. Eine Haftung des Bildautors für Veröffentlichungen, die trotz der vom Verlag vorzunehmenden rechtlichen Überprüfung zu einer Verletzung des Rechts am eigenen Bild führen, wird ausgeschlossen.

§ 5   Garantie, Haftung und Schadensersatz

(1) Der Bildautor versichert, dass es sich bei dem von ihm zur Verfügung gestellten Material um Fotos handelt, die bisher nicht veröffentlicht wurden und an denen keine Rechte Dritter bestehen. Die Regelung des § 4 bleibt hiervon unberührt.

(2) Gehen analoge Bilder im Risikobereich des Verlags verloren oder werden solche Bilder in einem Zustand zurückgegeben, der eine weitere Verwendung nach den üblichen Gepflogenheiten ausschließt, hat der Verlag Schadensersatz zu leisten. Der Bildautor ist in diesem Fall berechtigt, mindestens Schadensersatz in Höhe von 1.000 € für jedes Original und von 200 € für jedes Duplikat zu verlangen, sofern nicht der Verlag nachweist, dass ein Schaden überhaupt nicht entstanden oder wesentlich niedriger ist als die geforderte Schadenspauschale. Die Geltendmachung eines höheren Schadensersatzanspruchs bleibt dem Bildautor vorbehalten.

(3) Bei unberechtigter Nutzung oder Weitergabe eines Bildes durch den Verlag ist der Bildautor berechtigt, eine Vertragsstrafe in Höhe des fünffachen vereinbarten oder, mangels Vereinbarung, des fünffachen üblichen Nutzungshonorars zu fordern, mindestens jedoch 500 € pro Bild und Einzelfall. Die Geltendmachung eines weitergehenden Schadensersatzanspruchs bleibt hiervon unberührt.

(4) Unterbleibt bei einer Bildveröffentlichung die Benennung des Bildautors (§ 6 Abs. 2), hat der Verlag eine Vertragsstrafe in Höhe von 100 % des vereinbarten oder, mangels Vereinbarung, des üblichen Nutzungshonorars zu zahlen, mindestens jedoch 200 € pro Bild und Einzelfall. Dem Bildautor bleibt auch insoweit die Geltendmachung eines weitergehenden Schadensersatzanspruchs vorbehalten.

§ 6 Pflichten des Verlags

(1) Der Verlag ist verpflichtet, die vom Bildautor gelieferten Fotos mit der größtmöglichen Sorgfalt zu behandeln. Die Beschriftung und das Zerschneiden analoger Fotos ist unzulässig. Eine Klischeebeschriftung darf nur unter Verwendung von Folien erfolgen.

(2) Die veröffentlichten Fotos sind mit dem Urhebervermerk des Bildautors zu kennzeichnen. Der Urhebervermerk ist unter oder neben den Fotos anzubringen.

(3) Der Verlag hat den Bildautor über die Veröffentlichung der Fotos durch kostenfreie Übersendung von zwei Belegexemplaren zu informieren, wobei mindestens ein Belegexemplar vollständig sein muss.

(4) Zur Veröffentlichung ausgewählte analoge Fotos hat der Verlag nach Ablauf der Nutzungsfrist (§ 3 Absatz 1) unaufgefordert an den Bildautor zurückzugeben. Die übrigen Fotos sind bereits nach Ablauf der Auswahlfrist (§ 2 Absatz 1) unverzüglich zurückzusenden.

(5) Jede Rücksendung von analogen Fotos muss per Einschreiben und für Rechnung des Verlags erfolgen. Der Verlag hat für eine ordnungsgemäße und sichere Verpackung der Fotos zu sorgen, so dass sie bei der Rücksendung nicht beschädigt werden können. Die Gefahr des zufälligen Untergangs bei der Rücksendung trägt der Verlag.

§ 7 Lizenzhonorar und Blockierungsgebühr

(1) Der Bildautor erhält für die Einräumung der Nutzungsrechte ein Honorar in Höhe von .... € pro Foto. [5] Dieses Honorar ist mit Ablauf der Auswahlfrist (§ 2 Absatz 1) fällig. Es ist für alle Fotos zu zahlen, die von dem Verlag für die geplante Veröffentlichung ausgewählt werden, auch wenn später keine Veröffentlichung erfolgt.

(2) Für analoge Fotos, die nach Ablauf der Auswahlfrist (§ 2 Absatz 1) zurückzusenden sind und die sich 14 Tage nach Ablauf dieser Frist immer noch nicht im Besitz des Bildautors befinden, hat der Verlag ab dem 15. Tag eine Blockierungsgebühr zu zahlen. Dasselbe gilt für diejenigen Fotos, die nach Ablauf der Nutzungsfrist (§ 3 Absatz 1) an den Bildautor zurückzugeben sind, ab dem 30. Tag nach Fristablauf. Die

Blockierungsgebühr beträgt 1,50 € pro Tag und Bild, wobei für das einzelne Bild ungeachtet der jeweiligen Blockierungsdauer höchstens der Betrag gefordert werden kann, der in § 5 Absatz 2 als Schadenspauschale für den Verlust des Bildes vorgesehen ist. Dem Verlag bleibt der Nachweis vorbehalten, dass dem Fotografen durch die verspätete Rückgabe der Bilder kein Schaden entstanden oder der entstandene Schaden wesentlich niedriger ist als die Blockierungsgebühr.

(3) Nutzungen, die über den vertraglich festgelegten Umfang hinausgehen, sind nur mit Zustimmung des Bildautors zulässig und in jedem Fall – auch bei Verwendung der Fotos für die Eigenwerbung des Verlags – gesondert zu vergüten.

(4) Soweit finanzielle Leistungen an den Bildautor mehrwertsteuerpflichtig sind, zahlt der Verlag zusätzlich die gesetzliche Mehrwertsteuer.

§ 8 Schlussbestimmungen

(1) Die Nichtigkeit oder Unwirksamkeit einzelner Bestimmungen dieses Vertrages berührt die Gültigkeit der übrigen Bestimmungen nicht.

(2) Es gilt das Recht der Bundesrepublik Deutschland.

(3) Für den Fall, dass eine der Vertragsparteien keinen allgemeinen Gerichtsstand in der Bundesrepublik Deutschland hat oder die im Klagewege in Anspruch zu nehmende Partei nach Vertragsschluss ihren Wohnsitz oder gewöhnlichen Aufenthaltort aus dem Geltungsbereich der deutschen Zivilprozessordnung verlegt, wird als Gerichtsstand der Wohnsitz des Bildautors vereinbart.

Ort, Datum

....

(Bildautor)   (Verlag)

1   *Hier sind die Namen und die Anschriften des Bildautors und des Verlags vollständig einzutragen. Werden die Vertragsverhandlungen von einer Redaktion oder einer Abteilung des Verlags geführt, ist trotzdem der Verlag (und nicht die Redaktion oder Abteilung) als Vertragspartner zu benennen und der Vertragstext vom Geschäftsführer / Vorstand oder einem von der Geschäftsführung bzw. vom Vorstand entsprechend bevollmächtigten Person zu unterzeichnen. Da es sich bei dem Verlag meist um eine Gesellschaft handeln wird, muss auch auf die exakte Angabe der Rechtsform (z. B. GmbH, AG) geachtet werden.*

2   *In die Leerzeile ist das Thema bzw. der Arbeitstitel der Bildauswahl einzusetzen.*

3 Der Titel der Zeitung oder Zeitschrift, in der die Bilder veröffentlicht werden sollen, ist präzise anzugeben. Da die großen Verlage meist mehrere Zeitungen oder Zeitschriften herausgeben, besteht bei einer unklaren Bezeichnung des Zeitungs- bzw. Zeitschriftentitels die Gefahr, dass auch andere Zeitungs- oder Zeitschriftenredaktionen des Verlags die Bilder beanspruchen.

Zu beachten ist, dass viele Zeitungen und Zeitschriften inzwischen nicht nur als Printausgabe, sondern auch in digitaler Form (z. B. im Internet) erscheinen. Solche digitalen Nutzungen werden durch die hier verwendete Formulierung, die ausschließlich auf den Zeitungs- bzw. Zeitschriftentitel abstellt, nicht ausgeschlossen. Wer daher die Lizenz auf die Printausgabe der betreffenden Zeitung oder Zeitschrift beschränken möchte, sollte diese Beschränkung unter § 1 Abs. 1 des Lizenzvertrages ausdrücklich vermerken.

4 In der Aufstellung sind die Fotos nach Anzahl, Format und Motiv so exakt wie möglich zu bezeichnen, um spätere Unklarheiten und Meinungsverschiedenheiten über die Identität, die Art und die Menge der gelieferten Fotos von vornherein auszuschließen.

5 An dieser Stelle ist der Betrag einzusetzen, den der Bildautor als Lizenzhonorar für das einzelne Foto erhalten soll. Wird für sämtliche Fotos, die der Verlag für die geplante Veröffentlichung auswählt, ein Gesamthonorar vereinbart, so ist der vorgegebene Vertragstext entsprechend zu ändern.

Briefvertrag über Bildlizenzen für einen Zeitschriftenbeitrag

Zeitschriftenredaktionen, die für einen Artikel fremdes Bildmaterial benötigen, sind meist an einem raschen und unkomplizierten Erwerb der Abdrucklizenzen interessiert. Die Anforderung des benötigten Bildmaterials erfolgt dementsprechend meist mündlich und unter großem Zeitdruck. Die notwendige Klärung der Lizenzbedingungen kommt dabei häufig zu kurz.

Damit die Belange der Fotografen auch in solchen Fällen gewahrt werden, ist kein großer formaler Aufwand erforderlich. Meist lassen sich die wesentlichen Punkte der Lizenzvereinbarung in einem einfachen Briefvertrag regeln, den der Verlag zum Zeichen seines Einverständnisses unterschreibt. Ein solcher Vertrag ist rasch aufgesetzt und leicht zu handhaben, zumal er nur aus einer Seite besteht, so dass die Versendung und Rücksendung problemlos per Telefax erfolgen kann.

Der hier vorgestellte Briefvertrag ist für die Fälle gedacht, in denen die Zeitschriftenredaktion eines Verlags zunächst nur anfragt, ob und zu welchen Bedingungen eine Abdrucklizenz eingeräumt wird. Solche Anfragen sind unverbindlich und führen noch nicht zu einem Vertragsabschluss. Der Verlag erwartet ein Angebot, über dessen Annahme oder Ablehnung er frei entscheiden kann. Dementsprechend ist der Brief hier nicht als Vertragsbestätigung, sondern als bloße Vertragsofferte formuliert. Will der Verlag die Offerte annehmen, braucht er den Brief nur zu unterschreiben und an den Fotografen zurückzusenden. Wenn nicht nur ein Vertragsangebot unterbreitet, sondern ein bereits mündlich abgeschlossener Lizenzvertrag noch einmal schriftlich bestätigt werden soll, ist der nachfolgende Musterbrief nicht verwendbar. In einem solchen Fall empfiehlt sich die Versendung eines Bestätigungsschreibens, das ähnlich abgefasst sein sollte wie die auf Seite 24 abgedruckte Auftragsbestätigung.

Sehr geehrte Damen und Herren,

ich beziehe mich auf Ihren Anruf vom ...., mit dem Sie wegen einer Abdrucklizenz für folgende Fotos angefragt haben: [1]

Motiv A: ....

Motiv B: ....

Motiv C: ....

Ich bin gerne bereit, Ihnen auf der Grundlage meiner beigefügten Geschäftsbedingungen [2] und gegen Zahlung eines Lizenzhonorars von insgesamt .... € zuzüglich Mehrwertsteuer [3] ein einfaches Nutzungsrecht [4] an den oben genannten Fotos für folgenden Verwendungszweck einzuräumen: [5] .

Zeitschrift: ....

Ausgabe: ....

Titel des Beitrags: ....

Abbildungsformate: ....

Diese Lizenz gilt nur für die Printausgabe der oben genannten Zeitschrift. Eventuelle digitale Ausgaben (z. B. im Internet) bedürfen einer gesonderten Vereinbarung.

Wenn Sie mit den Lizenzbedingungen einverstanden sind, bitte ich Sie, das beiliegende Doppel meines Schreibens an der dafür vorgesehenen Stelle zu unterschreiben und es mir anschließend wieder zurückzusenden.

Mit freundlichen Grüßen

Fotograf

Einverstanden: [6]

....

(Ort, Datum)   (Unterschrift des Verlags)

1 *Die einzelnen Motive sollten möglichst konkret beschrieben werden, damit klar ist, auf welche Fotos sich das Lizenzangebot bezieht.*

2 *Da in dem Brief nur die wichtigsten Punkte des Lizenzangebots genannt werden können, empfiehlt es sich, ergänzend auf die Allgemeinen Geschäftsbedingungen des Fotografen zu verweisen und den Text dieser Geschäftsbedingungen zusammen mit dem Lizenzangebot an den Verlag zu schicken.*
Wird das Briefangebot per Telefax übermittelt, können die Geschäftsbedingungen als zweites Blatt beigefügt werden. Bei einer Übermittlung mit der Post sollten die Geschäftsbedingungen möglichst auf die Rückseite des Briefes gedruckt werden. In dem Brieftext ist dann statt auf die „beigefügten" auf die „umseitig abgedruckten" Geschäftsbedingungen hinzuweisen. Der Abdruck der Geschäftsbedingungen auf der Rückseite des Briefes hat den Vorteil, dass damit dem eventuellen Einwand, die in dem Lizenzangebot erwähnten Geschäftsbedingungen hätten dem Brief nicht beigelegen, von vornherein die Grundlage entzogen wird. Falls der Fotograf die Geschäftsbedingungen auf seine Webseite gestellt hat, kann er den Empfänger des Schreibens auch an die Web-Adresse verweisen, unter der die AGB zu finden sind. Der Brieftext ist in diesem Fall dahingehend abzuändern, dass auf die „im Internet unter www.xxx.de/agb.pdf abrufbaren Geschäftsbedingungen" Bezug genommen wird.

3 *Die Höhe des Lizenzhonorars lässt sich anhand der Bildhonorarliste ermitteln, die von der Mittelstandsgemeinschaft Foto-Marketing (MFM) herausgegeben und jedes Jahr aktualisiert wird. Die MFM-Liste gibt einen Überblick über die marktüblichen Vergütungen für Bildnutzungsrechte. Sie ist erhältlich beim Bundesverband der Pressebild-Agenturen und Bildarchive (BVPA), Sächsische Straße 63, 10707 Berlin.*

4 *Es empfiehlt sich, dem Verlag kein ausschließliches (exklusives), sondern nur ein einfaches Nutzungsrecht einzuräumen. So behält der Fotograf die Möglichkeit, seine Fotos weiter zu nutzen und sie eventuell auch noch anderen Interessenten zu überlassen.*

5 *Der geplante Verwendungszweck sollte präzise beschrieben und dabei möglichst eng gefasst werden. Dadurch wird der Umfang der angebotenen Nutzungsrechte eingegrenzt und sichergestellt, dass der Verlag die Fotos später nicht ohne Zustimmung des Fotografen und ohne zusätzliche Honorarzahlungen für weitere Zwecke, insbesondere für andere Zeitschriftenredaktionen, verwenden kann.*

6 *Da der Brief als Lizenzangebot formuliert ist, kommt ein Vertrag erst zustande, wenn der Verlag das Angebot annimmt. Zwar kann ein schriftliches Angebot auch mündlich angenommen werden. Die mündliche Annahmeerklärung ist aber im Streitfall oft nur schwer nachzuweisen. Deshalb sollte darauf geachtet werden, dass der Verlag das Lizenzangebot zum Zeichen seines Einverständnisses unterschreibt und mit der Unterschrift wieder zurückschickt.*

Briefvertrag über den nachträglichen Erwerb von Multimediarechten

Verlage sind in zunehmenden Maße daran interessiert, das Bildmaterial, das sie für ein Buch, einen Zeit-schriftenbeitrag oder andere Printnutzungen erworben haben, auch für Multimediaproduktionen zu ver-wenden. Eine solche Nutzung ist aber nur zulässig, wenn der Verlag über die entsprechenden Nutzungs-rechte verfügt. Ist das nicht der Fall, muss er sich mit den Bildautoren in Verbindung setzen und sich die Multimediarechte zusätzlich zu den bereits erworbenen Printrechten einräumen lassen. Der hier vorge-stellte einfache Briefvertrag soll diese nachträgliche Lizenzierung vereinfachen.

Der Musterbrief richtet sich an einen Fotografen, der einer Nutzung seiner Fotos für Multimediazwecke zustimmen soll. In der schriftlichen Anfrage werden die Lizenzbedingungen genannt, die der Verlag vorschlägt. Ist der Fotograf mit diesen Bedingungen einverstanden, braucht er den Brief nur an der dafür vorgesehenen Stelle zu unterschreiben und an den Verlag zurückzusenden. Mit der Erteilung der Einver-ständniserklärung kommt ein Lizenzvertrag zustande, der dem Verlag eine Nutzung der Fotos für die Multimediazwecke ermöglicht, die in dem Briefvertrag näher spezifiziert werden.

Sehr geehrte/r Frau/Herr ...., [1]

vor einiger Zeit haben Sie uns urheberrechtliche Nutzungsrechte an folgenden Fotos eingeräumt: [2]

Motiv A: ....

Motiv B: ....

Motiv C: ....

Wir möchten Ihre Fotos jetzt auch für eine Multimediaproduktion verwenden, die folgenden Arbeitstitel hat:

....

Wir bitten Sie deshalb, uns gegen Zahlung eines Lizenzhonorars von .... € zuzüglich Mehrwertsteuer zusätzlich zu den bereits übertragenen Nutzungsrechten auch die Multimediarechte an Ihren oben aufgelisteten Fotos in folgendem Umfang als ausschließliche Nutzungsrechte [3] einzuräumen:

• das Recht, die Fotos zu digitalisieren und digital zu speichern; [4]

• das Recht, die Fotos mit anderen Werken und Beiträgen im Rahmen einer Multimediaproduktion zu verbinden;

• das Recht, die Fotos zusammen mit den anderen Werken und Beiträgen auf Datenträgern (z.B. DVD) zu vervielfältigen, zu verbreiten, zu vermieten und zu verleihen;

• das Recht, die Fotos als Teil der Multimediaproduktion auch im Wege der Datenfernübertragung (Online) an Endnutzer zu übermitteln und/oder öffentlich zugänglich zu machen.

Wenn Sie mit der Einräumung dieser Rechte und dem dafür von uns angebotenen Lizenzhonorar einverstanden sind, bitten wir Sie, das beiliegende Doppel unseres Schreibens an der dafür vorgesehenen Stelle zu unterschreiben und es anschließend wieder an uns zurückzusenden.

Mit freundlichen Grüßen

Verlag

Einverstanden [5]:

....
(Ort, Datum)   (Unterschrift des Fotografen)

1	Die Lizenzanfrage ist an den Fotografen zu richten, der die Zustimmung zu der geplanten Nutzung erteilen soll. Kann der Fotograf über die Multimediarechte nicht mehr verfügen, weil diese Rechte bereits einem Dritten überlassen wurden, ist die Anfrage an diesen Dritten (Rechtsinhaber) zu richten.

2	Die Motive, auf die sich die Anfrage bezieht, sollten möglichst konkret bezeichnet werden, damit später keine Zweifel oder Meinungsverschiedenheiten über den Gegenstand des Lizenzvertrages entstehen können.

3	Das Vertragsmuster sieht vor, dass die Multimediarechte als ausschließliche (exklusive) Nutzungsrechte eingeräumt werden. Das bedeutet, dass der Verlag das Recht erwerben soll, die Fotos unter Ausschluss aller anderen Personen einschließlich des Urhebers selbst multimedial zu nutzen. Für solche exklusiven Nutzungen ist üblicherweise ein deutlich höheres Lizenzhonorar zu zahlen als für das einfache Nutzungsrecht. Einfache Nutzungsrechte sind preiswerter, schützen aber den Verlag nicht davor, dass auch der Urheber selbst die Fotos für Multimediazwecke nutzt oder Dritten eine solche Nutzung gestattet.
Sollen dem Verlag die in dem Vertragsmuster aufgelisteten Multimediarechte nicht exklusiv, sondern nur als einfache Nutzungsrechte eingeräumt werden, ist der Vertragstext entsprechend zu ändern.

4	Diese Zeile entfällt, falls dem Verlag die Fotos bereits in digitaler Form vorliegen.

5	Ein Lizenzvertrag kommt erst zustande, wenn der Fotograf die Lizenzanfrage gegenzeichnet und dadurch sein Einverständnis mit den Lizenzbedingungen erklärt. Unterbleibt die Gegenzeichnung, ist das als Ablehnung des Lizenzangebots zu werten.

Wahrnehmung von Urheberrechten 6

Den Urhebern ist es aufgrund gesetzlicher Vorschriften oder aus praktischen Gründen oft nicht möglich, die ihnen zustehenden Rechte und Ansprüche individuell wahrzunehmen. Deshalb können sie ihre Rechte einer Verwertungsgesellschaft zur kollektiven Wahrnehmung anvertrauen.

So schließt das Urheberrechtsgesetz bei einigen Vergütungsansprüchen, die den Urhebern aufgrund gesetzlicher Lizenzen zustehen, eine individuelle Wahrnehmung von vornherein aus. Die Bibliothekstantieme (§ 27 Abs. 2 UrhG), die Pressespiegelvergütung (§ 49 Abs. 1 UrhG) und die Fotokopierabgabe (§§ 54 a, 54 h UrhG) können nur durch eine Verwertungsgesellschaft geltend gemacht werden. Der Urheber selbst hat keine Möglichkeit, diese Vergütungen einzufordern. Dasselbe gilt z.B. für die Auskunftsansprüche zum Folgerecht (§ 26 UrhG), die ebenfalls nur über eine Verwertungsgesellschaft durchzusetzen sind.

Bei anderen Rechten und Ansprüchen, deren Wahrnehmung durch Verwertungsgesellschaften gesetzlich nicht vorgeschrieben ist, ist eine individuelle Wahrnehmung oft deshalb nicht möglich, weil die Urheber mit der Erfassung und Abrechnung der einzelnen Nutzungen schlichtweg überfordert sind. Dabei handelt es sich vor allem um solche Nutzungen, die massenhaft erfolgen und allein schon wegen ihrer Vielzahl nicht individuell erfasst und abgerechnet werden können (z. B. Weitersendung von geschützten Werken über Kabel- und Satellitensysteme). Hier sind die Urheber zur Wahrnehmung ihrer Rechte auf die Durchsetzungskraft und das Know-how der Verwertungsgesellschaften angewiesen.

In Deutschland gibt es zur Zeit elf Verwertungsgesellschaften. Die wohl bekannteste ist die Gesellschaft für musikalische Aufführungs- und mechanische Vervielfältigungsrechte (GEMA), der die Komponisten, Textdichter und Musikverleger angeschlossen sind. Für die bildenden Künstler, die Bildautoren (Fotografen, Fotodesigner, Grafikdesigner etc.), die Filmurheber und die Filmproduzenten ist die Verwertungsgesellschaft Bild-Kunst zuständig.

Die VG Bild-Kunst nimmt die Verwertungsrechte und Vergütungsansprüche wahr, die ihr von den Mitgliedern durch Wahrnehmungsverträge übertragen werden. Sie ist allerdings keine Bildagentur und keine Marketingeinrichtung. Sie übernimmt also nicht die Vermarktung von Kunstwerken, Fotos, Karikaturen und anderen Bildvorlagen. Sie kann auch keine Verkäufe von Kunstwerken oder Bildern vermitteln.

Die VG Bild-Kunst ist in drei Berufsgruppen unterteilt. Zur Berufsgruppe I gehören die bildenden Künstler (z.B. Maler und Bildhauer) und die Architekten. Die Berufsgruppe II umfasst die Bildautoren (z. B. Fotografen, Grafikdesigner, Illustratoren, Karikaturisten) und deren Bevollmächtigte (z. B. die Bildagenturen). In der Berufsgruppe III sind die Filmurheber und Filmproduzenten organisiert.

Der Beitritt zur VG Bild-Kunst erfolgt durch Abschluss eines Wahrnehmungsvertrages. Die Mitgliedschaft ist kostenlos.

Wahrnehmungsvertrag der Verwertungsgesellschaft Bild-Kunst

Die VG Bild-Kunst erwirbt die von ihr wahrzunehmenden Rechte und Vergütungsansprüche durch die mit den einzelnen Berechtigten (Urhebern, Rechtsinhabern) abgeschlossenen Wahrnehmungsverträge. Der Inhalt der Wahrnehmungsverträge wird von der Verwertungsgesellschaft durch ein Formular vorgegeben. Es gibt derzeit zwei Vertragsformulare – ein gemeinsames für die Mitglieder der Berufsgruppen I und II und eines für die Mitglieder der Berufsgruppe III. Die Formulare können angefordert werden bei der

• Verwertungsgesellschaft Bild-Kunst
  Weberstraße 61
  53113 Bonn
  Telefon: 02 28/91 53 40
  Telefax: 02 28/9 15 34 39
  E-Mail: info@bildkunst.de

Bei Unterzeichnung des Formulars für die Berufsgruppen I und II müssen die Berechtigten angeben, welcher der beiden Berufsgruppen sie beitreten wollen. Die bildenden Künstler (Berufsgruppe I) räumen der VG Bild-Kunst in dem Wahrnehmungsvertrag in Bezug auf die Reproduktionsrechte mehr Rechte ein als die Bildautoren (Berufsgruppe II). Ansonsten sind aber Art und Umfang der eingeräumten Rechte bei beiden Berufsgruppen weitgehend identisch.

Der hier abgedruckte Text entspricht der neuesten Fassung des Wahrnehmungsvertrages für Mitglieder der Berufsgruppen I und II (Stand: Februar 2011). Mitglieder der Berufsgruppen I und II haben die Möglichkeit, zusätzlich einen Wahrnehmungsvertrag für die Berufsgruppe III abzuschließen, falls sie auch Inhaber von Filmrechten sind (z. B. ein Fotograf, der auch Filme produziert).

Ein Vertragsabschluss mit der VG Bild-Kunst ist aus verwaltungstechnischen Gründen nur durch Unterzeichnung eines Vertragsformulars möglich, das bei der Verwertungsgesellschaft angefordert werden muss. Die Wiedergabe des nachfolgenden Textes dient also nur der Information über den Inhalt des Wahrnehmungsvertrages.

Wahrnehmungsvertrag

zwischen dem Rechtsinhaber / Berechtigten

....

im Nachfolgenden kurz „Berechtigter" genannt

und

der Verwertungsgesellschaft Bild-Kunst, vertreten durch ihren Vorstand

§ 1   Der Berechtigte überträgt hiermit der Verwertungsgesellschaft Bild-Kunst – als Treuhänderin für alle Länder – die ihm aus seinem Urheberrecht gegenwärtig zustehenden oder zukünftig anfallenden, nachstehend aufgeführten Nutzungsrechte, Vergütungs- und Auskunftsansprüche zur Wahrnehmung und Einziehung nach Maßgabe der folgenden Bestimmungen: [1]

1.   Rechtewahrnehmung für alle Mitglieder der Berufsgruppen I (Bildende Kunst) und II (Fotografie, Illustration und Design):

a)   das Vorführungsrecht gemäß § 19 Abs. 4 UrhG;

b)   das Recht zur Kabelweitersendung gemäß § 20 b Abs. 1 UrhG sowie den Vergütungsanspruch für die Kabelweitersendung gemäß § 20 b Abs. 2 UrhG;

c)   das Recht der Wiedergabe von Funksendungen und der Wiedergabe von öffentlicher Zugänglichmachung gemäß § 22 UrhG;

d)   den Auskunfts- und Vergütungsanspruch bei Weiterveräußerung eines Werkes der Bildenden Kunst oder eines Lichtbildwerkes gemäß § 26 UrhG;

e)   das Vermiet- und Verleihrecht für Vervielfältigungsstücke und Werkoriginale einschließlich Bildträger und hieraus folgende bzw. an dessen Stelle tretende Vergütungsansprüche gemäß §§ 17 Abs. 2 und 3, 27 UrhG;

f)   den Vergütungs- und Auskunftsanspruch gegen die Hersteller, Importeure, Händler und Betreiber von Vervielfältigungsgeräten und Speichermedien gemäß §§ 53, 54, 54 c und f UrhG sowie das Recht zur Durchführung von Kontrollbesuchen gemäß § 54 g UrhG;

g)   das Recht der Vervielfältigung, Verbreitung, öffentlichen Wiedergabe und Archivierung von einzelnen erschienen Werken in herkömmlichen und/oder elektronischen Pressespiegeln sowie die Vergütungsansprüche gemäß § 49 Abs. 1 Satz 2 UrhG;

h)   den Vergütungsanspruch für die öffentliche Zugänglichmachung zu Unterrichts- und Forschungszwecken gemäß § 52 a UrhG;

i)   das Recht, in wissenschaftlichen Zeitschriften und Zeitungen erschienene Beiträge im Wege der Retrodigitalisierung zu vervielfältigen und die digitalen Kopien öffentlich zugänglich zu machen;

j)   den Vergütungsanspruch für den Kopienversand auf Bestellung gemäß § 53 a UrhG;

k)   den Vergütungsanspruch für die Wiedergabe von Werken an elektronischen Leseplätzen in öffentlichen Bibliotheken, Museen und Archiven gemäß § 52 b UrhG;

l) den Vergütungsanspruch für die Vervielfältigung und Verbreitung zugunsten behinderter Menschen gemäß § 45 a UrhG;

m) das Recht der öffentlichen Zugänglichmachung von Abbildungen, die in Büchern veröffentlicht sind, soweit die Zugänglichmachung durch Internet-Suchprogramme erfolgt, der Zusammenhang der Abbildungen mit den Texten und dem Seitenlayout der Bücher erhalten bleibt und die Bücher weder vollständig noch auszugsweise zum Download angeboten werden;

n) den Vergütungsanspruch für die Aufnahme neuer Nutzungsarten gemäß § 137 l UrhG;

o) das Recht zur Vervielfältigung von Werken, die für den Unterrichtsgebrauch an Schulen bestimmt sind, in dem durch § 53 Abs. 3 Satz 1 UrhG bestimmten Umfang;

p) das Recht der öffentlichen Zugänglichmachung von Werken der bildenden Kunst und von Fotografien solcher Werke, die in wissenschaftlichen Bilddatenbanken gespeichert sind, sofern die Zugänglichmachung ausschließlich Online-Recherchen in diesen Datenbanken ermöglicht und die Nutzer der Datenbanken darauf hingewiesen werden, dass der Erwerb weitergehender Nutzungsrechte mit den jeweiligen Rechteinhabern zu klären ist;

q) das Recht, Abbildungen, die in vergriffenen Büchern veröffentlicht sind, in digitaler Form zu vervielfältigen und digitale Kopien öffentlich zugänglich zu machen, soweit der Zusammenhang der Abbildungen mit dem Text und dem Seitenlayout der Bücher erhalten bleibt; die Ausübung dieses Rechts durch die VG Bild-Kunst steht bei Büchern, die nach dem 31.12.1965 erschienen sind oder deren digitale Kopien zu gewerblichen Zwecken genutzt werden sollen, unter dem Vorbehalt der Einwilligung der Rechteinhaber, sofern deren Name und Anschrift bekannt sind.

2. Zusätzliche Rechtewahrnehmung für die Mitglieder der BG I:

a) den Vergütungsanspruch im Falle der Aufnahme des Werks in Sammlungen für den Kirchen-, Schul- oder Unterrichtsgebrauch (§ 46 Abs. 4 UrhG);

b) das Vervielfältigungs- und Verbreitungsrecht gemäß §§ 16,17 Abs. 1 UrhG sowie das Recht der öffentlichen Zugänglichmachung gemäß § 19 a UrhG mit der Maßgabe, dass die VG Bild-Kunst grundsätzlich die Zustimmung des Berechtigten zu der vorgesehenen Nutzung einzuholen hat und nur dann ohne Rücksprache mit dem Berechtigten über diese Rechte verfügen darf, wenn es um die Genehmigung von Veröffentlichungen in Zeitungen, Zeitschriften oder anderen Sammlungen geht, die Werke mehrerer Urheber vereinigen;

3. Zusätzliche Rechtewahrnehmung für die Mitglieder der BG II:

a) das Recht, Beiträge zu gedruckten Sammlungen und Sammelwerken auf digitalen Offline-Produkten (z. B. DVD) gemäß §§ 16, 17 Abs. 1 UrhG zu vervielfältigen und zu verbreiten, sofern für diese Nutzung keine entsprechende individuelle Rechteeinräumung erfolgt ist und der Verleger die Sammlung oder das Sammelwerk weitgehend unverändert als digitales Offline-Produkt selbst herausbringt oder seine Einwilligung zu einer solchen Nutzung erteilt hat;

b) das Senderecht gemäß § 20 UrhG einschließlich des Rechts der grenzüberschreitenden Satellitensendung gemäß § 20 a UrhG für alle Sendungen von Werken und Lichtbildern, die in Büchern veröffentlicht wurden.

§ 2 Der Berechtigte kann verlangen, dass ihm für die Wahrnehmung in einem bestimmten Einzelfall die unter § 1 Nr. 1 a und m, Nr. 2 a – c sowie Nr. 3 b aufgeführten Rechte zurückübertragen werden, wobei im Falle von Nr. 1 m Titel und ISBN der Bücher anzugeben ist, für die die Rücknahme gelten soll. [2]

Die Rechtsübertragung gilt auch für den Fall der Verwertung von Werken und Lichtbildern in Teilen, Ausschnitten, Bearbeitungen und Umgestaltungen. Über diese Rechte wird die Verwertungsgesellschaft Bild-Kunst jedoch nur mit Einwilligung des Berichtigten verfügen.

Der Berechtigte kann die Verwertungsgesellschaft Bild-Kunst ermächtigen, weitere ihm zustehende Ansprüche, insbesondere solche aus den §§ 13 (Nennungsrecht) und 63 UrhG (Quellenangaben) einschließlich des Anspruchs auf immateriellen Schadensersatz im eigenen Namen geltend zu machen.

Soweit der Berechtigte über die Rechte und Ansprüche gemäß § 1 gegenwärtig nicht verfügen kann, überträgt er sie für den Fall, dass ihm die Verfügungsbefugnis wieder zufällt. Die Übertragung umfasst die vorgenannten Rechte auch insoweit, als der Berechtigte sie durch Rechtsnachfolge erlangt oder erlangt hat.

§ 3 Der Berechtigte verpflichtet sich, die ihm zum Zwecke der Ermittlung der Ansprüche von der Verwertungsgesellschaft Bild-Kunst übermittelten Formulare wahrheitsgemäß auszufüllen und innerhalb einer Frist von sechs Wochen zurückzusenden.

Wenn der Berechtigte seine Angaben nicht wahrheits- und fristgemäß gemacht hat, verliert er seinen Vergütungsanspruch für das fragliche Werk gegenüber der Verwertungsgesellschaft Bild-Kunst.

Der Berechtigte verpflichtet sich, der Verwertungsgesellschaft Bild-Kunst für die Feststellung der Rechte jede erforderliche Auskunft zu erteilen.

Die Verwertungsgesellschaft Bild-Kunst ist berechtigt, diese Angaben selbst oder durch einen bevollmächtigten Revisor nachprüfen zu lassen.

§ 4 Die Verwertungsgesellschaft Bild-Kunst ist berechtigt, die ihr vom Berechtigten übertragenen Rechte im eigenen Namen auszuüben, sie auszuwerten, die zu zahlende Gegenleistung in Empfang zu nehmen und den Empfang rechtsverbindlich zu quittieren, die ihr übertragenen Rechte ganz oder teilweise weiterzuübertragen oder die Benutzung zu untersagen, alle ihr zustehenden Rechte auch gerichtlich in jeder der Verwertungsgesellschaft Bild-Kunst zweckmäßig erscheinenden Weise in eigenem Namen geltend zu machen. Die VG Bild-Kunst kann die Wahrnehmung von Rechten und die Verfolgung von Verletzungen der ihr eingeräumten Rechte im Einzelfall dann ablehnen, wenn die Kosten der Wahrnehmung oder Rechtsverfolgung in keinem angemessenen Verhältnis zum möglichen Ertrag der VG Bild-Kunst stehen.

§ 5 Satzung und Verteilungspläne, auch soweit sie zukünftig geändert werden sollten, bilden einen Bestandteil dieses Vertrages. Beschließt die Mitgliederversammlung in Zukunft Änderungen, insbesondere Ergänzungen des Wahrnehmungsvertrages und des Inkassoauftrages für das Ausland, so gelten diese als Bestandteil dieses Vertrages; dies gilt insbesondere auch für zur Zeit des Vertragsabschlusses noch nicht bekannte Nutzungsarten. Änderungen oder Ergänzungen sind dem Berechtigten schriftlich mitzuteilen. Die Zustimmung des Wahrnehmungsberechtigten zur Änderung oder Ergänzung gilt als erteilt, wenn er nicht binnen sechs Wochen seit Absendung ausdrücklich widerspricht; auf diese Rechtsfolge ist er in der Mitteilung hinzuweisen.

§ 6   Der Berechtigte versichert, dass er die Rechte und Ansprüche, die er der VG Bild-Kunst zur Wahrnehmung überlässt, nicht bereits auf Dritte übertragen hat.

Soweit der Verwertungsgesellschaft urheberrechtliche Nutzungsrechte zur Wahrnehmung überlassen werden, wird sie beim Abschluss von Lizenzverträgen stets darauf hinweisen, dass sich der Verwerter selbst um die für eine Nutzung evtl. erforderliche Zustimmung der abgebildeten Personen oder der Inhaber von Rechten an abgebildeten Objekten oder Marken zu kümmern hat.

§ 7   Die Ansprüche des Berechtigten gegen die Verwertungsgesellschaft Bild-Kunst sind nur nach Vereinbarung mit der Verwertungsgesellschaft Bild-Kunst abtretbar. Die Verwertungsgesellschaft Bild-Kunst ist berechtigt, für die Bearbeitung von Pfändungen und Abtretungen zu Lasten ihres Berechtigten (Schuldners) eine den Unkosten entsprechende Verwaltungsgebühr zu erheben.

Bei Vorauszahlungen tritt der Berechtigte seine Zahlungsansprüche gegen die Verwertungsgesellschaft Bild-Kunst bis zur Tilgung dieser Vorauszahlungen unwiderruflich an die Verwertungsgesellschaft Bild-Kunst ab.

§ 8   Der Berechtigte verpflichtet sich, jeden Wechsel des Wohnsitzes, der Staatsangehörigkeit, jede Änderung der Firma, ihrer Inhaber- und Gesellschafterverhältnisse oder in der Zeichnung der Firma, jede Verlegung der Niederlassung sowie jeden Fall der Inverlagnahme oder des Verlagswechsels unverzüglich der Verwertungsgesellschaft Bild-Kunst anzuzeigen.

Er verpflichtet sich darüber hinaus, der VG Bild-Kunst die jeweils aktuelle Steuernummer mitzuteilen, unter der er bei seinem Finanzamt umsatzsteuerlich geführt wird. Er stellt die Verwertungsgesellschaft Bild-Kunst insoweit von Rückforderungen der Finanzämter aus der Umsatzsteuer frei, als diese durch falsche oder unterlassene Informationen zur Steuernummer des Berechtigten entstanden sind.

Wird die Anzeige der Anschriftenänderung vom Berechtigten oder im Todesfall durch seinen Rechtsnachfolger unterlassen und lässt sich die neue Anschrift des Berechtigten nicht durch Rückfragen bei der für den letzten Wohnsitz zuständigen Meldebehörde feststellen, so ist die Verwertungsgesellschaft Bild-Kunst berechtigt, den Wahrnehmungsvertrag zum Ende des Geschäftsjahres vorzeitig zu kündigen, in dem die negative Nachricht der Meldebehörde eingegangen ist. Die Kündigung erfolgt in diesem Fall durch eingeschriebenen Brief, der an die letzte der Verwertungsgesellschaft Bild-Kunst bekannt gegebene Anschrift zu richten ist. Nach Ablauf eines weiteren Geschäftsjahres kann der Verwaltungsrat über die bis zur Beendigung des Vertrages etwa vorhandenen Guthaben nach eigenem Ermessen bestimmen, falls der Berechtigte bis dahin keine eigene Verfügung getroffen hat.

§ 9   Für die Rechtsnachfolge im Vertragsverhältnis sind die allgemeinen gesetzlichen Bestimmungen maßgebend, soweit nicht Satzung und Vertrag abweichende Bestimmungen enthalten.

Im Falle des Todes des Berechtigten wird der Wahrnehmungsvertrag mit den Erben fortgesetzt. Sind mehrere Erben vorhanden, so müssen diese ihre Rechte durch einen von ihnen ausüben, der als Bevollmächtigter Mitglied wird.

Bis zum Nachweis der Erbfolge und der Bestellung eines Vertreters ist die Verwertungsgesellschaft Bild-Kunst zu Auszahlungen nicht verpflichtet. Die Verwertungsgesellschaft Bild-Kunst kann verlangen, dass der Nachweis der Erbfolge durch einen Erbschein, die Vorlage eines Testamentsvollstreckerzeugnisses oder sonstiger vom Nachlassgericht auszustellender Urkunden geführt wird. Sie kann auch verlangen, dass die Vertretungsbefugnis durch öffentlich beglaubigte Urkunden nachgewiesen wird.

§ 10   Urheber verbundener Werke und Miturheber, z. B. kreative Teams, Bildproduktionsgemeinschaften usw. können die Rechte und Ansprüche aus diesem Vertrag nur durch einen gemeinsamen Vertreter geltend machen. Der gemeinsame Vertreter ist der VG Bild-Kunst bei Vertragsschluss anzuzeigen. Jeder Miturheber muss einen eigenen Vertrag abschließen.

§ 11   Der Vertrag wird zunächst für die Dauer von drei Jahren geschlossen und verlängert sich jeweils stillschweigend um ein weiteres Jahr, wenn er nicht mit einer Frist von sechs Monaten zum Jahresende gekündigt wird.

Mit Beendigung des Vertrages fallen die Rechte an den bisherigen Berechtigten zurück, ohne dass es einer besonderen Rückübertragung bedarf.

Die vor Beendigung dieses Wahrnehmungsvertrages für die Nutzung von Werken des ausgeschiedenen Berechtigten abgeschlossenen Verträge mit Dritten sind mit Wirkung für und gegen den Berechtigten auch über den Zeitpunkt des Ablaufs des Wahrnehmungsvertrages abgeschlossen. Die Verwertungsgesellschaft Bild-Kunst ist verpflichtet, etwaige auf den ausgeschiedenen Berechtigten noch entfallende Beträge nach den Bestimmungen des Verteilungsplans an den Berechtigten auszuzahlen. §§ 4, 5 Abs. 1 und 2, 6 Abs. 3, 7 und 8 dieses Vertrages gelten entsprechend nach dem Ausscheiden des Berechtigten bis zur Erledigung sämtlicher gegenseitiger Ansprüche.

§ 12   Wird die Verwertungsgesellschaft Bild-Kunst aufgelöst, so gilt dieser Vertrag zum Ende desjenigen Vierteljahres als gekündigt, welches auf das Vierteljahr folgt, in dem der Auflösungsbeschluss durch die zuständige Behörde genehmigt ist.

§ 13   Erfüllungsort und Gerichtsstand sind – soweit gesetzlich zulässig – wahlweise der Sitz der Verwertungsgesellschaft Bild-Kunst oder der einer ihrer Geschäftsstellen.

§ 14   Dieser Vertrag, von dem der Berechtigte eine Ausfertigung erhält, wird von beiden Teilen unterzeichnet. Soweit zwischen den Vertragsschließenden bereits ein Vertragsverhältnis bestanden hat, tritt dieser Vertrag an die Stelle der bisherigen Vereinbarung.

§ 15   Ansprüche des Berechtigten gegen die Verwertungsgesellschaft Bild-Kunst aus diesem Wahrnehmungsvertrag verjähren nach Ablauf von drei Jahren. Für die Berechnung der Verjährungsfrist gelten die Bestimmungen des BGB.

§ 16   Der Berechtigte ist damit einverstanden, dass seine Angaben für Zwecke der Verwertungsgesellschaft elektronisch gespeichert und verarbeitet werden.

Sondervereinbarungen zu diesem Vertrag

☐ werden nicht getroffen

☐ ergeben sich aus der Anlage 1, die Vertragsbestandteil ist. [3]

....

Ort, Datum   Ort, Datum

....

Unterschrift des/der Berechtigten   Für den Vorstand der VG Bild-Kunst

1   *Die Rechtekataloge in § 1 des Wahrnehmungsvertrages sind leider so formuliert, dass sie sich dem Verständnis der Wahrnehmungsberechtigten, die in der Regel juristische Laien sind, nur sehr schwer erschließen. Deshalb werden diejenigen Regelungen, die die Bildautoren betreffen (§ 1 Ziffer 1 und Ziffer 3), in der nachfolgenden Kommentierung näher erläutert:*

• Ziffer 1 a: das Vorführungsrecht gemäß § 19 Abs. 4 UrhG
Das Vorführungsrecht ist das Recht, ein Werk der bildenden Kunst oder ein Lichtbildwerk durch technische Einrichtungen öffentlich wahrnehmbar zu machen (z.B. Projektion auf eine Leinwand). Da die für Lichtbildwerke geltenden Vorschriften bei den einfachen Lichtbildern analog anzuwenden sind (§ 72 UrhG), wird das Vorführungsrecht bei Abschluss des Wahrnehmungsvertrages für sämtliche Fotografien – unabhängig von ihrer Schöpfungshöhe – auf die VG Bild-Kunst übertragen.

• Ziffer 1 b: das Recht zur Kabelweitersendung gemäß § 20 b Abs. 1 UrhG sowie den Vergütungsanspruch für die Kabelweitersendung gemäß § 20 b Abs. 2 UrhG
Bei der Kabelweitersendung geht es darum, dass ein bereits gesendetes Werk über ein Kabelsystem oder Mikrowellensysteme weitergesendet wird. Die Kabelweitersendung setzt voraus, dass bereits eine Erstsendung über Fernseh-, Satelliten- oder Kabelfunk stattgefunden hat und die Weitersendung im Rahmen eines zeitgleich, unverändert und vollständig weiterübertragenen Programms erfolgt. Sie ist zum

einen von der Kabelerstsendung zu unterscheiden, bei der das Programm von den Sendeunternehmen selbst unmittelbar in das Kabelnetz geleitet wird, und zum anderen von einer Weitersendung, die zwar per Kabel, aber zeitlich versetzt oder inhaltlich verkürzt oder sonst wie verändert erfolgt. Das Recht zur Kabelweitersendung (§ 20 b Abs. 1 UrhG) kann ebenso wie der im Gesetz vorgesehene Vergütungsanspruch für die Kabelweitersendung (§ 20 b Abs. 2 UrhG) nur durch eine Verwertungsgesellschaft geltend gemacht werden. Zweck der Regelung ist es, den Kabelunternehmen den Erwerb der Rechte zur zeitgleichen, unveränderten Weitergabe von grenzüberschreitenden Sendungen in Kabelnetzen oder vergleichbaren Systemen zu erleichtern.

• *Ziffer 1 c : das Recht der Wiedergabe von Funksendungen und der Wiedergabe von öffentlicher Zugänglichmachung gemäß § 22 UrhG*
§ 22 UrhG erfasst die zeitgleiche Wiedergabe von Fernsehsendungen (z. B. Laufenlassen des Fernsehgeräts in einer Kneipe, Projektion einer Fernsehsendung auf eine Kinoleinwand) und außerdem die öffentliche Wiedergabe einer Videoaufzeichnung solcher Sendungen. Der VG Bild-Kunst wird durch Ziffer 1 c des Wahrnehmungsvertrages das Recht eingeräumt, derartige Zweitverwertungen zu genehmigen und die dafür zu zahlenden Vergütungen einzuziehen. Das gilt natürlich nur, soweit in den öffentlich wiedergegebenen Fernsehsendungen geschützte Werke zu sehen sind, die zum Repertoire der VG Bild-Kunst gehören.

• *Ziffer 1 d: den Auskunfts- und Vergütungsanspruch bei Weiterveräußerung eines Werkes der Bildenden Kunst oder eines Lichtbildwerkes gemäß § 26 UrhG*
Wird das Original eines Werkes der Bildenden Kunst oder eines Lichtbildwerkes weiterverkauft und ist daran ein Kunsthändler oder Versteigerer als Erwerber, Verkäufer oder Vermittler beteiligt, kann der Urheber einen bestimmten prozentualen Anteil des Verkaufserlöses für sich beanspruchen (Folgerecht). Zu den vom Folgerecht erfassten Werken der Bildenden Kunst gehören auch Grafikdesign-Arbeiten, sofern sie ähnlich wie künstlerische Druckgrafiken auf dem Kunstmarkt vertrieben werden.
Damit die Urheber das Folgerecht durchsetzen und ihre Zahlungsansprüche beziffern können, verpflichtet das Gesetz die Kunsthändler und Versteigerer zu einer umfassenden Auskunftserteilung. Der Auskunftsanspruch kann nur durch eine Verwertungsgesellschaft geltend gemacht werden. Durch Ziffer 1 d des Wahrnehmungsvertrages erhält die VG Bild-Kunst die dafür benötigte Vollmacht. Zugleich wird ihr mit dieser Regelung das Recht eingeräumt, die Folgerechtsvergütungen einzuziehen.
Zwischen der VG Bild-Kunst und dem Arbeitskreis deutscher Kunsthandelsverbände, dem nahezu alle wichtigen Kunstversteigerer und Galerien angeschlossen sind, besteht ein Rahmenvertrag. Dieser Vertrag ermöglicht eine einfache und konfliktfreie Abwicklung der Folgerechte.

- *Ziffer 1 e: das Vermiet- und Verleihrecht für Vervielfältigungsstücke und Werkoriginale einschließlich Bildträger und hieraus folgende bzw. an dessen Stelle tretende Vergütungsansprüche gemäß §§ 17 Abs. 2 und 3, 27 UrhG*

Der Urheber hat das ausschließliche Recht, die Vermietung seiner Werke zu gestatten. Wer daher Zeitschriften, Bücher oder DVDs vermieten will, muss dazu die Einwilligung der Urheber einholen, deren Werke in den Zeitschriften oder Büchern abgebildet oder auf der DVD gespeichert sind (§ 17 UrhG). Dem liegt der Gedanke zugrunde, dass die Vermietung solcher Publikationen und Datenträger einerseits den Nutzerkreis erweitert, andererseits aber nicht zu einem höheren Umsatz der Produzenten führt, denen der Urheber die Vervielfältigung und Verbreitung seiner Werke gestattet hat. Damit den Urhebern dadurch keine Nachteile entstehen, gibt ihnen § 17 UrhG das Recht, das Vermieten der Originale oder Vervielfältigungsstücke ihrer Werke zu verbieten oder nur gegen Zahlung einer Vergütung zu gestatten.

Der Wahrnehmungsvertrag sieht vor, dass das Vermietrecht auf die VG Bild-Kunst übertragen wird. Die Verwertungsgesellschaft erhält damit die Möglichkeit, beispielsweise Lesezirkel-Unternehmen oder anderen gewerblichen Vermietern die Vermietung von Zeitschriften und sonstigen Medien gegen Zahlung einer Vergütung zu gestatten. Mit der Übertragung des Vermietrechts erwirbt die VG Bild-Kunst zugleich das Recht zur Einziehung der entsprechenden Vergütungen.

Werden Zeitschriften, Bücher, DVDs etc. nicht vermietet, sondern von Stadtbüchereien und anderen öffentlichen Einrichtungen lediglich verliehen, so haben die Urheber zwar nicht das Recht, diese Form der Werknutzung zu verbieten. Das Gesetz (§ 27 Abs. 2 UrhG) billigt ihnen jedoch einen Vergütungsanspruch zu, da auch das Verleihen von Zeitschriften, Büchern etc. zu einer Ausweitung des Nutzerkreises führt. Der gesetzliche Vergütungsanspruch soll die finanziellen Nachteile kompensieren, die den Urhebern dadurch entstehen können.

Der Vergütungsanspruch, der den Urhebern für die Ausleihe in Bibliotheken zusteht, wird als Bibliothekstantieme (Bibliotheksgroschen) bezeichnet. Die Bibliothekstantieme kann nur von einer Verwertungsgesellschaft, also nicht von den Urhebern selbst eingefordert werden. Die dazu notwendige Ermächtigung wird der VG Bild-Kunst durch Ziffer 1 e des Wahrnehmungsvertrages erteilt.

- *Ziffer 1 f: den Vergütungs- und Auskunftsanspruch gegen die Hersteller, Importeure, Händler und Betreiber von Vervielfältigungsgeräten und Speichermedien gemäß §§ 53, 54, 54 c und f UrhG sowie das Recht zur Durchführung von Kontrollbesuchen gemäß § 54 g UrhG*

Zum Ausgleich dafür, dass § 53 UrhG die Vervielfältigung zum privaten und sonstigen eigenen Gebrauch erlaubt, verpflichtet das Gesetz die Hersteller sowie die Importeure und Händler von Geräten und Speichermedien, deren Typ allein oder in Verbindung mit anderen Geräten, Speichermedien oder Zubehör zur Anfertigung von Vervielfältigungen benutzt wird, zur Zahlung einer Vergütung an die Urheber. Zu den von der Abgabe erfassten Geräten gehören insbesondere Scanner, Fotokopierer, Tintenstrahl- und Laserdrucker und Multifunktionsgeräte und zu den abgabepflichtigen Speichermedien beispielsweise CD- und DVD-Rohlinge.

Für Ablichtungsgeräte, die in Schulen, Hochschulen oder sonstigen Bildungseinrichtungen aufgestellt sind, sieht § 54 c UrhG eine Betreiberabgabe vor. Damit werden die in solchen Einrichtungen üblichen massenhaften Vervielfältigungsvorgänge in die Vergütungspflicht einbezogen.

Die Vergütungsansprüche und die damit zusammenhängenden Auskunftsansprüche können nur durch eine Verwertungsgesellschaft geltend gemacht werden. Dasselbe gilt für das Recht zur Durchführung von Kontrollbesuchen bei den Gerätebetreibern.

Die für Vervielfältigungsgeräte zu zahlende „Zwangsvergütung" bezeichnet man als Geräteabgabe und die Vergütung, die für unbespielte Audio- oder Videokassetten und für CD- oder DVD-Rohlinge zu zahlen ist, als Leerträgerabgabe. Die Vergütung, die von den Gerätebetreibern zu entrichten ist, wird allgemein als Betreiberabgabe bezeichnet. Ziffer 1 f des Wahrnehmungsvertrages sorgt dafür, dass die Bildurheber über die VG Bild-Kunst einen angemessenen Anteil an dem Aufkommen aus der Geräte-, Leerträger- und Betreiberabgabe erhalten.

• Ziffer 1 g: das Recht der Vervielfältigung, Verbreitung, öffentlichen Wiedergabe und Archivierung von einzelnen erschienenen Werken in herkömmlichen und/oder elektronischen Pressespiegeln sowie Vergütungsansprüche gemäß § 49 Abs. 1 Satz 2 UrhG

§ 49 Abs. 1 Satz 1 UrhG erlaubt die Vervielfältigung und Verbreitung einzelner Zeitungs- und Zeitschriftenartikel in Pressespiegeln. Dadurch soll die Diskussion über aktuelle gesellschaftliche und tagespolitische Fragen gefördert werden. Da es sich aber bei den Pressespiegeln oft um kommerzielle Produkte handelt und den Urhebern durch eine solche Nutzung das Honorar für eine Veröffentlichung in anderen Publikationen verloren zu gehen droht, gewährt § 49 Abs. 1 Satz 2 UrhG den Urhebern einen gesetzlichen Vergütungsanspruch. Der Vergütungsanspruch steht auch den Bildurhebern zu, sofern ihre Bilder in einen Pressespiegel übernommen werden.

Die gesetzliche Vergütung für Pressespiegel-Publikationen kann nur über eine Verwertungsgesellschaft eingefordert werden. Durch Ziffer 1 g des Wahrnehmungsvertrages erhält die VG Bild-Kunst die Möglichkeit, diese Vergütungen für die Bildurheber geltend zu machen.

• Ziffer 1 h: den Vergütungsanspruch für die öffentliche Zugänglichmachung zu Unterrichts- und Forschungszwecken gemäß § 52 a UrhG

Um Forschungseinrichtungen sowie Schulen, Hochschulen und anderen Bildungseinrichtungen die Nutzung moderner Online-Medien zu ermöglichen, erlaubt § 52 a UrhG in einem eng begrenzten Rahmen die öffentliche Zugänglichmachung geschützter Werke ohne Zustimmung der betroffenen Urheber. Für diese zustimmungsfreie Nutzung im Interesse von Unterricht und Forschung ist eine Vergütung zu zahlen. Der Vergütungsanspruch kann nur durch eine Verwertungsgesellschaft geltend gemacht werden. Ziffer 1 h sichert den Bildurhebern ihren Anteil an dem Vergütungsaufkommen.

• *Ziffer 1 i: das Recht, in wissenschaftlichen Zeitschriften und Zeitungen erschienene Beiträge im Wege der Retrodigitalisierung zu vervielfältigen und die digitalen Kopien öffentlich zugänglich zu machen*
Wissenschaftliche Bibliotheken erfassen zurückliegende Jahrgänge von wissenschaftlichen Zeitschriften im Wege der Retrodigitalisierung, um den elektronischen Dokumentenaustausch zu erleichtern. Durch Ziffer 1 i wird sichergestellt, dass die VG Bild-Kunst diese Form der Nutzung lizenzieren und die Vergütungsansprüche der Urheber geltend machen kann, sofern die Retrodigitalisierung die Werke der Bildautoren betrifft.

• *Ziffer 1 j: den Vergütungsanspruch für den Kopienversand auf Bestellung gemäß § 53 a UrhG*
Öffentliche Bibliotheken dürfen einzelne in Zeitungen und Zeitschriften erschienene Beiträge sowie kleine Teile eines erschienenen Werkes vervielfältigen und die Kopien per Post oder Fax versenden, wenn die Vervielfältigung und Übermittlung aufgrund von Einzelbestellungen erfolgt und die Empfänger berechtigt wären, die Vervielfältigungen zum privaten oder sonstigen eigenen Gebrauch anzufertigen. Für diese Nutzung steht den Urhebern ein Vergütungsanspruch zu, der nur durch eine Verwertungsgesellschaft geltend gemacht werden kann. Ziffer 1 j gewährleistet, dass die Bildautoren über die VG Bild-Kunst ihren Anteil an dem Vergütungsaufkommen erhalten.

• *Ziffer 1 k: Vergütungsanspruch für die Wiedergabe von Werken an elektronischen Leseplätzen in öffentlichen Bibliotheken, Museen und Archiven gemäß § 52 b UrhG*
Öffentlich zugängliche Bibliotheken, Museen und Archive dürfen bereits veröffentlichte Werke aus ihrem Bestand an eigens dafür eingerichteten elektronischen Leseplätzen ohne Zustimmung der Urheber zur Forschung und für private Studien zugänglich machen. Voraussetzung ist allerdings, dass damit keine wirtschaftlichen Zwecke oder Erwerbszwecke verfolgt werden und dass die Zugänglichmachung nur in den Räumen der betreffenden Einrichtung erfolgt. Für die Zugänglichmachung ist eine Vergütung zu zahlen. Ziffer 1 k stellt sicher, dass die VG Bild-Kunst diesen Vergütungsanspruch für die Bildautoren geltend machen kann.

• *Ziffer 1 l: den Vergütungsanspruch für die Vervielfältigung und Verbreitung zugunsten behinderter Menschen gemäß § 45 a UrhG*
Um behinderten Menschen den Zugang zu urheberrechtlich geschützten Werken zu ermöglichen, erlaubt § 45 a UrhG die Vervielfältigung und Verbreitung solcher Werke, wenn deren sinnliche Wahrnehmung den Betroffenen aufgrund ihrer Behinderung sonst nicht möglich oder erheblich erschwert wäre. Als Ausgleich für die gesetzliche Nutzungserlaubnis steht den Urhebern ein Vergütungsanspruch zu, der allerdings nur durch eine Verwertungsgesellschaft geltend gemacht werden kann. Die dazu notwendige Bevollmächtigung wird der VG Bild-Kunst durch Ziffer 1 l erteilt.

• Ziffer 1 m: das Recht der öffentlichen Zugänglichmachung von Abbildungen, die in Büchern veröffentlicht sind, soweit die Zugänglichmachung durch Internet-Suchprogramme erfolgt, der Zusammenhang
der Abbildungen mit den Texten und dem Seitenlayout der Bücher erhalten bleibt und die Bücher weder vollständig noch auszugsweise zum Download angeboten werden

Der Buchhandel hat ein erhebliches Interesse daran, dass im Ladengeschäft nicht vorrätige Publikationen zumindest in Ausschnitten jederzeit online zugänglich sind. Deshalb hat der Börsenverein des Deutschen Buchhandels eine Internetplattform eingerichtet, die einen solchen Zugang ermöglicht. Da eine
solche öffentliche Zugänglichmachung der Zustimmung der betroffenen Text- und Bildautoren bedarf,
diese Zustimmung aber aus Gründen der Praktikabilität nicht bei jedem einzelnen Autor individuell eingeholt werden kann, gibt Ziffer 1 m der VG Bild-Kunst die Möglichkeit, die notwendigen Zustimmungserklärungen für Bildautoren zu erteilen, die Mitglied der Verwertungsgesellschaft sind. Im Gegenzug
zahlt der Börsenverein für die Erlaubniserteilung eine pauschale Vergütung, die von der VG Bild-Kunst an
die Mitglieder verteilt wird.

• Ziffer 1 n: den Vergütungsanspruch für die Aufnahme neuer Nutzungsarten gemäß § 137 l UrhG

§ 137 l Abs. 1 UrhG ordnet für Verträge, die zwischen dem 1. Januar 1966 und dem 1. Januar 2008 abgeschlossen wurden und in denen die Urheber den Verwertern alle wesentlichen Nutzungsrechte sowohl
ausschließlich als auch räumlich und zeitlich unbeschränkt eingeräumt haben, eine Ausweitung des
Nutzungsumfangs auf die zum Zeitpunkt des Vertragsabschlusses unbekannten Nutzungsarten an. Als
Ausgleich für die „Zwangslizenz" gewährt das Gesetz den betroffenen Urhebern einen Vergütungsanspruch, der in dem Augenblick entsteht, in dem der Verwerter die neue Art der Werknutzung aufnimmt.
Da dieser gesetzliche Vergütungsanspruch nur durch eine Verwertungsgesellschaft geltend gemacht
werden kann, erteilt Ziffer 1 n des Wahrnehmungsvertrages der VG Bild-Kunst eine entsprechende
Ermächtigung.

• Ziffer 1 o: das Recht zur Vervielfältigung von Werken, die für den Unterrichtsgebrauch an Schulen bestimmt sind, in dem durch § 53 Abs. 3 Satz 1 UrhG bestimmten Umfang

Die Vervielfältigung eines Werkes, das für den Unterrichtsgebrauch an Schulen bestimmt ist, bedarf der
Einwilligung des Urhebers (§ 53 Abs. 3 Satz 2 UrhG). Da es für die Schulbuchverlage angesichts der Vielzahl der für ein Schulbuch ausgewählten Text- und Bildbeiträge sehr schwierig wäre, diese Einwilligung
bei jedem einzelnen Urheber einzuholen, gibt Ziffer 1 o der VG Bild-Kunst die Möglichkeit, die Einwilligungserklärungen für Bildautoren abzugeben, die Mitglied der Verwertungsgesellschaft sind, und mit
den Verlagen über die dafür zu zahlende Vergütung einen Vertrag abzuschließen.

- *Ziffer 1 p: das Recht der öffentlichen Zugänglichmachung von Werken der bildenden Kunst und von Fotografien solcher Werke, die in wissenschaftlichen Bilddatenbanken gespeichert sind, sofern die Zugänglichmachung ausschließlich Online-Recherchen in diesen Datenbanken ermöglicht und die Nutzer der Datenbanken darauf hingewiesen werden, dass der Erwerb weitergehender Nutzungsrechte mit den jeweiligen Rechteinhabern zu klären ist*

Die Regelung soll wissenschaftlichen Datenbanken den Erwerb der Rechte erleichtern, die sie benötigen, wenn sie fotografische Abbildungen von Werken der bildenden Kunst in ihre Datenbanken einstellen und die Datenbanken für Recherchezwecke öffentlich zugänglich machen. Die VG Bild-Kunst kann diese Zugänglichmachung für alle bildenden Künstler und Fotografen lizenzieren, die Mitglied der Verwertungsgesellschaft sind. Um sicherzustellen, dass die Nutzer der Datenbanken das Bildmaterial nicht einfach anderweitig verwerten, verpflichtet Ziffer 1 p die Datenbankbetreiber zu dem Hinweis, dass die gespeicherten Bilder nur für Online-Recherchen zur Verfügung stehen und der Erwerb weitergehender Nutzungsrechte mit den jeweiligen Rechteinhabern zu klären ist.

- *Ziffer 1 q: das Recht, Abbildungen, die in vergriffenen Büchern veröffentlicht sind, in digitaler Form zu vervielfältigen und digitale Kopien öffentlich zugänglich zu machen, soweit der Zusammenhang der Abbildungen mit dem Text und dem Seitenlayout der Bücher erhalten bleibt; die Ausübung dieses Rechts durch die VG Bild-Kunst steht bei Büchern, die nach dem 31.12.1965 erschienen sind oder deren digitale Kopien zu gewerblichen Zwecken genutzt werden sollen, unter dem Vorbehalt der Einwilligung der Rechteinhaber, sofern deren Name und Anschrift bekannt sind*

Um den weiteren Zugang zu vergriffenen Büchern im Interesse der Allgemeinheit zu gewährleisten, soll insbesondere öffentlichen Bibliotheken die Möglichkeit eröffnet werden, solche Bücher in digitaler Form zu vervielfältigen und digitale Kopien öffentlich zugänglich zu machen. Soweit die Bücher nicht nur Texte, sondern auch Abbildungen enthalten, bedarf die Digitalisierung und öffentliche Zugänglichmachung der Zustimmung der Urheber der abgebildeten Werke. Für Abbildungen in Büchern, die bis zum 31.12.1965 erschienen sind, kann die VG Bild-Kunst gemäß Ziffer 1 q diese Zustimmung erteilen. Bei Büchern, die nach diesem Zeitpunkt erschienen sind, steht die Zulässigkeit der Digitalisierung und öffentlichen Zugänglichmachung dagegen unter dem Vorbehalt der Einwilligung der betroffenen Rechteinhaber, falls deren Name und Anschrift bekannt sind.

• *Ziffer 3 a: das Recht, Beiträge zu gedruckten Sammlungen und Sammelwerken auf digitalen Offline-Produkten (z. B. DVD) gemäß §§ 16, 17, Abs. 1 UrhG zu vervielfältigen und verbreiten, sofern für diese Nutzung keine entsprechende individuelle Rechteeinräumung erfolgt ist und der Verleger die Samm-lung oder das Sammelwerk weitgehend unverändert als digitales Offline-Produkt selbst herausbringt oder seine Einwilligung zu einer solchen Nutzung erteilt hat*
Bei gedruckten Sammlungen und Sammelwerken besteht vielfach ein Interesse daran, diese Produkte auch in digitaler Form – beispielsweise auf DVD – auf den Markt zu bringen. Da es den Verlegern kaum möglich wäre, die für eine solche Nutzung erforderlichen Zustimmungen aller beteiligten Urheber indivi-duell einzuholen, wird die VG Bild-Kunst durch Ziffer 3 a des Wahrnehmungsvertrages ermächtigt, den Verlagen diese Rechte für Bildautoren, die Mitglied der Verwertungsgesellschaft sind, unter bestimm-ten Bedingungen kollektiv einzuräumen.

• *Ziffer 3 b: das Senderecht gemäß § 20 UrhG einschließlich des Rechts der grenzüberschreitenden Sa-tellitensendung gemäß § 20 a UrhG für alle Sendungen von Werken und Lichtbildern, die in Büchern veröffentlicht wurden*
Mit den öffentlich-rechtlichen Sendeanstalten und mit privaten Sendeunternehmen hat die VG Bild-Kunst Verträge abgeschlossen, die den Sendern die Wiedergabe von Bildern ermöglichen, die bereits in Bü-chern veröffentlicht sind. Die Fernsehsender zahlen dafür eine jährliche Pauschalvergütung an die Ver-wertungsgesellschaft.

2 *Wer mit der VG Bild-Kunst einen Wahrnehmungsvertrag abschließt, hat die Möglichkeit, später die Rück-übertragung einzelner Rechte zu verlangen. Die Rückübertragung kann allerdings nicht generell, sondern immer nur für einen bestimmten Einzelfall gefordert werden. Außerdem ist eine Rückübertragung auch nicht bei allen Rechten, sondern nur bei den Rechten möglich, die in § 1 des Wahrnehmungsvertrages unter Ziffer a), b), c), k), l), o) und p) aufgeführt sind.*

3 *Prinzipiell ist es möglich, ergänzend zu dem Wahrnehmungsvertrag noch Sondervereinbarungen zu tref-fen. So können beispielsweise einzelne Länder oder bestimmte Nutzungsarten aus dem Geltungsbe-reich des Wahrnehmungsvertrages ausgeschlossen werden. Denkbar ist auch, dass der Rechtekatalog in § 1 des Wahrnehmungsvertrages ausgedehnt und die VG Bild-Kunst ermächtigt wird, weitere Rechte und Ansprüche für den Urheber/Berechtigten wahrzunehmen. Solche individuellen Sondervereinbarun-gen sind schriftlich zu fixieren und dem Wahrnehmungsvertrag als Anlage 1 beizufügen.*

Meldeformulare

Die Verwertungsgesellschaft Bild-Kunst nimmt für Fotografen, Grafikdesigner und andere Bildautoren die Vergütungsansprüche wahr, die sich aus der gesetzlich gestatteten Nutzung ihrer Werke ergeben. Dazu gehören insbesondere die Vergütungen für das Herstellen von Kopien mittels Fotokopiergerät, Scanner oder CD/DVD-Brenner, für die Ausleihe von illustrierten Werken in Bibliotheken (Bibliothekstantieme) oder durch Lesezirkelunternehmen, für die simultane Kabelweiterleitung von Fernsehprogrammen und für die Nutzung von Abbildungen in Pressespiegeln. Die Ausschüttung der eingenommenen Geldern erfolgt nach den von der Mitgliederversammlung beschlossenen Verteilungsplänen.

Die Anteile, die den Mitgliedern der VG Bild-Kunst an den Ausschüttungen zustehen, bestimmen sich in erster Linie nach Art und Umfang der Veröffentlichung ihrer Werke und in einigen Fällen auch nach der Höhe ihrer Honorareingänge. Damit die Verwertungsgesellschaft den Anteil des einzelnen Bildautors berechnen kann, müssen die Mitglieder regelmäßig Meldungen über ihre Veröffentlichungen und die damit erzielten Honorare abgeben. Für diese Meldungen stellt die VG Bild-Kunst verschiedene Formulare zur Verfügung. Allerdings sind auch Online-Meldungen möglich.

• www.bildkunst.de > Online Meldungen > Für Urheber

Nachfolgend werden die verschiedenen Meldeformulare der VG Bild-Kunst vorgestellt. Diese Formulare kann jeder Bildautor als PDF-Datei direkt von der Webseite der Verwertungsgesellschaft abrufen.

• www.bildkunst.de > Download > Meldeformulare

Meldezettel „Buch"

| Hat sich Ihre Adresse geändert? Ja ☐ Nein ☐ | Zur Ermittlung meines Anteils aus der Bibliothekstantieme bzw. Fotokopierabgabe gebe ich gem.§3 des zwischen der VG BILD-KUNST und mir bestehenden Wahrnehmungsvertrages diese Erklärung ab. |

Urheber-Nr._____

Name, Vorname_____

Straße_____

PLZ _____ Ort _____

Absender bitte deutlich schreiben

VG BILD-KUNST
Weberstraße 61

53113 Bonn

ISBN* |9|7|8|—| | | | | | | |—| | | | |—|
Autor _____
Titel _____
Verlag _____
Erscheinungsjahr der neuesten Auflage _____
deutschsprachig   ja ☐   nein ☐
Buchtyp (bitte ankreuzen)
Kinder- + Jugendbuch   (1) ☐   Schulbuch   (4) ☐
Sachbuch/Katalog
Sonstiges Buch   (2) ☐   Wissenschaftliches Werk   (5) ☐

In obigem Werk sind folgende Illustrationen enthalten, deren Urheber ich bin:

Illustrationstyp	Anzahl Innenteil	Anzahl Titelbild
Fotografien .... (F)	☐☐	(F) ☐☐
Kunst, Grafik, Karikatur, Vignette .... (K)	☐☐	(K) ☐☐

Andere Leistungen (bitte ankreuzen)
Der Titel/Schutzumschlag wurde von mir gestaltet .... ☐
Das Gesamtdesign wurde von mir gestaltet .... ☐

Der Meldezettel „Buch" dient zur Berechnung der Ansprüche eines Bildautors aus der Nutzung seiner Werke in Büchern. Anhand dieser Meldung wird der Anteil des Bildautors an der Bibliothekstantieme und an dem Aufkommen aus dem Fotokopieren von Büchern ermittelt. Bemessungsgrundlage ist dabei die Anzahl der Abbildungen in einem Buch.

Für jedes Buch ist ein gesonderter Meldezettel auszufüllen. Da der Verteilungsplan die Ausschüttungen auf fünf Jahre ab der letzten Auflage des Buches beschränkt, muss immer das Jahr der letzten Neuauflage angegeben werden. Spätere Neuauflagen sind nachzumelden, damit eine weitere Beteiligung an den Ausschüttungen sichergestellt ist. Ein einmal gemeldetes Buch bleibt fünf Jahre in der Bewertung. Anzugeben ist in dem Meldezettel auch der jeweilige Buchtyp, da den einzelnen Buchtypen unterschiedliche Ausleihhäufigkeiten zugeordnet werden.

Meldezettel „Digitale Medien (CD / DVD / Webseite)"

Der Meldezettel „Digitale Medien (CD/DVD/Webseite)" dient zur Ermittlung des Anteils aus der Vergütung für das private Kopieren von Abbildungen auf CDs oder DVDs sowie im Internet. Berechnungsgrundlage ist die einzelne Abbildung.

Für jede CD/DVD ist ein gesonderter Meldezettel auszufüllen, wobei das Erscheinungsjahr, das in dem Meldezettel anzugeben ist, dem Jahr der letzten Neuauflage der CD/DVD entspricht. Spätere Neuauflagen sind nachzumelden, damit eine weitere Beteiligung an den Ausschüttungen sichergestellt ist. Eine einmal gemeldete CD/DVD bleibt fünf Jahre in der Bewertung.

Bei einer Internetnutzung ist das Kalenderjahr anzugeben, in dem die angemeldeten Abbildungen auf der Webseite zu sehen sind bzw. waren. Bei der Berechnung der Ausschüttung wird nur dieses Jahr berücksichtigt. Auf dem Meldezettel ist die komplette Adresse der Webseite anzugeben (z. B. www.meine-domain.de). Berücksichtigt werden nur Webseiten, die öffentlich zugänglich sind. Abbildungen im Intranet oder auf Webseiten, die nur mit einem Passwort abrufbar sind, sind daher nicht meldefähig. Ist eine Webseite über mehrere Adressen erreichbar, darf nur eine dieser Adressen angemeldet werden. Die Angabe von Suchmaschinen, über die sich eine Abbildung auffinden lässt (z. B. Google), ist unzulässig.

Als Herausgeber der CD/DVD ist der auf dem Datenträger verzeichnete Herausgeber anzugeben. Bei einer Webseite muss der im Impressum benannte Domaininhaber oder Betreiber auf dem Meldezettel als „Inhaber der Homepage" eingetragen werden.

Es können alle Abbildungen gemeldet werden, die sich auf der CD/DVD bzw. auf der Webseite befinden. Abbildungen in Booklets, die zu den CDs oder DVDs gehören, sind an der dafür vorgesehenen Stelle des Meldezettels gesondert einzutragen.

Meldekarte für Honorare

Hat sich Ihre Adresse geändert ? Ja ☐ Nein ☐

Urheber-Nr. _____

Name, Vorname _____

Straße _____

PLZ _____ Ort _____

Absender bitte deutlich schreiben

VG BILD-KUNST
Weberstraße 61

53113 Bonn

Meldekarte für Honorare

Zur Ermittlung von Anteilen aus Lesezirkelvergütung, Kopierabgabe, Pressespiegelvergütung und Weitersendevergütung für Bildende Kunst und Fotografie gebe ich gem.
§ 3 des zwischen der VG BILD-KUNST und mir bestehenden Wahrnehmungsvertrages diese Erklärung ab:

Im **Kalenderjahr** .... habe ich an Honoraren (netto ohne Mehrwertsteuer) erhalten:

Aus Veröffentlichungen im	redaktionellen Teil EUR	Werbeteil EUR
Von Zeitschriften, die in Lesezirkeln geführt werden (s. Merkblatt)	....	....
Von anderen Zeitschriften	....	....
Zeitschriften Gesamt	....	....
Von Tageszeitungen	....	
Von Fernsehanstalten (stehende Bilder)	....	

_____   _____
Datum   Unterschrift

Die Meldekarte für Honorare dient zur Ermittlung der Anteile an der von der VG Bild-Kunst vereinnahmten Lesezirkel- und Pressespiegelvergütung, der Fotokopierabgabe und der Kabelvergütung. Berechnungsgrundlage sind die von dem Bildautor erzielten Nettohonorare für Beiträge im redaktionellen Teil und im werblichen Teil von Tageszeitungen, Zeitschriften und Fernsehprogrammen. Bei einer honorarfreien Veröffentlichung (z.B. kostenfreie Verwendung einer Abbildung für die aktuelle Berichterstattung) ist auf der Meldekarte formlos die Anzahl der in diesen Medien publizierten Werke mitzuteilen.

Verteidigung von Bildrechten 7

Wer ein Foto nutzt, ohne die dafür erforderlichen Nutzungsrechte einzuholen, begeht eine Urheberrechtsverletzung. Aus dieser Rechtsverletzung ergeben sich für den Berechtigten (Urheber, Inhaber der Nutzungsrechte) eine Reihe von Ansprüchen. So hat er Anspruch darauf, dass derjenige, der seine Rechte verletzt, diese Rechtsverletzung sofort einstellt (Unterlassungsanspruch). Für bereits erfolgte Rechtsverletzungen kann er den Ersatz des entstandenen Schadens verlangen (Schadensersatzanspruch). Ist eine Berechnung des Schadensersatzanspruchs nicht möglich, weil der Berechtigte den genauen Umfang der Rechtsverletzung nicht kennt, hat er gegen den Verletzer einen Anspruch auf Auskunftserteilung (Auskunftsanspruch).

Bei der Durchsetzung dieser Ansprüche steht in der Regel zunächst der Unterlassungsanspruch im Vordergrund. Dabei kann sich unter Umständen ein abgestuftes Vorgehen empfehlen. So sollte insbesondere in den Fällen, in denen die Berechtigung des Abmahnenden zur Geltendmachung des Unterlassungsanspruchs in Zweifel gezogen könnte oder ein ordnungsgemäßer Erwerb der Nutzungsrechte durch den vermeintlichen Rechtsverletzer nicht mit Sicherheit auszuschließen ist, zunächst eine Berechtigungsanfrage an die Gegenseite gerichtet werden. Durch eine solche Anfrage lässt sich bereits im Vorfeld klären, ob dem Unterlassungsanspruch begründete Einwände entgegenstehen und ob daher eine formelle Abmahnung möglicherweise Regressansprüche des Abgemahnten auslösen könnte.

Lässt die Reaktion auf eine Berechtigungsanfrage den Schluss zu, dass das geltend gemachte Recht nicht in Frage gestellt wird, kann derjenige, der das Foto widerrechtlich nutzt, auf Unterlassung in Anspruch genommen werden. Das geschieht in Form einer Abmahnung, mit der man den Rechtsverletzer zur sofortigen Einstellung seines rechtswidrigen Verhaltens und zur Abgabe einer sogenannten strafbewehrten Unterlassungserklärung auffordert.

Berechtigungsanfrage

Die Berechtigungsanfrage ist ein probates Mittel, um vor der Einleitung von Maßnahmen, die mit Kostenrisiken verbunden sind, zunächst die möglichen Einwände und Reaktionen der Gegenseite zu klären. Da die Berechtigungsanfrage noch keinen Verletzungsvorwurf enthält, sondern nur den derzeitigen Kenntnisstand des Rechtsinhabers wiedergibt, ist der Adressat in diesem Stadium noch nicht dazu befugt, seinerseits mit einer negativen Feststellungsklage zu reagieren und so Kosten auszulösen, die eventuell der Anfragende zu tragen hätte.

Das hier vorgestellte Muster zeigt, wie eine Berechtigungsanfrage formuliert werden kann. Damit das Schreiben nicht doch als Abmahnung eingestuft wird, sollte aus dem Text deutlich hervorgehen, dass die Anfrage lediglich der Anbahnung eines Meinungsaustauschs dient. Diese Klarstellung erreicht man durch entsprechend vorsichtige Formulierungen, beispielsweise durch den Hinweis, dass Rechtsverstöße vorerst nur „in Betracht kommen", dass die Gegenseite dazu „ihre Meinung äußern" möge und dass man die vom Adressaten vorgebrachten „Argumente sorgfältig prüfen" werde. Wenn der Adressat auf eine solche Anfrage nicht reagiert oder ohne einleuchtende Gründe behauptet, zur Benutzung des fraglichen Fotos berechtigt zu sein, sollte er formell abgemahnt werden. Das Muster einer Abmahnung ist auf Seite 154f. abgedruckt. In der Regel empfiehlt es sich allerdings, nach einer erfolglosen Berechtigungsanfrage einen Rechtsanwalt mit der Abmahnung zu beauftragen.

Carolin Miller
Fotografin
Wertgasse 23
40121 Düsseldorf

Tel.: 02 11 / 48 33 44
Fax: 02 11 / 48 33 45
mail@carolin-miller.de

Firma
Brautmoden GmbH [1]
Am Standesamt 10
20147 Hamburg

14. Februar 2011 [2]

Berechtigungsanfrage [3]

Sehr geehrte Damen und Herren,

ich bin der Urheber eines Fotos, das ein junges Paar am Strand zeigt und das im vergangenen Jahr auf der Titelseite eines Werbeprospektes des Reiseveranstalters XYZ abgedruckt war. Eine Kopie dieses Fotos füge ich zu Ihrer Information bei. [4]

Durch einen Zufall habe ich jetzt erfahren, dass Sie meine Aufnahme für einen Flyer Ihres Unternehmens verwenden. Sie haben das Foto außerdem für eine Werbeanzeige genutzt, die am 29. Januar 2011 in der ABC-Zeitung erschienen ist. [5] Da diese Nutzungen ohne Rücksprache mit mir und ohne meine Zustimmung erfolgt sind, kommt meines Erachtens ein Verstoß gegen das Urheberrechtsgesetz in Betracht. [6] Gern höre ich dazu Ihre Meinung. Bitte teilen Sie mir spätestens bis zum 25. Februar 2011 mit, auf Grund welcher Umstände Sie sich für berechtigt halten, das von mir aufgenommene Foto für Ihre Werbezwecke zu benutzen. [7] Ich werde Ihre Argumente dann sorgfältig prüfen.

Sollte die vorgenannte Frist ohne Beantwortung ablaufen, müssen Sie mit weiteren rechtlichen Schritten rechnen. Ich behalte mir für diesen Fall außerdem die Einschaltung eines Rechtsanwalts vor.

Mit freundlichen Grüßen

Carolin Miller

1   Als Adressat einer Berechtigungsanfrage kommt jeder in Betracht, der an der Rechtsverletzung in irgend-
    einer Weise willentlich mitwirkt und dessen Verhalten für die beanstandete Rechtsverletzung adäquat
    kausal ist. Auf ein Verschulden kommt es dabei nicht an. Es ist deshalb durchaus zulässig, die Berechti-
    gungsanfrage statt an die Werbeagentur, die beispielsweise ein Foto ohne Zustimmung des Urhebers
    für eine Werbeanzeige verwendet, an das Unternehmen zu richten, dessen Produkte oder Dienstleistun-
    gen mit der Anzeige beworben werden und das an dieser Rechtsverletzung möglicherweise vollkom-
    men schuldlos ist.

2   Wenn die Fotografin beabsichtigt, gegen den Rechtsverletzer notfalls mit einer einstweiligen Verfügung
    vorzugehen, muss sie die sogenannte Dringlichkeit beachten. Sie sollte die Berechtigungsanfrage dann
    unmittelbar nach Kenntnis der Verletzung auf den Weg bringen, damit sie noch innerhalb der in dem je-
    weiligen Gerichtsbezirk zu beachtenden Fristen (teilweise nur vier Wochen) den Antrag auf Erlass der
    einstweiligen Verfügung stellen kann. Die Berechtigungsfrage eilt besonders, wenn noch eine Abmah-
    nung folgen soll.

3   Um deutlich zu machen, dass es sich hier noch nicht um eine Abmahnung handelt, die den Adressaten
    berechtigen würde, seinerseits das Nichtbestehen des Verletzungsvorwurfs gerichtlich überprüfen zu
    lassen, sollte in der Betreffzeile die Bezeichnung „Berechtigungsanfrage" verwendet werden.

4   Zunächst ist das Foto, um dessen rechtswidrige Nutzung es geht, möglichst genau zu beschreiben. Um
    dem Verletzer die Überprüfung des Sachverhalts zu erleichtern und das Verfahren zu beschleunigen,
    empfiehlt es sich, eine Kopie des Fotos beizufügen.

5   Die rechtswidrige Nutzung, die Anlass zu der Berechtigungsanfrage gibt, sollte konkret beschrieben wer-
    den. Eventuell ist es sinnvoll, Kopien der beanstandeten Werbedrucksachen beizufügen.

6   Da die Berechtigungsanfrage im Gegensatz zur Abmahnung noch keinen Verletzungsvorwurf enthält,
    sollte hier nur der eigene, aufgrund des vorläufigen Informationsstandes vertretene Standpunkt ange-
    führt werden.

7   Die Frist, innerhalb derer der Adressat zu der möglichen Rechtsverletzung Stellung nehmen soll, muss
    so kurz bemessen sein, dass die oben in Anmerkung 2 erläuterte Dringlichkeitsfrist noch gewahrt wer-
    den kann.

Abmahnung einer Urheberrechtsverletzung

Die Abmahnung dient in erster Linie der Durchsetzung des Unterlassungsanspruchs, der einem Fotografen wegen der Verletzung seiner Urheberrechte bzw. dem Rechtsinhaber wegen der Verletzung seiner Verwertungsrechte zusteht. Allerdings wird mit der Abmahnung in der Regel zugleich der Anspruch auf Auskunftserteilung und Schadensersatz geltend gemacht.

Der Abmahnung wird in den Fällen, in denen eventuell mit Einwänden gegen den Bestand des verletzten Rechts zu rechnen ist, regelmäßig eine Berechtigungsanfrage vorausgehen. Sind solche Einwände nicht zu erwarten, dann steht einer sofortigen Abmahnung nach Entdeckung der Rechtsverletzung nichts entgegen. Adressat der Abmahnung kann jeder sein, der an der Rechtsverletzung mitwirkt, auch wenn der Mitwirkende dabei gutgläubig handelt und möglicherweise überhaupt nicht weiß, dass er fremde Schutzrechte verletzt.

Der Sinn der Abmahnung besteht darin, weitere Rechtsverletzungen zu unterbinden. Jede Verletzung von Urheberrechten indiziert die Gefahr, dass sich diese Rechtsverletzung wiederholt. Deshalb wird dem Verletzten allgemein das Recht zugestanden, von dem Rechtsverletzer die Abgabe einer strafbewehrten Unterlassungserklärung zu verlangen. Eine solche Erklärung begründet die Verpflichtung, das beanstandete Verhalten sofort einzustellen, künftige Rechtsverletzungen zu unterlassen und für jeden Fall der Zuwiderhandlung gegen diese Unterlassungspflicht eine angemessene Vertragsstrafe zu zahlen. Die Rechtsprechung geht davon aus, dass sich die durch die Rechtsverletzung begründete Wiederholungsgefahr nur durch Abgabe einer solchen strafbewehrten, d.h. durch ein Vertragsstrafeversprechen abgesicherten Unterlassungserklärung wieder beseitigen lässt.

Es besteht zwar keine zwingende Verpflichtung, eine Urheberrechtsverletzung vor der Einleitung gerichtlicher Maßnahmen zunächst abzumahnen. Aus § 97 a Abs. 1 Satz 1 UrhG ist jedoch ersichtlich, dass dem Rechtsverletzer durch eine Abmahnung zunächst Gelegenheit gegeben werden soll, den Streit durch Abgabe einer strafbewehrten Unterlassungserklärung beizulegen. Wer dieser gesetzlichen Empfehlung nicht folgt, muss damit rechnen, dass der Beklagte (Rechtsverletzer) den mit der Klage geltend gemachten Unterlassungsanspruch sofort anerkennt und sämtliche Verfahrenskosten daraufhin dem Kläger (Rechtsinhaber) auferlegt werden. Allerdings sollte auch eine Abmahnung wohl überlegt sein. Wer jemanden zu Unrecht abmahnt, muss seinerseits mit Schadensersatzansprüchen rechnen und dem fälschlich Abgemahnten unter Umständen die Kosten erstatten, die dieser zur Abwehr der unberechtigten Abmahnung aufwendet.

Damit die Abmahnung den von der Rechtsprechung vorgeschriebenen Erfordernissen genügt, muss sie die Rechtsverletzung beschreiben, die dem Abgemahnten vorgeworfen wird. Außerdem muss in der Abmahnung eine konkrete Frist zur Abgabe einer strafbewehrten Unterlassungserklärung gesetzt und es müssen gerichtliche Maßnahmen für den Fall angedroht werden, dass der Rechtsverletzer die geforderte Unterlassungserklärung nicht fristgerecht abgibt.

Dem Abmahnschreiben wird regelmäßig eine vorformulierte Unterlassungserklärung mit einem Vertragsstrafeversprechen beigefügt, die der Adressat unterschreiben und an den Abmahnenden zurückschicken soll. Bei der Abfassung dieser Erklärung ist darauf zu achten, dass das rechtswidrige Verhalten, das der Rechtsverletzer einstellen soll, exakt definiert wird. Auf eine ungenaue oder zu weit gefasste Unterlassungserklärung braucht sich der Verletzer nicht einzulassen. Die Abgabe einer solchen Erklärung kann er ablehnen und die durch seine Rechtsverletzung begründete Wiederholungsgefahr durch eine eigene Erklärung beseitigen, die den Umfang der Unterlassungsverpflichtung korrekt erfasst.

Die Gefahr einer Wiederholung der beanstandeten Rechtsverletzung kann nur dadurch wieder beseitigt werden, dass der Rechtsverletzer eine Unterlassungserklärung abgibt und sich zugleich für jeden Fall der Zuwiderhandlung gegen das Unterlassungsgebot zur Zahlung einer Vertragsstrafe verpflichtet. Wegen dieser Verknüpfung der Unterlassungsverpflichtung mit einem Vertragsstrafeversprechen bezeichnet man die Unterlassungserklärung als „strafbewehrt".

Die Vertragsstrafe, die der Rechtsverletzer bei einem Verstoß gegen die Unterlassungsverpflichtung zu zahlen hat, wird häufig bereits in der Unterlassungserklärung konkret beziffert. Alternativ besteht die Möglichkeit, das Vertragsstrafeversprechen entsprechend dem „modifizierten Hamburger Brauch" zu formulieren. In diesem Fall wird die Höhe der Vertragsstrafe bei einer Zuwiderhandlung gegen die Unterlassungsverpflichtung von demjenigen, der die Zahlung fordern kann, nach billigem Ermessen festgesetzt. Dem Zahlungspflichtigen (Schuldner) bleibt vorbehalten, die Angemessenheit des festgesetzten Betrages von dem zuständigen Gericht überprüfen zu lassen.

Wegen der teilweise schwierigen Rechtsfragen, die im Zusammenhang mit einer Abmahnung zu klären sind, sollten Fotografen und sonstige Berechtigte, die gegen eine Verletzung von Urheber- oder Verwertungsrechten vorgehen wollen, nur in wirklich eindeutigen Fällen die Abmahnung selbst verfassen. In der Regel wird die Einschaltung eines Rechtsanwalts notwendig sein. Die Kosten einer berechtigten Abmahnung hat der Rechtsverletzer zu erstatten. Der Erstattungsanspruch ergibt sich aus § 97 a Abs. 1 Satz 2 UrhG.

Rechtsanwalt
Dr. Wolfgang Maaßen
Kreuzbergstraße 1
40489 Düsseldorf

Tel.: 0211/404037
Fax: 0211/407801
mail@lawmas.de

Brautmoden GmbH [1]
Am Standesamt 10
20147 Hamburg

Abmahnung   1. März 2011 [2]
in Sachen Miller ./. Brautmoden GmbH

Sehr geehrte Damen und Herren,

hiermit zeige ich an, dass mich die Fotografin Carolin Miller, Wertgasse 23, 40121 Düsseldorf, mit der Wahrnehmung ihrer Interessen beauftragt hat. Eine schriftliche Vollmacht füge ich bei.

Meine Mandantin hat Ihnen eine auf den 14. Februar 2011 datierende Berechtigungsanfrage [3] zukommen lassen, die unbeantwortet geblieben ist. Ich gehe deshalb davon aus, dass keine Umstände vorhanden sind, die eine Nutzung des Fotos „Junges Paar am Strand" in dem Flyer und in Ihrer Werbeanzeige ohne die Zustimmung von Frau Miller rechtfertigen können. Die beanstandeten Werbemaßnahmen erfüllen damit den Tatbestand der Urheberrechtsverletzung. Aufgrund dieser Rechtsverletzung sind Sie zur Unterlassung, zur Auskunftserteilung und zum Schadensersatz verpflichtet. [4]

Namens und mit Vollmacht von Frau Miller habe ich Sie aufzufordern, die weitere Verwendung des Fotos ab sofort zu unterlassen und eine entsprechende Erklärung abzugeben. Eine vorbereitete, durch ein Vertragsstrafeversprechen abgesicherte Unterlassungserklärung füge ich bei. Ich weise darauf hin, dass die durch Ihr rechtswidriges Verhalten begründete Wiederholungsgefahr nur durch Abgabe einer solchen strafbewehrten Erklärung beseitigt werden kann. Deren Eingang erwarte ich bis spätestens

Dienstag, den 8. März 2011. [5]

Eine Übermittlung vorab per Fax reicht aus, wenn die postalische Sendung unverzüglich danach erfolgt. Sollten Sie die Abgabe der Unterlassungserklärung verweigern oder sollte die Erklärung nicht fristgerecht abgegeben werden, müssen Sie mit gerichtlichen Maßnahmen rechnen.

Aus der von Ihnen zu verantwortenden Rechtsverletzung ergeben sich für meine Mandantin Schadensersatzansprüche. Damit diese Ansprüche beziffert werden können, habe ich Sie aufzufordern, bis spätestens

Dienstag, den 15. März 2011

darüber Auskunft [6] zu erteilen,

- ob das Foto meiner Mandantin außer für den Flyer und die Zeitungsanzeige noch für andere Zwecke von Ihnen verwendet worden ist;
- in welcher Auflage der Flyer von Ihnen gedruckt wurde;
- ob die Werbeanzeige nur am 29. Januar 2011 in der ABC-Zeitung oder auch in anderen Zeitungen oder Zeitschriften an anderen Tagen geschaltet worden ist;
- in welcher Auflage die Zeitungen und Zeitschriften erschienen sind, in denen Sie ihre Werbeanzeige geschaltet haben.

Nach Erteilung der geforderten Auskunft wird meine Mandantin ihre Schadensersatzansprüche beziffern.

Mit freundlichen Grüßen

Dr. Wolfgang Maaßen
Rechtsanwalt

Unterlassungs- und Verpflichtungserklärung [7]

Die Brautmoden GmbH, gesetzlich vertreten durch
den Geschäftsführer Karl Bräutigam, Am Standesamt 10, 20147 Hamburg, [8]

verpflichtet sich gegenüber

der Fotografin Carolin Miller, Wertgasse 23, 40121 Düsseldorf, [9]

es bei Meidung einer für jeden Fall der Zuwiderhandlung fällig werdenden Vertragsstrafe in Höhe von 5.001,00 € (in Worten: fünftausendundeins EURO) [10] ab sofort zu unterlassen, das nachstehend wiedergegebene Foto zu vervielfältigen und / oder zu verbreiten oder durch Dritte vervielfältigen und / oder verbreiten zu lassen: [11]

(Abbildung des Fotos aus dem Flyer / der Werbeanzeige) [12]

Ort, Datum

....
(Unterschrift)

1   *Als Adressat einer Abmahnung kommt jeder in Betracht, der an der Rechtsverletzung in irgendeiner Weise willentlich mitwirkt und dessen Verhalten für die beanstandete Rechtsverletzung adäquat kausal ist. Für den Unterlassungsanspruch kommt es nicht einmal auf ein Verschulden an. Es ist deshalb durchaus zulässig, die Abmahnung statt an die Werbeagentur, die ein Foto ohne Zustimmung des Urhebers für eine Werbeanzeige verwendet, an das Unternehmen zu richten, dessen Produkte oder Dienstleistungen mit der Anzeige beworben werden und das an dieser Rechtsverletzung möglicherweise vollkommen schuldlos ist.*

2   *Wenn beabsichtigt ist, gegen den Verletzer notfalls mit einer einstweiligen Verfügung vorzugehen, muss die sogenannte Dringlichkeit beachtet werden. Deshalb sollte man die Abmahnung unmittelbar nach Kenntnis der Rechtsverletzung oder – für den Fall, dass der Abmahnung eine Berechtigungsanfrage vorausgeht – unmittelbar nach Ablauf der in der Berechtigungsanfrage genannten Äußerungsfrist auf den Weg bringen, damit der Antrag auf Erlass der einstweiligen Verfügung noch innerhalb der in dem jeweiligen Gerichtsbezirk zu beachtenden Fristen (teilweise nur vier Wochen) gestellt werden kann.*

3   *Normalerweise ist in einer Abmahnung die Rechtsverletzung, die dem Abgemahnten vorgeworfen wird, konkret zu beschreiben. Da es hier allerdings vor der Abmahnung bereits eine Berechtigungsanfrage mit einer Darstellung des zugrunde liegenden Sachverhalts gegeben hat, kann in der Abmahnung der Einfachheit halber auf diese Anfrage Bezug genommen werden.*

4   *Anders als in der Berechtigungsanfrage werden dem Adressaten in der Abmahnung die von ihm zu verantwortenden Rechtsverletzungen konkret vorgehalten und die daraus resultierenden Ansprüche angemeldet.*

5   *Die Frist muss so knapp bemessen sein, damit dem Berechtigten nach erfolglosem Ablauf der von ihm gesetzten Frist noch genügend Zeit bleibt, vor Ablauf der in Anmerkung 2 erläuterten Dringlichkeitsfrist den Erlass einer einstweiligen Verfügung zu beantragen.*

6   *Die geforderte Auskunft soll dem Berechtigten eine Bezifferung seines Schadensersatzanspruchs ermöglichen. Es sind nur solche Fragen zulässig, die diesem Ziel dienen. Welche Fragen jeweils sinnvoll und zweckmäßig sind, richtet sich nach der Schadensberechnungsmethode, die im konkreten Fall zur Anwendung kommen soll. Wer beispielsweise als Schadenersatz die Zahlung einer angemessenen Lizenzgebühr fordern will, muss die Daten abfragen, die er für die Bemessung dieser Lizenzgebühr benötigt. Bei der unerlaubten Nutzung eines Fotos sind das in der Regel die Punkte, die hier in der Abmahnung aufgelistet sind.*

7   Die strafbewehrte Unterlassungserklärung wird in der Regel von dem Abmahnenden vorformuliert und in dieser vorbereiteten Form der Abmahnung in zweifacher Ausfertigung als Anlage beigefügt. Der Abgemahnte ist allerdings nicht verpflichtet, die vorformulierte Erklärung zu unterzeichnen. Er hat durchaus die Möglichkeit, die durch seine Rechtsverletzung begründete Wiederholungsgefahr durch eine eigene Erklärung beseitigen. Allerdings muss er darauf achten, dass die von ihm selbst formulierte Erklärung den Umfang der Unterlassungsverpflichtung auch korrekt erfasst.

8   Hier ist der vollständige Name und die Anschrift des Rechtsverletzers einzutragen, der die strafbewehrte Unterlassungs- und Verpflichtungserklärung abgeben soll. Handelt es sich um ein Unternehmen, ist auf die exakte Angabe der Rechtsform (z.B. GmbH, AG) sowie darauf zu achten, dass die Erklärung von dem gesetzlichen Vertreter des Unternehmens oder von einer entsprechend bevollmächtigten Person unterschrieben wird.

9   Hier ist der vollständige Name und die Anschrift desjenigen einzutragen, der die Abgabe der strafbewehrten Unterlassungserklärung fordert.

10 Die Höhe der Vertragsstrafe kann grundsätzlich frei vereinbart werden. Sie darf einerseits nicht unverhältnismäßig hoch sein, muss aber auf der anderen Seite ein so starkes Druckmittel darstellen, dass sie den Rechtsverletzer davon abhält, weitere Rechtsverletzungen zu begehen. Was im konkreten Einzelfall angemessen ist, hängt insbesondere von dem Umfang und der Schwere der Verletzungshandlung ab. In der Praxis hat es sich eingebürgert, mindestens eine Vertragsstrafe von 5.001,00 € zu verlangen. Ab diesem Streitwert sind für Streitigkeiten um die Frage, ob ein Verstoß gegen die strafbewehrte Unterlassungserklärung vorliegt und die Vertragsstrafe fällig wird, die Landgerichte zuständig.

Statt einer konkret bezifferten Vertragsstrafe ist auch eine Vertragsstrafe möglich, die nach dem „modifizierten Hamburger Brauch" festgesetzt wird. Bei dieser Variante ist die Unterlassungs- und Verpflichtungserklärung nach der Eingangssequenz mit den Namen und Anschriften der Beteiligten etwa wie folgt zu fassen:

„1. es ab sofort zu unterlassen, das nachstehend wiedergegebene Foto zu vervielfältigen und/oder zu verbreiten oder durch Dritte vervielfältigen und/oder verbreiten zu lassen:

(Abbildung des Fotos aus dem Flyer/der Werbeanzeige)

2. für den Fall eines schuldhaften Verstoßes gegen Ziffer 1 eine angemessene Vertragsstrafe zu zahlen, deren Höhe von Carolin Miller nach billigem Ermessen bestimmt wird und im Streitfall vom zuständigen Gericht überprüft werden kann."

11   *Der Abmahnende hat grundsätzlich nur einen Anspruch darauf, dass der Rechtsverletzer die konkret begangene und angegriffene Handlung einstellt. Der Verletzer muss sich nicht zur Unterlassung von darüber hinausgehenden Nutzungen verpflichten, für deren Begehung keine Anhaltspunkte vorliegen. Die Formulierung der Unterlassungspflicht ist Kern einer Verwarnung. Geht sie zu weit, setzt sich der Abmahnende Schadensersatzansprüchen wegen Eingriffs in den eingerichteten und ausgeübten Gewerbebetrieb aus. Allein diese Gefahr spricht dafür, die Abmahnung und die strafbewehrte Unterlassungserklärung von einem Rechtsanwalt formulieren zu lassen.*

12   *Damit klar ist, worauf sich die Unterlassungs- und Verpflichtungserklärung bezieht, sollte das rechtswidrig verwendete Foto aus dem beanstandeten Flyer bzw. aus der Werbeanzeige herauskopiert und die Kopie hier eingesetzt werden.*

Ausschreibung eines Fotowettbewerbs 8

Im folgenden Kapitel wird an einem (erfundenen) Beispiel gezeigt, wie eine Ausschreibung zu einem Designwettbewerb aussehen kann. Vorgestellt wird ein Mustertext für die Teilnahmebedingungen, ein Anmeldeformular und ein Teilnahmeschein, der mit der Wettbewerbsarbeit einzureichen ist. Die zu dem Wettbewerbsbeispiel entwickelten Texte und Formulare können mit entsprechenden Änderungen der Aufgabenbeschreibung, der Termine und der sonstigen Daten auch für andere Fotowettbewerbe verwendet werden.

Teilnahmebedingungen

Ein Fotowettbewerb, bei dem die besten Arbeiten mit einem Preis ausgezeichnet werden, ist rechtlich nichts anderes als ein Preisausschreiben. Das Gesetz (§ 661 BGB) enthält nur wenige Bestimmungen, die das bei einem Preisausschreiben zu beachtende Verfahren regeln. Weit ausführlicher sind die „Richtlinien für Entwurfswettbewerbe", die früher vom Bund deutscher Grafik-Designer (BDG) herausgegeben wurden. Solche Richtlinien sind jedoch für den Veranstalter eines Wettbewerbs nur dann verbindlich, wenn er sie in seiner Ausschreibung ausdrücklich anerkennt.

Auch die gesetzlichen Regeln für die Durchführung von Preisausschreiben sind (bis auf eine Ausnahme) kein zwingendes Recht. Die Veranstalter eines Wettbewerbs haben daher die Möglichkeit, nach eigenen Regeln zu verfahren und die gesetzlichen Bestimmungen außer Kraft zu setzen. Ob es allerdings gegenüber den Teilnehmern fair ist, diese Möglichkeit zu nutzen, ist eine andere Frage.

Die hier vorgestellten Teilnahmebedingungen für einen Fotowettbewerb entsprechen den gesetzlichen Regeln und berücksichtigen außerdem die Gepflogenheiten, die sich für solche Wettbewerbe im Laufe der Zeit herausgebildet haben. Die Bedingungen sind so formuliert, dass nicht nur die Interessen des Veranstalters, sondern auch die Belange der Wettbewerbsteilnehmer angemessen berücksichtigt werden.

Teilnahmebedingungen des Fotowettbewerbs LAPTOP IT PLUS

Aufgabe [1]
Im Mittelpunkt des Wettbewerbs steht der neue superflache GPI Laptop IT plus. Das einzigartige Design dieses Spitzenprodukts der Computertechnologie in einer überraschenden, ungewöhnlichen und modernen Bildsprache zeigen, das Objekt der Begierde extravagant in Szene setzen und den Charakter einer neuen Generation von Laptops mit fotografischen Mitteln visualisieren – das ist die Aufgabe.

Teilnehmer [2]
An dem Wettbewerb, der von der Global Player International AG (GPI) ausgeschrieben wird, [3] können alle Fotodesigner teilnehmen, die über eine abgeschlossene Ausbildung an einer Fachhochschule, Kunsthochschule oder Hochschule für Gestaltung oder über einen vergleichbaren Abschluss verfügen, aber noch nicht zwei Jahre in ihrem Beruf tätig sind. GPI kann von der Durchführung des Wettbewerbs absehen, wenn sich nicht mindestens 30 Teilnehmer zu dem Wettbewerb anmelden.

Preise [4]
Folgende Preise werden vergeben:
1. Preis: 5.000,00 €
2. Preis: 3.000,00 €
3. Preis: 2.000,00 €
Die Preisverleihung erfolgt im September 2012 auf der PHOTOKINA in Köln.

Jury [5]

Die Wettbewerbsentscheidung wird unter Aufsicht eines Notars [6] von einer unabhängigen Fachjury getroffen. Die Entscheidungen der Jury sind bindend. Der Rechtsweg ist ausgeschlossen. [7] Zur Jury gehören: [8]

....

Die Mitglieder der Jury können bei Verhinderung kurzfristig durch andere geeignete Personen ersetzt werden.

Anmeldung und Abgabetermin [9]

Fotodesigner, die an dem Wettbewerb teilnehmen möchten, müssen sich zunächst schriftlich anmelden. Berücksichtigt werden nur Anmeldungen, die per Fax oder auf dem Postweg bis spätestens **30. April 2012** bei der

Global Player International AG
Kennwort: LAPTOP IT PLUS
Kreuzbergstraße 1
D-40489 Düsseldorf
Telefax: 02 11 / 40 78 01

eingehen. Für die Anmeldung ist das Anmeldeformular zu verwenden, das der Wettbewerbsausschreibung beigefügt ist.

Jeder Teilnehmer erhält bis zum **18. Mai 2012** zusammen mit der Anmeldebestätigung einen GPI Laptop IT plus. Der Laptop ist bei Einreichung der Wettbewerbsarbeit in unbeschädigtem Zustand an GPI zurückzugeben. Teilnehmer, die ihrer Rückgabepflicht nicht oder nicht fristgerecht nachkommen, können von dem Wettbewerb ausgeschlossen werden.

Die Wettbewerbsarbeiten müssen bis spätestens **20. Juni 2012** bei GPI eingegangen sein. Bitte beachten: Maßgebend ist nicht der Poststempel oder der Absendetermin, sondern das Datum des Eingangs bei der Global Player International AG in Düsseldorf.

Format und Kennzeichnung

Jeder Teilnehmer darf nur ein Bild einreichen. Bildserien, die aus mehreren Fotos bestehen, sind zu dem Wettbewerb nicht zugelassen.

Juriert werden nur Arbeiten, die als fotografische Leistung erkennbar sind. Die Arbeiten sind als Fotoabzüge oder als digitale Prints einzureichen. Sie dürfen das Format 50 x 60 cm nicht überschreiten. Dias und digitale Datenträger sind nicht zugelassen.

Zusammen mit der Wettbewerbsarbeit ist ein vollständig ausgefüllter und unterschriebener Teilnahmeschein vorzulegen. In das Formular, das allen Teilnehmern mit der Anmeldebestätigung zugeschickt wird, ist ein vom Teilnehmer selbst gewähltes Kennwort einzutragen. Dieses Kennwort ist auch auf der Rückseite der Wettbewerbsarbeit zu vermerken. Außer dem Kennwort dürfen auf den Arbeiten keine weiteren Angaben notiert sein.

Urheberrecht und Drittrechte [10]

Jeder Teilnehmer versichert mit seiner Unterschrift auf dem Teilnahmeschein, dass er der alleinige Urheber der Wettbewerbsarbeit ist, dass er über die Arbeit und die daran bestehenden Nutzungsrechte frei verfügen kann und dass das zum Wettbewerb eingereichte Bild frei von Rechten Dritter ist. Die Teilnehmer haben dafür einzustehen, dass abgebildete Personen oder die Inhaber der Rechte an abgebildeten Werken der bildenden oder angewandten Kunst die Einwilligung zur Veröffentlichung und Verwertung der Bilder in nachweisbarer Form erteilt haben. Die Teilnehmer haften für sämtliche Schäden, die GPI dadurch entstehen, dass die erforderliche Einwilligung dritter Personen nicht erteilt ist.

Nutzungsrechte und Nutzungsoption [11]

Alle eingereichten Arbeiten dürfen für den Wettbewerb und seine publizistische Auswertung genutzt werden. GPI hat insbesondere das Recht, die Arbeiten auszustellen, sie in dem Ausstellungskatalog abzudrucken und sie zum Zwecke der publizistischen Auswertung des Wettbewerbs in Zeitungen, Zeitschriften und anderen Publikationen zu veröffentlichen. Für die Nutzung der Arbeiten im Rahmen des Wettbewerbs und seiner publizistischen Auswertung können die Teilnehmer kein Nutzungshonorar beanspruchen.

Jeder Wettbewerbsteilnehmer räumt GPI mit der Unterzeichnung des Teilnahmescheins die Option auf eine europaweite Nutzung der eingereichten Arbeit für einen Bildkalender ein. GPI wird bis zum 31. Juli 2012 gegenüber den Teilnehmern schriftlich erklären, ob von der Option Gebrauch gemacht wird oder nicht. Wird bis zum Ablauf der Frist keine Erklärung abgegeben, verfällt die Option.

An den Bildern, bei denen die Option fristgerecht ausgeübt wird, erwirbt GPI das Recht zur unbeschränkten Vervielfältigung und Verbreitung in Form eines Kalenders. Jeder Teilnehmer, dessen Bild für den Kalender ausgewählt wird, erhält für diese Nutzung unabhängig davon, ob seine Arbeit von der Jury prämiert wird oder nicht, ein Lizenzhonorar in Höhe von 1.000,00 € zuzüglich Mehrwertsteuer.

Alle Teilnehmer, deren Arbeiten im Rahmen der publizistischen Auswertung des Wettbewerbs veröffentlicht und/oder für den Kalender genutzt werden, haben GPI auf Anforderung die Foto-Originale oder einen Datenträger, auf dem das Bild in ausreichend hoher Auflösung digital gespeichert ist, zur Verfügung zu stellen. Die Originale werden nach Abschluss der Nutzung wieder an die Eigentümer zurückgegeben.

Rücksendung der Arbeiten

Die Verpackung der eingereichten Arbeiten muss so beschaffen sein, dass sie für die Rücksendung wiederverwendet werden kann. Die Rücksendung der Bilder erfolgt auf Gefahr des jeweiligen Teilnehmers und ausschließlich auf dem Postweg. Die Kosten der Rücksendung übernimmt GPI. Wird eine andere Form der Rücksendung gewünscht, gehen die Rücksendekosten vollständig zu Lasten des Teilnehmers, der auch in diesem Fall die Gefahr trägt.

Haftung [12]

Vom Eingang der Arbeiten bis zum Zeitpunkt der Rücksendung an die Teilnehmer haftet GPI für Beschädigung, Zerstörung oder Verlust nur bei vorsätzlichem Handeln oder Unterlassen. Im übrigen wird jegliche Haftung ausgeschlossen. Mit der Unterzeichnung des Teilnahmescheins erklären sich die Teilnehmer mit den vorstehenden Teilnahmebedingungen einverstanden.

1   Die von den Teilnehmern zu lösende Aufgabe sollte in den Teilnahmebedingungen möglichst klar beschrieben werden. Inhaltliche und gestalterische Forderungen, deren Nichterfüllung vom Wettbewerb ausschließt, müssen unterscheidbar sein von bloßen Anregungen zur Lösung der gestellten Aufgabe. Die hier formulierte Aufgabestellung ist sehr weit gefasst und eröffnet den Teilnehmern damit ein breites Spektrum an Gestaltungsmöglichkeiten. In formaler Hinsicht wird dieser Spielraum allerdings dadurch wieder eingeschränkt, dass die Teilnahmebedingungen in dem Abschnitt „Bildformate und Kennzeichnung" konkret vorschreiben, wie viele Bilder in welchen Formaten und auf welchen Bildträgern einzureichen sind.

2   Jeder Interessent, der die Teilnahmebedingungen erfüllt, kann von dem Veranstalter die Zulassung zu dem Wettbewerb verlangen. Nur in seltenen Ausnahmefällen (z. B. bei Unzumutbarkeit) kann jemand von der Teilnahme an einem Wettbewerb ausgeschlossen werden.
Wird die Teilnahmeberechtigung auf einen bestimmten Personenkreis (z. B. Fotodesigner) beschränkt, spricht man von einem begrenzten Wettbewerb. Können nur namentlich benannte Personen an dem Wettbewerb teilnehmen, handelt es sich um einen geschlossenen Wettbewerb. Bei geschlossenen Wettbewerben wird in der Regel jedem Teilnehmer ein Beteiligungshonorar gezahlt.
Eine Teilnahme an offenen Wettbewerben, an denen sich jedermann beteiligen kann, wird für qualifizierte Fotografen nur selten in Frage kommen, da solche Wettbewerbe keinen echten Leistungsvergleich ermöglichen und die ausgelobten Preise in der Regel kaum in einem angemessenen Verhältnis zu dem Aufwand stehen, den eine fachlich qualifizierte Lösung der Wettbewerbsaufgabe erfordert.

3   Aus den Teilnahmebedingungen sollte klar ersichtlich sein, wer den Wettbewerb durchführt. Der Veranstalter sollte mit seinem vollen Namen unter Angabe der Rechtsform und der Anschrift in der Ausschreibung eindeutig ausgewiesen werden.

4   Die ausgelobten Preise sollten in einem angemessenen Verhältnis zu dem Aufwand stehen, der mit der Teilnahme an dem Wettbewerb verbunden ist. Angemessen ist die Preissumme immer dann, wenn sie ein Vielfaches der Vergütung beträgt, die für vergleichbare Auftragsarbeiten üblich ist.
In der Wettbewerbsausschreibung sollte zwischen dem Preis für die besten Fotos und dem Honorar für die spätere Nutzung der Fotos genau unterschieden werden. Eine Regelung, die eine Abgeltung des Nutzungshonorars durch Auszahlung der Preissumme vorsieht, führt zu einer unangemessenen Benachteiligung der Teilnehmer.

5   Das Preisgericht (Jury) hat zu entscheiden, ob die Teilnehmer die in der Ausschreibung geforderten Leistungen erbracht haben und wie diese zu bewerten und zu gewichten sind. Sind mehrere Preisrichter bestellt, entscheidet bei Meinungsverschiedenheiten mangels abweichender Regelung in der Ausschrei-

bung die absolute Mehrheit der Stimmen. Die Entscheidungen des Preisgerichts sind für alle Beteiligten bindend und können daher nicht widerrufen werden. Sie sind allerdings anfechtbar, wenn sich das Preisgericht über die entscheidungserheblichen Umstände geirrt hat oder durch eine arglistige Täuschung zu der Entscheidung veranlasst wurde.

Wichtig ist die Zusammensetzung der Jury. Eine fach- und sachgerechte Beurteilung ist nur dann gewährleistet, wenn die Jury oder zumindest der überwiegende Teil der Preisrichter fachlich qualifiziert ist.

6 Die hier vorgeschlagene Hinzuziehung eines Notars ist nicht unbedingt notwendig. Allerdings ist die Beaufsichtigung des Wettbewerbs durch einen Notar oder einen Rechtsanwalt durchaus ein Indiz für die Seriosität der Veranstaltung.

7 Diese Regelung stellt klar, dass eine gerichtliche Überprüfung der Juryentscheidungen ausgeschlossen ist. Von diesem Grundsatz gibt es allerdings zwei Ausnahmen:

- Bei groben Verfahrensfehlern ist die Preisentscheidung unwirksam, sofern die Verfahrensmängel den Inhalt der Entscheidung offensichtlich beeinflusst haben. Solche Fehler liegen beispielsweise vor, wenn das Preisgericht die Entscheidung ohne Kenntnis der Bewerbungen trifft oder einen Teilnehmer wegen vermeintlicher Fristenüberschreitung zu Unrecht vom Wettbewerb ausschließt. In diesen Fällen kann der Benachteiligte die Unwirksamkeit der Juryentscheidung gerichtlich feststellen lassen. Die Entscheidung ist dann zu wiederholen.

- Dasselbe gilt bei unüberwindbaren Widersprüchen im Entscheidungsinhalt. So ist eine Entscheidung unwirksam, die einen unteilbaren Preis zweimal vergibt oder deren Inhalt so undeutlich bleibt, dass über die Preisträger und deren Rangfolge keine Klarheit besteht.

8 Die Namen und die berufliche Qualifikation der Jurymitglieder sollten bereits in der Ausschreibung bekannt gegeben werden. So können die Teilnehmer schon vor der Anmeldung zu dem Wettbewerb feststellen, ob tatsächlich eine fach- und sachgerechte Beurteilung der eingereichten Arbeiten gewährleistet ist.

9 Ein Preisausschreiben ist gemäß § 661 Abs. 1 BGB nur gültig, wenn in der Ausschreibung eine Frist für die Bewerbung bestimmt wird. Diese gesetzliche Regelung enthält – im Gegensatz zu den übrigen Bestimmungen des § 661 BGB – zwingendes Recht. Das Gebot der Fristsetzung soll verhindern, dass die Preisentscheidung in der Hoffnung auf Vorlage noch besserer Lösungen ständig hinausgezögert wird.

10 Die Teilnahmebedingungen müssen sicherstellen, dass der Veranstalter die eingereichten Arbeiten für die vorgesehenen Zwecke auch tatsächlich nutzen kann. Eine solche Nutzung ist insbesondere dann in Frage gestellt, wenn bei Aufnahmen, auf denen beispielsweise Kunstobjekte oder Personen zu sehen

sind, die für eine Veröffentlichung erforderliche Einwilligung der Künstler bzw. der abgebildeten Perso-
nen nicht eingeholt wurde. Deshalb sollten die Wettbewerbsteilnehmer in den Teilnahmebedingungen
ausdrücklich dazu verpflichtet werden, nur Entwürfe einzureichen, die frei sind von Rechten Dritter. Er-
gänzend sollte klargestellt werden, dass die Teilnehmer für sämtliche Schäden haften, die dem Veran-
stalter des Wettbewerbs dadurch entstehen, dass die erforderliche Einwilligung dritter Personen nicht
erteilt ist.

11 *Die Ausschreibung sollte deutlich machen, ob und in welchem Unfang der Veranstalter an den einge-*
reichten Arbeiten urheberrechtliche Nutzungsrechte erwirbt. Wenn die Teilnahmebedingungen dazu kei-
ne Regelungen enthalten, wird man im Zweifel davon ausgehen müssen, dass die Nutzungsrechte beim
Teilnehmer verbleiben, soweit nicht die Durchführung des Wettbewerbs eine Rechtsübertragung zwin-
gend erfordert.
Soweit die Teilnahmebedingungen eine Übertragung von Nutzungsrechten auf den Veranstalter vorse-
hen, sollte diese Rechtsübertragung auf das notwendige Maß beschränkt werden. Eine Regelung, durch
die sich der Veranstalter sämtliche Nutzungsrechte an allen eingereichten (und nicht nur an den preisge-
krönten) Arbeiten überschreiben lässt, kann wegen ihrer weitreichenden Wirkung unter Umständen sit-
tenwidrig und damit gemäß § 138 BGB nichtig sein.

12 *Die Haftung wird hier auf Schäden beschränkt, die durch vorsätzliches Handeln oder Unterlassen des*
Veranstalters herbeigeführt werden. Eine Haftung für fahrlässiges Verhalten wird damit vollständig aus-
geschlossen. Das ist nur möglich, weil es sich bei einem Preisausschreiben rechtlich um ein einseitiges
Rechtsgeschäft handelt, auf das die gesetzlichen Vorschriften zur Vertragsgestaltung mittels Allgemei-
ner Geschäftsbedingungen (§§ 305 ff. BGB) und insbesondere das in diesen Vorschriften enthaltene Ver-
bot eines Haftungsausschlusses für grobe Fahrlässigkeit (§ 309 Ziff. 7 b BGB) nicht anwendbar sind.

Anmeldeformular

Bei der Durchführung eines Fotowettbewerbs sollte der Veranstalter ein Anmeldeformular bereitstellen und in den Teilnahmebedingungen vorschreiben, dass Anmeldungen zu dem Wettbewerb nur mit dem vorgegebenen Formular erfolgen können. Ein solches Anmeldeformular erleichtert nicht nur die Erfassung der Teilnehmerdaten, sondern gibt dem Veranstalter auch die Möglichkeit, bei den Teilnehmern diejenigen Erklärungen und Zusicherungen abzufordern, die er zur juristischen Absicherung des Wettbewerbs oder aus sonstigen Gründen für zweckdienlich hält.

Das hier vorgeschlagene Anmeldeformular ergänzt die auf Seite 161ff. abgedruckte Wettbewerbsausschreibung, die in dem Abschnitt „Anmeldung und Abgabetermin" eine Anmeldung unter Verwendung des vom Veranstalter vorgegebenen Formulars verlangt. Das Anmeldeformular sollte der Wettbewerbsausschreibung stets beigefügt werden, damit die Bewerber es gleich zur Hand haben und nicht erst beim Veranstalter anfordern müssen.

Wenn die Bewerber über eine bestimmte Qualifikation verfügen müssen, um an dem Wettbewerb teilnehmen zu können (z.B. abgeschlossene Hochschulausbildung), sollte sich der Veranstalter in dem Anmeldeformular ausdrücklich zusichern lassen, dass diese Bedingung erfüllt ist. Dadurch werden umständliche Überprüfungsprozeduren vermieden. Ein Bewerber, der wahrheitswidrig versichert, über die in den Teilnahmebedingungen geforderte Qualifikation zu verfügen, muss nicht nur mit einem sofortigen Ausschluss aus dem Wettbewerb und der Aberkennung eines ihm zugedachten Preises, sondern unter Umständen auch mit strafrechtlichen Schritten rechnen. Das dürfte eine ausreichende Gewähr dafür bieten, dass die Zusicherung in dem Anmeldeformular nur von solchen Bewerbern unterschrieben wird, die tatsächlich über die erforderliche Qualifikation verfügen.

Anmeldung zu dem Fotowettbewerb LAPTOP IT PLUS

Bitte füllen Sie dieses Anmeldeformular vollständig aus und schicken Sie es per Fax oder auf dem Postweg an folgende Adresse:

Global Player International AG
Kennwort: Laptop IT Plus
Kreuzbergstraße 1
40489 Düsseldorf
Telefax: 02 11 / 40 78 01

Anmeldeschluss ist der **30. April 2012.**

Name, Vorname:

....

Straße:

....

PLZ, Ort, Land:

....

Telefon: .... Telefax: ....

E-Mail: ....

Der Unterzeichner versichert, dass er als Fotodesigner tätig ist, über eine abgeschlossene Hochschulausbildung in diesem Fach verfügt und den Beruf noch nicht zwei Jahre ausübt. Mit seiner Unterschrift bestätigt er außerdem, dass er die Teilnahmebedingungen des Fotowettbewerbs Laptop IT Plus gelesen hat und diese Bedingungen in allen Punkten akzeptiert.

Ort, Datum

....

(Unterschrift)

Teilnahmeschein

Da bei einem Fotowettbewerb nicht auszuschließen ist, dass Mitglieder der Jury den Namen des einen oder anderen Teilnehmers kennen, werden die eingereichten Arbeiten meist anonymisiert. Dadurch lässt sich verhindern, dass Kenntnisse, Meinungen oder Vorurteile über die Person eines Bewerbers die Preisentscheidung beeinflussen.

Eine Anonymisierung ist in der Form möglich, dass jeder Teilnehmer auf der Rückseite seiner Arbeit ein selbstgewähltes Kennwort notiert und die Arbeit mit einem Teilnahmeschein einreicht, auf dem außer den jeweiligen persönlichen Daten noch einmal das Kennwort vermerkt ist. Der Jury wird nur die Wettbewerbsarbeit vorgelegt. Der Teilnahmeschein mit den persönlichen Daten wird von dem Veranstalter getrennt aufbewahrt, so dass eine namentliche Identifizierung der Teilnehmer ausgeschlossen ist. Nach der Jurierung lassen sich dann mit Hilfe der Kennwörter alle Arbeiten problemlos den einzelnen Teilnehmern zuordnen.

Das hier vorgeschlagene Formular ergänzt die auf Seite 161 ff. abgedruckte Wettbewerbsausschreibung, die in dem Abschnitt „Format und Kennzeichnung" die Einreichung eines vom Veranstalter vorgegebenen Teilnahmescheins verlangt. Das Formular soll den Bewerbern zusammen mit der Anmeldebestätigung zugeschickt werden.

Der Teilnahmeschein enthält eine von den Bewerbern zu unterschreibende Erklärung, die der juristischen Absicherung des Veranstalters dient. Wichtig ist vor allem die Zusicherung des Teilnehmers, dass er der alleinige Urheber der eingereichten Arbeit ist, dass er über die Nutzungsrechte frei verfügen kann und dass die Arbeit von Rechten Dritter frei ist. Diese Erklärung ermöglicht dem Veranstalter in Streit- und Konfliktfällen den Nachweis, dass er sich um eine Klärung der Urheberrechte und der Rechte Dritter bemüht hat und ihn daher kein Verschulden trifft, falls die Nutzung der Arbeiten für den Wettbewerb und seine publizistische Auswertung fremde Urheberrechte oder sonstige Rechte Dritter verletzen sollte.

Teilnahmeschein zu dem Fotowettbewerb LAPTOP IT PLUS

Bitte füllen Sie diesen Teilnahmeschein vollständig aus. Vergessen Sie nicht, Ihr Kennwort einzutragen und dieses Kennwort auch auf der Rückseite der Wettbewerbsarbeit zu notieren. Den ausgefüllten und unterschriebenen Teilnahmeschein schicken Sie bitte zusammen mit Ihrer Arbeit und dem GPI Laptop IT Plus, den Sie mit der Anmeldebestätigung erhalten haben, an folgende Adresse:

Global Player International AG
Kennwort: Laptop IT Plus
Kreuzbergstraße 1
40489 Düsseldorf

Ihre Arbeit wird nur dann zu dem Wettbewerb zugelassen, wenn sie spätestens bis zum **20. Juni 2012** bei GPI eingeht.

Kennwort (maximal 10 Buchstaben): ☐☐☐☐☐☐☐☐☐☐

Name, Vorname:
....

Straße:
....

PLZ, Ort, Land:
....

Telefon: .... Telefax: ....

E-Mail: ....

Erklärung:
Ich versichere, dass ich der alleinige Urheber der Arbeit bin, die ich mit diesem Teilnahmeschein zu dem Wettbewerb einreiche. Es wird außerdem versichert, dass ich über die Arbeit und die daran bestehenden Nutzungsrechte frei verfügen kann und das eingereichte Bild frei von Rechten Dritter ist. Die Teilnahmebedingungen des Fotowettbewerbs LAPTOP IT PLUS habe ich gelesen. Ich erkläre mich mit diesen Bedingungen in allen Punkten ausdrücklich einverstanden.

Ort, Datum

....
(Unterschrift)

Ausstellung und Verkauf künstlerischer Fotografien   9

Fotografien werden in zunehmendem Maße als Kunstobjekte ausgestellt oder über den Kunsthandel verkauft. Manche Galerien nutzen inzwischen auch das Internet zur Vermarktung künstlerischer Fotografien. Das folgende Kapitel stellt dazu fünf Mustertexte vor, die sich mit der Ausstellung, dem herkömmlichen Galerieverkauf und dem Verkauf von Fotokunst im Internet befassen.

Vertrag über die Durchführung einer Verkaufsausstellung

Künstlerische Fotografien werden oft durch Ausstellungen einem breiteren Publikum bekannt gemacht. Ein Verkauf ist in der Regel nur über Galerien und den Kunsthandel möglich. Die Situation der Künstler, die mit den Mitteln der Fotografie arbeiten, ist insofern mit der von Malern und Bildhauern vergleichbar. Bei vielen Galerien hat die Fotografie als Kunstform und Handelsobjekt inzwischen einen bedeutenden Stellenwert. Es gibt sogar Galerien, die sich auf die künstlerische Fotografie spezialisiert haben. Auch die Fotografen sind immer häufiger daran interessiert, vor allem ihre freien, d.h. ohne Auftrag entstandenen Arbeiten einem kunstinteressierten Publikum vorzustellen und sich so einen Namen zu machen.

Das hier abgedruckte Vertragsmuster geht davon aus, dass die Lichtbildwerke des Künstlers, der den Vertrag mit der Galerie abschließt, in einer Einzelausstellung gezeigt werden. Die Ausstellung soll dazu genutzt werden, die Werke zu verkaufen. Der Vertrag setzt voraus, dass die einzelnen Fotografien nur in einer begrenzten, nummerierten Auflage reproduziert und angeboten werden.

Der vorgeschlagene Text befasst sich lediglich mit der Vertragsbeziehung zwischen der Galerie und dem Künstler. Der Verkauf der Werke an Dritte ist in Einzelverträgen zu regeln, die entweder von der Galerie im Namen und für Rechnung des Künstlers oder vom Künstler selbst abzuschließen sind. Diese Einzelverträge können ähnlich abgefasst werden wie das auf Seite 181 wiedergegebene Vertragsmuster.

Ausstellungsvertrag

zwischen [1]

....

– nachfolgend „Galerie" genannt –

und

....

– nachfolgend „Künstler" genannt –

1   Durchführung der Ausstellung

1.1   Die Galerie verpflichtet sich, in ihren Galerieräumen in [2]

....

eine Ausstellung mit Lichtbildwerken des Künstlers durchzuführen. Die Ausstellung wird in der Zeit vom

.... bis .... [3] stattfinden.

1.2 Die Galerie und der Künstler werden die Lichtbildwerke für die Ausstellung einvernehmlich auswählen und zusammenstellen. Die Parteien sind sich darüber einig, dass die Ausstellung maximal ....[4] Werke zeigen wird. Die Gestaltung der Ausstellung erfolgt durch die Galerie in Abstimmung mit dem Künstler.

1.3 Der Künstler ist verpflichtet, die für die Ausstellung ausgewählten Lichtbildwerke in Form von gerahmten Reproduktionen bis spätestens ....[5] in einwandfreiem Zustand an die Galerie zu überge- ben. Die Reproduktionen sind vom Künstler zu signieren und unter Angabe der jeweiligen Gesamtaufla- ge zu nummerieren.

1.4 Die Galerie wird die Ausstellung während der üblichen Öffnungszeiten für das Publikum zugänglich hal- ten. Dem Künstler ist während der Öffnungszeiten jederzeit Zugang zu den Galerieräumen zu gewähren.

2 Verkauf der Werke

2.1 Die Galerie ist für die Dauer der Ausstellung berechtigt, die ausgestellten und als verkäuflich ausgewie- senen Werke (einschließlich Rahmen) im Namen und für Rechnung des Künstlers zu verkaufen. Die Verkaufspreise werden vom Künstler in Abstimmung mit der Galerie festgelegt.

2.2 Der Künstler wird rechtzeitig vor Beginn der Ausstellung gemeinsam mit der Galerie eine Liste der aus- zustellenden Werke anfertigen, in der die einzelnen Werke unter Angabe der Titel, der Größe, der Auflage und – soweit verkäuflich – der Verkaufspreise (einschließlich Mehrwertsteuer) aufgeführt sind. Der Künstler verpflichtet sich, die in der Liste als verkäuflich ausgewiesenen Werke während der Dauer der Ausstellung nicht unter den Listenpreisen zu verkaufen.

2.3 Bei Verkauf eines Werkes, das in der Ausstellung gezeigt wird und das in der Liste (Ziffer 2.2) als verkäuf- lich ausgewiesen ist, erhält die Galerie eine Provision in Höhe von ....% [6] des Nettoverkaufspreises (= Verkaufspreis abzüglich Mehrwertsteuer). Das gilt auch für die Verkäufe, die ohne Mitwirkung der Galerie vor oder während der Ausstellung durch den Künstler erfolgen. Zusätzlich erhält die Galerie die auf die Provisionen entfallende Mehrwertsteuer.

2.4 Die Galerie hat dem Künstler innerhalb von drei Wochen nach Beendigung der Ausstellung eine Abrech- nung über sämtliche Verkäufe vorzulegen, die während der Ausstellung erfolgt sind. Innerhalb derselben Frist hat sie den in der Abrechnung ausgewiesenen Verkaufserlös abzüglich der Provisionen (Ziffer 2.3) und der auf die Provisionen entfallenden Mehrwertsteuer an den Künstler auszuzahlen.

3 Zusicherungen und Pflichten des Künstlers

3.1 Der Künstler versichert, dass er der alleinige Urheber der Lichtbildwerke ist, deren Reproduktionen er der Galerie für die Ausstellung und den Verkauf zur Verfügung stellt. Er steht dafür ein, dass Rechte Dritter weder einer Ausstellung der Werke noch deren Verkauf entgegenstehen.

3.2 Der Künstler sichert die Richtigkeit seiner Angaben zur Auflagenhöhe der als verkäuflich ausgewiesenen Werke zu. Er verpflichtet sich, über die angegebene Auflage hinaus keine weiteren Reproduktionen der Grafiken für Ausstellungszwecke oder den Verkauf anzufertigen. Er wird auch keine sonstige Vervielfäl- tigung oder Verbreitung gestatten, die den berechtigten Interessen der Galerie oder den Interessen der Käufer der signierten und nummerierten Lichtbildwerk-Reproduktionen zuwider laufen könnte.

3.3 Die Gefahr und die Kosten des Transports der auszustellenden Werke zum Ausstellungsort trägt der Künstler.

4   Haftung und Pflichten der Galerie

4.1   Vom Empfang bis zur Rückgabe an den Künstler haftet die Galerie für das Abhandenkommen und jede Beschädigung der Werke und der Rahmungen, mit denen die Werke versehen sind.

4.2   Die Galerie verpflichtet sich, auf ihre Kosten für die Ausstellung angemessen zu werben. Über Art und Umfang der Werbemaßnahmen entscheidet die Galerie in Abstimmung mit dem Künstler. Die Galerie ist berechtigt, eines der auszustellenden Werke oder mehrere Werke im Rahmen von Werbemaßnahmen (z.B. für Einladungen, Plakate, Presseanzeigen, Prospekte, Presseerklärungen) zu vervielfältigen und zu verbreiten. [7]

4.3   Die Galerie wird bei jedem Verkauf ausdrücklich darauf hinweisen, dass den Käufern mit der Übereignung der Reproduktionen keine urheberrechtlichen Nutzungsrechte an den Lichtbildwerken eingeräumt werden.

4.4   Die Galerie ist verpflichtet, die nicht verkauften Werke innerhalb von drei Wochen nach Beendigung der Ausstellung an den Künstler zurückzugeben. Die Kosten und das Risiko des Rücktransports trägt die Galerie.

5   Schlussbestimmungen

5.1   Änderungen und Ergänzungen des Vertrages sowie die Änderung oder Aufhebung dieser Schriftformklausel sind nur wirksam, wenn sie schriftlich vereinbart werden, es sei denn, sie beruhen auf einer ausdrücklichen oder individuellen Vertragsabrede.

5.2   Die Nichtigkeit oder Unwirksamkeit einzelner Bestimmungen dieses Vertrages berührt die Gültigkeit der übrigen Bestimmungen nicht.

5.3   Es gilt das Recht der Bundesrepublik Deutschland

Ort, Datum

....
(Galerie)   (Künstler)

1   Hier sind die Namen und Anschriften der Galerie und des Künstlers vollständig einzutragen. Handelt es sich bei der Galerie um eine Gesellschaft, muss auf die exakte Angabe der Rechtsform (z.B. KG, GmbH) sowie darauf geachtet werden, dass der Vertrag vom Komplementär/Geschäftsführer der Gesellschaft oder von einer entsprechend bevollmächtigten Person unterschrieben wird.

2   An dieser Stelle ist anzugeben, wo sich die Galerieräume befinden. Diese Angabe ist vor allem dann wichtig, wenn der Galerist in verschiedenen Städten über Galerieräume verfügt.

3   Der genaue Zeitraum der Ausstellung sollte bereits in dem Vertrag exakt festgelegt werden, weil davon alle weiteren Planungen und Dispositionen abhängen.

4   Es empfiehlt sich, in dem Vertrag die Höchstzahl der Werke festzulegen, die in der Ausstellung gezeigt werden können/sollen. So lassen sich spätere Streitigkeiten bei der Hängung vermeiden.

5   Hier ist das Datum einzutragen, bis zu dem die gerahmten Reproduktionen spätestens in der Galerie abzuliefern sind.

6   Galerien erhalten bei einem Verkauf von Kunstobjekten in der Regel einen Anteil an dem Verkaufserlös als Provision. Die Höhe dieses Prozentanteils, die hier einzutragen ist, richtet sich vor allem nach dem Umfang der von der Galerie erbrachten Leistungen. Der Provisionssatz wird meist zwischen 10 % und 50 % liegen.

7   Überträgt ein Künstler einer Galerie das Ausstellungsrecht und/oder das Recht zum Verkauf seiner Werke, ist die Galerie berechtigt, die betreffenden Werke für die Werbung zu verwenden und sie beispielsweise auch im Internet zu zeigen, soweit dies zur Förderung der Ausstellung oder des Verkaufs erforderlich ist. Will die Galerie die in der Ausstellung gezeigten Arbeiten darüber hinaus in Katalogen oder auf Postern und Postkarten abbilden, um mit dem Verkauf dieser Produkte einen Zusatzgewinn zu erzielen, bedarf diese Nutzung der vorherigen Zustimmung des Künstlers. Wird die Zustimmung erteilt, empfiehlt es sich, den Ausstellungsvertrag durch einen Passus zu ergänzen, der wie folgt lauten könnte:
„Die Galerie ist berechtigt, einen Katalog, Plakate und Postkarten mit den Werken des Künstlers herauszugeben. Werden diese verkauft, erhält derKünstler .... % vom Nettoverkaufspreis."
Die Beteiligung an dem Verkaufserlös beträgt üblicherweise zwischen 10 % und 20 %.

Galerie- und Kommissionsvertrag

Wenn die Arbeiten eines Fotografen von einer Galerie fortlaufend zum Verkauf angeboten werden sollen, empfiehlt sich der Abschluss eines Kommissionsvertrags. Ein solcher Vertrag, der auf eine längerfristige Zusammenarbeit zwischen dem Fotografen und der Galerie angelegt ist und bei dem der Absatz der Lichtbildwerke im Vordergrund steht, muss anders aussehen als ein Vertrag, der sich – wie das auf Seite 173 ff. vorgestellte Vertragsmuster – in der Durchführung einer einzelnen Verkaufsausstellung erschöpft. Der nachfolgende Vertrag ist für die Fälle gedacht, in denen ein Fotograf der Galerie eine Reihe von Editionen zum Verkauf überlässt und die Galerie nach und nach mit weiteren Editionen beliefert. Das Muster geht davon aus, dass der Galerist die Werke des Fotografen auf herkömmliche Weise, also vor allem in Ausstellungen und Katalogen, zum Verkauf anbietet. Sollen die Fotografien dagegen hauptsächlich über das Internet angeboten und abgesetzt werden, empfiehlt sich die Verwendung des Musters, das auf Seite 183 ff. vorgestellt wird.

Galerie- und Kommissionsvertrag

zwischen [1]

....

– im Folgenden „Künstler" –

und

....

– im Folgenden „Galerie" –

§ 1   Vertragsgegenstand

(1)   Die Galerie wird von dem Künstler beauftragt, die in der Anlage [2] aufgeführten Editionen des Künstlers auszustellen und zu verkaufen.

(2)   Wenn der Künstler der Galerie weitere Editionen zum Verkauf überlässt, wird jeweils eine zusätzliche Bestandsliste erstellt. In dieser Liste, die von beiden Parteien zu unterzeichnen ist, sind die weiteren Editionen ebenso zu kennzeichnen wie in der Anlage. Mit der Unterzeichnung der Liste werden die darin aufgeführten Werke in gleicher Weise Vertragsgegenstand wie die Werke der Anlage.

(3)   Der Künstler entscheidet über die Höhe der Auflage. Es besteht Einigkeit darüber, dass die Auflage einer jeden Edition auf maximal .... Abzüge [3] beschränkt bleibt und die in den Bestandlisten ausgewiesenen Auflagen nicht überschritten werden dürfen. Alle Editionen werden von dem Künstler nummeriert und signiert.

(4) Der Künstler wählt das Labor aus, das mit der Anfertigung der Abzüge beauftragt wird. Er bestimmt die Art der Abzüge und der Rahmung. Die Kosten, die durch die Anfertigung der Abzüge und die Rahmung anfallen, tragen beide Parteien jeweils zur Hälfte.

§ 2   Übergabe und Verwahrung

(1) Die Galerie bestätigt durch Unterzeichnung dieses Vertrages, dass sie die in der Anlage aufgeführten Editionen von dem Künstler vollständig erhalten hat.

(2) Die Galerie ist verpflichtet, die ihr übergebenen Editionen sorgfältig und sachgerecht zu verwahren. Sie wird die Werke mindestens mit dem Wert versichern, der ihrem jeweiligen Verkaufspreis entspricht.

(3) Die Galerie erwirbt an den Editionen des Künstlers kein Eigentum.

§ 3   Verkauf und Werbung

(1) Der Galerie wird das weltweite und exklusive Recht eingeräumt, die vertragsgegenständlichen Editionen auf Rechnung des Künstlers im eigenen Namen zu verkaufen. Sie ist außerdem zur Übergabe und zur Übertragung des Eigentums an den verkauften Werken für den Künstler berechtigt.

(2) Die Netto-Verkaufspreise (Verkaufspreise ohne die gesetzliche Mehrwertsteuer) werden von der Galerie und dem Künstler einvernehmlich festgelegt. Sie sind in den Bestandslisten zu vermerken. Die Galerie ist berechtigt, in Einzelfällen einen Nachlass bis zu .... % [4] des gemeinsam festgelegten Netto-Verkaufspreises zu gewähren.

(2) Der Künstler verpflichtet sich, die Editionen weder selbst noch über Dritte zu verkaufen oder auf sonstige Weise in den Verkehr zu bringen.

(3) Die Galerie ist berechtigt, andere Galerien oder sonstige Vertriebspartner einzuschalten. Alleiniger Vertragspartner des Künstlers bleibt in diesem Fall die Galerie. Der Künstler kann der Einschaltung einzelner Vertriebspartner bei Vorliegen eines wichtigen Grundes widersprechen.

(4) Die Galerie verpflichtet sich, für die zum Verkauf stehenden Editionen des Künstlers in angemessenem Umfang zu werben und in allen Werbeveröffentlichungen den Namen des Künstlers zu nennen.

(5) Über Veranstaltungen, die der Förderung des Verkaufs der Editionen dienen (z.B. Vernissagen, Finissagen), wird die Galerie den Künstler rechtzeitig informieren. Der Künstler ist nicht verpflichtet, an solchen Veranstaltungen teilzunehmen. Wenn er seine Teilnahme zusagt und hinsichtlich der damit verbundenen Reise- und Übernachtungskosten keine anderweitige Vereinbarung getroffen wird, tragen beide Parteien diese Kosten jeweils zur Hälfte.

§ 4   Provision und Abrechnung

(1) Die durch den Verkauf der vertragsgegenständlichen Editionen erzielten Netto-Erlöse (Brutto-Erlöse abzüglich Mehrwertsteuer) werden zwischen der Galerie und dem Künstler im Verhältnis .... [5] geteilt. Das gilt auch dann, wenn der Verkauf über Vertriebspartner der Galerie (§ 3 Abs. 3) erfolgt. Etwaige Provisionen dieser Vertriebspartner gehen ausschließlich zu Lasten der Galerie.

(2) Die Galerie wird den Künstler über jeden Verkauf informieren. Sie hat dabei das verkaufte Werk und den jeweils erzielten Netto-Erlös anzugeben. Der Erlösanteil des Künstlers ist nebst Mehrwertsteuer unverzüglich nach Eingang der Zahlung des Kunden auf das von dem Künstler benannte Konto überweisen.

(3) Die Galerie ist verpflichtet, einen vom Künstler beauftragten, zur Berufsverschwiegenheit verpflichteten Dritten (Rechtsanwalt, Wirtschaftsprüfer, Steuerberater oder vereidigten Buchsachverständigen) zur Überprüfung der Verkäufe und Abrechnungen Einsicht in ihre Bücher und Unterlagen zu gewähren. Die dadurch anfallenden Kosten trägt die Galerie, wenn sich ihre Abrechnungen als fehlerhaft erweisen.

§ 5 Dauer der Zusammenarbeit

(1) Der Vertrag kann von beiden Parteien ohne Angabe von Gründen mit einer Kündigungsfrist von zwölf Monaten [6] zum Monatsende gekündigt werden. Die Kündigung hat schriftlich zu erfolgen.

(2) Sofern keine Kündigung erfolgt, endet der Vertrag nach dem Verkauf des letzten in Kommission genommenen Werkes und der Erfüllung der Zahlungsverpflichtungen, die sich aus diesem Verkauf ergeben.

(3) Endet der Vertrag durch Kündigung, hat die Galerie nach der Vertragsbeendigung alle vertragsgegenständlichen Werke, die sich noch in ihrem Besitz befinden, auf ihre Kosten und ihr Risiko entschädigungslos an den Künstler zurückzugeben.

§ 6 Schlussbestimmungen

(1) Änderungen und Ergänzungen des Vertrages sowie die Änderung oder Aufhebung dieser Schriftformklausel sind nur wirksam, wenn sie schriftlich vereinbart werden, es sei denn, sie beruhen auf einer ausdrücklichen oder individuellen Vertragsabrede.

(2) Die Nichtigkeit oder Unwirksamkeit einzelner Bestimmungen dieses Vertrages berührt die Gültigkeit der übrigen Bestimmungen nicht.

(3) Ergänzend gilt das Recht des Kommissionsgeschäfts (§§ 383 ff. HGB) unabhängig davon, ob beide Parteien Kaufleute sind.

Ort, Datum

....

(Künstler)   (Galerie)

Anlage
Editionsliste (§ 1 Abs. 1)

1   *Hier sind die Namen und Anschriften des Fotografen (Künstlers) und der Galerie vollständig einzutragen. Handelt es sich bei der Galerie um eine Gesellschaft, muss auf die exakte Angabe der Rechtsform (z. B. KG, GmbH) sowie darauf geachtet werden, dass der Vertrag vom Komplementär/Geschäftsführer der Gesellschaft oder von einer entsprechend bevollmächtigten Person unterschrieben wird.*

2   *In der Anlage zu dem Vertrag sind sämtliche Fotografien aufzulisten, die der Galerie bei Abschluss des Vertrages zum Verkauf übergeben werden. Es empfiehlt sich, die Fotografien in der Liste fortlaufend zu nummerieren und sie dort entweder in verkleinerter Form abzubilden oder aber das jeweilige Motiv kurz zu beschreiben. Außerdem sollten der Titel, das Format und die Art des Abzugs (z.B. „baryt silverprint 1/3") spezifiziert werden.*

3   *Hier ist anzugeben, wie viele Abzüge von einer Edition maximal hergestellt werden dürfen. Da der Wert der Editionen von der Anzahl der gefertigten Abzüge abhängt, hat die Festlegung der maximal zulässigen Reproduktionen konkrete Auswirkungen auf die Absatzchancen.*

4   *Damit die Galerie auf die Marktgegebenheiten flexibel reagieren kann, sollte sie die Möglichkeit haben, in Einzelfällen von dem einvernehmlich festgelegten Verkaufspreis abzuweichen. Damit es allerdings nicht zu willkürlichen Preisreduzierungen durch die Galerie kommt und der Fotograf sicher sein kann, dass seine Arbeiten nicht verschleudert werden, gibt der Vertrag für eventuelle Preisabweichungen einen bestimmten Rahmen vor. Dieser Rahmen ist hier durch Angabe der maximal zulässigen Abweichung (z.B. „10 %") festzulegen.*

5   *Der Fotograf und die Galerie müssen sich darauf verständigen, wie sie die erzielten Erlöse untereinander aufteilen wollen. Soll jede Partei die Hälfte erhalten, ist die Verteilung mit „50 : 50" anzugeben. Wenn dagegen die Galerie 60 % und der Fotograf nur 40 % der Erlöse erhalten soll, ist die Leerstelle mit der Angabe „60 : 40" auszufüllen. Selbstverständlich sind auch andere Verteilungsschlüssel möglich.*

6   *Soll eine kürzere oder eine längere Kündigungsfrist gelten, ist der Vertrag an dieser Stelle entsprechend zu ändern.*

Kaufvertrag über eine gerahmte und signierte Fotoreproduktion

Das nachfolgende Vertragsmuster regelt den Verkauf einer einzelnen Fotoreproduktion. Zweck des Vertrages ist nicht die Überlassung von urheberrechtlichen Nutzungsrechten, sondern die Übertragung des Eigentums an einem einzelnen (fotografischen) Kunstobjekt.

Der Text ist auf die Bedürfnisse des Kunsthandels abgestimmt, kann aber auch von Fotografen verwendet werden, die Reproduktionen ihrer Arbeiten als Kunstobjekte einzeln verkaufen möchten.

Kaufvertrag

zwischen [1]

....

– nachfolgend „Verkäufer" genannt –

und

....

– nachfolgend „Käufer" genannt –

1. Der Verkäufer ist Urheber des Lichtbildwerks mit dem Titel [2]

   ....

   Er verkauft hiermit an den Käufer eine gerahmte und vom Verkäufer signierte Reproduktion dieses Lichtbildwerks im Maßstab .... cm x .... cm [3] nebst Passepartout und Rahmen.

2. Der Kaufpreis für die Reproduktion (einschließlich Passepartout und Rahmen) beträgt .... € zuzüglich .... € Mehrwertsteuer, insgesamt also .... €. [4] Er ist bei Abschluss dieses Vertrags zu zahlen. Der Verkäufer bestätigt durch seine Unterschrift, dass er den Kaufpreis vollständig erhalten hat.

3. Der Verkäufer übergibt dem Käufer die gerahmte und signierte Reproduktion des Lichtbildwerks bei Abschluss dieses Vertrags. Der Käufer bestätigt durch seine Unterschrift, dass er den Kaufgegenstand in einwandfreiem Zustand erhalten hat.

4. Mit der Übergabe erwirbt der Käufer das Eigentum an der Reproduktion. Irgendwelche urheberrechtlichen Nutzungsrechte an dem Lichtbildwerk werden dem Käufer dagegen nicht eingeräumt. [5] Der Käufer ist auch nicht berechtigt, die Reproduktion öffentlich auszustellen. [6]

Ort, Datum

....

(Verkäufer) [7]   (Käufer)

---

1   Hier sind die Namen und Anschriften des Verkäufers und des Käufers vollständig einzutragen. Wird das Werk von einer Galerie im Namen und für Rechnung des Künstlers verkauft, ist als Verkäufer nicht die Galerie, sondern der Künstler zu benennen.

2   Um Verwechslungen und Missverständnisse auszuschließen, sollte der vollständige Titel des Lichtbildwerks in die Leerzeile eingetragen werden. Gibt es für das Bild keinen Titel, empfiehlt sich eine kurze Beschreibung des dargestellten Motivs.

3   Die exakten Maßangaben sollen ebenso wie die Titelangabe sicherstellen, dass das Werk, das Gegenstand des Vertrages ist, genau identifiziert werden kann.

4   Der getrennte Ausweis der Mehrwertsteuer dient lediglich der Klarstellung und ersetzt nicht die Rechnung, die gesondert auszustellen ist und den Erfordernissen des § 14 Abs. 4 UStG entsprechen muss (vgl. dazu die Erläuterungen auf Seite 32).

5   Diese Regelung stellt klar, dass der Käufer mit dem Erwerb der Reproduktion keine urheberrechtlichen Nutzungsrechte erwirbt. Zwar ist bereits in § 44 Abs. 1 UrhG geregelt, dass bei der Veräußerung eines Werkoriginals im Zweifel keine Nutzungsrechte eingeräumt werden. Bei einer Fotoreproduktion kann aber unter Umständen zweifelhaft sein, ob es sich dabei um ein „Original" im Sinne der gesetzlichen Vorschrift handelt. Deshalb erscheint eine vertragliche Klarstellung sinnvoll.

6   Die im Gesetz (§ 44 Abs. 2 UrhG) vorgesehene Möglichkeit, dass der Eigentümer eines Werkoriginals das Werk öffentlich ausstellt, wird durch den hier vorgeschlagenen Vertragstext in zulässiger Weise ausgeschlossen.

7   Unterschreibt für den Verkäufer ein Vertreter (z.B. Galerist), sollte das Vertretungsverhältnis durch einen entsprechenden Zusatz (z.B. „im Auftrag", „als Vertreter des Verkäufers") deutlich gemacht werden.

Vertrag über die Vermarktung von Foto-Editionen im Internet

Galerien nutzen immer häufiger das Internet, um Kunstobjekte zu präsentieren und zu verkaufen. So werden inzwischen auch Foto-Editionen im Internet vermarktet. Dieses Medium hat den Vorteil, dass es einem breiten Publikum zu jeder Tages- und Nachtzeit zugänglich ist und dass dort Arbeiten renommierter Fotokünstler ohne großen finanziellen Aufwand vorgestellt werden können. Foto-Editionen werden im Internet entweder als „Limited Edition" in einer größeren Auflage oder aber als „Open Edition" ohne Auflagenbegrenzung angeboten, was entsprechend niedrige Verkaufspreise für die einzelnen Lichtbildwerke zulässt.

Das hier vorgestellte Muster regelt die Vertragsbeziehung zwischen einem Fotografen, der seine Foto-Editionen über das Internet verkaufen möchte, und einer Galerie, die sich auf diesen Markt spezialisiert hat. Die vorgeschlagenen Regelungen berücksichtigen in besonderem Maße die Interessen der Galerie, ohne dabei die berechtigten Belange der Fotografen außer Acht zu lassen.

Kommissionsvertrag

zwischen[1]

....

– nachfolgend „Fotograf" genannt –

und

....

– nachfolgend „Galerie" genannt –

§ 1   Vertragsgegenstand

(1)   Gegenstand des Vertrages ist der Verkauf der Editionen, die der Fotograf der Galerie für diesen Zweck zur Verfügung stellt. „Editionen" im Sinne dieses Vertrages sind die Prints (Inkjet-Ausdrucke, C-Prints, Baryt-Prints), die der Fotograf von seinen Original-Aufnahmen anfertigt oder durch geeignete Fachbetriebe anfertigen lässt.

(2)   Die Galerie kann frei entscheiden, ob sie die von dem Fotografen angebotenen Editionen als Kommissionsgut annimmt. Der Fotograf ist verpflichtet, die Galerie über Art und Umfang der Nutzungen zu informieren, die mit den betreffenden Aufnahmen bereits stattgefunden haben oder noch stattfinden, damit die Galerie den Wert und die Absatzchancen der Editionen besser einschätzen kann. Vertragsgegenstand werden nur diejenigen Editionen, die die Galerie zum Verkauf übernimmt.

(3) Gegenstand der Verträge, die zwischen der Galerie und den Käufern der Editionen abgeschlossen werden, ist ausschließlich die Übertragung des Eigentums an den Prints. Die Galerie wird die Käufer darauf hinweisen, dass sie mit dem Kauf einer Edition keine Nutzungsrechte erwerben. Sofern sich ein Käufer wegen des Erwerbs von Nutzungsrechten an die Galerie wendet, wird diese ihn an den Fotografen verweisen.

§ 2 Art, Ausstattung und Bereitstellung der Editionen

(1) Die Editionen werden entweder als „Open Edition" oder als „Limited Edition" zum Verkauf angeboten. Bei einer „Open Edition" gibt es hinsichtlich der Prints, die der Fotograf von den Original-Aufnahmen anfertigen darf, keine Stückzahlbegrenzung. Bei der „Limited Edition" dürfen nur Prints in einer vorab festgelegten Stückzahl angefertigt werden.

(2) Jeder Print ist von dem Fotografen auf der Rückseite, auf Wunsch auch auf der Vorderseite, handschriftlich zu signieren. Außerdem sind die Prints auf der Rückseite mit folgenden Angaben zu versehen:

(a) Name des Fotografen;

(b) Bildtitel;

(c) Entstehungsjahr der Original-Aufnahme;

(d) Printtechnik (z. B. „Baryt-Print") und Datum der Print-Anfertigung;

(e) Vermerk „Open Edition" (bei nicht limitierter Auflage);

(f) Vermerk „Limited Edition" (bei limitierter Auflage) nebst Auflagenhöhe und laufender Nummer (z. B. „1/30").

(3) Die zum Verkauf übernommenen Editionen werden in einer Bestandsliste erfasst, die den Namen des Fotografen ausweist und zu jeder Edition mindestens folgende Angaben enthält:

(a) Bildtitel;

(b) Aufnahmetechnik (digital oder analog);

(c) Art der Edition („Open Edition" oder „Limited Edition");

(d) Auflagenhöhe (bei limitierter Auflage);

(e) Blattgröße und Bildgröße;

(f) Anzahl der an die Galerie übergebenen Prints;

(g) zwischen den Parteien vereinbarter Netto-Verkaufspreis.

(4) Der Verkauf einer Edition ist von der Galerie unter Angabe des gezahlten Kaufpreises in der Bestandsliste zu vermerken, ebenso die Übernahme weiterer Editionen zum Verkauf. Über Änderungen und/oder Ergänzungen der Liste wird die Galerie den Fotografen zum Ende eines jeden Quartals durch Übersendung einer aktualisierten Bestandsliste informieren. Der Fotograf ist verpflichtet, die aktualisierte Liste sofort zu überprüfen und die Galerie unverzüglich, spätestens drei Wochen nach Erhalt der Liste, auf solche Fehler hinzuweisen, die für ihn bei einer sorgfältiger Prüfung erkennbar sind. Erfolgt ein solcher Hinweis nicht oder nicht rechtzeitig, bleibt der Fotograf später mit dem Einwand ausgeschlossen, die Bestandsliste sei unvollständig bzw. fehlerhaft gewesen.

(5) Der Fotograf wird der Galerie von jeder Edition mindestens zwei Prints zur Verfügung stellen, damit nach einem Verkauf eine rasche Lieferung erfolgen kann. Wenn weitere Prints benötigt werden, ist der Fotograf auf entsprechende Anforderung verpflichtet, die Prints in der benötigten Stückzahl an die Galerie zu schicken. Um diese Verpflichtung zügig erfüllen zu können, hat der Fotograf von jeder Edition mindestens

zwei Prints ständig vorrätig zu halten. Bei einer limitierten Auflage besteht diese Verpflichtung nur, soweit die Auflage noch nicht erschöpft ist.

§ 3   Zusicherungen und Pflichten des Fotografen

(1)   Der Fotograf versichert, dass er alleiniger Urheber der Original-Aufnahmen ist, die für die Editionen verwendet werden, dass er über diese Aufnahmen und die daran bestehenden Nutzungsrechte frei verfügen kann und dass sie frei sind von Rechten Dritter. Er versichert außerdem, dass er der alleinige Eigentümer der Prints ist, die er der Galerie zum Verkauf überlässt.

(2)   Der Fotograf steht dafür ein, dass abgebildete Personen und/oder die Inhaber von Schutzrechten an abgebildeten Gegenständen die Einwilligung zu der im Rahmen dieses Vertrages erfolgenden Nutzung der Aufnahmen in nachweisbarer Form erteilt haben. Der Fotograf haftet für sämtliche Schäden, die der Galerie dadurch entstehen, dass die erforderlichen Einwilligungen nicht erteilt sind.

(3)   Während der Laufzeit des Vertrages wird der Fotograf in Bezug auf die Editionen, die er der Galerie zum Verkauf überlässt, keine Verfügungen vornehmen und keine Nutzungen gestatten, die den Verkauf durch die Galerie beinträchtigen oder behindern könnten. Der Fotograf darf die Editionen weder selbst noch über Dritte zum Kauf anbieten. Kaufinteressenten, die sich bei ihm melden, sind an die Galerie zu verweisen.

(4)   Bei Editionen, die als „Limited Edition" zum Verkauf angeboten werden sollen, wird vorab die Gesamtauflage der Prints festgelegt und in der Bestandsliste (§ 2 Abs. 3) vermerkt. Der Fotograf darf über die in der Bestandsliste vermerkten Stückzahlen hinaus keine weiteren Prints anfertigen oder durch Dritte anfertigen lassen. Er verpflichtet sich außerdem, jede weitere Nutzung der Aufnahmen, die für eine „Limited Edition" verwendet werden, zu unterlassen und Dritten keine Nutzungsrechte an solchen Aufnahmen einzuräumen. Davon ausgenommen ist lediglich die Nutzung für die Eigenwerbung des Fotografen. Für jeden Fall der Zuwiderhandlung gegen die gemäß Satz 2 und Satz 3 übernommenen Unterlassungsverpflichtungen hat der Fotograf eine Vertragsstrafe zu zahlen, deren Höhe von der Galerie im Einzelfall festzusetzen und im Streitfall gerichtlich auf ihre Angemessenheit zu überprüfen ist.

(5)   Die Kosten für die Anfertigung der Prints sowie die Kosten und das Risiko der Übersendung der Prints an die Galerie trägt der Fotograf.

§ 4   Werbemaßnahmen

(1)   Die Galerie wird die Editionen auf ihrer Webseite vorstellen und bewerben. Zu diesem Zweck hat ihr der Fotograf sämtliche Aufnahmen, deren Prints zum Verkauf stehen, in digitaler Form kostenfrei zur Verfügung zu stellen. Für die Bilddateien gelten folgende Vorgaben:

(a) Dateiformat: jpg

(b) Auflösung: 72 dpi

(c) Bildgröße: bei quadratischen Formaten sowie Quer- und Hochformaten 900 Pixel und bei Panorama-Bildern 1000 Pixel, jeweils bezogen auf die längere Seite.

(2)   Die Auswahl der Bilder, die auf der Webseite erscheinen, trifft ausschließlich die Galerie. Der Fotograf hat keinen Anspruch darauf, dass bestimmte Bilder auf der Webseite gezeigt werden.

(3)   Die Galerie darf die Aufnahmen, die als Editionen zum Verkauf stehen, zu Werbezwecken vervielfältigen sowie in allen für die Werbung in Betracht kommenden Medien verbreiten und öffentlich wiedergeben.

Sie ist außerdem berechtigt, die Aufnahmen zu Zwecken der redaktionellen Berichterstattung über die Galerie und die zum Verkauf stehenden Editionen an Zeitungen und Zeitschriften weiterzugeben.

(4) Der Fotograf wird der Galerie eine Kurzbiographie und sein Porträtfoto kostenfrei zur Verfügung stellen. Die Galerie ist berechtigt, den Text und das Foto in geeigneten Medien, insbesondere im Internet, für die Bewerbung der Editionen zu verwenden sowie an Zeitungen und Zeitschriften zu Zwecken der redaktionellen Berichterstattung über die Editionen weiterzugeben. Der Fotograf steht dafür ein, dass der Text und das Foto frei sind von Rechten Dritter.

§ 5   Verkauf der Editionen

(1) Die Galerie verkauft die Editionen im eigenen Namen und für Rechnung des Fotografen (Kommissionsgeschäft gemäß §§ 383 ff. HGB). Sie ist von dem Fotografen bevollmächtigt, die verkauften Editionen an die Käufer zu übergeben und ihnen daran das Eigentum zu übertragen.

(2) Der Verkauf der Editionen erfolgt zu den in der Bestandsliste ausgewiesenen Netto-Verkaufspreisen. Zu diesen Preisen kommt noch die Mehrwertsteuer in der jeweiligen gesetzlichen Höhe hinzu, sofern die Umsätze mehrwertsteuerpflichtig sind.

(3) Die Galerie ist nicht verpflichtet, dem Fotografen über die Namen und Anschriften der Erwerber der Editionen Auskunft zu erteilen. [2]

§ 6   Provision und Erlösanteil des Fotografen

(1) Die Galerie erhält eine Provision in Höhe von .... % [3] der Nettoerlöse, die durch den Verkauf der Editionen erzielt werden. Zusätzlich hat sie Anspruch auf die Mehrwertsteuer, die auf ihre Provision entfällt. Die Provision ist bei Eingang der Kundenzahlung fällig.

(2) Nettoerlöse sind die von den Kunden geleisteten Zahlungen abzüglich der darin enthaltenen Mehrwertsteuer. Bei Zahlungen, die mit anwaltlicher Hilfe und/oder auf gerichtlichem Wege beigetrieben werden, gilt als Nettoerlös nur das, was nach Abzug der Anwalts- und Gerichtskosten und der Mehrwertsteuer übrig bleibt.

(3) Die Galerie ist berechtigt, ihre Provision nebst Mehrwertsteuer von den eingehenden Zahlungen abzuziehen. Der verbleibende Erlös ist an den Fotografen weiterzuleiten. Der Fotograf wird der Galerie ein Konto benennen, auf das die Zahlungen zu leisten sind.

(4) Die auf den Erlösanteil des Fotografen entfallende Künstlersozialabgabe wird von der Galerie abgeführt. Sollten sich die Abgabesätze während der Vertragslaufzeit um mehr als .... % [4] ändern oder neue Abgabepflichten für die Galerie entstehen, ist die Provision der Galerie bzw. der Erlösanteil des Fotografen entsprechend anzupassen. Die Anpassung erfolgt durch eine Erklärung der Galerie gegenüber dem Fotografen nach Maßgabe des § 315 BGB.

§ 7   Anzeige-, Abrechnungs- und Zahlungspflichten

(1) Die Galerie wird den Fotografen über die Verkäufe und die damit erzielten Erlöse laufend informieren. Die Abrechnungen und Zahlungen erfolgen jeweils zum Ende eines Quartals. [5]

(2) Der Fotograf ist verpflichtet, der Galerie die für eine ordnungsgemäße Abrechnung erforderlichen Informationen (z.B. Umsatzsteuer-Identifikationsnummer) auf Anforderung unverzüglich zur Verfügung zu

stellen. Solange angeforderte Informationen nicht erteilt sind, steht der Galerie hinsichtlich der an den Fotografen zu leistenden Zahlungen ein Zurückbehaltungsrecht zu.

(3) Zur Überprüfung der von der Galerie erteilten Abrechnungen kann ein von dem Fotografen beauftragter, zur Berufsverschwiegenheit verpflichteter Dritter (Rechtsanwalt, Wirtschaftsprüfer, Steuerberater, vereidigter Buchprüfer) in die Bücher und die Unterlagen der Galerie Einsicht nehmen.

§ 8   Freistellungsanspruch

(1) Der Fotograf stellt die Galerie von sämtlichen Ansprüchen frei, die von den Käufern wegen eines Sach- oder Rechtsmangels der Editionen geltend gemacht werden.

(2) Von der Freistellungsverpflichtung ausgenommen sind Ansprüche wegen eines Mangels, den die Galerie zu vertreten hat. Dazu gehören insbesondere Beschädigungen, die auf ein schuldhaftes Verhalten der Galerie oder ihrer Erfüllungsgehilfen zurückzuführen sind.

§ 9   Vertragsbeendigung

(1) Der Vertrag kann von beiden Parteien ohne Angabe von Gründen mit einer Frist von sechs Monaten zum Ende eines Quartals gekündigt werden. [6] Die Kündigung hat schriftlich zu erfolgen.

(2) Sofern keine Partei kündigt, endet der Vertrag nach dem Verkauf aller Exemplare der in Kommission genommenen Editionen und nach Erfüllung der Zahlungsverpflichtungen, die sich aus den Verkäufen ergeben.

(3) Endet der Vertrag durch Kündigung, hat die Galerie nach Vertragsbeendigung die Prints, die sich noch in ihrem Besitz befinden, an den Fotografen zurückzugeben. Die Kosten und das Risiko der Rücksendung trägt der Fotograf.

§ 10   Schlussbestimmungen

(1) Änderungen und Ergänzungen des Vertrages sowie die Änderung oder Aufhebung dieser Schriftformklausel sind nur wirksam, wenn sie schriftlich vereinbart werden, es sei denn, sie beruhen auf einer ausdrücklichen oder individuellen Vertragsabrede.

(2) Die Rechtsbeziehungen zwischen der Galerie und dem Fotografen unterliegen ausschließlich dem Recht der Bundesrepublik Deutschland. Ergänzend zu den Bestimmungen des Vertrages gilt das Recht des Kommissionsgeschäfts (§§ 383 ff. HGB) unabhängig davon, ob die Vertragsparteien Kaufleute sind.

(3) Für den Fall, dass der Fotograf keinen allgemeinen Gerichtsstand in der Bundesrepublik Deutschland hat oder nach Vertragsschluss seinen Wohnsitz oder gewöhnlichen Aufenthaltsort aus dem Geltungsbereich der deutschen Zivilprozessordnung verlegt, wird als Gerichtsstand der Sitz der Galerie vereinbart.

(4) Sollten einzelne Bestimmungen des Vertrages unwirksam sein oder werden, wird die Wirksamkeit der übrigen Bestimmungen dadurch nicht berührt.

Ort, Datum

....

(Fotograf)   (Galerie)

1 Hier sind die Namen und Anschriften des Fotografen und der Galerie vollständig einzutragen. Handelt es sich bei der Galerie um eine Gesellschaft, muss auf die exakte Angabe der Rechtsform (z. B. KG, GmbH) sowie darauf geachtet werden, dass der Vertrag vom Komplementär/Geschäftsführer der Gesellschaft oder von einer entsprechend bevollmächtigten Person unterschrieben wird.

2 Normalerweise hat der Fotograf einen Anspruch darauf, dass ihm der Kommissionär (die Galerie) die Namen und Anschriften der Erwerber seiner Arbeiten bekannt gibt. Sein Auskunftsanspruch ergibt sich sowohl aus § 384 Abs. 2 HGB als auch unmittelbar aus der besonderen Natur des Kommissionsgeschäfts (LG Hamburg ZUM-RD 2008, 27/28). Die Auskunftspflicht des Kommissionärs kann allerdings vertraglich abbedungen werden. Von dieser Möglichkeit wird hier Gebrauch gemacht.

3 An dieser Stelle ist festzulegen, welche Provision die Galerie für den Verkauf einer Edition erhalten soll. Die Höhe der Provision ist Verhandlungssache. Sie wird regelmäßig als Prozentanteil vom jeweiligen Nettoerlös ausgewiesen. Üblicherweise liegt der Anteil zwischen 40 % und 60 % des Erlöses.

4 Da die Galerie aus den Provisionseinnahmen auch die Künstlersozialabgabe bestreiten muss, die bei jedem Kommissionsverkauf fällig wird (§ 25 Abs. 3 Satz 1 KSVG), sieht der Vertrag vor, dass die Provision bei einer Veränderung der Abgabesätze angepasst wird. Um allerdings zu verhindern, dass bereits geringfügige Schwankungen der Abgabe zu einer Erhöhung oder Herabsetzung der Provision führen, ist in § 6 Abs. 4 vorgesehen, dass eine Anpassung der Provision erst erfolgt, wenn sich die Künstlersozialabgabe um einen bestimmten Mindest-Prozentsatz verändert. Die Höhe dieses Prozentsatzes ist hier anzugeben (z.B. „20 %").

5 Wenn die Abrechnungen und Zahlungen nicht zum Ende eines Quartals, sondern in kürzeren oder längeren Zeiträumen erfolgen sollen, ist der Vertrag an dieser Stelle entsprechend zu ändern (z. B. „...erfolgen jeweils zum Monatsende").

6 Soll eine kürzere oder eine längere Kündigungsfrist gelten, ist § 9 Abs. 1 entsprechend zu ändern.

Geschäftsbedingungen für Galerieverkäufe im Internet

Bei der Vermarktung von künstlerischen Fotografien durch eine Galerie sind zwei Vertragsverhältnisse zu unterscheiden, nämlich einmal das Vertragsverhältnis zwischen der Galerie und dem Fotografen, der die für den Weiterverkauf bestimmten Bilder liefert, und zum anderen das Vertragsverhältnis zwischen der Galerie und den Erwerbern der Bilder. Was in dem Vertrag zwischen der Galerie und dem Fotografen zu regeln ist, zeigen die Muster auf den Seiten 173 ff., 177 ff. und Seite 183 ff. Der auf Seite 181 wiedergegebene Kaufvertrag und die hier vorgestellten Geschäftsbedingungen für Galerieverkäufe im Internet regeln dagegen die Vertragsbeziehung zwischen der Galerie und den Erwerbern der Bilder.

Erfolgt die Vertragsanbahnung mit den Kaufinteressenten über eine Internet-Plattform, kommt der umständliche Abschluss eines schriftlichen Vertrages, der von beiden Vertragsparteien zu unterzeichnen ist, in der Regel nicht in Betracht. Um in solchen Fällen dennoch eine vernünftige Regelung der beiderseitigen Rechte und Pflichten zu gewährleisten, werden bei Internetverkäufen meist Allgemeine Geschäftsbedingungen verwendet. Solche Geschäftsbedingungen können bei Vertragsabschlüssen im Internet problemlos in den Vertrag einbezogen werden und so für eine sichere Rechtsgrundlage sorgen. Gerade bei Internetverkäufen haben es die Galerien häufig mit Verbrauchern zu tun, so dass sie die besonderen Schutzregeln beachten müssen, die das Gesetz für Geschäfte mit Verbrauchern vorsieht. Das nachfolgende Textmuster berücksichtigt diese Schutzregeln. Es ist deshalb nicht nur bei Vertragsabschlüssen mit Unternehmern, sondern auch in den Fällen verwendbar, in denen es sich bei den Vertragspartnern um Verbraucher handelt.

Allgemeine Geschäftsbedingungen für den Verkauf von Bildern

1 **Geltung der Geschäftsbedingungen**

Für die Geschäftsbeziehungen zwischen ....[1]
(nachfolgend „Galerie") und dem Käufer gelten ausschließlich die nachfolgenden Geschäftsbedin-
gungen. Abweichende Geschäftsbedingungen des Käufers werden von der Galerie nicht anerkannt und
auch dann nicht Vertragsinhalt, wenn die Galerie ihnen nicht ausdrücklich widerspricht.

2 **Vertragsabschluss**

Alle Angebote auf den Internetseiten der Galerie sind freibleibend. Nach Eingang einer Online-Bestellung
erhält der Käufer auf elektronischem Wege eine Zugangsbestätigung, die aber noch nicht zu einem Vertragsabschluss führt. Ein Kaufvertrag kommt erst zustande, wenn die Galerie entweder den Vertragsabschluss ausdrücklich und in schriftlicher Form bestätigt (Vertragsbestätigung) oder das bestellte Produkt
an den Käufer versendet.

3 **Widerrufsbelehrung**

Für Käufer, die Verbraucher sind, besteht ein Widerrufsrecht nach Maßgabe der folgenden Widerrufsbelehrung: [2]

Widerrufsrecht

Sie können Ihre Vertragserklärung innerhalb von 14 Tagen ohne Angabe von Gründen in Textform (z. B.
Brief, Fax, E-Mail) oder – wenn Ihnen die Sache vor Fristablauf überlassen wird – durch Rücksendung der
Sache widerrufen. Die Frist beginnt nach Erhalt dieser Belehrung in Textform, jedoch nicht vor Eingang
der Ware beim Empfänger (bei der wiederkehrenden Lieferung gleichartiger Waren nicht vor Eingang der
ersten Teillieferung) und auch nicht vor Erfüllung unserer Informationspflichten gemäß Artikel 246 § 2 in
Verbindung mit § 1 Abs. 1 und 2 EGBGB. Zur Wahrung der Widerrufsfrist genügt die rechtzeitige Absendung des Widerrufs oder der Sache. Der Widerruf ist zu richten an:

....[3]

Widerrufsfolgen

Im Falle eines wirksamen Widerrufs sind die beiderseits empfangenen Leistungen zurückzugewähren
und ggf. gezogene Nutzungen (z. B. Zinsen) herauszugeben. Können Sie uns die empfangene Leistung
ganz oder teilweise nicht oder nur in verschlechtertem Zustand zurückgewähren, müssen Sie uns insoweit ggf. Wertersatz leisten. Dies kann dazu führen, dass Sie die vertraglichen Zahlungsverpflichtungen
für den Zeitraum bis zum Widerruf trotzdem erfüllen müssen. Bei der Überlassung von Sachen gilt dies
nicht, wenn die Verschlechterung der Sache ausschließlich auf deren Prüfung – wie sie Ihnen etwa im
Ladengeschäft möglich gewesen wäre – zurückzuführen ist. Im Übrigen können Sie die Pflicht zum
Wertersatz für eine durch die bestimmungsgemäße Ingebrauchnahme der Sache entstandene Verschlechterung vermeiden, indem Sie die Sache nicht wie Ihr Eigentum in Gebrauch nehmen und alles
unterlassen, was deren Wert beeinträchtigt. Paketversandfähige Sachen sind auf unsere Gefahr zurückzusenden. Sie haben die Kosten der Rücksendung zu tragen, wenn die gelieferte Ware der bestellten

entspricht und wenn der Preis der zurückzusendenden Sache einen Betrag von 40 Euro nicht übersteigt oder wenn Sie bei einem höheren Preis der Sache zum Zeitpunkt des Widerrufs noch nicht die Gegenleistung oder eine vertraglich vereinbarte Teilzahlung erbracht haben. Anderenfalls ist die Rücksendung für Sie kostenfrei. Nicht paketversandfähige Sachen werden bei Ihnen abgeholt. Verpflichtungen zur Erstattung von Zahlungen müssen innerhalb von 30 Tagen erfüllt werden. Die Frist beginnt für Sie mit der Absendung Ihrer Widerrufserklärung oder der Sache, für uns mit deren Empfang.

Ausschluss des Widerrufsrechts [4]

Ein Widerrufsrecht besteht nicht, wenn das bestellte Produkt nach Ihren Spezifikationen angefertigt wurde (z.B. Spezial- oder Sonderanfertigung) oder auf Grund seiner empfindlichen Beschaffenheit nicht für eine Rücksendung geeignet ist (z.B. ungerahmter und nicht kaschierter Print).

Ende der Widerrufsbelehrung

4 Kaufpreis, Versandkosten

Der Kaufpreis, der auf den Internetseiten der Galerie für das bestellte Produkt ausgewiesen wird, schließt die gesetzliche Mehrwertsteuer ein. Die Versandkosten sind in diesem Preis nicht enthalten und vom Käufer zusätzlich zu zahlen. Die Höhe der Versandkosten ergibt sich aus der zum Zeitpunkt der Bestellung gültigen Kostentabelle, die auf den Internetseiten der Galerie abrufbar ist. [5]

5 Zahlung, Lieferung, Gefahrübergang, Eigentumsvorbehalt, Rücksendekosten

5.1 Die Lieferung erfolgt erst nach vollständiger Zahlung des Kaufpreises (Vorkasse). Die Rechnung erhält der Käufer entweder mit der schriftlichen Vertragsbestätigung oder zusammen mit der Lieferung.

5.2 Angaben zu Lieferfristen sind unverbindlich, sofern nicht die Galerie die Einhaltung eines bestimmten Liefertermins im Einzelfall schriftlich zusagt.

5.3 Die Lieferung erfolgt an die Adresse des Käufers bzw. an die vom Käufer genannte Lieferadresse. Die Gefahr des zufälligen Untergangs und der zufälligen Verschlechterung geht auf den Käufer über, sobald die Galerie das bestellte Produkt an das mit dem Transport beauftragte Unternehmen übergeben hat.

5.4 Bestellte Produkte verbleiben bis zur vollständigen Erfüllung der Forderungen, die der Galerie aus dem Kaufvertrag gegen den Käufer zustehen, im Eigentum der Galerie. Über Produkte, an denen ein solcher Eigentumsvorbehalt besteht, darf der Käufer nicht verfügen.

5.5 Käufer, die Verbraucher sind und von ihrem Widerrufsrecht gemäß Ziffer 3 Gebrauch machen, haben die Kosten der Rücksendung zu tragen, wenn die gelieferte Ware der bestellten entspricht und wenn der Preis der zurückzusendenden Sache den Betrag von 40 Euro nicht übersteigt oder wenn der Käufer bei einem höheren Preis der Sache zum Zeitpunkt des Widerrufs noch nicht die Gegenleistung oder eine vertraglich vereinbarte Teilzahlung erbracht hat. [6]

6 Gewährleistung

6.1 Wegen der auf Bildschirmen üblichen additiven Farbdarstellung sind Farbabweichungen zwischen der Bildwiedergabe im Internet und der gelieferten fotografischen Reproduktion unvermeidlich. Für solche Farbabweichungen übernimmt die Galerie keine Gewährleistung. Die Gewährleistung ist außerdem für Schäden ausgeschlossen, die nach der Lieferung des bestellten Produkts durch eine unsachgemäße

Behandlung oder mangelnde Pflege, durch Umwelteinflüsse (z. B. Lichteinwirkung, Hitze, Luftfeuchtigkeit) oder durch natürlichen Verschleiß entstehen.

6.2   Angaben zur Beschaffenheit eines Produkts (z.B. zur Größe oder zum Trägermaterial der fotografischen Reproduktionen) sind nur verbindlich, wenn sie von der Galerie bei Abschluss des Kaufvertrages schriftlich bestätigt werden.

6.3   Für Käufer, die keine Verbraucher sind, gelten ergänzend folgende Regelungen:

6.3.1   Der Käufer ist verpflichtet, das bestellte Produkt nach Erhalt unverzüglich zu untersuchen und eventuelle Mängel gegenüber der Galerie zu rügen. Die Rüge von offensichtlichen Mängeln muss schriftlich innerhalb von zwei Wochen nach Erhalt der Lieferung, die Rüge nicht offensichtlicher Mängel innerhalb einer Frist von zwei Wochen nach dem Erkennen des Mangels erfolgen. Zur Wahrung der Rügefrist genügt die rechtzeitige Absendung der Rüge. Bei Verletzung der Untersuchungs- und Rügepflicht gilt das bestellte Produkt in Ansehung des betreffenden Mangels als genehmigt.

6.3.2   Ist das bestellte Produkt mangelhaft, leistet die Galerie Nacherfüllung durch Lieferung eines mangelfreien Produkts. Eine mehrfache Nachlieferung ist zulässig. Ist die Galerie zur Lieferung eines mangelfreien Produkts nicht in der Lage oder schlägt die Nachlieferung auch beim zweiten Mal fehl, kann der Käufer den Kaufpreis angemessen mindern oder vom Vertrag zurücktreten.

6.3.3   Gewährleistungsansprüche des Käufers gegen die Galerie verjähren ein Jahr nach dem gesetzlichen Verjährungsbeginn.

7   Haftungsbeschränkung

7.1   Die Galerie haftet nur für Schäden, die sie selbst oder ihre Erfüllungsgehilfen vorsätzlich oder grob fahrlässig herbeiführen. Bei leicht fahrlässig verursachten Schäden beschränkt sich die Haftung der Galerie auf den Ersatz des vertragstypischen, vorhersehbaren und unmittelbaren Schadens.

7.2   Von den Haftungsbeschränkungen gemäß Ziffer 7.1 ausgenommen sind Schäden aus der Verletzung einer Vertragspflicht, die für die Erreichung des Vertragszwecks von wesentlicher Bedeutung ist (Kardinalpflicht), sowie Schäden aus der Verletzung des Lebens, des Körpers oder der Gesundheit, für die die Galerie auch bei leichter Fahrlässigkeit in vollem Umfang haftet.

7.3   Schadensersatzansprüche des Käufers, die sich aus einer Pflichtverletzung der Galerie oder ihrer Erfüllungsgehilfen ergeben, verjähren ein Jahr nach dem gesetzlichen Verjährungsbeginn. Davon ausgenommen sind Schadensersatzansprüche, die auf einer vorsätzlichen oder grob fahrlässigen Pflichtverletzung beruhen, sowie Schadensersatzansprüche wegen Verletzung des Lebens, des Körpers oder der Gesundheit, auch soweit sie auf einer leicht fahrlässigen Pflichtverletzung der Galerie oder ihrer Erfüllungsgehilfen beruhen; für diese Schadensersatzansprüche gelten die gesetzlichen Verjährungsfristen.

8   Eigentumserwerb, Ausschluss von Nutzungsrechten

Das Eigentum an dem bestellten Produkt geht mit der Lieferung auf den Käufer über, sofern nicht Ziffer 5.4 einem Eigentumserwerb entgegensteht. Der Käufer erwirbt an der fotografischen Reproduktion lediglich das Eigentumsrecht, aber keine urheberrechtlichen Nutzungsrechte. Der Käufer darf die Reproduktion deshalb weder vervielfältigen noch verbreiten. Auch die Ausstellung und öffentliche Zugänglichmachung der Reproduktion ist nicht gestattet.

9 Datenschutzerklärung

Die Galerie erhebt und verwendet die persönlichen Daten des Käufers ausschließlich im Rahmen der Bestimmungen des Datenschutzrechts der Bundesrepublik Deutschland. Die für den Vertragsabschluss erforderlichen Daten werden gespeichert und nur in dem zur Vertragsabwicklung erforderlichen Umfang an Dritte (z.B. Spediteure) weitergegeben.

10 Schlussbestimmungen

10.1 Die Rechtsbeziehungen zwischen der Galerie und dem Käufer unterliegen ausschließlich dem Recht der Bundesrepublik Deutschland. Die Bestimmungen des UN-Kaufrechts finden keine Anwendung.

10.2 Für den Fall, dass es sich bei dem Käufer um einen Kaufmann, eine juristische Person des öffentlichen Rechts oder öffentlich-rechtliches Sondervermögen handelt, wird der Sitz der Galerie als Gerichtsstand vereinbart. Dasselbe gilt für den Fall, dass der Käufer keinen allgemeinen Gerichtsstand in der Bundesrepublik Deutschland hat oder seinen Sitz oder gewöhnlichen Aufenthalt nach Vertragsabschluss ins Ausland verlegt.

10.3 Sollten einzelne Bestimmungen diese Geschäftsbedingungen unwirksam sein oder werden, wird die Wirksamkeit der übrigen Bestimmungen dadurch nicht berührt.

1 *Hier ist der vollständige Name der Galerie einzutragen. Handelt es sich bei der Galerie um eine Gesellschaft, ist auf die exakte Angabe der Rechtsform (z. B. KG, GmbH) zu achten.*

2 *Bei Geschäften mit Verbrauchern reicht es nicht aus, die Käufer in den Allgemeinen Geschäftsbedingungen über ihr Widerrufsrecht zu belehren. Es ist vielmehr darüber hinaus erforderlich, dass den Käufern zusätzlich eine Widerrufsbelehrung in Textform übermittelt wird. Es empfiehlt sich deshalb, den Text der Widerrufsbelehrung – also die komplette Ziffer 3 der Geschäftsbedingungen ohne den einleitenden ersten Satz – auf einen Briefbogen der Galerie zu drucken und ihn deutlich als „Widerrufsbelehrung" zu kennzeichnen. Dabei kann die abschließende Formel („Ende der Widerrufsbelehrung") in dem ausgedruckten Text durch die Formulierung „Ihre (einsetzen: Name der Galerie)" ersetzt werden. Die ausgedruckte Widerrufsbelehrung ist dem Käufer entweder mit der Vertragsbestätigung oder zusammen mit dem bestellten Produkt zu übermitteln*

3 *In die Leerzeile ist der vollständige Name des Widerrufsadressaten (also in der Regel der Name der Galerie) sowie dessen ladungsfähige Anschrift (also nicht die Postfachadresse, sondern die Straßenadresse) einzutragen.*

4 *Bei Fernabsatzverträgen über Produkte, die nach Kundenspezifikationen angefertigt werden oder die auf Grund ihrer Beschaffenheit nicht für eine Rücksendung geeignet sind, besteht gemäß § 312 d Abs. 4 Ziff. 1 BGB kein Widerrufsrecht. Darauf sollte man am Ende der Widerrufsbelehrung hinweisen.*

Wird beispielsweise eine künstlerische Fotografie mit einem Rahmen bestellt, den die Galerie nach den speziellen Wünschen und Vorgaben des Käufers extra anfertigen lässt, kann der Käufer die Rahmenbestellung später nicht einfach widerrufen. Wird dagegen das bestellte Produkt aus vorgefertigten Standardbauteilen zusammengefügt, die sich mit verhältnismäßig geringem Aufwand und ohne Beeinträchtigung ihrer Substanz oder Funktionsfähigkeit wieder trennen lassen, handelt es sich nicht um eine Spezialanfertigung, so dass für den Käufer ein Widerrufsrecht besteht (vgl. BGH NJW 2003, 1665). Wenn daher ein Fotoabzug mit einem zwar vom Käufer ausgewählten, aber bereits vorhandenen Passepartout in einen Rahmen eingesetzt wird, den der Käufer ebenfalls aus dem vorhandenen Sortiment auswählt, besteht für die Galerie ohne weiteres die Möglichkeit, das Kaufobjekt später wieder in seine Einzelteile (Foto, Passepartout, Rahmen) zu zerlegen und die Einzelteile anderweitig zu verwerten. Deshalb handelt es sich bei dem gerahmten Bild nicht um eine das Widerrufsrecht ausschließende Spezialanfertigung.

5   *Da hier wegen der Versandkosten auf eine Kostentabelle verwiesen wird, die auf der Internetseite der Galerie abrufbar sein soll, muss unbedingt sichergestellt werden, dass eine solche Kostentabelle im Internet auch tatsächlich zu finden ist. Anderenfalls läuft die AGB-Regelung ins Leere.*

6   *Diese Regelung ist zwar bereits wortgleich in Ziffer 3 (unter „Widerrufsfolgen") enthalten, doch sind einzelne Gerichte der Auffassung, dass es nicht ausreicht, in der Widerrufsbelehrung auf die Pflicht des Käufers zur Übernahme der Rücksendekosten hinzuweisen. Es sei vielmehr erforderlich, den Verbraucher außerhalb der Widerrufsbelehrung durch eine gesonderte Klausel über seine Kostentragungspflicht zu informieren (so z.B. LG Bochum, Urteil vom 2. Januar 2009, BeckRS 2009, 11127; LG Dortmund, Urteil vom 26. März 2009, BeckRS 2009, 27297). Um diesen strengen Anforderungen zu genügen, wird die Regelung zu den Rücksendekosten in Ziffer 5 Abs. 5 nochmals wiederholt.*

Vermarktung von Fotografien durch Bildagenturen

Viele Fotografien entstehen als Auftragsarbeit. An solchen Bildern erwerben die Auftraggeber meist exklusive (ausschließliche) Nutzungsrechte, so dass sie für eine allgemeine Vermarktung nicht zur Verfügung stehen. Das gilt vor allem für Werbefotos, die auf Bestellung für bestimmte Werbezwecke angefertigt werden und regelmäßig für andere Nutzungen gesperrt sind.

Manche Fotografen produzieren allerdings auf eigene Faust oder sorgen dafür, dass bei Auftragsarbeiten die Nutzungsrechte nach einiger Zeit wieder an sie zurückfallen. Bei solchen Bildern, über die der Fotograf (wieder) frei verfügen kann, bietet die Vermarktung durch eine Bildagentur die Chance, die Nutzungsrechte mehrfach zu verwerten und so den Erlös zu steigern. Zwar kann ein Fotograf die Vermarktung auch selbst übernehmen, doch haben die Bildagenturen oft einen besseren Zugang zum Markt. Sie verfügen in der Regel über vielfältige Kontakte zu Werbeagenturen, Verlagen und anderen Verwertern. Diesen großen Kundenkreis können sie den Fotografen öffnen.

Lässt ein Fotograf seine Arbeiten durch eine Bildagentur vermarkten, erfolgt die Lizenzerteilung über mehrere Stufen. Zunächst müssen der Agentur sämtliche Nutzungsrechte eingeräumt werden, die sie für die umfassende Vermarktung der Bilder benötigt. Anschließend kann dann die Agentur den Verwertern, die ein Bild für ihre Zwecke nutzen wollen, entsprechende Lizenzen erteilen. Es entstehen somit zwei eigenständige Vertragsbeziehungen, nämlich die zwischen dem Fotografen (Bildautor) und der Bildagentur auf der einen Seite und die zwischen der Bildagentur und deren Kunden auf der anderen Seite. Eine direkte vertragliche Verbindung zwischen dem Fotografen und dem Kunden der Agentur kommt nicht zustande.

Im folgenden Kapitel werden zunächst drei Verträge vorgestellt, die das Rechtsverhältnis zwischen den Bildautoren und den Bildagenturen regeln. Im Verhältnis zwischen der Bildagentur und deren Kunden werden meist keine ausführlichen schriftlichen Verträge abgeschlossen, sondern vorformulierte Geschäftsbedingungen verwendet. Das hier abgedruckte Beispiel zeigt, wie solche Geschäftsbedingungen aussehen können.

Vertrag zwischen Bildautor und Bildagentur (Autorenversion)

Der nachfolgende Vertragstext bezweckt die Absicherung der Rechte von Fotografen, die ihre Bilder einer Bildagentur zur Vermarktung überlassen. Er regelt die Vertragsbeziehung zwischen der Agentur und dem Bildautor unter besonderer Berücksichtigung der Interessen des Autors, während das auf Seite 203ff. abgedruckte Vertragsmuster in erster Linie auf die Belange der Bildagenturen abstellt. Ein Vergleich der beiden Verträge verdeutlicht, wo die Interessenunterschiede zwischen den Bildautoren und den Bildagenturen liegen.

Da die meisten Bildagenturen inzwischen nur noch digitale Bilder anbieten und analoges Material kaum noch zur Verwertung annehmen, geht das Vertragsmuster davon aus, dass der Fotograf seine Bilder ausschließlich in digitaler Form zur Verfügung stellt. Sollen der Bildagentur auch analoge Fotografien überlassen werden, ist der Text um einige Klauseln zu ergänzen, die den Umgang mit dem analogen Material und insbesondere die Haftung bei Verlust oder Beschädigung solcher Bilder regeln.

Agenturvertrag

zwischen [1]

....

– im Folgenden „Bildautor" genannt –

und

....

– im Folgenden „Bildagentur" genannt –

§ 1   Vertragsgegenstand

(1)   Der Bildautor ist Urheber der Fotografien, die er der Bildagentur zur Vermarktung anbietet. Zweck des Vertrages ist es, der Bildagentur die erforderlichen Nutzungsrechte zu verschaffen, damit sie ihrerseits Dritten (den Verwertern) einfache Nutzungsrechte einräumen kann.

(2)   Die Regelungen dieses Vertrages sind auf Fotografien, bei denen die urheberrechtlichen Schutzfristen bereits abgelaufen sind, entsprechend anzuwenden.

(3)   Der Vertrag regelt nur die Verwertung der vom Bildautor überlassenen und von der Bildagentur zur Verwertung angenommenen Fotografien. Er begründet für den Bildautor keine Verpflichtung, seine Fotogra-

---

fien der Bildagentur zur Verwertung anzubieten. Umgekehrt wird die Bildagentur nicht verpflichtet, die vom Bildautor angebotenen Fotografien anzunehmen.

(4) „Fotografie" im Sinne dieses Vertrages ist jedes Lichtbildwerk und Lichtbild einschließlich der Erzeugnisse, die ähnlich wie Lichtbildwerke oder Lichtbilder hergestellt werden. Der Begriff erfasst alle Bildererzeugnisse des Bildautors, gleich in welcher Schaffensstufe oder in welcher technischen Form sie vorliegen (z.B. Papierabzüge, Diapositive, Negative, digitale Bilder etc.).

§ 2 Bereitstellung und Auswahl der Fotografien

(1) Die Bildagentur wird innerhalb von zwei Wochen nach Erhalt einer Fotoauswahl entscheiden, welche Fotografien sie zur Verwertung annimmt.

(2) Die Bildagentur erhält mit jeder Fotoauswahl eine Aufstellung der gelieferten Fotografien. Sie ist verpflichtet, diese Aufstellung sofort nach Eingang zu überprüfen und den Bildautor unverzüglich, spätestens zwei Wochen nach Erhalt der Lieferung, auf eventuell fehlende Fotografien schriftlich hinzuweisen. Erfolgt ein solcher Hinweis nicht oder nicht rechtzeitig, bleibt die Agentur später mit dem Einwand ausgeschlossen, die Fotoauswahl sei unvollständig gewesen.

§ 3 Verwertungsrecht

(1) Der Bildautor überträgt der Agentur das Recht, Dritten an den zur Verwertung angenommenen Fotografien ein einfaches Nutzungsrecht einzuräumen. Die Erwerber der Nutzungsrechte (Verwerter) sind von der Bildagentur darauf hinzuweisen, dass sie anderen die Fotografien ohne Zustimmung des Bildautors nicht zur Nutzung überlassen dürfen.

(2) Die Einräumung von ausschließlichen Nutzungsrechten (Exklusivrechten) bedarf der vorherigen Zustimmung des Bildautors. Der Bildautor darf die Erteilung der Zustimmung von der Zahlung einer entsprechend erhöhten Vergütung abhängig machen.

(3) Die Bildagentur hat bei der Archivierung der Fotografien durch geeignete technische Vorkehrungen sicherzustellen, dass der Name des Bildautors mit den Bilddaten elektronisch verknüpft wird und der Bildautor jederzeit als Urheber der Fotografien identifiziert werden kann.

(4) Eine Nutzung der Fotografien ist grundsätzlich nur in der Original-Fassung zulässig. Jede Bearbeitung oder Umgestaltung (z.B. Montage, digitale Verfremdung, Kolorierung) und jede Veränderung bei der Bildwiedergabe (z.B. Veröffentlichung in Ausschnitten) bedarf der vorherigen Zustimmung des Bildautors.

(5) In dem Umfang, in dem die Urheberrechte des Bildautors von der Verwertungsgesellschaft Bild-Kunst wahrgenommen werden, sind sie von der Verwertung durch die Bildagentur ausgeschlossen.

(6) Der Bildautor ist berechtigt, einzelne Fotografien für bestimmte Bereiche zu sperren. Solche Fotografien sind von dem Bildautor entsprechend zu kennzeichnen.

§ 4 Partneragenturen

(1) Das mit diesem Vertrag eingeräumte Verwertungsrecht kann grundsätzlich nur von der Bildagentur selbst wahrgenommen werden. Die Bildagentur ist allerdings berechtigt, die Verwertung der Fotografien mit schriftlicher Zustimmung des Bildautors einer ausländischen Agentur (Partneragentur) zu überlassen.

(2) Die Bildagentur steht dafür ein, dass die Verpflichtungen, die ihr selbst nach diesem Vertrag auferlegt sind, im Falle der Übertragung des Verwertungsrechts auch von der Partneragentur erfüllt werden. Die Partneragentur ist insoweit Erfüllungsgehilfe der Bildagentur.

(3) Soweit die Bildagentur nach diesem Vertrag für das Verhalten Dritter haftet, erstreckt sich diese Haftung auch auf das schuldhafte Verhalten der Partneragentur und ihrer Kunden.

§ 5 Wahrung des Rechts am eigenen Bild

(1) Sofern abgebildete Personen ihre Einwilligung zur Verwertung der Bildnisse einschließlich der Verwertung für werbliche Zwecke erteilt haben, werden die Fotografien vom Bildautor entsprechend gekennzeichnet.

(2) Fotografien, auf denen diese Kennzeichnung fehlt, dürfen von der Bildagentur nur mit der Auflage weitergegeben werden, dass der Verwerter in eigener Verantwortung zu prüfen hat, ob durch die vorgesehene Veröffentlichung und Verbreitung das Recht am eigenen Bild beeinträchtigt wird. Eine Haftung des Bildautors für Nutzungen, die trotz der vom Verwerter vorzunehmenden rechtlichen Überprüfung zu einer Verletzung des Rechts am eigenen Bild führen, wird ausgeschlossen.

(3) Auch bei vorliegender Einwilligung des Abgebildeten ist eine Verwertung ausgeschlossen, durch die ein berechtigtes Interesse der abgebildeten Person verletzt wird.

§ 6 Pflichten der Bildagentur

(1) Die Bildagentur hat den Bildautor über jede Verwertung seiner Fotografien in Printmedien durch kostenfreie Übersendung eines vollständigen Belegexemplars mit Kennzeichnung der Fundstelle zu informieren. Bei Veröffentlichung der Fotografien in einem Periodikum sind dem Bildautor zwei Belegexemplare zur Verfügung zu stellen, wobei mindestens ein Belegexemplar vollständig sein muss. Die Übersendung der Belegexemplare kann zusammen mit der Abrechnung erfolgen.

(2) Die Bildagentur wird die Verwerter dazu verpflichten, den Bildautor bei jeder Veröffentlichung als Urheber zu benennen. Die Urheberbenennung muss beim Bild erfolgen.

(3) Die Bildagentur verpflichtet sich, bei einer Überschreitung der eingeräumten Nutzungsbefugnisse und bei fehlender Urheberbenennung gegen den betreffenden Verwerter vorzugehen und Schadensersatzansprüche geltend zu machen.

§ 7 Beteiligung an den Erträgen

(1) Jede Nutzung der Fotografien ist vergütungspflichtig. Das gilt auch bei Verwendung einer Fotografie als Vorlage zum Abzeichnen, Nachfotografieren, Verwendung für Layoutzwecke und Kundenpräsentation. Eine vergütungsfreie Verwendung für die Eigenwerbung der Bildagentur bedarf der vorherigen Zustimmung des Bildautors.

(2) Die Vergütung muss mit den Verwertern vor jeder Nutzung der Fotografien vereinbart werden. Es sind mindestens die Bildhonorare als Vergütung zu zahlen, die sich aus der jeweils aktuellen Marktübersicht der Mittelstandsgemeinschaft Foto-Marketing (MFM) im Bundesverband der Pressebild-Agenturen und Bildarchive e.V. (BVPA) ergeben. [2] Vereinbart die Bildagentur mit den Verwertern eine geringere als diese Mindestvergütung, so haftet sie dem Bildautor für die daraus resultierenden Ertragseinbußen.

10

(3) Die von der Bildagentur erzielten Erträge werden mit dem Bildautor im Verhältnis 50 : 50 geteilt. Auch an den Erträgen von Partneragenturen ist der Bildautor mit 50 % zu beteiligen, sofern die Bildagentur direkt oder indirekt an der Partneragentur oder die Partneragentur an der Bildagentur beteiligt ist. Besteht eine solche Beteiligung nicht, so erhält der Bildautor 30 % der Erträge der Partneragentur. [3]

(4) Erträge im Sinne dieses Vertrages sind:

(a) die von den Verwertern gezahlten Vergütungen;

(b) die Vergütungen, die an Partneragenturen der Bildagentur gezahlt werden;

(c) die Schadensersatzzahlungen, die Verwerter oder sonstige Dritte an die Bildagentur oder an Partneragenturen wegen einer Urheberrechtsverletzung leisten.

(5) Als Ertrag zu berücksichtigen sind nur Nettoerlöse (= Bruttoerlöse abzüglich Mehrwertsteuer). Bei Erlösen, die mit anwaltlicher Hilfe und / oder auf gerichtlichem Wege beigetrieben werden, gilt als Ertrag nur das, was der Bildagentur oder der Partneragentur nach Abzug der vom Schuldner nicht erstatteten Anwalts- und Gerichtskosten verbleibt.

(6) Soweit die an den Bildautor zu zahlenden Ertragsanteile mehrwertsteuerpflichtig sind, erhält er die gesetzliche Mehrwertsteuer zusätzlich vergütet.

§ 8 Abrechnung

(1) Die Abrechnung und Zahlung der Ertragsanteile ist vierteljährlich fällig, spätestens bis zum 20.1., 20.4, 20.7. und 20.10. eines jeden Jahres für das vorangegangene Quartal. [4]

(2) Die Abrechnung muss eine Aufstellung der verwerteten Fotografien und der von der Bildagentur und/ oder Partneragentur erzielten Erträge enthalten. Außerdem muss die Abrechnung diejenigen Angaben enthalten, die für eine Vergleichsberechnung auf der Basis der MFM-Marktübersicht (§ 7 Absatz 2) erforderlich sind.

(3) Die Bildagentur ist verpflichtet, einem vom Bildautor beauftragten, zur Berufsverschwiegenheit verpflichteten Dritten (Rechtsanwalt, Wirtschaftsprüfer, Steuerberater oder vereidigter Buchsachverständiger) zur Überprüfung der Abrechnungen Einsicht in die Bücher und Unterlagen zu gewähren. Die hierdurch anfallenden Kosten trägt die Bildagentur, wenn sich die Abrechnungen als fehlerhaft erweisen

§ 9 Vertragsdauer

(1) Dieser Vertrag läuft auf unbestimmte Zeit. Beide Parteien können den Vertrag mit einer Frist von sechs Monaten zum Jahresende kündigen. [5] Die Kündigung hat mit eingeschriebenem Brief zu erfolgen. Sie kann auf einen Teil der zur Verwertung überlassenen Fotografien beschränkt werden. Für die Teilkündigung gelten die nachstehenden Regelungen entsprechend.

(2) Die von der Kündigung erfassten Fotografien des Bildautors sind bei Beendigung des Vertrages sowohl bei der Bildagentur als auch bei den Partneragenturen vollständig aus allen Online- und Offline-Archiven sowie aus allen Werbemedien der Agenturen zu entfernen.

§ 10 Schlussbestimmungen

(1) Änderungen und Ergänzungen des Vertrages sowie die Änderung oder Aufhebung dieser Schriftformklausel sind nur wirksam, wenn sie schriftlich vereinbart werden, es sei denn, sie beruhen auf einer ausdrücklichen oder individuellen Vertragsabrede.

(2)   Es gilt das Recht der Bundesrepublik Deutschland.

(3)   Für den Fall, dass eine der Vertragsparteien keinen allgemeinen Gerichtsstand in der Bundesrepublik Deutschland hat oder die im Klagewege in Anspruch zu nehmende Partei nach Vertragsschluss ihren Wohnsitz oder gewöhnlichen Aufenthaltsort aus dem Geltungsbereich der deutschen Zivilprozessordnung verlegt, wird als Gerichtsstand der Wohnsitz des Bildautors vereinbart.

Ort, Datum

....

(Bildautor)   (Bildagentur)

1   *Hier sind die vollständigen Namen und Anschriften des Bildautors und der Bildagentur anzugeben. Handelt es sich bei der Bildagentur um eine Gesellschaft, muss auf die exakte Angabe der Rechtsform (z. B. GmbH, AG) sowie darauf geachtet werden, dass der Vertrag vom Geschäftsführer/Vorstand der Gesellschaft oder von einer entsprechend bevollmächtigten Person unterschrieben wird.*

2   *Die MFM-Marktübersicht gibt einen Überblick über die üblichen Vergütungen für Bildnutzungsrechte. Sie wird jedes Jahr von den in der MFM vertretenen Bildagenturen und Fotografen aktualisiert. Sie kann bezogen werden über den Bundesverband der Pressebild-Agenturen und Bildarchive e.V. (BVPA), Sächsische Straße 63, 10707 Berlin.*

3   *Wird eine andere Verteilung der Erträge gewünscht, sind die Verteilerschlüssel bzw. die Prozentangaben in § 7 Abs. 3 entsprechend zu ändern.*

4   *Wenn die Abrechnungen und Zahlungen nicht zum Ende eines Quartals, sondern in kürzeren oder längeren Zeiträumen erfolgen sollen, ist der Vertrag an dieser Stelle entsprechend zu ändern.*

5   *Soll eine kürzere oder eine längere Kündigungsfrist gelten, ist § 9 Abs. 1 entsprechend zu ändern.*

Vertrag zwischen Bildautor und Bildagentur (Agenturversion)

Der nachfolgende Agenturvertrag bezweckt die Absicherung der Rechte von Bildagenturen, die Arbeiten eines Fotografen zum Zwecke der Vermarktung übernehmen. Er regelt die Vertragsbeziehung zwischen der Bildagentur und dem Fotografen unter besonderer Berücksichtigung der Interessen der Agentur. Dadurch unterscheidet er sich von dem auf Seite 197 ff. abgedruckten Vertragsmuster, das in erster Linie auf die Belange der Fotografen abstellt. Der Vergleich des hier vorgestellten Vertragstextes (Agenturversion) mit dem Vertragstext auf Seite 197 ff. (Autorenversion) verdeutlicht, wo die Interessenunterschiede zwischen den Fotografen und den Bildagenturen liegen.

Das Vertragsmuster besteht aus zwei Teilen. Der erste Teil mit der Überschrift „Agenturvertrag", der auf der Vorderseite eines DIN A4-Bogens platziert wird, ist wie ein normaler Vertrag konzipiert. Hier sind die üblichen Vertragsdaten, die konkreten Vereinbarungen zur Namensnennung, zur Mehrwertsteuerpflicht etc. sowie eventuelle Sondervereinbarungen zu notieren und die Unterschriften zu leisten. Der zweite Teil, der auf der Rückseite des DIN A4-Bogens abgedruckt wird, hat die Form von Allgemeinen Geschäftsbedingungen (AGB). Hier muss nichts mehr ausgefüllt oder unterschrieben werden. Verknüpft werden die beiden Vertragsteile dadurch, dass der Text auf der Vorderseite im ersten Absatz auf die „umseitig abgedruckten Vertragsbedingungen" verweist.

Die Agenturversion geht ebenso wie die Autorenversion auf Seite 197 ff. davon aus, dass der Fotograf seine Aufnahmen ausschließlich in digitaler Form zur Verfügung stellt und die Bildagentur nur digitale Bilder an ihre Kunden liefert. Sollen der Agentur auch analoge Fotografien zur Verwertung überlassen werden, ist der Vertragstext um einige Klauseln zu erweitern, denn dann bedarf der Umgang mit dem analogen Bildmaterial und insbesondere die Haftung bei Verlust oder Beschädigung einzelner Bilder einer gesonderten vertraglichen Regelung.

Agenturvertrag

zwischen [1]

....

– im Folgenden „Bildagentur" genannt –

und

....

– im Folgenden „Bildautor" genannt –

Zweck des Vertrages ist die Vermarktung der Bilder, die der Bildautor der Bildagentur zur Verfügung stellt. Die beiderseitigen Rechte und Pflichten ergeben sich im einzelnen aus den umseitig abgedruckten Vertragsbedingungen, die Bestandteil dieses Vertrages sind und deren Geltung beide Parteien mit ihrer Unterschrift anerkennen. Bei einer Veröffentlichung der Bilder soll als Name des Bildautors angegeben werden: [2]

....

Der Bildautor ist ☐ mehrwertsteuerpflichtig. ☐ nicht mehrwertsteuerpflichtig.

Die Ertragsanteile des Bildautors (5.1. der Vertragsbedingungen) sollen auf folgendes Konto gezahlt werden:

Bank: ....

Kto.-Nr.: .... BLZ: ....

Kto.-Inhaber: ....

Der Bildautor hat mit der Verwertungsgesellschaft Bild-Kunst [3]

☐ einen Wahrnehmungsvertrag abgeschlossen. ☐ keinen Wahrnehmungsvertrag abgeschlossen.

Zwischen der Bildagentur und dem Bildautor werden

☐ keine Sondervereinbarungen getroffen.

☐ folgende Sondervereinbarungen getroffen, die vorrangig gelten, soweit sie von den umseitig abgedruckten Vertragsbedingungen abweichen: [4]

....

Ort, Datum

....
(Bildagentur)   (Bildautor)

Vertragsbedingungen

1 Rechtsübertragung

1.1 Die Bildagentur übernimmt die Vermarktung des eingebrachten Bildmaterials im eigenen Namen und für eigene Rechnung. Der Bildautor überträgt der Bildagentur zu diesem Zweck sämtliche Nutzungsrechte, die ihm selbst an dem Bildmaterial zustehen.

1.2 Die Bildagentur darf das Bildmaterial im In- und Ausland unter Ausschluss aller Personen einschließlich des Bildautors selbst verwenden. Sie ist berechtigt, Dritten einfache oder ausschließliche Nutzungsrechte in beschränktem oder unbeschränktem Umfang einzuräumen sowie Nutzungsrechte ganz oder teilweise auf andere Bildagenturen (Partneragenturen) zum Zwecke der Vermarktung zu übertragen. Ihr steht das Bildmaterial außerdem kostenlos für die Eigenwerbung zur Verfügung.

1.3 Die Übertragung der Nutzungsrechte erstreckt sich auf alle derzeit bekannten Nutzungsarten und umfasst insbesondere die Digitalisierung, Vervielfältigung, Verbreitung, Ausstellung, Vorführung, Sendung und öffentliche Wiedergabe durch Bildträger. Das Bildmaterial darf sowohl digital als auch analog in allen dafür geeigneten Medien (einschließlich Multimedia-Anwendungen und Internet) genutzt und in Datenbanken, auch soweit sie online zugänglich sind, gespeichert werden.

2 Eingebrachtes Bildmaterial

2.1 Über das Bildmaterial, das der Bildautor der Bildagentur zur Vermarktung überlässt, wird eine Inventarliste erstellt. In dieser Liste sind die eingebrachten Bilder einzeln aufzuführen. Die Inventarliste ist von den Vertragsparteien zu unterzeichnen. Sie stellt den Bestand des eingebrachten Bildmaterials für beide Teile verbindlich fest.

2.2 Bei einer Änderung des Bildbestandes ist entweder eine neue, von beiden Parteien unterzeichnete Inventarliste zu erstellen oder es ist die Bestandsänderung von einer Partei durch eingeschriebenen Brief anzuzeigen. Wenn der andere Teil der Änderungsanzeige nicht innerhalb von zwei Wochen ab Zugang schriftlich widerspricht, wird der Inhalt der Anzeige für beide Parteien verbindlich.

3 Zusicherungen des Bildautors

3.1 Der Bildautor versichert, dass er alleiniger Urheber des eingebrachten Bildmaterials ist, dass er über die Bilder und die daran bestehenden Nutzungsrechte frei verfügen darf und dass sie frei sind von Rechten Dritter.

3.2 Der Bildautor steht dafür ein, dass abgebildete Personen oder die Inhaber der Rechte an abgebildeten Werken der bildenden oder angewandten Kunst die Einwilligung zu einer Bildveröffentlichung (einschließlich der Verwertung für werbliche Zwecke) in nachweisbarer Form erteilt haben. Bilder von Personen oder Werken, für die eine solche Einwilligung nicht oder nur in beschränktem Umfang vorliegt, sind vom Bildautor in deutlicher Form entsprechend zu kennzeichnen. Der Bildautor haftet für sämtliche Schäden, die der Bildagentur aus einer fehlenden oder unzureichenden Kennzeichnung entstehen.

4 Verwertung des Bildmaterials

4.1 Die Entscheidung darüber, zu welchen Bedingungen das Bildmaterial an Dritte weitergegeben wird, trifft ausschließlich die Bildagentur. Die Bildagentur ist nicht verpflichtet, die Vermarktung des eingebrachten Bildmaterials durch Werbung oder sonstige Maßnahmen zu fördern.

4.2 Die Nutzung des Bildmaterials soll grundsätzlich nur in der Originalfassung erfolgen. Der Bildautor erklärt sich jedoch damit einverstanden, dass die Bildagentur in Einzelfällen nach eigenem Ermessen eine Bearbeitung oder Umgestaltung (z.B. Montage, digitale Verfremdung, Kolorierung) gestattet.

4.3 Der Bildautor verpflichtet sich, ähnliche Motive (z. B. Zweitbelichtungen, Varianten) nicht an andere Bildagenturen zu geben. Soweit eine Weitergabe vor Abschluss dieses Vertrages bereits erfolgt ist oder der Bildautor die bei ihm verbliebenen ähnlichen Motive selbst verwertet, ist er verpflichtet, diese Motive bei einem Verkauf der ausschließlichen Nutzungsrechte (Exklusivrechte) durch die Bildagentur für den entsprechenden Zeitraum und/oder den jeweiligen Medienbereich zu sperren und von einer eigenen Verwertung abzusehen.

4.4 Die Bildagentur wird den Verwertern aufgeben, bei jeder Veröffentlichung den Namen des Bildautors zu nennen. Der Bildautor erklärt sich damit einverstanden, dass die Bildveröffentlichung zusätzlich mit einem Hinweis auf die Bildagentur versehen wird. Die Bildagentur ist berechtigt, einem Verwerter im Einzelfall eine Bildveröffentlichung ohne Urheberbezeichnung zu gestatten.

5 Honorar

5.1 Die von der Bildagentur erzielten Erträge aus der Verwertung des Bildmaterials werden zwischen Bildagentur und Bildautor im Verhältnis 50:50 geteilt. [5]

5.2 Erträge im Sinne dieses Vertrages sind:

(a) die von den Verwertern gezahlten Vergütungen;

(b) die Vergütungen, die bei einer Verwertung des Bildmaterials durch Partneragenturen an die Bildagentur gezahlt werden;

(c) die Schadensersatzzahlungen, die Dritte wegen Urheberrechtsverletzung an die Bildagentur leisten.

5.3 Als Ertrag zu berücksichtigen sind nur die Nettoerlöse (= Bruttoerlöse abzüglich Mehrwertsteuer). Bei Erlösen, die mit anwaltlicher Hilfe und/oder auf gerichtlichem Wege beigetrieben werden, gilt als Ertrag nur das, was der Bildagentur nach Abzug der vom Schuldner nicht erstatteten Anwalts- und Gerichtskosten verbleibt.

5.4 Soweit die an den Bildautor zu zahlenden Ertragsanteile mehrwertsteuerpflichtig sind, erhält er die gesetzliche Mehrwertsteuer zusätzlich vergütet.

6 Abrechnung

6.1 Die Abrechnung und Zahlung der Ertragsanteile erfolgt vierteljährlich, jedoch erstmalig ein halbes Jahr nach Abschluss des Vertrages. [6] Belegexemplare werden mitgeliefert, soweit sie der Bildagentur zur Verfügung stehen.

6.2 Zur Überprüfung der Abrechnung kann ein vom Bildautor beauftragter, zur Berufsverschwiegenheit verpflichteter Dritter (Rechtsanwalt, Wirtschaftsprüfer, Steuerberater, vereidigter Buchprüfer) in die Bücher und die Unterlagen der Bildagentur Einsicht nehmen.

7 Haftung

Die Bildagentur haftet nur für Schäden, die sie selbst oder ihre Erfüllungsgehilfen vorsätzlich oder grob fahrlässig herbeiführen. Davon ausgenommen sind Schäden aus der Verletzung einer Vertragspflicht, die für die Erreichung des Vertragszwecks von wesentlicher Bedeutung ist (Kardinalpflicht), sowie Schäden aus der Verletzung des Lebens, des Körpers oder der Gesundheit, für die die Bildagentur auch bei leichter Fahrlässigkeit haftet.

8 Vertragsbeendigung

Dieser Vertrag läuft auf unbestimmte Zeit, mindestens jedoch für zwei Jahre, und kann dann mit einer Frist von sechs Monaten zum Jahresende gekündigt werden. [7]

9.1 Erfüllungsort und Gerichtsstand für alle Ansprüche aus diesem Vertrag ist der Sitz der Bildagentur, sofern der Bildautor Vollkaufmann ist oder im Inland keinen allgemeinen Gerichtsstand hat.

9.2 Die Rechtsbeziehungen zwischen Bildautor und Bildagentur unterliegen ausschließlich dem Recht der Bundesrepublik Deutschland.

9.3 Sollten eine oder mehrere der vorstehenden Bestimmungen unwirksam sein oder werden, wird die Gültigkeit der übrigen Regelungen hiervon nicht berührt.

1 *Hier sind die Namen und Anschriften der Vertragsparteien vollständig einzutragen. Handelt es sich bei der Bildagentur um eine Gesellschaft, muss auf die exakte Angabe der Rechtsform (z. B. GmbH, AG) sowie darauf geachtet werden, dass der Vertrag vom Geschäftsführer/Vorstand der Gesellschaft oder einer entsprechend bevollmächtigten Person unterschrieben wird.*

2 *In die Leerzeile ist einzutragen, wie der Fotograf bei einer Veröffentlichung seiner Bilder benannt werden will. Hier kann der Familienname, aber auch ein Künstlername (Pseudonym) des Fotografen angegeben werden. Wenn der Fotograf wünscht, dass bei jeder Veröffentlichung ein vollständiger Copyright-Vermerk entsprechend dem Muster auf Seite 107 abgedruckt wird, empfiehlt es sich, den genauen Wortlaut des gewünschten Vermerks anzugeben.*

3 *Für die Bildagentur ist es wichtig zu wissen, ob der Bildautor der VG Bild-Kunst angehört. Besteht eine Mitgliedschaft in der Verwertungsgesellschaft, so ist davon auszugehen, dass der Bildautor über die Rechte, die Gegenstand des Wahrnehmungsvertrages sind, nicht mehr verfügen kann. Diese Rechte können deshalb auch nicht Gegenstand des Agenturvertrages sein.*

4 *Sondervereinbarungen, die von den allgemeinen Vertragsbedingungen abweichen oder über sie hinausgehen, sollten in dem Agenturvertrag schriftlich festgehalten werden. Anderenfalls besteht die Gefahr, dass es später zu Meinungsverschiedenheiten über die Vertragsgrundlagen kommt.*

5 *Wird eine andere Verteilung der Erträge gewünscht, ist der Verteilerschlüssel entsprechend zu ändern.*

6 Wenn die Abrechnung und Zahlung der Ertragsanteile nicht vierteljährlich bzw. nicht erstmalig ein halbes Jahr nach Abschluss des Vertrages, sondern in kürzeren oder längeren Zeiträumen erfolgen soll, sind die Vertragsbedingungen an dieser Stelle entsprechend zu ändern.

7 Soll die Mindestlaufzeit von zwei Jahren verkürzt werden oder eine andere Kündigungsfrist gelten, ist Ziffer 8 der Vertragsbedingungen entsprechend zu ändern.

• • • • • • • • • • • • • • • **Bildkaufvertrag mit allen Nutzungsrechten (Royalty-Free-Lizenz)**

Eine Reihe von Bildagenturen bietet inzwischen Royalty-Free-Bilder an. Das sind Fotografien, die den Agenturkunden ohne jede Nutzungsbeschränkung überlassen werden und für die sie nur einmal eine Lizenzgebühr zu bezahlen brauchen. Da Royalty-Free-Bilder für alle denkbaren Verwendungszwecke beliebig oft und unbefristet zur Verfügung stehen, bezeichnet man sie auch (juristisch nicht ganz korrekt) als „lizenzfrei".

Fotografen werden in der Regel daran interessiert sein, Bildlizenzen mehrfach und jeweils nur in begrenztem Umfang zu erteilen, weil sie damit meist mehr Geld verdienen können als mit dem einmaligen Verkauf sämtlicher Bildrechte gegen ein Pauschalhonorar. Es gibt aber auch Fotografen, denen der sichere Verdienst, den sie mit einer Royalty-Free-Lizenz erzielen können, lieber ist als die unsichere Aussicht, mit beschränkten Bildlizenzen möglicherweise mehr Geld verdienen zu können. Außerdem ist die Qualität mancher Fotos nicht so gut, dass bei einer Vermarktung über eine Bildagentur mit wiederholten Lizenzanfragen und einer mehrfachen Lizenzierung zu rechnen ist. In solchen Fällen kann es durchaus sinnvoll sein, das Bildmaterial mit allen Rechten an eine Agentur abzugeben, die den Royalty-Free-Markt bedient. Das hier vorgestellte Vertragsmuster regelt die Rechtsbeziehungen zwischen dem Fotografen („Verkäufer"), der seine Bilder mit allen Rechten verkaufen will, und der Bildagentur („Käufer"), die das Material anschließend ebenfalls mit allen Rechten und gegen Zahlung eines einmaligen Lizenzhonorars an ihre Kunden weitergeben möchte. Die vorgeschlagenen Regelungen berücksichtigen in besonderem Maße die Interessen der Agentur.

Das Vertragsmuster besteht aus zwei Teilen. Der erste Teil mit der Überschrift „Bildkaufvertrag", der auf der Vorderseite eines DIN A4-Bogens platziert wird, ist wie ein normaler Vertrag konzipiert. Hier sind die üblichen Vertragsdaten, die konkreten Vereinbarungen zur Namensnennung, zur Mehrwertsteuerpflicht etc. sowie eventuelle Sondervereinbarungen zu notieren und die Unterschriften zu leisten. Der zweite Teil mit der Überschrift „Vertragsbedingungen" sollte möglichst auf der Rückseite des DIN A4-Bogens abgedruckt werden; hier ist nichts mehr auszufüllen oder zu unterschreiben. Verknüpft werden die beiden Vertragsteile dadurch, dass der Text auf der Vorderseite im ersten Absatz auf die „umseitig abgedruckten Vertragsbedingungen" verweist.

Bildkaufvertrag

zwischen [1]

....

– nachstehend „Käufer" genannt –

und

....

– nachstehend „Verkäufer" genannt –

Der Verkäufer verkauft die Bilder, die in der beigefügten, von beiden Parteien unterzeichneten Bildliste [2] aufgeführt sind, mit allen übertragbaren Rechten an den Käufer. Die beiderseitigen Rechte und Pflichten ergeben sich
im Einzelnen aus den umseitig abgedruckten [3] Vertragsbedingungen, die Bestandteil dieses Bildkaufvertrages
sind und deren Geltung beide Parteien mit ihrer Unterschrift anerkennen.

Der Kaufpreis für die Bilder und Bildrechte (Punkt 5 der Vertragsbedingungen) beträgt .... €. [4]
Er ist auf folgendes Konto zu überweisen:

Bank: .... Kto.-Nr.: .... BLZ: ....

Kto.-Inhaber: ....

Der Verkäufer hat mit der Verwertungsgesellschaft Bild-Kunst [5]

☐ einen Wahrnehmungsvertrag abgeschlossen.

☐ keinen Wahrnehmungsvertrag abgeschlossen.

Zwischen dem Käufer und dem Verkäufer werden

☐ keine Sondervereinbarungen getroffen.

☐ folgende Sondervereinbarungen getroffen, die vorrangig gelten, soweit sie von den umseitig abgedruckten
Vertragsbedingungen abweichen: [6]

....

Ort, Datum

....
(Käufer)   (Verkäufer)

Vertragsbedingungen

1 Gegenstand und Zweck des Vertrages

1.1 Gegenstand des Vertrages sind die in der beigefügte Bildliste aufgeführten Bilder sowie alle übertragbaren Rechte, die an diesen Bildern bestehen. Der Verkäufer ist Urheber der Bilder und alleiniger Inhaber der Rechte, die durch den Vertrag auf den Käufer übertragen werden.

1.2 Der Käufer erwirbt die Bilder zur freien Verfügung. Zweck des Erwerbs ist die umfassende Vermarktung des Bildmaterials, insbesondere die Weiterübertragung aller Nutzungsrechte auf Dritte. Der Käufer ist zur Verwertung der Bilder berechtigt, aber nicht verpflichtet.

2 Rechtsübertragung

2.1 Der Verkäufer verkauft die in der Bildliste aufgeführten Bilder an den Käufer. Dem Käufer sind bei Abschluss des Vertrages die Originale der Bilder zu übergeben, soweit nicht in der Bildliste ausdrücklich vermerkt ist, dass der Käufer die Bilder als Duplikat, als Reproduktion oder in digitaler Form auf einem Datenträger erhält. Mit der Übergabe erwirbt der Käufer das Eigentum an dem Bildmaterial.

2.2 Der Verkäufer räumt dem Käufer sämtliche urheberrechtlichen Nutzungsrechte an den Bildern ein, soweit diese Rechte nicht bereits durch einen Wahrnehmungsvertrag in üblichem Umfang auf die Verwertungsgesellschaft Bild-Kunst übertragen sind. Die Nutzungsrechte werden dem Käufer als ausschließliche Rechte ohne jede räumliche, zeitliche oder inhaltliche Beschränkung überlassen.

Die Einräumung der Nutzungsrechte erstreckt sich auf alle derzeit bekannten Nutzungsarten und umfasst insbesondere die Digitalisierung, Vervielfältigung, Verbreitung, Ausstellung, Vorführung, öffentliche Zugänglichmachung, Sendung und öffentliche Wiedergabe durch Bildträger. Die Bilder dürfen sowohl digital als auch analog in allen dafür geeigneten Medien (einschließlich Multimedia-Anwendungen und Internet) genutzt und in Datenbanken, auch soweit sie online zugänglich sind, gespeichert werden.

Die Nutzung ist für alle in Betracht kommenden Zwecke, insbesondere auch werbliche Zwecke, weltweit und ohne jede Beschränkung hinsichtlich der Nutzungsdauer, der Nutzungsfrequenz und des Nutzungsumfangs (Auflagenhöhe, Bildformat etc.) zulässig.

2.3 Der Käufer ist berechtigt, die Bilder zu bearbeiten und umzugestalten. Er darf die bearbeiteten oder umgestalteten Bilder veröffentlichen und verwerten. Auch die Nutzung der Bilder in Teilen (Ausschnittverwertung, Fotocomposing etc.) ist zulässig.

2.4 Der Käufer kann die Nutzungsrechte an den Bildern vollständig oder teilweise auf Dritte übertragen. Als Inhaber der ausschließlichen Nutzungsrechte ist er außerdem berechtigt, Dritten einfache Nutzungsrechte an den Bildern einzuräumen. Mit den Nutzungsrechten darf der Käufer zugleich die Rechte einräumen und übertragen, die ihm gemäß Ziffer 2.3 der Vertragsbedingungen zustehen.

2.5 Sämtliche Bilder dürfen sowohl vom Käufer als auch von Dritten, denen der Käufer Nutzungsrechte einräumt oder überträgt, ohne Urheberbezeichnung veröffentlicht und verwertet werden.

2.6 Der Verkäufer verzichtet für die Dauer von fünf Jahren ab Vertragsabschluß auf die Ausübung der Rückrufrechte (§ 41 UrhG). Für den Fall, dass die Bilder in eine Sammlung aufgenommen werden, verzichtet er außerdem ohne zeitliche Beschränkung auf jede anderweitige Vervielfältigung und Verbreitung nach Ablauf der Jahresfrist (§ 38 Abs. 1 Satz 2 UrhG).

3 Zusicherungen und Haftung des Käufers

3.1 Der Verkäufer versichert, dass er Eigentümer und alleiniger Urheber des Bildmaterials ist, dass er über die Bilder und die daran bestehenden Nutzungsrechte frei verfügen kann und dass die Bilder frei sind von Rechten Dritter.

3.2 Der Verkäufer gewährleistet, dass das Bildmaterial frei von Sachmängeln an den Käufer übergeben wird. Er steht außerdem dafür ein, dass abgebildete Personen oder Inhaber der Rechte an abgebildeten Werken der bildenden und angewandten Kunst die Einwilligung zu einer Bildveröffentlichung ohne jede räumliche, zeitliche oder inhaltliche Beschränkung und insbesondere auch für werbliche Zwecke in nachweisbarer Form erteilt haben. Soweit ihm die Einwilligungserklärungen der abgebildeten Personen und/oder der sonstigen Rechtsinhaber in schriftlicher Form vorliegen, ist er verpflichtet, diese Urkunden im Original zusammen mit dem Bildmaterial an den Käufer auszuhändigen und dabei die Zuordnung der Einwilligungserklärungen zu den einzelnen Bildern kenntlich zu machen.

3.3 Der Verkäufer haftet für sämtliche Schäden, die dem Käufer durch Sachmängel und/oder dadurch entstehen, dass Rechte Dritter eine Verwertung der Bilder ausschließen oder beschränken. Sollte die Veröffentlichung, Verbreitung oder sonstige Verwertung der Bilder die Rechte Dritter verletzen, hat der Verkäufer den Käufer von allen Ansprüchen freizustellen, die wegen der Rechtsverletzung gegen ihn geltend gemacht werden.

3.4 Der Verkäufer ist verpflichtet, dem Käufer alle Auskünfte zu erteilen, die zur Feststellung und Klärung der Rechte Dritte erforderlich sind. Sollten Ansprüche Dritter wegen der Verwertung der Bilder gegen den Käufer oder einen Erwerber der Bildrechte geltend gemacht werden, ist der Verkäufer verpflichtet, die Abwehr dieser Ansprüche nach besten Kräften zu unterstützen.

4 Exklusivität

Der Verkäufer wird Bilder, die den verkauften Bildern ähnlich sind (z.B. Zweitbelichtungen, Varianten desselben Motivs) nicht an andere Verwerter weitergeben und auch selbst nicht mehr veröffentlichen oder verbreiten. Hat der Verkäufer solche Bilder bereits vor Abschluss dieses Vertrages an Dritte zur Verwertung weitergegeben, ist er verpflichtet, die Bilder zurückzurufen oder für eine weitere Verwertung zu sperren, soweit ihm dies rechtlich möglich ist.

5 Kaufpreis

5.1 Für das Bildmaterial und die Übertragung der damit verbundenen Rechte erhält der Verkäufer den vereinbarten Kaufpreis. Mit der Zahlung des Kaufpreises sind die Lieferungen und Leistungen des Verkäufers ungeachtet der weiteren Verwertung der Bilder durch den Käufer und dessen Abnehmer vollständig abgegolten.

5.2 Der Kaufpreis ist nach Übergabe aller Bilder fällig. Soweit der an den Verkäufer zu zahlende Kaufpreis mehrwertsteuerpflichtig ist, kommt zu dem Kaufpreis noch die gesetzliche Mehrwertsteuer hinzu.

6 Schlussbestimmungen

6.1 Erfüllungsort und Gerichtsstand für alle Ansprüche aus diesem Vertrag ist der Sitz des Käufers, sofern der Verkäufer Vollkaufmann ist oder im Inland keinen allgemeinen Gerichtsstand hat.

6.2 Die Rechtsbeziehungen zwischen Käufer und Verkäufer unterliegen ausschließlich dem Recht der Bundesrepublik Deutschland.

6.3 Änderungen und Ergänzungen des Vertrages sowie die Änderung oder Aufhebung dieser Schriftformklausel sind nur wirksam, wenn sie schriftlich vereinbart werden, es sei denn, sie beruhen auf einer ausdrücklichen oder individuellen Vertragsabrede.

6.4 Die Unwirksamkeit einer Bestimmung dieses Vertrages berührt seine Gültigkeit im übrigen nicht.

1 *Hier sind die Namen und Anschriften der Vertragsparteien vollständig einzutragen. Handelt es sich bei dem Käufer um eine Gesellschaft, muss auf die exakte Angabe der Rechtsform (z. B. GmbH, AG) sowie darauf geachtet werden, dass der Vertrag vom Geschäftsführer/Vorstand der Gesellschaft oder einer entsprechend bevollmächtigten Person unterschrieben wird.*

2 *Dem Vertrag ist eine Bildliste mit allen Fotografien beizufügen, die Gegenstand des Bildkaufvertrages sind. Es empfiehlt sich, die Fotografien in der Liste fortlaufend zu nummerieren und sie dort entweder in verkleinerter Form abzubilden oder aber das jeweilige Motiv kurz zu beschreiben. Außerdem sollten der Titel, bei analogen Aufnahmen das Bildformat und bei digitalen Aufnahmen die Auflösung sowie das Dateiformat angegeben werden. Um späteren Streit über die Authentizität der Bildliste zu vermeiden, sollte sie von beiden Parteien abgezeichnet werden.*

3 *Wenn die Vertragsbedingungen nicht auf der Rückseite abgedruckt, sondern dem Bildkaufvertrag als gesonderte Anlage beigefügt werden, ist der Text entsprechend zu ändern („...aus den als Anlage beigefügten Vertragsbedingungen...").*

4 *Hier ist der vereinbarte Kaufpreis für die Bilder einzusetzen. Bei der Bestimmung des Kaufpreises ist die Regelung des § 32 UrhG zu beachten. Da mit dem Kaufpreis auch die Übertragung sämtlicher Nutzungsrechte abgegolten wird und jeder Urheber einen gesetzlich garantierten Anspruch auf eine angemessene Nutzungsvergütung hat, muss der Kaufpreis in einem angemessenen Verhältnis zum Umfang der eingeräumten Rechte stehen. Anderenfalls kann es zu Nachforderungen des Verkäufers kommen (§ 32 Abs. 1 Satz 3 UrhG).*

5 *Für den Käufer ist es im Hinblick auf die Regelung in Ziffer 2.2 (Satz 1) der Vertragsbedingungen wichtig zu wissen, ob der Verkäufer der VG Bild-Kunst angehört. Besteht eine Mitgliedschaft in der Verwertungsgesellschaft, so ist davon auszugehen, dass der Verkäufer über die Rechte, die Gegenstand des Wahr-*

nehmungsvertrages sind, nicht mehr verfügen kann. Diese Rechte können deshalb auch nicht auf den Käufer und dessen Kunden übertragen werden.

6 Sondervereinbarungen, die von den allgemeinen Vertragsbedingungen abweichen oder über sie hinausgehen, sollten in dem Agenturvertrag schriftlich festgehalten werden. Anderenfalls besteht die Gefahr, dass es später zu Meinungsverschiedenheiten über die Vertragsgrundlagen kommt.

Allgemeine Geschäftsbedingungen für die Lieferung von Bildmaterial

Die Vertragsbeziehung zwischen den Bildagenturen und den Verwertern wird meist durch Allgemeine Geschäftsbedingungen (AGB) geregelt. Diese Geschäftsbedingungen, die in der Regel von den Bildagenturen vorgegeben werden, müssen exakt auf die Verträge abgestimmt sein, die die Agentur mit den Fotografen abgeschlossen hat. So ist insbesondere darauf zu achten, dass Maßnahmen und Verhaltensweisen, die bei der Verwertung der Bilder zu beachten sind und deren Einhaltung dem Fotografen von der Agentur vertraglich zugesichert wurde, in die Verträge mit den Verwertern einfließen. Anderenfalls kann es passieren, dass die Bildagentur vertragliche Zusagen, die sie gegenüber dem Fotografen abgegeben hat, bei den Verwertern nicht durchsetzen kann, weil die mit den Verwertern abgeschlossenen Verträge keine entsprechenden Vorbehalte und Regelungen beinhalten.

Die hier vorgestellten Allgemeinen Geschäftsbedingungen für Bildagenturen passen zu dem Vertragsmuster, das auf Seite 203 ff. abgedruckt ist (Agenturversion). Von einer Kombination mit dem auf Seite 197 ff. abgedruckten Agenturvertrag (Autorenversion) ist abzuraten.

Die Bildagentur muss die Geschäftsbedingungen in die Verträge, die sie mit den Verwertern abschließt, durch einen entsprechenden Hinweis einbeziehen. Außerdem muss sie den Verwertern die Möglichkeit verschaffen, in zumutbarer Weise vom Inhalt der AGB Kenntnis zu nehmen. Das kann z. B. dadurch geschehen, dass die Geschäftsbedingungen auf der Rückseite des schriftlichen Angebots abdruckt oder dem Angebot als Anlage beifügt werden. Alternativ kann die Agentur eine Web-Adresse angeben, unter der die Allgemeinen Geschäftsbedingungen für die Verwerter abrufbar sind.

Allgemeine Geschäftsbedingungen für Bildagenturen

1 Geltung der Geschäftsbedingungen

1.1 Die Lieferung von Bildmaterial erfolgt ausschließlich auf der Grundlage nachstehender Geschäftsbedingungen. Diese Bedingungen gelten auch für alle künftigen Lieferungen, sofern nicht ausdrücklich abweichende Regelungen vereinbart werden.

1.2 Geschäftsbedingungen des Bestellers, die von den nachstehenden Bedingungen abweichen, werden nicht anerkannt. Solche abweichenden Geschäftsbedingungen werden auch dann nicht Vertragsinhalt, wenn wir ihnen nicht ausdrücklich widersprechen.

2 Rechte am Bildmaterial

2.1 Jede Nutzung bedarf einer vorherigen schriftlichen Freigabeerklärung durch uns. Eine Nutzung des Bildmaterials ist nur in dem durch die Freigabeerklärung bestimmten Umfang zulässig. Jede Nutzung über den vereinbarten Umfang hinaus bedarf einer erneuten Freigabe.

2.2 An den zur Nutzung freigegebenen Bildern werden grundsätzlich nur einfache Nutzungsrechte eingeräumt. Der Erwerb von ausschließlichen Nutzungsrechten (Exklusivrechten) und die Einräumung von Sperrfristen muss ausdrücklich vereinbart werden und ist gesondert zu honorieren.

2.3 Jede Einräumung von Nutzungsrechten erfolgt unter der aufschiebenden Bedingung, dass das Nutzungshonorar vollständig an uns gezahlt wird.

2.4 Eine Weitergabe des Bildmaterials an Dritte ist unzulässig, sofern nicht die Ausübung der eingeräumten Nutzungsrechte eine solche Weitergabe erfordert.

2.5 Eine Nutzung der Bilder ist grundsätzlich nur in der Originalfassung zulässig. Jede Änderung oder Umgestaltung (z.B. Montage, digitale Verfremdung, Kolorierung) und jede Veränderung bei der Bildwiedergabe (z. B. Veröffentlichung in Ausschnitten) bedarf unserer vorherigen Zustimmung. Hiervon ausgenommen ist lediglich die Beseitigung ungewollter Unschärfen oder farblicher Schwächen mittels elektronischer Retusche.

2.6 Das Bildmaterial darf nur für die Dauer des Nutzungsrechts archiviert werden. Die Speicherung der Bilddaten in Online-Datenbanken oder sonstigen digitalen Archiven, die Dritten zugänglich sind, bedarf unserer schriftlichen Zustimmung.

3 Pflichten des Bestellers

3.1 Der Besteller hat das Bildmaterial nach dem Download bzw. nach Eingang der Datenträger auf Vollständigkeit und Mängelfreiheit zu überprüfen. Ist das Bildmaterial unvollständig oder weisen die Datenträger oder einzelne Bilder offensichtliche Mängel auf, ist der Besteller verpflichtet, die Unvollständigkeit oder festgestellte offensichtliche Mängel innerhalb einer Woche nach Erhalt der Sendung zu rügen. Die Rüge nicht offensichtlicher Mängel muss innerhalb einer Frist von einer Woche nach dem Erkennen des Mangels erfolgen. Zur Wahrung der Frist genügt die rechtzeitige Absendung der Rüge. Unterbleibt die Rüge oder wird sie nicht fristgerecht abgeschickt, bleibt der Besteller später mit dem Einwand ausgeschlossen, das Bildmaterial sei unvollständig oder die Datenträger oder einzelne Bilder seien mangelhaft gewesen.

3.2 Der Besteller ist verpflichtet, bei jeder Bildveröffentlichung den Fotografen als Urheber und uns als Bildagentur zu benennen. Die Benennung muss beim Bild erfolgen.

3.3 Der Besteller hat uns unaufgefordert über jede Veröffentlichung des Bildmaterials in Printmedien durch kostenfreie Übersendung von zwei Belegexemplaren mit Anstrich zu informieren.

4 Vertragsstrafe, Freistellung, Schadensersatz

4.1 Bei unberechtigter Nutzung, Bearbeitung, Umgestaltung oder Weitergabe des Bildmaterials hat uns der Besteller von allen sich hieraus ergebenden Ansprüchen Dritter freizustellen. Wir sind in diesem Fall außerdem berechtigt, eine Vertragsstrafe in Höhe des fünffachen vereinbarten oder, mangels Vereinbarung, des fünffachen üblichen Nutzungshonorars zu fordern, mindestens jedoch 500,00 € pro Bild und Einzelfall. Die Geltendmachung eines weitergehenden Schadensersatzanspruchs bleibt hiervon unberührt.

4.2 Unterbleibt die Benennung des Urhebers und/oder der Agentur gemäß Ziffer 3.2, hat der Besteller eine Vertragsstrafe in Höhe von 100 % des vereinbarten oder, mangels Vereinbarung, des üblichen Nutzungshonorars zu zahlen, mindestens jedoch 200,00 € pro Bild und Einzelfall. Außerdem hat uns der Besteller von allen daraus resultierenden Ansprüchen Dritter (z.B. des Fotografen) freizustellen.

5 Haftung der Bildagentur

5.1 Wir haften nur für Schäden, die wir selbst oder unsere Erfüllungsgehilfen vorsätzlich oder grob fahrlässig herbeiführen. Davon ausgenommen sind Schäden aus der Verletzung einer Vertragspflicht, die für die Erreichung des Vertragszwecks von wesentlicher Bedeutung ist (Kardinalpflicht), sowie Schäden aus der Verletzung des Lebens, des Körpers oder der Gesundheit, für die wir auch bei leichter Fahrlässigkeit haften.

5.2 Eine von uns erteilte Freigabeerklärung beinhaltet nicht die Zusicherung, dass abgebildete Personen oder die Inhaber der Rechte an abgebildeten Werken der bildenden oder angewandten Kunst die Einwilligung zu einer Veröffentlichung erteilt haben. Die Einholung der im Einzelfall notwendigen Einwilligung Dritter oder die Erwirkung von Veröffentlichungsgenehmigungen bei Sammlungen, Museen etc. obliegt dem Besteller, sofern nicht das Vorliegen der erforderlichen Einwilligung bzw. Genehmigung von uns ausdrücklich in schriftlicher Form zugesichert wird.

5.3 Wir übernehmen keine Haftung für die Art der Nutzung unseres Bildmaterials. Der Besteller ist dafür verantwortlich, dass durch die Art der Nutzung keine Persönlichkeitsrechte, Urheberrechte und/oder sonstige Rechte Dritter verletzt werden. Der Besteller trägt auch die alleinige Verantwortung für die Betextung.

6 Nutzungshonorar, Fälligkeit

6.1 Jede Nutzung unseres Bildmaterials ist honorarpflichtig. Die Höhe des Honorars ist vor der Nutzung mit uns zu vereinbaren. Zu den vom Besteller zu zahlenden Honoraren kommt die Künstlersozialabgabe und die Mehrwertsteuer in der jeweiligen gesetzlichen Höhe hinzu.

6.2 Unsere Rechnungen sind sofort nach Erhalt ohne jeden Abzug fällig und zahlbar. Kommt der Besteller in Zahlungsverzug, sind wir berechtigt, Verzugszinsen in Höhe von acht Prozentpunkten über dem jeweiligen Basiszinssatz zu berechnen.

7 Sonstige Bestimmungen

7.1 Es gilt das Recht der Bundesrepublik Deutschland.

7.2 Für den Fall, dass der Besteller keinen allgemeinen Gerichtsstand in der Bundesrepublik Deutschland hat oder seinen Sitz oder gewöhnlichen Aufenthalt nach Vertragsabschluß ins Ausland verlegt, wird der Sitz unserer Agentur als Gerichtsstand vereinbart.

Buchung von Fotomodellen, Stylisten und Visagisten

Die Abwicklung eines Produktionsauftrags erfordert vor allem im Bereich der Werbung häufig die Einschaltung weiterer Personen. Dabei bleibt es in der Regel den Fotografen überlassen, ob sie Dritte bei der Auftragsabwicklung hinzuziehen und wen sie zu diesem Zweck auswählen. Fotografen beauftragen Fotomodelle, Stylisten und andere Beteiligte meist im eigenen Namen und oft auch auf eigene Rechnung, d. h. die betreffenden Personen werden nicht als Beauftragte der Kunden, sondern als Subunternehmer der Fotografen tätig.

Die Einschaltung solcher Subunternehmer ist mit einigen Risiken verbunden. So haben die Fotografen für mangelhafte Leistungen der von ihnen beauftragten Fotomodelle, Stylisten, Visagisten etc. in gleicher Weise einzustehen wie für selbst verschuldete Mängel. Außerdem sind sie dafür verantwortlich, dass beispielsweise die Fotomodelle ihre Rechte am eigenen Bild in dem Umfang zur Verfügung stellen, den der jeweilige Produktionsauftrag vorgibt. Auch bei der Einschaltung von Stylisten und Visagisten tragen die Fotografen die Verantwortung dafür, dass diese Subunternehmer die Nutzung der Fotoproduktion nicht unter Berufung auf irgendwelche Urheberrechte oder sonstige Rechte stören oder gar blockieren können. Es kommt hinzu, dass Stylisten und Visagisten als Künstler gelten und die an sie gezahlten Entgelte der Künstlersozialabgabe unterliegen. Zur Zahlung der Künstlersozialabgabe ist aber der Fotograf verpflichtet, falls er die Stylisten und Visagisten im eigenen Namen beauftragt. Deshalb sollte sich ein Fotograf gut überlegen, ob er die Verträge mit solchen Subunternehmern im eigenen Namen abschließt oder ob es nicht günstiger für ihn ist, bei Abschluss der Verträge im Namen des Kunden zu handeln (was allerdings die vorherige Erteilung einer Vollmacht entsprechend dem auf Seite 34 abgedruckten Muster voraussetzt).

Im folgenden Kapitel werden Vertragsbedingungen und Verträge vorgestellt, die das Rechtsverhältnis zwischen den Fotografen und den von ihnen eingeschalteten Subunternehmern regeln. Die vorgeschlagenen Regelungen berücksichtigen in besonderem Maße die Interessen der Fotografen, ohne dabei die berechtigten Belange der Fotomodelle, Modellagenturen, Stylisten oder Visagisten außer Acht zu lassen. Die Mustertexte gehen von dem Regelfall aus, dass der Fotograf die Verträge im eigenen Namen und nicht als Vertreter der Kunden abschließt. Sollen die Vertragsabschlüsse mit Vollmacht des Kunden in dessen Namen erfolgen, müssen die Texte entsprechend geändert werden.

Buchungsreglement für Fotomodelle

Das nachfolgende Buchungsreglement enthält eine umfassende Regelung der Rechtsbeziehungen zwischen dem Fotografen und dem von ihm beauftragten Fotomodell. Es geht von der in der Praxis üblichen Konstellation aus, dass das Fotomodell zwar von einer Modellagentur vermittelt wird, der Vertrag aber nicht mit der Agentur, sondern mit dem Modell als Vertragspartner zustande kommt.

Das Reglement ist für umfangreichere Aufnahmearbeiten mit professionellen Modellen konzipiert. Bei Aufnahmen, die mit geringem Aufwand und/oder mit Laienmodellen durchgeführt werden, wird meist die Unterzeichnung einer Freigabeerklärung (Model Release) genügen, wie sie auf Seite 231f. abgedruckt ist.

Das Buchungsreglement ist in der Form von Allgemeinen Geschäftsbedingungen abgefasst. Es müssen also keine Namen eingetragen oder irgendwelche Leerstellen ausgefüllt werden. Das Reglement gilt nur, wenn es in den Vertrag, den der Fotograf und das Fotomodell abschließen, wirksam einbezogen wird. Die Einbeziehung kann mündlich erfolgen, doch wird ein solcher mündlicher Hinweis später nur schwer nachweisbar sein. Besser ist es, das Fotomodell bzw. die Modellagentur bereits bei der Buchung auf das Buchungsreglement hinzuweisen und anschließend eine Buchungsbestätigung zu übersenden, in der die Geltung des Reglements nochmals festgehalten wird. Wie eine solche Buchungsbestätigung aussehen könnte, zeigt das Muster auf Seite 227.

Buchungsreglement für Fotomodelle

1 Geltung des Reglements

1.1 Die Buchung des Modells erfolgt ausschließlich zu den Bedingungen dieses Buchungsreglements. Das Reglement gilt auch für alle künftigen Buchungen, sofern nicht ausdrücklich abweichende Regelungen vereinbart werden.

1.2 Geschäfts- oder Vertragsbedingungen des Modells oder der Vermittlungsagentur, die von diesem Buchungsreglement abweichen, werden nicht anerkannt. Solche abweichenden Bedingungen werden auch dann nicht Vertragsinhalt, wenn der Fotograf ihnen nicht ausdrücklich widerspricht.

2 Vertragspartner

2.1 Sofern nicht im Einzelfall eine abweichende Vereinbarung getroffen wird, schließt der Fotograf den Vertrag im eigenen Namen und für Rechnung seines Auftraggebers ab. Das Buchungsreglement gilt aber auch dann, wenn der Fotograf das Modell im eigenen Namen für eigene Rechnung oder im fremden Namen für fremde Rechnung bucht.

2.2 Vertragspartner des Fotografen oder desjenigen, in dessen Namen der Fotograf den Vertrag abschließt, ist das Modell. Das Modell bestätigt, dass die von ihm beauftragte Vermittlungsagentur berechtigt ist, sämtliche Erklärungen im Zusammenhang mit dem Abschluss, der Abwicklung und der Beendigung des Vertrages für das Modell abzugeben und entgegenzunehmen. Die Vermittlungsagentur steht dafür ein, dass sie von dem Modell oder dessen gesetzlichen Vertretern zur Abgabe und Entgegennahme aller vertragsbezogenen Erklärungen wirksam bevollmächtigt ist.

3 Optionsbuchung

3.1 Bei einer Optionsbuchung wird dem Fotografen die Option eingeräumt, das Modell für den Aufnahmetermin und zu den Bedingungen, die bei der Optionsbuchung verbindlich festgelegt werden, durch einseitige Erklärung zu buchen.

3.2 Falls das Modell zum Aufnahmeort anreisen muss, wird der Fotograf spätestens am vierten Werktag vor dem festgelegten Aufnahmetermin bekannt geben, ob er die ihm eingeräumte Option ausüben will. Befindet sich das Modell bereits am Aufnahmeort, muss die Option spätestens am zweiten Werktag vor dem Aufnahmetermin ausgeübt werden. Die Erklärung des Fotografen muss an den genannten Tagen bis 18.00 Uhr bei dem Modell oder der Vermittlungsagentur eingegangen sein.

3.3 Wird die Option nicht oder nicht rechtzeitig ausgeübt, so verfällt sie. Für den Fotografen und das Modell bestehen oder entstehen in diesem Fall keinerlei Verpflichtungen.

3.4 Wird die Option rechtzeitig ausgeübt, kommt damit zwischen den Parteien ein Vertrag zu den vorher vereinbarten Bedingungen zustande. Soweit nicht schon bei der Optionsbuchung vereinbart, sind bei Zustandekommen des Vertrages die Regelungen dieses Buchungsreglements, insbesondere die Regelungen über die Festbuchung, anzuwenden.

3.5 Eine Optionsbuchung ist stets als solche zu deklarieren.

4 Wetterbuchung

4.1 Die Wetterbuchung ist eine Festbuchung, die der Fotograf durch einseitige Erklärung wieder rückgängig machen (annullieren) kann, wenn die für die Aufnahmen erforderlichen Wetterbedingungen nicht vorliegen oder die Wetterlage unklar ist. Wenn keine abweichende Vereinbarung getroffen wird, handelt es sich bei der Wetterbuchung um eine Schönwetterbuchung.

4.2 Eine Wetterbuchung kann bis spätestens eine Stunde vor dem geplanten Beginn der Aufnahmearbeiten annulliert werden. Das Modell erhält in diesem Fall ein Ausfallhonorar in Höhe von 50 Prozent des vereinbarten Stunden-, Halbtages- oder Tageshonorars, sofern der Aufnahmetermin später nicht nachgeholt wird. Werden die Aufnahmen zu einem späteren Zeitpunkt nachgeholt, kann das Modell für den annullierten früheren Termin kein Ausfallhonorar beanspruchen.

4.3 Wetterbuchungen sind nur möglich, wenn das Modell am Aufnahmeort wohnt oder sich zum Zeitpunkt der Aufnahmearbeiten dort aufhält. Eine Wetterbuchung ist stets als solche zu deklarieren.

5 Festbuchung

5.1 Jede Festbuchung ist ein absolutes Fixgeschäft, sofern sich nicht im konkreten Einzelfall aus den getroffenen Vereinbarungen oder den konkreten Umständen etwas anderes ergibt. Die pünktliche Einhaltung der vereinbarten Termine und Arbeitszeiten ist für die Durchführung des Vertrages derart wesentlich, dass bei einer erheblichen Terminüberschreitung oder Versäumung von Arbeitszeiten kein Verzug, sondern dauernde Unmöglichkeit eintritt.

5.2 Die Festbuchung kann stundenweise, halbtägig oder ganztägig erfolgen. Bei einer Ganztagsbuchung beträgt die reine Arbeitszeit acht Stunden, bei einer Halbtagsbuchung vier Stunden. Die Zeit für die An- und Abreise und für Vorbereitungen (z. B. Make-up, Frisur) gehört nicht zur Arbeitszeit.

5.3 Der Fotograf bestimmt an den Aufnahmetagen Beginn und Ende der Arbeitszeit. Bei Ganztagsbuchungen ist er berechtigt, die Arbeitszeit in einzelne, höchstens jedoch drei Blöcke aufzuteilen und den Erfordernissen des Auftrags entsprechend auf den Tag zu verteilen.

5.4 Das Modell ist verpflichtet, auch in den frühen Morgenstunden, in den Abendstunden oder in der Nacht zu arbeiten, soweit die Art der Aufnahmen einen solchen Einsatz erfordert. Können die Aufnahmearbeiten innerhalb der vorgesehenen Zeit nicht zu Ende geführt werden, ist das Modell – soweit möglich und zumutbar – zu Mehrarbeit verpflichtet.

5.5 Für die Arbeit an Sonn- und Feiertagen oder außerhalb der normalen Arbeitszeit werden keine Zuschläge bezahlt. Mehrarbeit wird, unter Berücksichtigung einer Kulanzzeit von 30 Minuten, pro angefangene Stunde entweder mit dem vereinbarten Stundenhonorar oder – bei Vereinbarung eines Halbtags- oder Ganztagshonorars – mit 1/4 bzw. 1/8 dieses Honorars, jeweils zuzüglich 10 %, vergütet.

5.6 Mit der Buchung des Modells wird zwischen den Parteien kein Arbeitsverhältnis begründet. Steuern, Versicherungsbeiträge sowie Sozialversicherungsabgaben sind, soweit geschuldet, von dem Modell selbst bzw. von der Vermittlungsagentur abzuführen.

6 Kündigung der Festbuchung

6.1 Der Fotograf kann den Vertrag auch bei einer Festbuchung jederzeit kündigen. Kündigt er, ohne dass dafür ein wichtiger Grund (Ziffer 6.2) oder eine Berechtigung gemäß Ziffer 4 (Wetterbuchung) vorliegt, kann das Modell das vereinbarte Honorar verlangen. Es muss sich jedoch dasjenige anrechnen lassen, was es infolge der Vertragskündigung einspart oder durch anderweitige Verwendung seiner Arbeitskraft erwirbt oder zu erwerben böswillig unterlässt.

6.2 Beide Parteien können den Vertrag aus wichtigem Grund kündigen. Ein wichtiger Grund liegt für den Fotografen insbesondere dann vor, wenn

(a) das Modell nicht die bei der Buchung zugesagten oder vertraglich vorausgesetzten Fähigkeiten oder Eigenschaften hat (z.B. Nichtschwimmer, andere Konfektionsgröße, falsche Haarfarbe);

(b) das Modell am Aufnahmetag nicht die makellose äußere Erscheinung aufweist, die für die vereinbarten Aufnahmen (z.B. Beauty, Fashion) erforderlich ist, und sich das vertraglich vorausgesetzte Erscheinungsbild auch nicht durch Make-up oder andere Maßnahmen herstellen lässt;

(c) das Modell die ordnungsgemäße Durchführung der Aufnahmearbeiten dadurch behindert oder verhindert, dass es den Aufnahmeort vorzeitig verlässt oder trotz Abmahnung beharrlich die Arbeit verweigert oder Weisungen des Fotografen nicht befolgt;

(d) das Modell – ohne dass ein Fall dauernder Unmöglichkeit (Ziffer 5.1) vorliegt – die geschuldete Leistung nicht, nicht rechtzeitig, nicht in dem erforderlichen Umfang oder nicht in der vertraglich vorausgesetzten Art und Weise erbringt und diese Leistungsstörung von ihm zu vertreten ist.

Für das Modell besteht ein wichtiger Grund zur Kündigung insbesondere dann, wenn es infolge einer Erkrankung arbeitsunfähig wird. Der Abschluss eines anderen Vertrages oder die Aussicht auf einen solchen Vertrag ist dagegen kein wichtiger Grund für eine Kündigung, auch wenn der andere Vertrag für das Modell vorteilhafter ist und ihm bessere Chancen bietet.

6.3   Wird die Kündigung des Vertrages durch ein vertragswidriges Verhalten des anderen Teils veranlasst, so ist dieser zum Ersatz des Schadens verpflichtet, der dem Kündigenden durch die vorzeitige Vertragsbeendigung entsteht.

7   Pflichten des Modells

7.1   Das Modell ist verpflichtet, sich zu dem festgesetzten Termin an dem vereinbarten Aufnahmeort einzufinden und sich während der vom Fotografen bestimmten Zeiten für die Aufnahmen zur Verfügung zu stellen.

7.2   Das Modell wird das beim Casting erkennbare und für die Buchung maßgebende äußere Erscheinungsbild (z.B. Haarfarbe, Haarlänge) bis zur Beendigung der Aufnahmearbeiten ohne das vorherige Einverständnis des Fotografen nicht verändern.

7.3   Das Modell hat die Anweisungen des Fotografen bei den Aufnahmearbeiten zu befolgen und mit größtmöglicher Sorgfalt daran mitzuwirken, dass die Aufnahmen einwandfrei erstellt werden können.

7.4   Bei Reisen ins Ausland ist es Sache des Modells, die für eine solche Reise jeweils erforderlichen Visa, Impfbescheinigungen und sonstigen Unterlagen rechtzeitig zu beschaffen.

8   Freigabeerklärung und Rechtsübertragung

8.1   Das Modell willigt darin ein, dass die bei den Aufnahmearbeiten angefertigten Bildnisse in veränderter oder unveränderter Form durch den Fotografen oder Dritte, die mit dem Einverständnis des Fotografen handeln, vervielfältigt, verbreitet, ausgestellt und öffentlich wiedergegeben werden. Diese Einwilligung wird, sofern die Parteien keine abweichende Vereinbarung treffen, ohne jede Beschränkung des sachlichen, räumlichen oder zeitlichen Verwendungsbereichs und für alle in Betracht kommenden Nutzungszwecke erteilt.

8.2   Wird in einer von der vorstehenden Regelung abweichenden Vereinbarung die Verwendungsmöglichkeit zeitlich befristet, so beginnt die vereinbarte Frist, falls keine anderen Absprachen erfolgen, nicht vor der erstmaligen Veröffentlichung zu laufen.

8.3 Der Fotograf sowie Dritte, die mit seinem Einverständnis handeln, dürfen die Bildnisse bearbeiten, retuschieren und unter Beachtung der berechtigten Interessen des Modells auch für Montagen verwenden.

8.4 Das Modell überträgt die ihm zustehenden Rechte an den Bildnissen sowie etwaige Leistungsschutzrechte zur ausschließlichen Nutzung auf den Fotografen, der zur Weiterübertragung auf Dritte berechtigt ist. Die Bildnisse dürfen auch von dem Modell und dessen Angehörigen nur mit Zustimmung des Fotografen vervielfältigt und verbreitet werden.

8.5 Der Fotograf ist alleiniger Urheber der Bildnisse. Die Mitwirkung des Modells bei der Herstellung der Aufnahmen begründet kein Miturheberrecht.

8.6 Das Modell verzichtet auf Namensnennung. Es ist jedoch mit der Nennung seines Namens oder eines Pseudonyms bei Verwendung der Bildnisse einverstanden.

8.7 Das Modell steht dafür ein, dass es weder durch Verträge mit Dritten noch durch sonstige Bindungen daran gehindert ist, sich für die Aufnahmen zur Verfügung zu stellen und/oder die vorstehenden Erklärungen zur Freigabe der Aufnahmen und zur Rechtsübertragung abzugeben.

9 Honorar und Kostenerstattung

9.1 Für die Mitwirkung bei den Aufnahmearbeiten sowie für die Freigabe der Aufnahmen und die Rechtsübertragung erhält das Modell das vereinbarte Honorar. Ist die Höhe des Honorars nicht bestimmt, hat das Modell Anspruch auf das übliche und angemessene Honorar.

9.2 Bei der Abrechnung des Honorars ist zu der reinen Arbeitszeit (Ziffer 5.2) die für Vorbereitungen (z.B. Make-up, Frisur) aufgewendete Zeit mit 50 % des tatsächlichen Zeitaufwandes hinzuzurechnen.

9.3 Für den Zeitaufwand im Zusammenhang mit der An- und Abreise des Modells zum/vom Aufnahmeort gilt folgende Regelung:

(a) Die Reisezeit bleibt unberücksichtigt, soweit die An- und Abreise vollständig oder teilweise außerhalb der allgemein üblichen Arbeitszeit von Fotomodellen stattfindet. Dasselbe gilt, wenn das Modell für die An- und Abreise nicht mehr als jeweils eine Stunde benötigt.

(b) Bei einer Buchung für vier und mehr Aufnahmetage bleibt der Zeitaufwand für die An- und Abreise ebenfalls unberücksichtigt.

(c) Bei einer Buchung für weniger als vier Aufnahmetage wird die Reisezeit, soweit sie in die allgemein übliche Arbeitszeit von Fotomodellen fällt, mit 50 % des tatsächlichen Zeitaufwandes zu der reinen Arbeitszeit hinzugerechnet.

(d) Bei der Berechnung der Reisezeit ist der Zeitaufwand für Umwege und Abstecher, soweit sie nicht zwingend erforderlich gewesen sind, unberücksichtigt zu lassen.

9.4 Für die Erstattung von Reise-, Verpflegungs- und Übernachtungskosten gilt folgende Regelung:

(a) Bei am Aufnahmeort ansässigen oder nicht speziell für den Aufnahmetermin anreisenden Modellen werden weder Übernachtungs- noch Verpflegungskosten erstattet.

(b) Taxikosten werden nur für notwendige Fahrten innerhalb der Stadtgrenzen erstattet.

(c) Reisekosten werden ab Flughafen/Bahnhof des Abreiseortes erstattet. Verbilligte Reisemöglichkeiten (z.B. BahnCard) sind, soweit möglich und zumutbar, in Anspruch zu nehmen. Wird das Modell am selben Aufnahmeort von mehreren Auftraggebern gebucht, ist es verpflichtet, die Reisekosten entsprechend den gebuchten Arbeitszeiten aufzuteilen.

(d) Verpflegungs- und Übernachtungskosten werden, soweit erstattungsfähig, für die Anzahl der gebuchten Reisetage am Aufnahmeort erstattet. Die Verpflegungskosten sind nach den jeweiligen steuerlichen Richtsätzen abzurechnen.

(e) Eine Kostenerstattung erfolgt grundsätzlich nur gegen Vorlage von Belegen.

9.5 Soweit die finanziellen Leistungen an das Modell mehrwertsteuerpflichtig sind, wird die Mehrwertsteuer zusätzlich gezahlt. In Zweifelsfällen hat das Modell die Mehrwertsteuerpflicht nachzuweisen.

9.6 Mit der Honorarzahlung und der Kostenerstattung sind sämtliche Ansprüche, die dem Modell gegenüber dem Fotografen zustehen, abgegolten. Ansprüche gegen Personen oder Unternehmen, die bei der Anfertigung, Vervielfältigung, Verbreitung, Ausstellung oder öffentlichen Wiedergabe der aufgrund dieses Vertrages entstandenen Aufnahmen im Auftrag oder mit Einverständnis des Fotografen handeln, bestehen nicht.

10 Zahlungskonditionen

10.1 Die Honorarzahlung und Kostenerstattung erfolgt spätestens sechs Wochen nach Vorlage der vollständigen Abrechnung des Modells.

10.2 Honorare sind in Euro zu fakturieren und zu bezahlen. Die Kostenerstattung erfolgt in der jeweiligen Landeswährung oder in Euro zum Ankaufskurs.

10.3 Besteht für das Modell eine beschränkte Steuerpflicht gemäß § 50 a EStG, ist der Vertragspartner des Modells berechtigt, das Honorar um den Steuerabzug zu kürzen, der nach den deutschen Steuervorschriften und den dazu ergangenen Ausführungsbestimmungen einzubehalten und an das Bundeszentralamt für Steuern abzuführen ist.

11 Haftung und Schadensersatz

11.1 Erscheint das Modell zu den vereinbarten Terminen oder zu den vom Fotografen bestimmten Arbeitszeiten nicht oder mit wesentlicher Verspätung und wird ihm dadurch die Erfüllung des Vertrages unmöglich (Ziffer 5.1), kann der Fotograf Schadensersatz statt der Leistung verlangen.

11.2 Wird ein Aufnahmetermin aus Gründen, die weder der Fotograf noch das Modell zu vertreten haben, abgesetzt oder vorzeitig beendet (z.B. bei Streiks, Naturkatastrophen, Zerstörung oder Sperrung der vorgesehenen Location sowie in anderen Fällen höherer Gewalt), entfällt für den Fotografen die Pflicht zur Honorarzahlung und Kostenerstattung und für das Modell die Pflicht zur Mitwirkung an den Aufnahmearbeiten. Für bereits erbrachte Teilleistungen kann das Modell ein Honorar nur verlangen, soweit diese Leistungen für den Fotografen von Interesse sind.

11.3 Erscheint das Modell verspätet zu einem Aufnahmetermin und werden die Aufnahmearbeiten trotz der Verspätung durchgeführt, hat das Modell die aus der Verspätung resultierenden Mehrkosten zu erstatten, sofern es die Verspätung zu vertreten hat.

11.4 Werden die Aufnahmen aus Gründen, die das Modell zu vertreten hat, von dem Fotografen oder dessen Auftraggeber zu Recht als mangelhaft beanstandet, hat das Modell, falls es zu einer Nacherfüllung kommt, die damit verbundenen Kosten zu erstatten. Anderenfalls hat es die Schäden zu ersetzen, die dem Fotografen infolge der Mängel entstehen.

11.5 Verfügt das Modell nicht über die vertraglich vorausgesetzten Fähigkeiten oder Eigenschaften oder erbringt es seine Leistungen aus anderen Gründen nicht vertragsgerecht und setzt der Fotograf die Aufnahmearbeiten dennoch fort, um höheren Schaden abzuwenden oder zu mindern, so ist damit kein Verzicht auf irgendwelche Ansprüche wegen der Leistungsmängel oder der sonstigen Pflichtverletzungen des Modells verbunden. Solche Ansprüche bleiben dem Fotografen ausdrücklich vorbehalten.

11.6 Das Modell haftet für ein Verschulden der von ihm beauftragten Vermittlungsagentur bei Abschluss, Abwicklung und Beendigung dieses Vertrages wie für eigenes Verschulden. Die Vermittlungsagentur ist insoweit Erfüllungsgehilfe des Modells.

11.7 Der Fotograf haftet nur für Schäden, die er selbst oder seine Erfüllungsgehilfen vorsätzlich oder grob fahrlässig herbeiführen. Davon ausgenommen sind Schäden aus der Verletzung einer Vertragspflicht, die für die Erreichung des Vertragszwecks von wesentlicher Bedeutung ist (Kardinalpflicht), sowie Schäden aus der Verletzung des Lebens, des Körpers oder der Gesundheit, für die er auch bei leichter Fahrlässigkeit haftet.

12 Schlussbestimmungen

12.1 Die Nichtigkeit oder Unwirksamkeit einzelner Bestimmungen dieses Buchungsreglements berührt die Gültigkeit der übrigen Bestimmungen nicht.

12.2 Es gilt das Recht der Bundesrepublik Deutschland.

12.3 Für den Fall, dass das Modell keinen allgemeinen Gerichtsstand in der Bundesrepublik Deutschland hat oder seinen Wohnsitz oder gewöhnlichen Aufenthalt ins Ausland verlegt, wird der Wohnsitz des Fotografen als Gerichtsstand vereinbart.

Bestätigung der Festbuchung eines Fotomodells

Zwischen den Fotomodellen und ihren Auftraggebern werden nur selten schriftliche Verträge abgeschlossen. Meist wird das Modell bei einer Agentur telefonisch gebucht, nachdem sich der Fotograf und dessen Kunde zuvor beim Casting die Gewissheit verschafft haben, dass das betreffende Fotomodell für die geplanten Aufnahmen geeignet ist. Bei solchen telefonischen Buchungen kann es später leicht zu Meinungsverschiedenheiten über den Inhalt der getroffenen Vereinbarungen kommen. Wer solche Auseinandersetzungen vermeiden will, sollte eine telefonische Buchung stets schriftlich bestätigen.

Die hier vorgestellte Buchungsbestätigung bezweckt die schriftliche Fixierung einer mündlich (telefonisch) erfolgten Modellbuchung. Sie ist in der Form eines Briefes gehalten, der an die Modellagentur geschickt wird. Der Musterbrief ist so konzipiert, dass er die wesentlichen Punkte der mündlichen Vereinbarung noch einmal festhält und so für alle Beteiligten Klarheit schafft.

Anschrift der Modellagentur [1]

Buchungsbestätigung

Ich beziehe mich auf unser Telefongespräch vom .... [2] und bestätige hiermit im eigenen Namen und für Rechnung des unten benannten Kunden [3] folgende Festbuchung: [4]

Modell: [5] ....

Aufnahmetermin von: [6] .... bis: .... Arbeitstage: [7] ....

Anreisetag: [8] .... Rückreisetag: ....

Abreise ab Ort: [9] .... nach: ....

Verkehrsmittel: [10] ☐ Flug ☐ Bahn ☐ PKW

Aufnahmeort: [11] ....

Hotel: [12] ....

Art der Aufnahmen: [13] ....

Honorar: [14] ☐ pro Tag .... € ☐ pro Halbtag .... € ☐ pro Stunde .... €

Agenturprovision: [15] .... Prozent des Honorars

Kunde/Rechnungstellung an: [16] ....

Bemerkungen/Sondervereinbarungen: [17]

....

Die Buchung erfolgt zu den Bedingungen des beigefügten Buchungsreglements für Fotomodelle. [18]

Ort, Datum

....

(Unterschrift des Fotografen)

1   *Die Buchungsbestätigung erfolgt zwar gegenüber der Modellagentur, doch kommt der Vertrag nicht mit der Agentur, sondern unmittelbar mit dem Fotomodell zustande. Das ergibt sich aus Ziffer 2.2 des Buchungsreglements für Fotomodelle (abgedruckt auf Seite 220 ff. des Vertragshandbuchs), auf das im letzten Absatz der Buchungsbestätigung verwiesen wird.*

2   *Hier ist das Datum des Telefongesprächs zu notieren, mit dem die Buchung erfolgt ist. Der Text ist entsprechend zu ändern, falls das Fotomodell nicht telefonisch, sondern auf andere Weise gebucht wurde.*

3   *Der vorgeschlagene Text geht davon aus, dass der Fotograf den Vertrag im eigenen Namen, aber für Rechnung seines Kunden mit dem Modell abschließt. Vertragspartner des Modells wird also der Fotograf, während die Rechnung auf den Kunden des Fotografen ausgestellt und von dem Kunden bezahlt wird. Das entspricht dem in der Praxis üblichen Verfahren.*
Wenn der Fotograf das Modell ausnahmsweise im eigenen Namen und für eigene Rechnung oder im fremdem Namen für fremde Rechnung buchen will, muss der Text entsprechend geändert werden.

4   *Bestätigt wird hier eine Festbuchung. Soll statt der Festbuchung eine Wetterbuchung oder eine Optionsbuchung erfolgen, ist der einleitende Satz entsprechend zu ändern. Das Buchungsreglement für Fotomodelle sieht in Ziffer 3.5 und Ziffer 4.3 (Satz 2) vor, dass Options- und Wetterbuchungen ausdrücklich als solche deklariert werden müssen.*

5   *Hier ist der Name des Modells einzutragen, das für die Aufnahmen gebucht wurde. Meist ist allerdings nur der Vorname oder der Künstlername bekannt, unter dem die Agentur das Modell führt. Wenn nur dieser Name in der Buchungsbestätigung notiert wird, können sich später eventuell Probleme mit dem Finanzamt ergeben, weil der Empfänger des Modellhonorars, das der Fotograf zahlt, nicht zu ermitteln ist. Es empfiehlt sich deshalb, bereits bei der Buchung außer dem Vornamen bzw. Künstlernamen auch den regulären Namen sowie die Anschrift des Modells zu ermitteln und in die Buchungsbestätigung einzutragen.*

6   *Der Aufnahmetermin ist mit dem Datum, an dem die Aufnahmen beginnen, und dem Datum, an dem sie abgeschlossen werden, genau festzulegen. Wird das Modell pro Halbtag oder pro Stunde bezahlt, sollte außer dem Datum auch die Uhrzeit genannt werden, zu der die Aufnahmen beginnen bzw. enden.*

7   *Hier ist die Anzahl der Arbeitstage des Fotomodells einzutragen. Wenn das Fotomodell pro Halbtag oder pro Stunde bezahlt wird, ist statt dessen die Anzahl der Halbtage bzw. der Arbeitsstunden zu notieren.*

8   *Der Anreisetag und der Rückreisetag sind mit dem exakten Datum anzugeben.*

9   *Um Probleme bei der Abrechnung der Reisekosten zu vermeiden, sollten Angaben zum Ort der Abreise und zum Zielort erfolgen.*

10   *Hier ist das Verkehrsmittel anzukreuzen, das von dem Modell bei der An- und Abreise benutzt werden soll.*

11   *Der Aufnahmeort ist so präzise zu bestimmen, dass er von dem Fotomodell ohne Probleme gefunden werden kann.*

12   *Hier ist die genaue Anschrift des Hotels einzutragen. Es empfiehlt sich, auch die Telefonverbindung und die E-Mail-Adresse des Hotels anzugeben, damit sich das Fotomodell bei einer eventuellen Verspätung mit dem Hotel auch telefonisch oder per E-Mail in Verbindung setzen kann.*

13   *Die Art der vorgesehenen Aufnahmen sollte hier kurz beschrieben werden. Das empfiehlt sich vor allem in den Fällen, in denen besondere Anforderungen an das Fotomodell gestellt werden (z.B. Dessous-Aufnahmen oder Aufnahmen, die das Modell bei einer sportlichen Betätigung zeigen).*

14   *Hier ist zunächst anzukreuzen, ob das Modell pro Tag, pro Halbtag oder pro Stunde bezahlt wird. Bei der angekreuzten Alternative ist das vereinbarte Honorar zu notieren. Die übrigen Alternativen sollten aus Gründen der Klarheit komplett durchgestrichen werden.*

15   *Die Modellagentur erhält üblicherweise einen bestimmten Prozentanteil des Modellhonorars als Provision. Die Höhe des Prozentanteils ist hier einzutragen.*

16   *In diese Zeile ist der vollständige Name und die Anschrift des Kunden einzutragen, für den die Aufnahmen bestimmt sind und an den die Agentur die Rechnung des Fotomodells schicken soll.*

17   *Hier können weitere Punkte notiert werden, die bei der Buchung besprochen wurden und die für die Abwicklung des Projekts bedeutsam sind. Falls es solche Punkte nicht gibt und Sondervereinbarungen nicht getroffen wurden, empfiehlt sich die Streichung der Leerzeilen mit einem Querstrich.*

18   *Da der Text des Buchungsreglements für Fotomodelle nicht auf die Rückseite der Buchungsbestätigung passt, muss das Buchungsreglement dem Bestätigungsschreiben beigefügt werden. Falls der Fotograf früher schon einmal mit der Modellagentur zusammengearbeitet und ihr das Buchungsreglement zugeschickt hat, kann auf die frühere Übersendung bzw. auf das der Agentur bereits vorliegende Reglement Bezug genommen werden.*

Bestätigung der Festbuchung eines Fotomodells

Freigabeerklärung (Model Release)

Personenbilder (Bildnisse) dürfen nur mit Einwilligung des Abgebildeten verbreitet oder öffentlich zur Schau gestellt werden (§ 22 KUG). Ein Fotograf, der ein Modell fotografiert, kann daher die Aufnahme nur verwerten, wenn das Modell einer solchen Verwertung vorher zustimmt. Zwar gibt es gesetzliche Ausnahmeregelungen, die unter bestimmten Voraussetzungen eine Veröffentlichung von Bildnissen auch ohne die Einwilligung des Abgebildeten zulassen (§ 23 KUG). Diese Regelungen sind aber z. B. bei Fotos, die für Werbezwecke verwendet werden, von vornherein nicht anwendbar. Auch bei einer redaktionellen Verwendung von Modellaufnahmen werden die Ausnahmevorschriften des § 23 KUG nur selten eingreifen. Deshalb sollte die Zustimmung der abgebildeten Personen zur Vervielfältigung und Verbreitung der Bildnisse generell in schriftlicher Form eingeholt werden.

Mit der hier vorgestellten Freigabeerklärung, für die auch der Begriff „Model Release" gebräuchlich ist, erteilt das Fotomodell die Einwilligung zu einer räumlich und zeitlich unbeschränkten Nutzung der Bildnisse in allen Verwertungsformen und für alle in Betracht kommenden Nutzungszwecke. Dadurch erhält der Fotograf die Möglichkeit, die Aufnahmen umfassend zu verwenden und Dritten, insbesondere seinen Kunden, entsprechende Verwertungsrechte einzuräumen.

Das Muster ist für Aufnahmearbeiten gedacht, die mit geringem Aufwand und/oder mit Laienmodellen durchgeführt werden. Bei zeitaufwendigen Produktionen mit professionellen Modellen empfiehlt sich die Verwendung des Buchungsreglements für Fotomodelle (Seite 220ff.), eventuell in Kombination mit der auf Seite 227 abgedruckten Buchungsbestätigung.

Freigabeerklärung

Hiermit bestätige ich [1]

....

(Name des Modells)

....

(Anschrift des Modells)

für Aufnahmen am [2]

....

(Aufnahmetermin)

mit dem Fotografen [3]

....

(Name des Fotografen)

....

(Anschrift des Fotografen)

für Rechnung der Firma [4]

....

(Name des Kunden)

....

(Rechnungsanschrift des Kunden)

ein Honorar in Höhe von .... € [5] vereinbart zu haben [6].

Meine Honorareinnahmen sind

☐ mehrwertsteuerpflichtig.

☐ nicht mehrwertsteuerpflichtig.

Bei bestehender Mehrwertsteuerpflicht wird die auf das Honorar entfallende Mehrwertsteuer zusätzlich gezahlt.

Ich erkläre mich unwiderruflich damit einverstanden, dass die von mir angefertigten Aufnahmen (Bildnisse) in unveränderter oder veränderter Form durch den Fotografen oder durch Dritte, die mit dessen Einverständnis handeln, ohne jede Beschränkung des sachlichen, räumlichen oder zeitlichen Verwendungsbereiches und für alle in Betracht kommenden Nutzungszwecke vervielfältigt, verbreitet, ausgestellt und öffentlich wiedergegeben werden. Diese Einwilligung umfasst auch die digitale Bearbeitung, die Retuschierung sowie die Verwendung der Bildnisse für Montagen. Ich verzichte auf Namensnennung, bin aber damit einverstanden, dass mein Name bei Verwendung der Aufnahmen genannt wird.

Ich bestätige, dass mit der Zahlung des vereinbarten Honorars sämtliche Ansprüche abgegolten sind, die mir wegen der Anfertigung, Vervielfältigung, Verbreitung, Ausstellung oder öffentlichen Wiedergabe der Bildnisse gegenüber dem Fotografen oder Dritten, die mit dessen Einständnis handeln, zustehen.

Mir ist bekannt, dass durch die vorliegende Vereinbarung kein Arbeitsverhältnis begründet wird. Ich verpflichte mich, anfallende Steuern, Versicherungsbeiträge und Sozialversicherungsabgaben, soweit geschuldet, selbst abzuführen.

Für diese Vereinbarung und Freigabeerklärung gilt deutsches Recht.

Ort, Datum

....

(Unterschrift des Modells)

Zusatzerklärung bei minderjährigen Modellen [7]

Das Modell ist noch nicht volljährig. Als sein gesetzlicher Vertreter / seine gesetzlichen Vertreter, erkläre ich / erklären wir hiermit mein / unser Einverständnis mit allen Punkten der vorstehenden Vereinbarung und Freigabeerklärung.

Ort, Datum

....

(Unterschrift der Eltern oder des sonstigen gesetzlichen Vertreters)

1   Hier ist der vollständige Name des Modells und dessen Anschrift einzutragen, so dass die Person, die die Freigabeerklärung unterschreibt, eindeutig identifizierbar ist.

2   Damit keine Zweifel aufkommen können, um welche Aufnahmen es geht, sollte auch das Aufnahmedatum in der Freigabeerklärung stets vermerkt werden.

3   Auch der Name und die Anschrift des Fotografen sollten in das Formular eingetragen werden, damit der Fotograf nachweisen kann, dass die Freigabeerklärung ihm gegenüber abgegeben wurde und er somit über die in der Erklärung aufgeführten Rechte verfügen kann.

4 Die Freigabeerklärung sieht vor, dass nicht nur der Fotograf, sondern auch Dritte, die mit seinem Einverständnis handeln, die Aufnahme ohne jede Beschränkung verwenden dürfen. Deshalb müssen der Name und die Anschrift des Kunden hier nicht unbedingt genannt werden. Diese Angaben sind dennoch sinnvoll, weil sie klarstellen, dass jedenfalls der in der Freigabeerklärung benannte Kunde des Fotografen zu den „Dritten" gehört, die die Aufnahmen nutzen dürfen.

5 Wenn mit dem Fotomodell eine Honorarzahlung vereinbart wird, ist der vereinbarte Betrag hier einzutragen und außerdem anzukreuzen, ob die Umsätze des Modells mehrwertsteuerpflichtig sind oder nicht.

6 Vor allem mit Laienmodellen wird häufig vereinbart, dass das Modell anstelle eines Honorars mehrere Abzüge der Aufnahmen oder eine CD mit einer Auswahl der aufgenommenen Fotos für seine privaten Zwecke, eventuell auch für eigene Werbezwecke, erhält. In einem solchen Fall ist der erste Satz der hier vorgeschlagenen Freigabeerklärung zu ändern und beispielsweise wie folgt zu fassen:
„Hiermit bestätige ich .... für Aufnahmen am .... mit dem Fotografen .... folgende Vereinbarung zur Abgeltung meiner Leistungen getroffen zu haben: Ich erhalte von dem Fotografen bis zum .... eine CD mit einer Auswahl von maximal .... der gemeinsam angefertigten Aufnahmen. Ich werde die Aufnahmen nur für persönliche Zwecke und für meine Eigenwerbung als Fotomodell verwenden und keine Bildrechte an Dritte weitergeben."
Die Regelungen zur Mehrwertsteuerpflicht (Satz 2 und 3 der Freigabeerklärung) sind bei dieser Textfassung zu streichen. Außerdem ist dann der drittletzte Absatz, soweit er auf die „Zahlung des vereinbarten Honorars" Bezug nimmt, wie folgt zu ändern:
„Ich bestätige, dass mit dem vereinbarten Erhalt der Foto-CD sämtliche Ansprüche abgegolten sind, die mir wegen der Anfertigung, Vervielfältigung, Verbreitung, Ausstellung oder öffentlichen Wiedergabe der Bildnisse gegenüber dem Fotografen oder Dritten, die mit dessen Einverständnis handeln, zustehen."

7 Es ist umstritten, ob die von den Fotomodellen zu erteilende Einwilligung eine rechtsgeschäftliche Erklärung darstellt mit der Folge, dass bei Minderjährigen zusätzlich die Einwilligung der gesetzlichen Vertreter erforderlich ist, oder ob es sich um eine Disposition über ein Persönlichkeitsrecht handelt, bei der nur Einsicht in die Tragweite des Eingriffs zu verlangen ist, die ein älterer Minderjähriger in der Regel haben wird. Angesichts dieses juristischen Meinungsstreits empfiehlt es sich, die Freigabeerklärung bei allen minderjährigen Modellen vorsorglich auch immer von den Eltern oder den sonstigen gesetzlichen Vertretern unterschreiben zu lassen.
Zu beachten ist, dass die Unterschrift der Eltern oder des sonstigen gesetzlichen Vertreters die Unterschrift des minderjährigen Modells nicht ersetzt, sondern nur ergänzt. Auch ein minderjähriges Fotomodell muss also die Freigabeerklärung an der dafür vorgesehenen Stelle unterschreiben.

Buchungsvereinbarung mit Stylisten / Visagisten

Bei der Abwicklung von Fotoaufträgen im Bereich Mode, Beauty und Food müssen die Fotografen häufig Hairstylisten, Visagisten oder Foodstylisten hinzuziehen. Diese freien Mitarbeiter, die für das Make-up und die Frisur der Modelle oder für die optische Aufbereitung der aufzunehmenden Nahrungsmittel zuständig sind, betrachten ihre Tätigkeit oft als künstlerische Leistung und sehen sich selbst als Mitgestalter der Bilder, die der Fotograf aufnimmt. Tatsächlich stuft das Bundessozialgericht die Visagisten und andere Personen, die an Werbeaufnahmen beteiligt sind und „zum Gelingen des Werbauftrags eigenverantwortlich und nicht unerheblich beitragen", als Künstler im Sinne des Künstlersozialversicherungsgesetzes ein (vgl. BSG, Urteil vom 12. Mai 2005, SGB 2006, 44). Daraus wollen manche Stylisten und Visagisten ein urheberrechtliches Mitspracherecht bei der Verwertung der Aufnahmen ableiten, an deren Entstehung sie mitgewirkt haben. Dem versucht der hier vorgeschlagene Vertragstext entgegenzuwirken.

Buchungsvereinbarung

zwischen [1]

....

– nachstehend „Fotograf" genannt –

und

....

– nachstehend „Vertragspartner" genannt –

1   Der Vertragspartner wird als [2] ☐ Hairstylist   ☐ Visagist   ☐ Foodstylist
im Namen des Fotografen und für Rechnung des unten genannten Kunden [3] für folgende Aufnahmearbeiten gebucht: [4]

Art der Aufnahmen:

....

Aufnahmetermin: ....   Arbeitstage: ....

Anreisetag: ....   Rückreisetag: ....

Anreise ab Ort: ....   nach: ....

Verkehrsmittel: ☐ Flug   ☐ Bahn   ☐ PKW

Aufnahmeort: ....

Hotel: ....

Honorar: .... € [5]

Vertragspartner ist: ☐ mehrwertsteuerpflichtig   ☐ nicht mehrwertsteuerpflichtig.

Kunde/Rechnungstellung an:

....

2 Bemerkungen/Sondervereinbarungen: [6]

....

....

3 Der Fotograf bestimmt an den Aufnahmetagen Beginn und Ende der Arbeitszeit. Für die Arbeit an Sonn- und Feiertagen oder außerhalb der normalen Arbeitszeit werden keine Zuschläge bezahlt.

4 Der Vertragspartner ist verpflichtet, die Vorgaben und Anweisungen des Fotografen zu befolgen und mit größtmöglicher Sorgfalt daran mitzuwirken, dass die Aufnahmen einwandfrei erstellt werden können.

5 Der Fotograf ist alleiniger Urheber der Aufnahmen, die während des Aufnahmetermins entstehen. Die Mitwirkung des Vertragspartners bei den Aufnahmearbeiten begründet kein Miturheberrecht.

6 Soweit an abgebildeten Gegenständen oder sonstigen Bilddetails oder an den Aufnahmen selbst irgendwelche Urheberrechte oder Leistungsschutzrechte des Vertragspartners bestehen oder entstehen, werden dem Fotografen diese Rechte und die damit verbundenen Verwertungsrechte – soweit urheberrechtlich möglich – zur ausschließlichen und inhaltlich, räumlich sowie zeitlich uneingeschränkten Nutzung übertragen. [7] Der Fotograf ist berechtigt, die Aufnahmen in unveränderter oder veränderter Form für alle in Betracht kommenden Zwecke zu vervielfältigen, zu verbreiten, auszustellen, öffentlich wiederzugeben und diese Rechte unbeschränkt auf Dritte zu übertragen. Der Vertragspartner verzichtet auf Namensnennung, ist jedoch mit der Nennung seines Namens bei Veröffentlichung der Aufnahmen einverstanden.

7 Mit der Buchung wird kein Arbeitsverhältnis begründet. Steuern, Versicherungsbeiträge sowie Sozialversicherungsabgaben wird der Vertragspartner, soweit geschuldet, selbst abführen.

8 Sofern der Vertragspartner mehrwertsteuerpflichtig ist, wird die Mehrwertsteuer zusätzlich zu dem vereinbarten Honorar gezahlt.

9 Diese Vereinbarung unterliegt deutschem Recht.

Ort, Datum

....

(Fotograf)   (Vertragspartner)

1   *Hier sind die Namen und Anschriften des Fotografen und seines Vertragspartners vollständig einzutragen. Wird der Stylist/Visagist über eine Agentur gebucht, so ist dennoch in der Regel nicht die Agentur, sondern der Stylist/Visagist der Vertragspartner des Fotografen.*

2   *Das Vertragsmuster ist so gestaltet, dass an dieser Stelle nur angekreuzt zu werden braucht, ob der Vertragspartner als Hairstylist, als Visagist oder als Foodstylist engagiert wird. Die vorgeschlagenen Berufsbezeichnungen können beliebig ergänzt oder durch passendere Bezeichnungen ersetzt werden.*

3   *Der vorgeschlagene Text geht davon aus, dass der Fotograf den Stylisten/Visagisten im eigenen Namen und für Rechnung seines Kunden bucht. Das entspricht dem in der Praxis üblichen Verfahren. Soll statt dessen eine Buchung im eigenen Namen und für eigene Rechnung oder im fremden Namen und für fremde Rechnung erfolgen, muss der Text entsprechend geändert werden.*
        Wenn der Fotograf den Vertrag im eigenen Namen abschließt, haftet er gegenüber dem Kunden, für den die Aufnahmen produziert werden, für eventuelles Fehlverhalten und die mangelhafte Arbeit des Stylisten/Visagisten. Außerdem ist er dann verpflichtet, für die an den Stylisten/Visagisten gezahlten Entgelte die Künstlersozialabgabe zu entrichten. Eine solche Haftung und Zahlungspflicht lässt sich nur vermeiden, wenn der Fotograf den Vertrag mit dem Stylisten oder Visagisten nicht im eigenen Namen, sondern im Namen seines Kunden abschließt. Das setzt allerdings eine entsprechende Bevollmächtigung durch den Kunden voraus.

4   *Die nachfolgenden Leerzeilen des Formulars sind stets sorgfältig auszufüllen. Die Art der Aufnahmen, der Aufnahmeort und das gebuchte Hotel sollten so genau benannt werden, dass Missverständnisse ausgeschlossen sind. Die exakten Angaben zum Aufnahmetermin, zur Anzahl der Arbeitstage, zum An- und Abreisetag und zu dem Verkehrsmittel, mit dem der Stylist/Visagist zum Aufnahmeort gelangen soll, ersparen den Beteiligten spätere Streitigkeiten über die Höhe des Gesamthonorars und die zu erstattenden Reisekosten.*

5   *Hier ist das vereinbarte Honorar einzutragen. Handelt es sich dabei um ein Pauschalhonorar für die Gesamtleistung, so empfiehlt sich eine entsprechende Klarstellung hinter dem Euro-Betrag. Soll das eingetragene Honorar pro Arbeitstag gezahlt werden, muss auch insoweit eine Klarstellung in dem Vertrag erfolgen.*
        Ergänzend ist in dem Vertrag noch anzukreuzen, ob die Umsätze des Stylisten/Visagisten mehrwertsteuerpflichtig sind oder nicht. Außerdem ist der Name und die Anschrift des Kunden, an den der Stylist/Visagist seine Rechnung schicken soll, vollständig einzutragen.

6   Hier können weitere Punkte notiert werden, die bei Abschluss des Vertrages besprochen wurden und die für die Abwicklung des Projekts bedeutsam sind. Falls es solche Punkte nicht gibt und Sondervereinbarungen nicht getroffen wurden, empfiehlt sich die Streichung der Leerzeilen mit einem Querstrich.

7   Wenn ein Visagist ein Gesicht oder einen Körper durch phantasievolles Make-up gestaltet, ein Hairstylist eine Frisur kunstvoll herrichtet oder ein Foodstylist die zu fotografierenden Gegenstände kreativ arrangiert, kann das Ergebnis dieser schöpferischen Arbeit unter Umständen – falls eine gewisse künstlerische Gestaltungshöhe erreicht wird – als Werk der angewandten Kunst urheberrechtlich geschützt sein. Dem Visagisten/Stylisten steht in einem solchen Fall, der in der Praxis allerdings nur selten vorkommen wird, ein eigenes Urheberrecht an den von ihm gestalteten Werken und im Extremfall sogar ein Miturheberrecht an den Aufnahmen zu, die der Fotograf im Zusammenwirken mit dem Visagisten/Stylisten anfertigt. Daraus können sich Probleme bei der Verwertung der Aufnahmen ergeben, so dass der Fotograf durch eine entsprechende Vertragsgestaltung vorsorgen und sich von den Stylisten/Visagisten prophylaktisch alle Rechte einräumen lassen sollte, die er für eine umfassende Verwertung der Aufnahmen benötigt.

Zusammenarbeit mit Repräsentanten 12

Manche Fotografen erhoffen sich von einem Repräsentanten eine Erweiterung ihrer geschäftlichen Verbindungen und eine Umsatzsteigerung. Repräsentanten pflegen die Kontakte zu den Art-Buyern der großen Werbeagenturen und kümmern sich um die Promotion der von ihnen betreuten Fotografen, um so Vertragsabschlüsse zu vermitteln. Diese Unterstützung hat natürlich ihren Preis. Meist verlangen die Repräsentanten eine Provision von bis zu 30 % der Auftragshonorare, wobei die Provision in der Regel bei sämtlichen Aufträgen gefordert wird, also nicht nur bei den Vertragsabschlüssen, die der Repräsentant konkret vermittelt.

Generell ist bei einer vertraglichen Bindung an einen Repräsentanten Vorsicht geboten. Bei manchen „schwarzen Schafen" dieser Branche sind die Provisionsansprüche oft das Einzige, was konkret festgelegt wird. Die von dem Repräsentanten zu erbringende Leistung bleibt dagegen so unbestimmt und undefiniert, dass sie im Zweifelsfall nicht einklagbar ist. Deshalb ist allen Fotografen zu empfehlen, die von dem Repräsentanten geschuldete Leistung in einem schriftlichen Vertrag klar zu fixieren.

Im folgenden Kapitel werden zwei Vertragsmuster vorgestellt. Der erste Vertrag geht davon aus, dass sich der Repräsentant auf die Akquisition von Aufträgen und die Bewerbung der Leistungen des Fotografen beschränkt. Der zweite Vertrag sieht vor, dass der Repräsentant außer der Vertragsvermittlung auch die Organisation und Abwicklung der Fotoproduktionen übernimmt. Beide Muster regeln die beiderseitigen Rechte und Pflichten unter besonderer Berücksichtigung der Interessen der Fotografen, ohne dabei die berechtigten Belange der Repräsentanten außer Acht zu lassen.

Repräsentantenvertrag

Der nachfolgende Vertragstext versteht sich als Gegenentwurf zu den gängigen Vertragsmustern, die in Repräsentantenkreisen zirkulieren und die in der Regel von Rechtsberatern der Repräsentanten verfasst wurden. Diese Vertragsmuster lösen die Interessenkonflikte, die in der sensiblen Beziehung zwischen Repräsentant und Fotograf auftreten können, oft einseitig zugunsten der Repräsentanten. Der hier vorgestellte Vertrag versucht demgegenüber, die wechselseitigen Rechte und Pflichten im Gleichgewicht zu halten und einen fairen Interessenausgleich zwischen den Repräsentanten und den Fotografen zu gewährleisten.

Das Vertragsmuster geht von dem Regelfall aus, dass der Repräsentant lediglich für die Akquisition von Aufträgen und die Bewerbung der Leistungen des Fotografen zuständig ist. Wenn sich der Repräsentant darüber hinaus auch um die Organisation und Abwicklung der Fotoproduktionen kümmern und damit die Aufgaben eines Studioleiters bzw. einer Produktionsfirma übernehmen soll, muss der Vertrag anders aussehen. Für diese Fälle kommt eher das auf Seite 250 ff. abgedruckte Muster in Betracht.

Repräsentantenvertrag

zwischen [1]

....

– nachstehend „Repräsentantin" genannt –

und

....

– nachstehend „Fotograf" genannt –

§ 1   Vertragsgegenstand

(1)   Gegenstand dieses Vertrages ist die Vermittlung von Verträgen über die Herstellung von Bildern (Produktionsverträgen) und über die Einräumung von Nutzungsrechten an bereits produzierten Bildern (Lizenzverträgen) durch die Repräsentantin.

(2)   Die Repräsentantin ist verpflichtet, den Vermittlungsauftrag sorgfältig, nachhaltig und unter Ausnutzung aller sich ergebenden Abschlussmöglichkeiten durchzuführen. In Erfüllung dieser Pflicht wird sie die in § 3 des Vertrages aufgeführten Leistungen erbringen. Der Fotograf ist verpflichtet, dafür gemäß § 5 des Vertrages eine Provision zu zahlen und in dem vereinbarten Umfang (§ 6) auch Aufwendungsersatz zu leisten.

---

(3) Die Parteien sind sich darüber einig, dass die Repräsentantin für den Fotografen nicht als Handelsvertre-terin, sondern als Maklerin tätig wird. [2] Die gesetzlichen Vorschriften über den Mäklervertrag (§§ 652 ff. BGB) gelten ergänzend.

§ 2 Alleinauftrag und Konkurrenzausschluss

(1) Die Repräsentantin erhält für das nachstehend bezeichnete geografische Gebiet (Repräsentationsgebiet) einen Alleinauftrag: [3]

....

(2) Der Fotograf ist während der Laufzeit dieses Vertrages verpflichtet, keinen weiteren Repräsentanten damit zu beauftragen, den Abschluss von Produktions- und Lizenzverträgen mit Kunden, die im Reprä-sentationsgebiet ansässig sind, zu vermitteln.

(3) Der Fotograf kann frei entscheiden, ob er einen von der Repräsentantin vermittelten Vertrag abschließt oder nicht. Lehnt er einen Vertragsabschluss ab, so kann die Repräsentantin weder eine Provision noch Schadensersatz beanspruchen.

(4) Der Fotograf bleibt berechtigt, auch ohne Hinzuziehung der Repräsentantin Verträge abzuschließen. Er wird jedoch die Repräsentantin über solche Vertragsabschlüsse informieren, damit sie ihre Tätigkeit darauf einstellen und das Entstehen eventueller Provisionsforderungen überprüfen kann.

(4) Die Repräsentantin ist während der Laufzeit dieses Vertrages verpflichtet, keine Vermittlungsaufträge von anderen Fotografen zu übernehmen, die in ihrer Stilrichtung und Arbeitsweise sowie aufgrund ihrer Qualifikation, ihres Honorarniveaus und ihres geografischen Wirkungsbereichs unmittelbare Konkur-renten des Fotografen bei der Vergabe von Produktions- und Lizenzaufträgen sind.

§ 3 Aufgaben und Pflichten der Repräsentantin

(1) Aufgabe der Repräsentantin ist die Anbahnung und der Aufbau von Kontakten zu neuen Kunden sowie die Pflege bereits bestehender Kontakte zu den Altkunden des Fotografen.

(2) Die Repräsentantin wird Dritten, die als Vertragspartner des Fotografen in Frage kommen, die Leistungen des Fotografen anbieten und diese Leistungen allgemein oder in besonderen Aktionen in Abstimmung mit dem Fotografen bewerben. Zu diesem Zweck wird sie insbesondere

(a) den Fotografen bei der Zusammenstellung einer Präsentationsmappe (Portfolio) und der Auswahl der Bilder für die Internetpräsentation unterstützen;

(b) den Fotografen bei der Konzeption seiner sonstigen Eigenwerbung beraten und ihm Vorschläge zur Durchführung von Werbemaßnahmen unterbreiten;

(c) den Fotografen auf ihrer Webseite präsentieren;

(d) die von dem Fotografen akzeptierten und mit ihm abgestimmten Mailings und sonstigen Werbeaus-sendungen vorbereiten und verschicken;

(e) das von potentiellen Kunden angeforderte Präsentationsmaterial rechtzeitig zu den vorgegebenen Terminen zur Verfügung stellen;

(f) nach vorherigen Kostenabstimmung für die notwendige Präsenz des Fotografen in den für die Akqui-sition wesentlichen Branchen- und Adressverzeichnissen sorgen und – soweit möglich – Presseveröffentlichungen über ihn veranlassen oder durch rechtzeitige Bereitstellung entsprechender Informationen und Unterlagen unterstützen;

(g) den Fotografen und dessen Arbeiten in regelmäßigen Abständen bei den im Repräsentationsgebiet ansässigen Werbeagenturen und sonstigen potentiellen Kunden, in direkten persönlichen Gesprächen mit Art Buyern oder anderen geeigneten Kontaktpersonen vorstellen und seine Leistungen anbieten.

(3) Die Ausarbeitung von Vertragsangeboten, das Führen von Vertragsverhandlungen und der Abschluss von Verträgen ist Sache des Fotografen. Die Repräsentantin wird ihn dabei unter Beachtung der Beschränkungen, die sich aus dem Rechtsdienstleistungsgesetz ergeben, unterstützen. [4]

(4) Sofern die Repräsentantin über die Vertragsvermittlung hinaus auch die Abrechnung der Leistungen des Fotografen gegenüber den Kunden oder andere Aufgaben im Zusammenhang mit der Abwicklung der Verträge übernehmen soll, bedarf es dazu einer gesonderten schriftlichen Vereinbarung der Parteien. In dieser Vereinbarung ist auch zu regeln, ob die weiteren Leistungen der Repräsentantin zusätzlich vergütet werden und welche Vergütung dafür zu zahlen ist.

(5) Die Repräsentantin hat den Fotografen laufend über ihre Aktivitäten zu informieren und durch Übersendung von Kopien der für ihn wichtigen Korrespondenz auf dem Laufenden zu halten. Sie ist verpflichtet, dem Fotografen auf dessen Wunsch jederzeit Auskunft über Einzelheiten ihrer Tätigkeit zu erteilen und über Geschäfte, für die der Fotograf Aufwendungsersatz zu leisten hat, Rechenschaft abzulegen.

(6) Die Repräsentantin darf rechtsgeschäftliche Erklärungen im Namen und/oder für Rechnung des Fotografen nur abgeben sowie Verpflichtungen und Verbindlichkeiten zu seinen Lasten nur eingehen, wenn und soweit sie dazu im konkreten Einzelfall von dem Fotografen bevollmächtigt und ein Handeln im Namen des Fotografen ohne Verstoß gegen das Rechtsdienstleistungsgesetz möglich ist. Eine mündlich erteilte Vollmacht hat die Repräsentantin stets schriftlich zu bestätigen, damit Missverständnisse ausgeschlossen sind.

(7) Sofern bei der Repräsentantin irgendwelche Zahlungen eingehen, die für den Fotografen bestimmt sind oder ihm zustehen, hat sie diese Zahlungen unverzüglich weiterzuleiten.

§ 4 Pflichten des Fotografen

(1) Der Fotograf hat die Repräsentantin bei ihrer Vermittlungstätigkeit durch Bereitstellung aller notwendigen Informationen und Unterlagen zu unterstützen und sie über jede wesentliche Änderung seiner beruflichen Verhältnisse zu informieren. Er ist insbesondere verpflichtet

(a) der Repräsentantin mindestens ein präsentations- und versandgeeignetes Portfolio, gegebenenfalls ein Portfolio nebst Koffer, zur Verfügung zu stellen und dieses Portfolio in angemessenen Abständen zu aktualisieren;

(b) die für die Internetpräsentation benötigten Bilder in einem geeigneten Format und einer geeigneten Auflösung zur Verfügung zu stellen;

(c) für Mailings und andere Werbeaussendungen, die mit seiner Zustimmung und in Abstimmung mit ihm durchgeführt werden, die jeweils benötigten Bilddateien und sonstigen Vorlagen rechtzeitig bereitzustellen;

(d) die Repräsentantin bei allen weiteren Werbemaßnahmen, soweit sie ihn betreffen und mit ihm abgestimmt sind, durch seine Mitwirkung zu unterstützen;

(e) die Repräsentantin laufend über alle wichtigen Termine und die von ihm angenommenen Aufträge sowie über eine längere Abwesenheit, egal ob aus beruflichen oder privaten Gründen, rechtzeitig vorher zu informieren;

(f) nach Möglichkeit dafür zu sorgen, dass er auch bei einer längeren Abwesenheit für die Repräsentantin erreichbar ist;

(g) auf schriftliche oder mündliche Anfragen der Repräsentantin möglichst rasch zu reagieren und ihr seine Entscheidungen zu vorgeschlagenen Werbeaktionen, zu Kostenangeboten für Werbedrucksachen oder sonstige Werbemaßnahmen in angemessener Zeit bekannt zu geben.

(2) Der Fotograf ist verpflichtet, die Repräsentantin von allen Verpflichtungen und Verbindlichkeiten freizustellen, die sie in seinem Auftrag und mit seiner Einwilligung eingegangen ist.

(3) Analoges Bildmaterial und alle sonstigen Unterlagen, die der Fotograf der Repräsentantin für ihre Tätigkeit zur Verfügung stellt, verbleiben im Eigentum des Fotografen. Die Repräsentantin hat diese Gegenstände nach Gebrauch, spätestens jedoch nach Beendigung des Vertragsverhältnisses unverzüglich und unaufgefordert zurückzugeben.

§ 5   Provision

(1) Für den Nachweis oder die Vermittlung der Produktions- und Lizenzverträge, die während der Laufzeit dieses Repräsentantenvertrages wirksam abgeschlossen werden, erhält die Repräsentantin eine Provision in Höhe von .... % [5] zuzüglich der auf die Provision entfallenden Mehrwertsteuer. Die Provision wird auf der Basis der Netto-Honorareingänge (= tatsächlich gezahlte Bruttohonorare abzüglich Mehrwertsteuer) berechnet. Honorare im Sinne dieser Regelung sind nur die Vergütungen für Werkleistungen des Fotografen und für die Erteilung von Lizenzen. Unberücksichtigt bleiben Zahlungen, mit denen lediglich Kosten erstattet werden, die dem Fotografen im Zusammenhang mit der Abwicklung eines Produktions- oder Lizenzauftrages entstanden und in seiner Rechnung an den Kunden neben den Honoraren gesondert ausgewiesen sind.

(2) Die Provision ist nur zu zahlen, wenn die Nachweis- und Vermittlungstätigkeit der Repräsentantin für die betreffenden Vertragsabschlüsse ursächlich oder wenigstens mitursächlich war. In Zweifelsfällen wird die Ursächlichkeit zu Gunsten der Repräsentantin vermutet, sofern nicht der Fotograf den Nachweis erbringt, dass der Vertrag auch ohne die von der Repräsentantin entfaltete Werbe- und Vermittlungstätigkeit zustande gekommen wäre.

(3) Für Verträge, die der Fotograf innerhalb eines Jahres nach Abschluss des Repräsentantenvertrages mit Altkunden abschließt, besteht keine Provisionspflicht. Zu den Altkunden gehören diejenigen Kunden, mit denen der Fotograf bereits vor Abschluss des Repräsentantenvertrages in geschäftlichen Beziehungen bestanden hat und die in der Anlage zu dem vorliegenden Vertrag namentlich aufgeführt sind.

(4) Verträge, die erst nach Beendigung des Repräsentantenvertrages zustande kommen, können eine Provisionspflicht nur auslösen, sofern dafür eine vor Vertragsbeendigung erbrachte Vermittlungstätigkeit der Repräsentantin ursächlich geworden ist.

(5) Wird ein vom Fotografen berechnetes Honorar nicht oder nicht vollständig von dem Kunden bezahlt, wird sich der Fotograf bemühen, den Kunden durch Mahnungen und andere geeignete Maßnahmen zur Zahlung zu veranlassen. Es steht jedoch in seinem Ermessen, ob er einen Rechtsanwalt einschaltet und/

oder gerichtliche Hilfe in Anspruch nimmt. Leistet der Kunde trotz der Bemühungen des Fotografen keine Zahlung oder zahlt er nicht vollständig, erhält die Repräsentantin insoweit auch keine Provision.

(6) Erhält die Repräsentantin nach einer Kundenzahlung die darauf entfallende Provision und muss der Fotograf die Zahlung später wieder, ohne dass ihm ein Verschulden zur Last fällt, ganz oder teilweise an den Kunden zurückerstatten, so ist auch die Repräsentantin zur Erstattung der Provision verpflichtet, die auf den zurückgezahlten Betrag entfällt.

(7) Die Provision wird erst fällig, wenn die entsprechende Kundenzahlung bei dem Fotografen oder bei der Repräsentantin eingeht.

(8) Der Fotograf ist verpflichtet, der Repräsentantin Rechnungskopien zu allen Geschäften vorzulegen, die eine Provisionspflicht auslösen, und sie laufend über die eingehenden Zahlungen zu informieren. Nach Eingang einer provisionspflichtigen Zahlung hat der Fotograf die Provision, die er der Repräsentantin schuldet, innerhalb angemessener Frist abzurechnen und an die Repräsentantin weiterzuleiten. Sofern Zahlungen mit Zustimmung des Fotografen bei der Repräsentantin eingehen, ist die Repräsentantin berechtigt, diese Zahlungen vor der Weiterleitung an den Fotografen um ihre Provision zu kürzen.

(9) Mit der vom Fotografen gezahlten Provision wird die gesamte Tätigkeit der Repräsentantin einschließlich der Aufwendungen, die ihr im Rahmen ihres Geschäftsbetriebes üblicherweise entstehen (z. B. für Telefon, Telefax, Porto, Büroausstattung, Büromiete, Büromaterial, Reisen), vollständig abgegolten. Außergewöhnliche Aufwendungen werden nach Maßgabe des § 6 erstattet. Weitergehende Zahlungspflichten des Fotografen bestehen nicht.

§ 6 Erstattung außergewöhnlicher Aufwendungen

(1) Als außergewöhnliche Aufwendungen werden nur Auslagen und Kosten anerkannt, die bei der Repräsentantin außerhalb des normalen Geschäftsbetriebs auf Veranlassung des Fotografen und mit dessen Zustimmung anfallen. Dazu gehören insbesondere

(a) die Kosten für Präsentationsreisen, die außerhalb des üblichen Rahmens auf besonderen Wunsch des Fotografen stattfinden (nicht jedoch die Kosten der regelmäßigen Präsentationsbesuche bei potentiellen Kunden);

(b) die Kosten für die mit dem Fotografen abgestimmten Mailings und sonstigen Werbeaussendungen einschließlich der Verpackungs- und Portokosten, jedoch nur anteilig, sofern die Aussendung zugleich für andere Fotografen, die von der Repräsentantin betreut werden, erfolgen;

(c) die Kosten für Presseveröffentlichungen und für Eintragungen in Branchen- und Adressverzeichnisse, soweit sie der Fotograf vorher genehmigt hat.

(2) Der Fotograf braucht nur solche außergewöhnlichen Aufwendungen zu erstatten, denen er vor ihrer Entstehung dem Grunde nach und – soweit möglich – auch der Höhe nach zugestimmt hat und die erforderlich waren, um den jeweils verfolgten Zweck zu erreichen. Die Höhe der Aufwendungen ist von der Repräsentantin durch Vorlage der entsprechenden Belege nachzuweisen.

(3) Soweit die zu erstattenden Aufwendungen mehrwertsteuerpflichtig sind, hat der Fotograf auch die Mehrwertsteuer zu zahlen.

(4) Der Erstattungsanspruch der Repräsentantin wird mit der Vorlage einer prüfbaren Abrechnung der einzelnen Aufwendungen fällig.

§ 7 Haftung

(1) Beide Parteien haften nur für Schäden, die sie selbst oder ihre Erfüllungsgehilfen vorsätzlich oder grob fahrlässig herbeiführen. Davon ausgenommen sind Schäden aus der Verletzung einer Vertragspflicht, die für die Erreichung des Vertragszwecks von wesentlicher Bedeutung ist (Kardinalpflicht), sowie Schäden aus der Verletzung des Lebens, des Körpers oder der Gesundheit, für die beide Parteien auch bei leichter Fahrlässigkeit haften.

(2) Die wechselseitige Zusendung und Rücksendung von analogem Bildmaterial und sonstigen Unterlagen erfolgt auf Gefahr und für Rechnung des jeweiligen Absenders.

§ 8 Kündigung

(1) Dieser Vertrag wird auf unbestimmte Zeit abgeschlossen. Er kann von beiden Parteien zum Ende eines jeden Kalenderhalbjahres (also zum 30. 6. bzw. 31.12.) frühestens jedoch zum ....[6] mit einer Frist von sechs Monaten gekündigt werden. Die Kündigung hat schriftlich zu erfolgen.

(2) Das Recht zur fristlosen Kündigung aus wichtigem Grund bleibt unberührt. [7]

§ 9 Schlussbestimmungen

(1) Änderungen und Ergänzungen des Vertrages sowie die Änderung oder Aufhebung dieser Schriftformklausel sind nur wirksam, wenn sie schriftlich vereinbart werden, es sei denn, sie beruhen auf einer ausdrücklichen oder individuellen Vertragsabrede.

(2) Sollten einzelne Bestimmungen dieses Vertrages unwirksam sein, wird dadurch die Wirksamkeit der übrigen Bestimmungen nicht berührt.

(3) Es gilt das Recht der Bundesrepublik Deutschland.

Ort, Datum

....

(Repräsentantin)   (Fotograf)

Anlage zu dem Repräsentantenvertrag vom ....[8]

Liste der Altkunden (§ 5 Absatz 3)

	Kundenname	Anschrift	Datum der letzten Auftragserteilung
1.	....	....	....
2.	....	....	....
3.	....	....	....
4.	....	....	....
5.	....	....	....
6.	....	....	....
7.	....	....	....
8.	....	....	....
9.	....	....	....
10.	....	....	....

1   *Hier sind die Namen und Anschriften der Repräsentantin und des Fotografen vollständig einzutragen. Wird die Repräsentanz als kaufmännisches Unternehmen betrieben, ist auf die korrekte Angabe der Rechtsform (z.B. e.K., GmbH) sowie darauf zu achten, dass der Vertrag von dem gesetzlichen Vertreter des Unternehmens oder einer entsprechend bevollmächtigten Person unterschrieben wird.*

2   *Die rechtliche Einordnung der Repräsentanten ist umstritten. Sie selbst betrachten sich häufig als Handelsvertreter. Das OLG Hamburg hat jedoch entschieden, dass Repräsentanten keine Handelsvertreter sind (GRUR 2006, 788).*
Der Statusstreit ist keineswegs akademischer Natur, sondern von erheblicher praktischer Bedeutung. Sind nämlich die Repräsentanten als Handelsvertreter einzustufen, dann steht ihnen auch der für Han-

delsvertreter vorgesehene Ausgleichsanspruch gemäß § 89 b HGB zu. Nach § 89 b HGB kann ein Handelsvertreter von dem Unternehmer, für den er tätig war, nach Beendigung des Vertragsverhältnisses einen angemessenen Ausgleich verlangen. Als Ausgleich ist maximal eine Jahresprovision – berechnet nach dem Durchschnitt der letzten fünf Jahre – zu zahlen. Der Sinn und Zweck des Ausgleichsanspruchs besteht darin, dem Handelsvertreter zusätzlich zu der normalen Provision eine weitere Gegenleistung dafür zu verschaffen, dass er einen Kundenstamm aufgebaut hat, den der von ihm betreute Unternehmer nach Beendigung des Vertrages weiter nutzen kann.

Die Aussicht, den Fotografen nach einer Vertragskündigung noch einmal „zur Kasse bitten" zu können, veranlasst manche Repräsentanten, ihre Tätigkeit als die eines Handelsvertreters zu deklarieren und einen Ausgleichsanspruch nach § 89 b HGB geltend zu machen. Wären sie damit erfolgreich, müsste jeder Fotograf bei Beendigung des Repräsentantenvertrages mit hohen finanziellen Nachforderungen rechnen.

Das OLG Hamburg hat in der oben zitierten Grundsatzentscheidung klargestellt, dass die Repräsentanten eher den Maklern zuzuordnen sind und dass ihnen deshalb der für Handelsvertreter vorgesehene Ausgleichanspruch nicht zusteht. Um insoweit allerdings letzte Unsicherheiten zu beseitigen, enthält das hier vorgestellte Vertragsmuster in § 1 Abs. 3 eine Regelung, mit der die Parteien vorsorglich klarstellen, dass sie ihr Vertragsverhältnis dem Maklerrecht zuordnen.

3   Das geografische Gebiet, für das die Repräsentantin einen Alleinauftrag erhalten soll, ist in der dafür vorgesehenen Leerzeile exakt zu beschreiben (z.B. „Deutschland", „alle Mitgliedsländer der Europäischen Union").

4   Diese Regelung soll gewährleisten, dass die Tätigkeit der Repräsentantin nicht mit dem Rechtsdienstleistungsgesetz (RDG) kollidiert.

Die Befugnis, außergerichtliche Rechtsdienstleistungen zu erbringen, ist gesetzlich reglementiert. Erlaubt sind Rechtsdienstleistungen nur in dem durch das RDG oder andere Gesetze zugelassenen Umfang. Als „Rechtsdienstleistung" gilt nach der gesetzlichen Definition jede Tätigkeit in einer konkreten fremden Angelegenheit, wenn sie eine rechtliche Prüfung des Einzelfalls erfordert. Eine solche Rechtsprüfung ist aber nahezu bei jedem Vertrag erforderlich, den eine Repräsentantin für einen Fotografen aushandelt, zumal die Fotografen in der Regel darauf vertrauen werden, dass die Repräsentantin die einzelnen Vertragsbestimmungen sorgfältig unter die Lupe nimmt, auf die rechtlichen Risiken des Vertragsabschlusses rechtzeitig hinweist und sich nicht auf juristische Abenteuer einlässt. Deshalb fallen sowohl die Vertragsverhandlungen, die Repräsentanten mit den Auftraggebern des Fotografen führen, als auch die Vertragserklärungen, die sie als Vertreter des Fotografen abgeben, unter den Begriff der Rechtsdienstleistung und damit in den Anwendungsbereich des RDG.

Das RDG erlaubt solche Rechtsdienstleistungen ohne den Nachweis einer besonderen Sachkunde und ohne eine amtliche Registrierung nur unter bestimmten Voraussetzungen. Diese Voraussetzungen sind aber bei den Repräsentanten regelmäßig nicht erfüllt (Einzelheiten dazu in dem BFF-Handbuch „Basiswissen", 4. Auflage 2010, S. 67 ff.). Deshalb darf eine Repräsentantin für die von ihr betreuten Fotografen weder Vertragsverhandlungen führen noch Verträge abschließen. Wollte man sich darüber hinwegsetzen, könnte das die Nichtigkeit des gesamten Repräsentantenvertrages zur Folge haben (§ 134 BGB).

5 *An dieser Stelle ist die Höhe der Provision festzulegen, die der Fotograf für die Vermittlung von Produktions- und Lizenzverträgen an die Repräsentantin zu zahlen hat. Üblich sind derzeit 25 % des Nettohonorars, das der Fotograf verdient. Es werden aber auch niedrigere (z.B. 20 %) und höhere Provisionssätze (z.B. 30 %) vereinbart.*

6 *Der Vertragstext sieht eine halbjährliche Kündigungsmöglichkeit vor. Diese Frist kann verlängert oder verkürzt werden. In der schwierigen Anfangsphase sollte der Vertrag zunächst nicht mit den üblichen Fristen kündbar sein, weil beide Parteien eine gewisse Anlaufzeit brauchen. Statt dessen empfiehlt es sich, als frühestmöglichen Kündigungszeitpunkt ein Datum einzutragen, das mindestens ein Jahr Abstand zum Datum des Vertragsabschlusses einhält.*

7 *Unberührt bleibt außerdem das Recht, den Vertrag jederzeit auch ohne wichtigen Grund und ohne Einhaltung irgendwelcher Fristen gemäß § 627 BGB zu kündigen.*
   § 627 Abs. 1 BGB sieht bei Verträgen über Dienstleistungen, die aufgrund besonderen Vertrauens übertragen zu werden pflegen („Dienste höherer Art"), für beide Vertragsparteien die Möglichkeit einer fristlosen Kündigung auch dann vor, wenn für die Kündigung kein wichtiger Grund vorliegt. Voraussetzung ist allerdings, dass es sich bei dem Dienstverhältnis weder um ein Arbeitsverhältnis noch um ein Dienstverhältnis mit festen Bezügen handelt. Nach herrschender Rechtsauffassung erfüllen die Repräsentantenverträge sämtliche Voraussetzungen des § 627 BGB, so dass solche Verträge unabhängig von den vereinbarten Fristen für eine ordentliche Kündigung jederzeit auch außerordentlich kündbar sind.

8 *Dem Repräsentantenvertrag ist unbedingt die vorbereitete Anlage beizufügen, weil § 5 Abs. 3 des Vertrages, der auf die Anlage verweist, sonst ins Leere läuft. Das Datum der Anlage, das hier einzutragen ist, muss mit dem Datum des Repräsentantenvertrages übereinstimmen.*
   In der Anlage sind sämtliche Altkunden aufzulisten, mit denen der Fotograf bereits vor Abschluss des Repräsentantenvertrages in geschäftlichen Beziehungen gestanden hat. Es sind die Namen und Anschriften der Altkunden vollständig anzugeben. Außerdem sollte das Datum der letzten Auftragserteilung notiert werden. Es empfiehlt sich, auch die Liste der Altkunden zum Zeichen der Kenntnisnahme und des Einverständnisses von beiden Parteien abzeichnen zu lassen.

Das nachfolgende Vertragsmuster erweitert das übliche Leistungsspektrum eines Repräsentanten, indem es die Organisation und Abwicklung der Fotoproduktionen in den Vertrag einbezieht. Mit dieser Ausweitung übernimmt der Repräsentant zusätzlich die Aufgaben eines Studioleiters bzw. einer Produktionsfirma, was ihm allerdings auch zusätzliche Einnahmen sichert.

Wenn die Einbeziehung dieser Sonderaufgaben nicht gewünscht wird und Vertragsgegenstand lediglich die „klassische" Repräsentantenleistung sein soll, ist für den Vertragsabschluss das auf Seite 241 ff. abgedruckte Vertragsmuster zu wählen.

Kooperationsvertrag

zwischen [1]

....

– nachstehend „Fotograf" –

und

....

– nachstehend „Agentin" -

§ 1   Vertragsgegenstand

(1)   Die Agentin wird für den Fotografen folgende Leistungen erbringen:

(a) Vermittlung von Verträgen über die Herstellung von Bildern (Produktionsverträge) und über die Einräumung von Nutzungsrechten (Lizenzverträge);

(b) Organisation und Abwicklung von Fotoproduktionen.

(2)   Die Parteien sind sich darüber einig, dass die Agentin bei der Vermittlung von Verträgen nicht als Handelsvertreterin, sondern als Maklerin tätig wird. [2] Die gesetzlichen Vorschriften über den Mäklervertrag (§§ 652 ff. BGB) gelten insoweit entsprechend.

(3)   Die Organisation und Abwicklung von Fotoproduktionen wird als entgeltliche Geschäftsbesorgung (§ 675 BGB) ausgeführt.

§ 2   Vermittlung von Verträgen

(1)   Aufgabe der Agentin ist die Anbahnung und der Aufbau von Kontakten zu neuen Kunden sowie die Pflege bereits bestehender Kontakte zu Altkunden des Fotografen.

---

(2) Die Agentin wird Dritten, die als Vertragspartner des Fotografen in Frage kommen, die Leistungen des Fotografen anbieten und diese Leistungen allgemein oder in besonderen Aktionen in Abstimmung mit dem Fotografen bewerben. Zu diesem Zweck wird sie insbesondere

(a) den Fotografen bei der Zusammenstellung einer Präsentationsmappe (Portfolio) und der Auswahl der Bilder für die Internetpräsentation unterstützen;

(b) den Fotografen bei der Konzeption seiner sonstigen Eigenwerbung beraten und ihm Vorschläge zur Durchführung von Werbemaßnahmen unterbreiten;

(c) den Fotografen auf ihrer Webseite präsentieren;

(d) die von dem Fotografen akzeptierten und mit ihm abgestimmten Mailings und sonstigen Werbeaussendungen vorbereiten und verschicken;

(e) das von potentiellen Kunden angeforderte Präsentationsmaterial rechtzeitig zu den vorgegebenen Terminen zur Verfügung stellen;

(f) nach vorherigen Kostenabstimmung für die notwendige Präsenz des Fotografen in den für die Akquisition wesentlichen Branchen- und Adressverzeichnissen sorgen und – soweit möglich – Presseveröffentlichungen über ihn veranlassen oder durch rechtzeitige Bereitstellung entsprechender Informationen und Unterlagen unterstützen;

(g) den Fotografen und dessen Arbeiten in regelmäßigen Abständen bei den im Repräsentationsgebiet ansässigen Werbeagenturen und sonstigen potentiellen Kunden, in direkten persönlichen Gesprächen mit Art Buyern oder anderen geeigneten Kontaktpersonen vorstellen und seine Leistungen anbieten.

(3) Die Ausarbeitung von Vertragsangeboten, das Führen von Vertragsverhandlungen und der Abschluss von Verträgen ist Sache des Fotografen. Die Agentin wird ihn dabei unter Beachtung der Beschränkungen, die sich aus dem Rechtsdienstleistungsgesetz ergeben, unterstützen. [3]

(4) Der Fotograf bleibt ungeachtet des Vermittlungsauftrags berechtigt, auch ohne Hinzuziehung der Agentin Verhandlungen zu führen und Verträge abzuschließen. Er kann frei entscheiden, ob er einen von der Agentin vermittelten Vertrag abschließt oder nicht. Lehnt er einen Vertragsabschluss ab, kann die Agentin weder Provision noch Schadenersatz beanspruchen.

(5) Die Agentin ist während der Laufzeit dieses Vertrages verpflichtet, keine Vermittlungsaufträge von anderen Fotografen zu übernehmen, die in ihrer Stilrichtung und Arbeitsweise sowie aufgrund ihrer Qualifikation, ihres Honorarniveaus und ihres geografischen Wirkungsbereichs unmittelbare Konkurrenten des Fotografen bei der Vergabe von Produktions- und Lizenzaufträgen sind.

§ 3 Organisation und Abwicklung von Fotoproduktionen

(1) Sämtliche Fotoproduktionen, die von dem Fotografen auszuführen sind, hat die Agentin so zu organisieren und abzuwickeln, dass sich der Fotograf vollständig auf das Fotografieren konzentrieren kann und mit organisatorischen oder technischen Details der Produktion nicht belastet wird.

(2) Die Organisation und Abwicklung der Fotoproduktionen umfasst insbesondere folgende Arbeiten:

(a) Klärung aller organisatorischen und technischen Anforderungen der jeweiligen Produktion und Ausarbeitung eines genauen Termin- und Ablaufplans;

(b) Sicherstellung der notwendigen Mitwirkung des Kunden;

(c) Durchführung von Castings;

(d) Erledigung der Korrespondenz mit Modellagenturen, Stylisten, Visagisten und anderen Beteiligten, die an der Produktion mitwirken;

(e) Beschaffung aller Requisiten und der für die Produktion benötigten technischen Ausrüstung;

(f) Vorbereitung der Reisen einschließlich Hotelbuchung, Anmietung von Fahrzeugen und Ticketbeschaffung;

(g) Locationsuche bzw. Einschaltung von Locationscouts;

(h) Beschaffung der für ein Shooting eventuell benötigten Genehmigungen;

(i) laufende Abstimmung der Termine mit allen Beteiligten und Koordination sämtlicher Lieferungen und Leistungen, die für eine Produktion benötigt werden.

(3) Die Agentin hat die Organisation und Abwicklung der Fotoproduktionen in eigener Verantwortung und auf eigenes Risiko als freie Unternehmerin durchzuführen. Verträge mit Dritten, die an der Produktion beteiligt sind oder Beiträge zu der Produktion leisten, sind ausschließlich in ihrem Namen und auf ihre Rechnung abzuschließen, sofern nicht der Kunde im Einzelfall den Abschluss der Verträge in seinem Namen billigt und der Agentin eine entsprechende schriftliche Vollmacht erteilt. Zu Vertragsabschlüssen im Namen und für Rechnung des Fotografen ist die Agentin nicht berechtigt.

(4) Die Kosten der Fotoproduktionen sind von der Agentin direkt gegenüber den Kunden des Fotografen abzurechnen. Die Agentin hat ihre Rechnungen dementsprechend auf den jeweiligen Kunden auszustellen und dafür zu sorgen, dass die Produktionskosten direkt an sie erstattet werden. Der Fotograf ist nicht verpflichtet, bei Zahlungsunfähigkeit des Kunden oder sonstigen Zahlungsausfällen die Produktionskosten der Agentin auszugleichen. Lediglich in den Fällen, in denen ein Kunde die Bezahlung der Produktionskosten zu Recht verweigert und der Grund für die Zahlungsverweigerung von dem Fotografen zu vertreten ist, hat die Agentin einen Kostenerstattungsanspruch gegen den Fotografen.

(5) Die Agentin hat die Arbeiten, die im Zusammenhang mit der Organisation und Abwicklung einer Fotoproduktion auszuführen sind, persönlich zu leisten. Sie darf jedoch Hilfspersonen auf eigene Rechnung hinzuziehen.

(6) Die Produktionsaufträge des Fotografen haben stets Vorrang vor anderen Fotoproduktionen, die von der Agentin betreut werden.

§ 4 Pflichten der Agentin

(1) Die Agentin wird den Fotografen laufend über ihre Aktivitäten informieren und ihm Kopien der für ihn wichtigen Korrespondenz zur Verfügung stellen. Sie ist verpflichtet, dem Fotografen jederzeit Auskunft über Einzelheiten ihrer Tätigkeit zu erteilen und über alle Geschäfte, die den Fotografen betreffen, Rechenschaft abzulegen.

(2) Die Agentin hat die Weisungen des Fotografen und bei Fotoproduktionen auch die Vorgaben und Wünsche der Kunden zu beachten. Von den Weisungen und Vorgaben darf sie nur abweichen, wenn der Fotograf oder der Kunde zustimmt oder wenn den Umständen nach anzunehmen ist, dass der Fotograf oder der Kunde die Abweichung bei Kenntnis der Sachlage billigen würde.

(3) Die Agentin darf rechtsgeschäftliche Erklärungen im Namen und/oder für Rechnung des Fotografen nur abgeben sowie Verpflichtungen und Verbindlichkeiten zu seinen Lasten nur eingehen, wenn und soweit sie dazu im konkreten Fall von dem Fotografen bevollmächtigt und ein Handeln im Namen des Fotografen

ohne Verstoß gegen das Rechtsdienstleistungsgesetz möglich ist. Eine mündlich erteilte Vollmacht hat die Agentin stets schriftlich zu bestätigen, damit Missverständnisse ausgeschlossen sind.

(4) Sofern bei der Agentin irgendwelche Zahlungen eingehen, die für den Fotografen bestimmt sind oder ihm zustehen, hat sie diese Zahlungen unverzüglich weiterzuleiten.

(5) Analoges Bildmaterial und alle sonstigen Unterlagen, die der Fotograf der Agentin für ihre Tätigkeit zur Verfügung stellt, verbleiben im Eigentum des Fotografen. Die Agentin hat diese Gegenstände nach Gebrauch, spätestens jedoch nach Beendigung des Vertragsverhältnisses unverzüglich, unaufgefordert, vollständig und in einwandfreiem Zustand zurückzugeben.

(6) Die Agentin ist verpflichtet, über die ihr anvertrauten und zugänglich gemachten oder sonst bekannt gewordenen Geschäftsgeheimnisse und sonstigen vertraulichen Angelegenheiten des Fotografen und seiner Kunden auch nach Beendigung des Kooperationsvertrages Stillschweigen zu bewahren. Soweit sie Zugang zu der Kundenkartei oder zu sonstigen Datensammlungen des Fotografen hat, darf sie diese weder kopieren noch für vertragsfremde Zwecke verwenden

§ 5 Pflichten des Fotografen

(1) Der Fotograf hat die Agentin bei ihrer Vermittlungstätigkeit durch Bereitstellung aller notwendigen Informationen und Unterlagen zu unterstützen und sie über jede wesentliche Änderung seiner beruflichen Verhältnisse zu informieren. Er ist insbesondere verpflichtet,

(a) der Agentin die vorhandene Kundenkartei zur Verfügung zu stellen, damit sie die bereits bestehenden Kontakte nutzen und ausbauen kann;

(b) der Agentin mindestens ein präsentations- und versandgeeignetes Portfolio, gegebenenfalls ein Portfolio nebst Koffer, zur Verfügung zu stellen und dieses Portfolio in angemessenen Abständen zu aktualisieren;

(c) die für die Internetpräsentation benötigten Bilder in einem geeigneten Format und einer geeigneten Auflösung zur Verfügung zu stellen;

(d) für Mailings und andere Werbeaussendungen, die mit seiner Zustimmung und in Abstimmung mit ihm durchgeführt werden, die jeweils benötigten Bilddateien und sonstigen Vorlagen rechtzeitig bereitzustellen;

(e) die Agentin bei allen weiteren Werbemaßnahmen, soweit sie mit ihm abgestimmt sind, durch seine Mitwirkung zu unterstützen;

(f) die Agentin laufend über alle wichtigen Termine und die von ihm angenommenen Aufträge sowie über eine längere Abwesenheit, egal ob aus beruflichen oder privaten Gründen, rechtzeitig vorher zu informieren;

(g) nach Möglichkeit dafür zu sorgen, dass er auch bei einer längeren Abwesenheit für die Agentin erreichbar ist;

(h) auf schriftliche oder mündliche Anfragen der Agentin möglichst rasch zu reagieren und ihr seine Entscheidungen zu vorgeschlagenen Werbeaktionen, zu Kostenangeboten für Werbedrucksachen oder sonstige Werbemaßnahmen und zu den von der Agentin ausgearbeiteten oder vermittelten Vertragsangeboten in angemessener Zeit bekannt zu geben.

(2) Soweit Fotoproduktionen zu organisieren und abzuwickeln sind, wird der Fotograf der Agentin sämtliche Informationen und Unterlagen zukommen lassen, die für die jeweilige Produktion zur Verfügung stehen oder von den Kunden zur Verfügung gestellt werden. Dazu gehört insbesondere

(a) die Bekanntgabe des Briefings und aller sonstigen Vorgaben zu der jeweiligen Fotoproduktion;

(b) die laufende Unterrichtung über Gespräche und Kontakte mit Kunden, die eine Fotoproduktion in Auftrag gegeben haben;

(c) die sofortige Bekanntgabe von Auftragsänderungen und/oder -ergänzungen, soweit sie Auswirkungen auf die Organisation und Abwicklung der Fotoproduktion haben können.

§ 6 Provision

(1) Zur Abgeltung ihrer Nachweis- und Vermittlungstätigkeit erhält die Agentin eine Provision in Höhe von .... %. [4] Die Provision ist nur zu zahlen, wenn die Nachweis- und Vermittlungstätigkeit der Agentin für die betreffenden Vertragsabschlüsse ursächlich oder wenigstens mitursächlich gewesen ist.

(2) Die Provision wird auf der Basis der Nettohonorareingänge (= tatsächlich gezahlte Bruttohonorare abzüglich Mehrwertsteuer) berechnet. Zu der Provision kommt die darauf entfallende Mehrwertsteuer hinzu. Honorare im Sinne dieser Regelung sind nur die Vergütungen für Werkleistungen des Fotografen (einschließlich Ausfallhonorare) und für die Erteilung von Bildlizenzen. Unberücksichtigt bleiben Zahlungen, mit denen lediglich Kosten erstattet werden, die dem Fotografen im Zusammenhang mit der Abwicklung eines Produktions- und Lizenzauftrags entstanden und in seiner Rechnung an den Kunden neben den Honoraren gesondert ausgewiesen sind.

(3) Verträge, die erst nach Beendigung des Kooperationsvertrages zustande kommen, können eine Provisionspflicht nur auslösen, sofern dafür eine vor Vertragsbeendigung erbrachte Vermittlungstätigkeit der Repräsentantin ursächlich geworden ist.

(4) Wird ein von dem Fotografen berechnetes Honorar nicht oder nicht vollständig von dem Kunden bezahlt, wird sich der Fotograf bemühen, den Kunden durch Mahnungen und andere geeignete Maßnahmen zur Zahlung zu veranlassen. Es steht jedoch in seinem Ermessen, ob er einen Rechtsanwalt einschaltet und/oder gerichtliche Hilfe in Anspruch nimmt. Leistet der Kunde trotz der Bemühungen des Fotografen keine Zahlung oder zahlt er nicht vollständig, erhält die Agentin insoweit auch keine Provision.

(5) Erhält die Agentin nach einer Kundenzahlung die darauf entfallende Provision und muss der Fotograf die Zahlung später wieder, ohne dass ihm ein Verschulden zur Last fällt, ganz oder teilweise an den Kunden zurückerstatten, so ist auch die Agentin zur Erstattung der Provision verpflichtet, die auf den zurückgezahlten Betrag entfällt.

(6) Die Provision wird erst fällig, wenn die entsprechende Kundenzahlung bei dem Fotografen oder bei der Agentin eingeht.

(7) Der Fotograf ist verpflichtet, der Agentin Rechnungskopien zu allen Geschäften vorzulegen, die eine Provisionspflicht auslösen, und sie laufend über die eingehenden Zahlungen zu informieren. Nach Eingang einer provisionspflichtigen Zahlung hat der Fotograf die Provision, die er der Agentin schuldet, innerhalb angemessener Frist abzurechnen und an die Agentin weiterzuleiten. Sofern Zahlungen mit Zustimmung des Fotografen bei der Agentin eingehen, ist die Agentin berechtigt, diese Zahlungen vor der Weiterleitung an den Fotografen um ihre Provision zu kürzen.

(8) Mit der von dem Fotografen gezahlten Provision wird die gesamte Nachweis- und Vermittlungstätigkeit der Agentin einschließlich der üblichen Aufwendungen, die ihr im Zusammenhang mit dieser Tätigkeit entstehen (z.B. für Telefon, Telefax, Porto, Reisen), vollständig abgegolten. Außergewöhnliche Aufwendungen werden nach Maßgabe des § 8 erstattet.

§ 7   Produktionshonorar

(1) Soweit die Agentin eine Fotoproduktion nachgewiesen oder vermittelt hat, gelten die Leistungen, die sie im Zusammenhang mit der Organisation und Abwicklung dieser Produktion erbringt, mit der nach § 6 zu zahlenden Provision als abgegolten. Wenn allerdings bei einer provisionspflichtigen Fotoproduktion mit dem Kunden die Zahlung eines gesonderten Honorars für die Produktionsabwicklung (Produktionshonorar) vereinbart wird, kann die Agentin außer der Provision auch das von dem Kunden zu zahlende Produktionshonorar beanspruchen.

(2) Soweit die Agentin Fotoproduktionen organisiert und abwickelt, die sie nicht nachgewiesen oder vermittelt hat und für die deshalb keine Provisionen zu zahlen sind, gilt folgende Regelung:

(a) Wird bei solchen Fotoproduktionen vereinbart, dass der Kunde für die Abwicklung der Produktion ein gesondertes Honorar zu zahlen hat, erhält die Agentin zur Abgeltung ihrer Leistungen das von dem Kunden gezahlte Produktionshonorar.

(b) Wird mit dem Kunden kein gesondertes Honorar für die Abwicklung der Fotoproduktion vereinbart, ist der Fotograf verpflichtet, ... % [5] des Honorars, das er für die betreffende Produktion erhält, an die Agentin zu zahlen; § 6 Absatz 2 ist entsprechend anzuwenden.

(3) Bezüglich der Produktionshonorare, die gemäß § 7 Abs. 2 lit. a von den Kunden des Fotografen zu zahlen sind, gilt § 3 Abs. 4 des Kooperationsvertrages entsprechend.

§ 8   Erstattung außergewöhnlicher Aufwendung

(1) Außergewöhnliche Aufwendungen, die bei der Agentin außerhalb des normalen Geschäftsbetriebs auf Veranlassung des Fotografen und mit dessen Zustimmung anfallen, sind der Agentin zu erstatten. Zu den außergewöhnlichen Aufwendungen gehören insbesondere folgende Kosten und Auslagen:

(a) Kosten für Presseveröffentlichungen und für Eintragungen in Branchen- und Adressverzeichnisse, soweit sie der Fotograf vorher genehmigt hat;

(b) Kosten, die im Zusammenhang mit der Organisation und Abwicklung einer Fotoproduktion über die von den Kunden zu erstattenden Produktionskosten hinaus anfallen, sofern der Fotograf die Zusatzkosten veranlasst hat und die Entstehung dieser Kosten von ihm zu vertreten ist.

(2) Die Produktions-, Porto- und Verpackungskosten der mit dem Fotografen abgestimmten Mailings und sonstigen Werbeaussendungen tragen die Agentin und der Fotograf je zur Hälfte. Werden mit den Mailings und Werbeaussendungen zugleich andere von der Agentin betreute Fotografen beworben, so trägt der Fotograf lediglich die Hälfte der anteiligen Kosten.

(3) Der Fotograf braucht nur solche außergewöhnlichen Aufwendungen zu erstatten, denen er vor ihrer Entstehung dem Grunde nach und – soweit möglich – auch der Höhe nach zugestimmt hat und die erforderlich waren, um den jeweils verfolgten Zweck zu erreichen. Die Höhe der Aufwendungen ist von der Agentin durch Vorlage der entsprechenden Belege nachzuweisen.

(4) Soweit die zu erstattenden Aufwendungen mehrwertsteuerpflichtig sind, hat der Fotograf auch die Mehrwertsteuer zu zahlen.

(5) Der Erstattungsanspruch der Agentin wird mit der Vorlage einer prüfbaren Abrechnung der einzelnen Aufwendungen fällig.

§ 9 Haftung

(1) Die Agentin haftet für sämtliche Schäden, die sie selbst oder ihre Erfüllungsgehilfen vorsätzlich oder fahrlässig herbeiführen. Wird der Fotograf wegen solcher Schäden von seinen Kunden oder sonstigen Dritten auf Schadenersatz in Anspruch genommen, ist die Agentin verpflichtet, den Fotografen von allen Schadensersatzansprüchen freizustellen.

(2) Die wechselseitige Zusendung und Rücksendung von analogem Bildmaterial und sonstigen Unterlagen erfolgt auf Gefahr und für Rechnung des jeweiligen Absenders.

§ 10 Kündigung

(1) Dieser Vertrag wird auf unbestimmte Zeit abgeschlossen. Er kann von beiden Parteien mit einer Frist von vier Wochen zum Quartalsende gekündigt werden. [6] Die Kündigung hat schriftlich zu erfolgen.

(2) Das Recht zur fristlosen Kündigung aus wichtigem Grund bleibt unberührt.

§ 11 Schlussbestimmungen

(1) Änderungen und Ergänzungen des Vertrages sowie die Änderung oder Aufhebung dieser Schriftform-klausel sind nur wirksam, wenn sie schriftlich vereinbart werden, es sei denn, sie beruhen auf einer ausdrücklichen oder individuellen Vertragsabrede.

(2) Sollten einzelne Bestimmungen dieses Vertrages unwirksam sein, wird dadurch die Wirksamkeit der übrigen Bestimmungen nicht berührt.

(3) Es gilt das Recht der Bundesrepublik Deutschland.

Ort, Datum

....

(Fotograf)   (Agentin)

1   *Hier sind die Namen und Anschriften des Fotografen und der Agentin vollständig einzutragen. Wird die Agentur als kaufmännisches Unternehmen betrieben, ist auf die korrekte Angabe der Rechtsform (z.B. e.K., GmbH) sowie darauf zu achten, dass der Vertrag von dem gesetzlichen Vertreter des Unternehmens oder einer entsprechend bevollmächtigten Person unterschrieben wird.*

2   *Die rechtliche Einordnung der Repräsentanten ist umstritten. Sie selbst betrachten sich häufig als Handelsvertreter. Das OLG Hamburg hat jedoch entschieden, dass Repräsentanten keine Handelsvertreter sind (GRUR 2006, 788).*

Der Statusstreit ist keineswegs akademischer Natur, sondern von erheblicher praktischer Bedeutung. Sind nämlich die Repräsentanten als Handelsvertreter einzustufen, dann steht ihnen auch der für Handelsvertreter vorgesehene Ausgleichsanspruch gemäß § 89 b HGB zu. Nach § 89 b HGB kann ein Handelsvertreter von dem Unternehmer, für den er tätig war, nach Beendigung des Vertragsverhältnisses einen angemessenen Ausgleich verlangen. Als Ausgleich ist maximal eine Jahresprovision – berechnet nach dem Durchschnitt der letzten fünf Jahre – zu zahlen. Der Sinn und Zweck des Ausgleichsanspruchs besteht darin, dem Handelsvertreter zusätzlich zu der normalen Provision eine weitere Gegenleistung dafür zu verschaffen, dass er einen Kundenstamm aufgebaut hat, den der von ihm betreute Unternehmer nach Beendigung des Vertrages weiter nutzen kann.

Die Aussicht, den Fotografen nach einer Vertragskündigung noch einmal „zur Kasse bitten" zu können, veranlasst manche Repräsentanten, ihre Tätigkeit als die eines Handelsvertreters zu deklarieren und einen Ausgleichsanspruch nach § 89 b HGB geltend zu machen. Wären sie damit erfolgreich, müsste jeder Fotograf bei Beendigung des Repräsentantenvertrages mit hohen finanziellen Nachforderungen rechnen.

Das OLG Hamburg hat in der oben zitierten Grundsatzentscheidung klargestellt, dass die Repräsentanten eher den Maklern zuzuordnen sind und dass ihnen deshalb der für Handelsvertreter vorgesehene Ausgleichanspruch nicht zusteht. Um insoweit allerdings letzte Unsicherheiten zu beseitigen, enthält das hier vorgestellte Vertragsmuster in § 1 Abs. 2 eine Regelung, mit der die Parteien vorsorglich klarstellen, dass sie ihr Vertragsverhältnis dem Maklerrecht zuordnen.

3   *Diese Regelung soll gewährleisten, dass die Tätigkeit der Repräsentantin nicht mit dem Rechtsdienstleistungsgesetz (RDG) kollidiert.*

Die Befugnis, außergerichtliche Rechtsdienstleistungen zu erbringen, ist gesetzlich reglementiert. Erlaubt sind Rechtsdienstleistungen nur in dem durch das RDG oder andere Gesetze zugelassenen Umfang. Als „Rechtsdienstleistung" gilt nach der gesetzlichen Definition jede Tätigkeit in einer konkreten fremden Angelegenheit, wenn sie eine rechtliche Prüfung des Einzelfalls erfordert. Eine solche Rechtsprüfung ist aber nahezu bei jedem Vertrag erforderlich, den eine Repräsentantin für einen Fotografen aushandelt, zumal die Fotografen in der Regel darauf vertrauen werden, dass die Repräsentantin die einzel-

nen Vertragsbestimmungen sorgfältig unter die Lupe nimmt, auf die rechtlichen Risiken des Vertragsabschlusses rechtzeitig hinweist und sich nicht auf juristische Abenteuer einlässt. Deshalb fallen sowohl
die Vertragsverhandlungen, die Repräsentanten mit den Auftraggebern des Fotografen führen, als auch
die Vertragserklärungen, die sie als Vertreter des Fotografen abgeben, unter den Begriff der Rechtsdienstleistung und damit in den Anwendungsbereich des RDG.

Das RDG erlaubt solche Rechtsdienstleistungen ohne den Nachweis einer besonderen Sachkunde und
ohne eine amtliche Registrierung nur unter bestimmten Voraussetzungen. Diese Voraussetzungen sind
aber bei den Repräsentanten regelmäßig nicht erfüllt (Einzelheiten dazu in dem BFF-Handbuch „Basiswissen", 4. Auflage 2010, S. 67 ff.). Deshalb darf eine Repräsentantin für die von ihr betreuten Fotografen weder Vertragsverhandlungen führen noch Verträge abschließen. Wollte man sich darüber hinwegsetzen, könnte das die Nichtigkeit des gesamten Repräsentantenvertrages zur Folge haben (§ 134 BGB).

4   An dieser Stelle ist die Höhe der Provision festzulegen, die der Fotograf für die Vermittlung der Produk-
tions- und Lizenzverträge an die Agentin zu zahlen hat. Bei der Bemessung der Provision ist zu berücksichtigen, dass damit gemäß § 7 Abs. 1 des Kooperationsvertrages auch sämtliche Leistungen abgegolten sein sollen, die die Agentin im Zusammenhang mit der Organisation und Abwicklung der Fotoproduktion erbringt. Zwar sieht der Vertrag vor, dass sich die Agentin diese Leistungen von den Kunden
extra honorieren lässt. Sofern aber eine solche Honorierung bei den Kunden nicht durchzusetzen ist,
muss die von dem Fotografen zu zahlende Vermittlungsprovision den notwendigen Ausgleich gewährleisten.

Damit die Leistungen der Agentin im Zusammenhang mit der Fotoproduktion nicht zweimal bezahlt werden (einmal durch eine höhere als die sonst übliche Provision und zum anderen durch ein Produktionshonorar, das sie mit den Kunden vereinbart), sollte § 7 Abs. 1 des Vertrages eventuell dahingehend geändert bzw. ergänzt werden, dass Honorarzahlungen, die der Kunde für die Organisation und Abwicklung
der Produktion an die Agentin leistet, auf die von dem Fotografen zu zahlende Provision anzurechnen
sind.

5   Hier ist festzulegen, welche Provision die Agentin für den Fall erhalten soll, dass sie keine Vermittlungs-
leistung erbringt und ihre Tätigkeit sich auf die Betreuung der Fotoproduktion beschränkt.

6   Der Vertragstext sieht eine vierteljährliche Kündigungsmöglichkeit vor. Diese Frist kann verlängert oder
verkürzt werden. Der Vertragstext ist dann entsprechend zu ändern.

Beschäftigung von Mitarbeitern und Praktikanten

Selbständige Fotografen beschäftigen häufig Mitarbeiter, insbesondere Assistenten, und bilden Praktikanten aus. In solchen Fällen sind Verträge abzuschließen, die das Beschäftigungs- oder Ausbildungsverhältnis regeln. Wie Mitarbeiter-/Praktikantenverträge aussehen können und was bei Abschluss derartiger Verträge zu beachten ist, behandelt das folgende Kapitel.

Arbeitsvertrag mit einem Assistenten

Der hier vorgestellte Arbeitsvertrag enthält eine umfassende Regelung der Rechtsbeziehungen zwischen einem Fotografen und seinem Assistenten. Der vorgeschlagene Vertragstext geht davon aus, dass der Assistent als Angestellter für den Fotografen arbeitet. Ist keine Anstellung als Arbeitnehmer, sondern eine (echte) freie Mitarbeit vorgesehen, kann das auf Seite 280 ff. abgedruckte Vertragsmuster verwendet werden.

Für einen Fotoassistenten, der als Arbeitnehmer beschäftigt wird, gelten die allgemeinen arbeitsrechtlichen Schutzbestimmungen (z B. Arbeitszeitgesetz, Bundesurlaubsgesetz, Kündigungsschutzgesetz). Der Fotograf muss für den Assistenten wie für jeden anderen Arbeitnehmer auch die Lohnsteuer und die üblichen Sozialversicherungsbeiträge abführen. Rechtsstreitigkeiten werden vor dem Arbeitsgericht ausgetragen.

Das Nachweisgesetz (NachwG) verpflichtet jeden Arbeitgeber, dem Arbeitnehmer spätestens einen Monat nach dem vereinbarten Beginn des Arbeitsverhältnisses einen schriftlichen Arbeitsvertrag auszuhändigen. Das Schriftstück muss vom Arbeitgeber unterzeichnet sein und alle wesentlichen Vertragsbedingungen enthalten. Änderungen der wesentlichen Vertragsbedingungen sind dem Arbeitnehmer ebenfalls spätestens einen Monat nach der Änderung schriftlich mitzuteilen, sofern es sich nicht lediglich um eine Änderung gesetzlicher Vorschriften handelt.

Auch im Angestelltenverhältnis gilt das Urheberrecht. Urheber der Bilder, die der Assistent für seinen Arbeitgeber aufnimmt, ist und bleibt deshalb der Assistent. Der Fotograf erwirbt jedoch – hier aufgrund der Regelung in § 9 des Vertragsmusters – die unbeschränkten Nutzungsrechte an den Lichtbildern und Lichtbildwerken, die der Assistent in Erfüllung seiner Verpflichtungen aus dem Arbeitsverhältnis anfertigt.

Arbeitsvertrag

zwischen [1]

....

– nachfolgend „Arbeitgeber" genannt –

und

....

– nachfolgend „Arbeitnehmer" genannt –

§ 1   Beginn des Arbeitsverhältnisses und Probezeit

(1)   Das Arbeitsverhältnis beginnt am .... [2] Vor seinem Beginn ist die ordentliche Kündigung
       ausgeschlossen.

(2)   Die ersten sechs Monate gelten als Probezeit. Während dieser Zeit kann das Arbeitsverhältnis von beiden
       Parteien mit einer Frist von zwei Wochen gekündigt werden.

§ 2   Tätigkeit und Pflichten des Arbeitnehmers

(1)   Der Arbeitnehmer wird als Fotoassistent [3] eingestellt und mit allen einschlägigen Arbeiten nach näherer
       Anweisung des Arbeitgebers beschäftigt. Der Arbeitnehmer hat den Arbeitgeber insbesondere bei der
       Vorbereitung und Abwicklung von Fotoproduktionen zu unterstützen.

(2)   Arbeitsort ist das Fotostudio in .... [4]

(3)   Der Arbeitnehmer verpflichtet sich, die während der Dauer des Arbeitsverhältnisses auf ihn zukom-
       menden Aufgaben gewissenhaft, sorgfältig und nach bestem Vermögen zu erfüllen, in jeder Hinsicht die
       Interessen des Arbeitgebers zu wahren und seine ganze Arbeitskraft ausschließlich dem Fotostudio zu
       widmen.

§ 3   Arbeitszeit

(1)   Die regelmäßige wöchentliche Arbeitszeit beträgt .... Stunden. [5] Beginn und Ende der täglichen
       Arbeitszeit sowie der Pausen richten sich nach den Erfordernissen des Fotostudios und den Bestim-
       mungen, die der Arbeitgeber unter Berücksichtigung der Interessen des Arbeitnehmers und der gesetz-
       lichen Arbeitszeitregelungen trifft.

(2)   Der Arbeitnehmer ist verpflichtet, in zumutbarem und gesetzlich zulässigem Umfang auch Nachtarbeit
       sowie Mehrarbeit und Überstunden zu leisten, soweit die Vorbereitung und Abwicklung der von dem
       Arbeitgeber übernommenen Aufträge dies erfordert. [6]

§ 4   Vergütung

(1)   Der Arbeitnehmer erhält für seine Tätigkeit ein monatliches Bruttogehalt von .... €. [7] Jede geleiste-
       te Nachtarbeits-, Mehrarbeits- oder Überstunde wird mit einem Zuschlag von 25 % auf den üblichen
       Stundenlohn bezahlt. [8]

(2) Die Auszahlung des Gehalts erfolgt bis zum letzten Werktag eines Monats durch Überweisung auf ein dem Arbeitgeber bekannt zu gebendes Bank- oder Sparkassenkonto.

§ 5 Arbeitsverhinderung

(1) Der Arbeitnehmer ist verpflichtet, jede Arbeitsverhinderung und ihre voraussichtliche Dauer unverzüglich dem Arbeitgeber anzuzeigen.

(2) Im Falle einer Erkrankung ist der Arbeitnehmer verpflichtet, dem Arbeitgeber vor Ablauf des dritten Kalendertages nach Beginn der Arbeitsunfähigkeit eine ärztliche Bescheinigung über die Arbeitsunfähigkeit sowie deren voraussichtliche Dauer vorzulegen. Dauert die Arbeitsunfähigkeit länger als in der Bescheinigung angegeben, ist der Arbeitnehmer verpflichtet, innerhalb von drei Tagen eine neue ärztliche Bescheinigung einzureichen.

(3) Ist der Arbeitnehmer infolge unverschuldeter Krankheit arbeitsunfähig, besteht Anspruch auf Fortzahlung der Arbeitsvergütung bis zur Dauer von sechs Wochen nach den gesetzlichen Bestimmungen.

§ 6 Urlaub

Der Arbeitnehmer erhält pro Kalenderjahr einen Erholungsurlaub von .... Arbeitstagen. [9] Die Festlegung des Urlaubs erfolgt durch den Arbeitgeber unter Berücksichtigung der Wünsche des Arbeitnehmers.

§ 7 Nebentätigkeit und Wettbewerbsverbot

(1) Der Arbeitnehmer darf eine Nebenbeschäftigung während der Dauer des Arbeitsverhältnisses nur mit vorheriger schriftlicher Zustimmung des Arbeitgebers übernehmen, soweit es sich um eine Nebentätigkeit im Tätigkeitsbereich des Arbeitgebers handelt oder die Nebentätigkeit geeignet ist, die volle Arbeitskraft des Arbeitnehmers zu beeinträchtigen.

(2) Solange das Arbeitsverhältnis besteht, ist es dem Arbeitnehmer auch untersagt, bei den Kunden des Arbeitgebers für sich selbst oder für Dritte Aufträge zu akquirieren, selbst wenn die Aufträge erst nach Beendigung des Arbeitsverhältnisses ausgeführt werden.

§ 8 Pflichten des Arbeitnehmers

(1) Der Arbeitnehmer ist verpflichtet, über die ihm anvertrauten, zugänglich gemachten oder sonst bekannt gewordenen Betriebs- und Geschäftsgeheimnisse sowie über vertrauliche Angelegenheiten des Arbeitgebers und seiner Kunden Stillschweigen zu bewahren und alle im Rahmen des Arbeitsverhältnisses erhaltenen Informationen, Dokumente, Materialien und sonstigen Unterlagen sowie die für ihn zugänglichen Bilddaten, Kundendaten und sonstigen Daten streng geheim zu halten. Diese Verschwiegenheits- und Geheimhaltungspflicht besteht auch nach Beendigung des Arbeitsverhältnisses fort. Sie erstreckt sich nicht auf solche Informationen und Geheimhaltungsgegenstände, die zum Zeitpunkt der Weitergabe bereits veröffentlicht oder jedermann zugänglich sind.

(2) Dem Arbeitnehmer ist es untersagt, die auf den Rechnern und Datenträgern des Arbeitgebers gespeicherten Daten, insbesondere Bild- und Kundendaten, ohne die Zustimmung des Arbeitgebers für eigene oder fremde Zwecke zu kopieren oder auf andere Weise zu vervielfältigen. Das gilt auch für Fotoarbeiten und andere Arbeiten, die der Arbeitnehmer im Rahmen des Arbeitsverhältnisses selbst angefertigt hat.

(3) Alle schriftlichen Unterlagen, Arbeitsgeräte, Daten und sonstigen Gegenstände, die dem Arbeitnehmer im Rahmen des Arbeitsverhältnisses zur Verfügung gestellt werden oder die auf sonstige Weise in seinen Besitz gelangen, sind von ihm sorgfältig und geschützt vor der Einsichtnahme oder dem Zugriff Dritter aufzubewahren und nach Aufforderung, spätestens bei Beendigung des Arbeitsverhältnisses, unverzüglich zurückzugeben. Die Geltendmachung eines Zurückbehaltungsrechts wird ausgeschlossen.

(4) Der Arbeitnehmer ist verpflichtet, den Arbeitgeber über jede Veränderung seiner persönlichen Verhältnisse (Familienstand, Anzahl der Kinder, Anschrift, Bankverbindung etc.) unverzüglich zu informieren.

§ 9   Rechte an Arbeitsergebnissen

(1) Der Arbeitgeber hat das alleinige Recht, sämtliche Arbeitsergebnisse, die aus der Tätigkeit des Arbeitnehmers für den Arbeitgeber entstehen oder maßgeblich auf Arbeiten, Ideen oder Erfahrungen des Arbeitgebers beruhen, ohne jede sachliche, zeitliche oder räumliche Beschränkung zu verwerten oder verwerten zu lassen. Dem Arbeitnehmer ist jede direkte oder indirekte Verwertung von Arbeitsergebnissen untersagt, sofern der Arbeitgeber einer solchen Verwertung nicht ausdrücklich zustimmt.

(2) Soweit es sich bei den vorstehend beschriebenen Arbeitsergebnissen um Lichtbildwerke oder Lichtbilder handelt, deren Urheber oder Miturheber der Arbeitnehmer ist, räumt er dem Arbeitgeber an diesen Arbeiten die ausschließlichen, zeitlich und räumlich unbeschränkten Nutzungsrechte für alle bekannten Verwertungsarten ein. Der Arbeitgeber ist insbesondere berechtigt, die Lichtbildwerke und Lichtbilder im Original oder in abgeänderter, bearbeiteter oder umgestalteter Form zu veröffentlichen, zu vervielfältigen, zu verbreiten, auszustellen und öffentlich wiederzugeben.

(3) Zur vollständigen oder teilweisen Ausübung der ihm übertragenen Rechte bedarf der Arbeitgeber keiner weiteren Zustimmung des Arbeitnehmers. Der Arbeitgeber ist ferner ohne Einholung einer weiteren Zustimmung des Arbeitnehmers berechtigt, die ihm übertragenen Rechte ganz oder teilweise auf Dritte weiterzuübertragen oder Dritten entsprechende Rechte einzuräumen.

(4) Der Arbeitnehmer erkennt an, dass bei den Lichtbildwerken und Lichtbildern, deren Urheber oder Miturheber er ist, keine Verpflichtung zur Urhebernennung besteht.

(5) Die vorstehende Rechtseinräumung und -übertragung bleibt von der Beendigung des Arbeitsverhältnisses unberührt. Eine Verpflichtung des Arbeitgebers, dem Arbeitnehmer nach Vertragsbeendigung die von diesem während der Dauer des Arbeitsverhältnisses geschaffenen Arbeitsergebnisse zugänglich zu machen, besteht nicht.

(6) Die Einräumung und Übertragung der Rechte an den Arbeitsergebnissen ist durch die laufenden Bezüge des Arbeitnehmers abgegolten, und zwar auch für die Zeit nach Beendigung des Arbeitsverhältnisses.

§ 10   Beendigung des Arbeitsverhältnisses

(1) Das Arbeitsverhältnis kann nach Ablauf der Probezeit mit einer Frist von vier Wochen zum Fünfzehnten oder zum Ende eines Kalendermonats gekündigt werden. [10] Die Verlängerung der Kündigungsfrist richtet sich nach den gesetzlichen Bestimmungen. An eine eventuelle Fristverlängerung ist auch der Arbeitnehmer bei Kündigungen gegenüber dem Arbeitgeber gebunden.

(2) Das Recht zur fristlosen Kündigung aus wichtigem Grund bleibt unberührt.

(3) Die Kündigung bedarf zu ihrer Wirksamkeit der Schriftform. [11] Die elektronische Form ist ausgeschlossen.

§ 11 Vertragsbruch

(1) Der Arbeitnehmer verpflichtet sich für den Fall, dass er schuldhaft die Arbeit nicht zu dem vertraglich vereinbarten Zeitpunkt aufnimmt oder das Arbeitsverhältnis bis zum Ende der Probezeit vertragswidrig beendet, zur Zahlung einer Vertragsstrafe in Höhe eines halben Bruttomonatsverdienstes an den Arbeitgeber. Wir das Arbeitsverhältnis nach dem Ende der Probezeit vertragswidrig beendet, ist eine Vertragsstrafe in Höhe eines Bruttomonatsverdienstes zu zahlen.

(2) Handelt der Arbeitnehmer dem Nebentätigkeits- oder Wettbewerbsverbot gemäß § 7 des Vertrages zuwider, kann der Arbeitgeber unbeschadet seiner sonstigen Rechte für jeden Fall der Zuwiderhandlung oder, bei Eingehung eines anderen Arbeitsverhältnisses, für jeden Monat der anderweitigen Beschäftigung eine Vertragsstrafe in Höhe eines Bruttomonatsverdienstes verlangen. Eine Vertragsstrafe in dieser Höhe wird auch bei jeder Verletzung der Verschwiegenheits- und Geheimhaltungspflicht (§ 8 Abs. 1) sowie bei jedem Verstoß gegen das Vervielfältigungsverbot (§ 8 Abs. 2) fällig.

(3) Der Arbeitgeber bleibt in den Fällen, in denen der Arbeitnehmer eine Vertragsstrafe zu zahlen hat, zur Geltendmachung eines weitergehenden Schadens berechtigt.

§ 12 Schlussbestimmungen

(1) Änderungen und Ergänzungen des Vertrages sowie die Änderung oder Aufhebung dieser Schriftformklausel sind nur wirksam, wenn sie schriftlich vereinbart werden, es sei denn, sie beruhen auf einer ausdrücklichen oder individuellen Vertragsabrede. Auch wenn der Arbeitsvertrag im Wege einer betrieblichen Übung, also insbesondere durch wiederholte Leistungen oder Vergünstigungen des Arbeitnehmers ohne Vertragsabrede (z.B. Zahlung von Gratifikationen, Arbeitszeitregelungen, Arbeitserleichterungen), geändert oder ergänzt wird, sind diese Änderungen und Ergänzungen nur wirksam, wenn sie schriftlich abgefasst werden. [12]

(2) Die Nichtigkeit oder Unwirksamkeit einzelner Bestimmungen dieses Arbeitsvertrages berührt die Gültigkeit der übrigen Bestimmungen nicht.

Ort, Datum

....

(Arbeitgeber)   (Arbeitnehmer)

1 Hier sind die vollständigen Namen und Anschriften des Fotografen (Arbeitgebers) und des Assistenten (Arbeitnehmers) einzutragen. Diese Angaben sind gesetzlich vorgeschrieben (§ 2 Abs. 1 Ziff. 1 NachwG).

2 Hier ist das Datum einzutragen, mit dem das Arbeitsverhältnis beginnen soll. Auch diese Angabe ist gesetzlich vorgeschrieben (§ 2 Abs. 1 Ziff. 2 NachwG). Aus praktischen Gründen wird meist der Erste oder der Fünfzehnte eines Monats als Anfangsdatum festgelegt.

3 In dem schriftlichen Arbeitsvertrag muss gemäß § 2 Abs. 1 Ziff. 5 NachwG „eine kurze Charakterisierung oder Beschreibung der vom Arbeitnehmer zu leistenden Tätigkeit" erfolgen. Der Hinweis, dass eine Einstellung „als Fotoassistent" erfolgt, dürfte diesen Anforderungen genügen.

4 Die Angabe des Arbeitsortes gehört zu den Pflichtangaben in einem Arbeitsvertrag (§ 2 Abs. 1 Ziff. 4 NachwG). Falls der Arbeitnehmer nicht nur an einem Ort tätig sein soll, ist hier der Hinweis einzufügen, dass er an verschiedenen Orten beschäftigt werden kann.

5 An dieser Stelle ist die Anzahl der wöchentlichen Arbeitsstunden einzutragen. Die schriftliche Festlegung der Arbeitszeit ist gesetzlich vorgeschrieben (§ 2 Abs. 1 Ziff. 7 NachwG). Dabei sind die Vorschriften des Arbeitszeitgesetzes (ArbZG) zu beachten. Die werktägliche Arbeitszeit eines Arbeitnehmers darf acht Stunden nicht überschreiten, so dass die wöchentliche Arbeitszeit (insgesamt sechs Werktage) maximal 48 Stunden beträgt. Allerdings kann die werktägliche Arbeitszeit auf bis zu zehn Stunden verlängert werden, wenn innerhalb von sechs Kalendermonaten oder innerhalb von 24 Wochen im Durchschnitt acht Stunden werktäglich nicht überschritten werden (§ 3 Satz 2 ArbZG).

6 „Nachtarbeit" ist die zwischen 23 Uhr und 6 Uhr geleistete Arbeit, soweit sie mehr als zwei Stunden umfasst (§ 2 Abs. 3 und Abs. 4 ArbZG). Unter „Mehrarbeit" versteht man die Arbeit, die über die gesetzliche Höchstarbeitszeit (in der Regel acht Stunden pro Tag, § 3 Satz 1 ArbZG) hinausgeht. „Überstunden" werden dagegen geleistet, wenn jemand über die regelmäßige betriebliche Arbeitszeit hinaus arbeitet.

7 Einzutragen ist hier das monatliche Bruttogehalt, das mit dem Mitarbeiter vereinbart wird. Falls ein dreizehntes Gehalt gezahlt werden soll, ist der Vertragstext entsprechend anzupassen. § 2 Abs. 1 Ziff. 6 NachwG schreibt dazu zwingend vor, dass in dem Arbeitsvertrag „die Zusammensetzung und die Höhe des Arbeitsentgelts einschließlich der Zuschläge, der Zulagen, Prämien und Sonderzahlungen sowie anderer Bestandteile des Arbeitsentgelts und deren Fälligkeit" anzugeben sind.

8 Für Nachtarbeit hat der Arbeitgeber entweder eine angemessene Zahl bezahlter freier Tage oder einen angemessenen Zuschlag auf das Bruttoarbeitsentgelt des Arbeitnehmers zu gewähren (§ 6 Abs. 5

ArbZG). Für die Vergütung von Überstunden und Mehrarbeit gibt es keine besonderen gesetzlichen Regelungen. Die Vergütung unterliegt daher der freien Vereinbarung. Eine solche Vereinbarung darf allerdings nicht zu einer unangemessenen Benachteiligung des Arbeitnehmers führen. Deshalb ist bei vorformulierten Vertragsklauseln, die den Anspruch des Arbeitnehmers auf Mehrarbeits- und Überstundenvergütung einseitig beschneiden, generell Vorsicht geboten.

Eine arbeitsvertragliche Regelung, der zufolge Überstunden mit dem Grundgehalt als abgegolten gelten, ist zwar prinzipiell möglich. Wirksam ist diese Regelung aber nur dann, wenn sie transparent und verständlich formuliert ist. Das setzt u.a. voraus, dass der Arbeitsvertrag klar definiert, wie viele Überstunden mit dem Grundgehalt abgedeckt sein sollen.

Um hier eventuelle rechtliche Bedenken gegen die Mehrarbeits- und Überstundenregelung auszuschließen, wird eine Abgeltung in Form eines Zuschlags von 25 % auf die übliche Vergütung vorgeschlagen. Sollen Mehrarbeit und Überstunden nicht mit einem solchen Zuschlag, sondern durch die Gewährung von (bezahlter) Freizeit abgegolten werden, ist das Vertragsmuster entsprechend zu ändern.

9   *In diese Zeile ist die Anzahl der Arbeitstage einzutragen, die als Jahresurlaub gewährt werden. Die schriftliche Fixierung des jährlichen Erholungsurlaubs ist zwingend vorgeschrieben (§ 2 Abs. 1 Ziff. 8 NachwG). Der gesetzliche Mindesturlaub beträgt 24 Werktage (§ 3 Abs. 1 BUrlG).*

10 *Die Angabe der Frist für die Kündigung des Arbeitsverhältnisses ist gesetzlich vorgeschrieben (§ 2 Abs. 1 Ziff. 9 NachwG). Die hier vorgeschlagene Kündigungsfrist entspricht der gesetzlichen Regelfrist (§ 622 Abs. 1 BGB). Kürzere Fristen können vereinbart werden, wenn ein Mitarbeiter nur zur vorübergehenden Aushilfe eingestellt wird und das Arbeitsverhältnis nicht länger als drei Monate dauert oder der Arbeitgeber (was bei selbständigen Fotografen wohl die Regel ist) nicht mehr als 20 Arbeitnehmer beschäftigt und die Kündigungsfrist vier Wochen nicht unterschreitet. Die Vereinbarung von Kündigungsfristen, die länger sind als die gesetzlichen Regelfristen, ist problemlos möglich. Allerdings darf die Kündigungsfrist für den Arbeitnehmer nicht länger sein als die Frist für den Arbeitgeber.*

11 *Handelt es sich bei dem Arbeitgeber um eine Gesellschaft bürgerlichen Rechts (GbR), ist darauf zu achten, dass alle Gesellschafter die Kündigung unterschreiben. Unterschreibt nur ein Gesellschafter, ohne dabei kenntlich zu machen, dass er die Kündigungserklärung auch im Namen und mit Vollmacht seiner Mitgesellschafter abgibt, kann das zur Unwirksamkeit der Kündigung führen (BAG NJW 2005, 2572).*

12 *Die hier vorgeschlagene Schriftformklausel soll eine Bindung des Arbeitgebers durch eine betriebliche Übung verhindern, die nicht schriftlich festgehalten wird (dazu Bloching / Ortolf NJW 2009, 3393/3397).*

13

Arbeitsvertrag für geringfügig entlohnte Beschäftigte (Minijobs)

Selbständige Fotografen beschäftigen gelegentlich Arbeitnehmer (z. B. eine Bürokraft), deren Arbeitsentgelt den Betrag von monatlich 400,00 € nicht übersteigt. Für solche geringfügig entlohnte Beschäftigungen, die man auch als Minijobs bezeichnet, gelten besondere Regeln.

Arbeitnehmer, die nicht mehr als 400,00 € pro Monat erhalten und außer dem Minijob keine Hauptbeschäftigung haben, sind in der Sozialversicherung versicherungsfrei. Die wöchentliche Arbeitszeit spielt dabei keine Rolle. Werden mehrere Minijobs nebeneinander ausgeübt, sind die gezahlten Entgelte zusammenzurechnen. Wenn die Zusammenrechnung ergibt, dass das Arbeitsentgelt aus allen geringfügigen Beschäftigungen die Grenze von 400,00 € übersteigt, sind sämtliche Beschäftigungsverhältnisse sozialversicherungspflichtig.

Wird eine geringfügig entlohnte Beschäftigung neben einer Hauptbeschäftigung ausgeübt, ist der Minijob für den Arbeitnehmer sozialversicherungsfrei. Werden allerdings neben einer Hauptbeschäftigung mehrere Minijobs ausgeübt, ist nur das erste (älteste) Beschäftigungsverhältnis versicherungsfrei. Die weiteren Beschäftigungen werden mit der Hauptbeschäftigung zusammengerechnet. Sie sind dann – außer in der Arbeitslosenversicherung – in allen übrigen Sparten der Sozialversicherung versicherungspflichtig.

Liegt eine begünstigte geringfügig entlohnte Beschäftigung vor, zahlt der Arbeitgeber in der Regel Pauschalabgaben in Höhe von 30 %. Davon werden 13 % an die Krankenversicherung des Arbeitnehmers abgeführt, sofern der Arbeitnehmer Mitglied einer gesetzlichen Krankenversicherung oder dort familienversichert ist; anderenfalls entfällt der Krankenversicherungsbeitrag. Weitere 15 % erhält die Rentenversicherung, wobei für die Arbeitnehmer die Möglichkeit besteht, diesen Anteil freiwillig um 7,5 % aufzustocken und so den Pflichtversichertenstatus in der Rentenversicherung zu erlangen. Mit den restlichen 2 % der Pauschalabgabe wird die Lohnsteuer einschließlich Kirchensteuer und Solidaritätszuschlag abgegolten.

Abgesehen davon, dass ein Minijob die Abgabenlast reduziert, ist die Beschäftigung von geringfügig entlohnten Arbeitnehmern für einen selbständigen Fotografen oft auch deshalb vorteilhaft, weil ihm so die Mitgliedschaft in der Künstlersozialkasse erhalten bleibt. Normalerweise entfällt die Künstlersozialversicherungspflicht, wenn ein selbständiger Künstler im Zusammenhang mit der künstlerischen Tätigkeit mehr als einen Arbeitnehmer beschäftigt (§ 1 Ziff. 2 KSVG). Da diese Regelung aber nur Arbeitnehmer berücksichtigt, deren monatliches Bruttoentgelt den Betrag von 400,00 € übersteigt, kann sich ein selbständiger Fotograf den Fortbestand seiner Künstlersozialversicherung beispielsweise dadurch sichern, dass er statt der an sich benötigten zwei Vollzeitkräfte nur einen „normalen" Arbeitnehmer und zwei oder drei geringfügig entlohnte Beschäftigte einstellt.

Das nachfolgende Vertragsmuster berücksichtigt in § 5 und § 6 die Besonderheiten, die bei geringfügig entlohnten Beschäftigungen zu beachten sind. Die übrigen Regelungen entsprechen weitgehend den Vereinbarungen, die bei Arbeitsverträgen allgemein üblich sind.

Arbeitsvertrag

zwischen [1]

....

– nachfolgend „Arbeitgeber" genannt –

und

....

– nachfolgend „Arbeitnehmer" genannt –

§ 1 Beginn des Arbeitsverhältnisses und Probezeit

(1) Das Arbeitsverhältnis beginnt am ....[2] Vor seinem Beginn ist die ordentliche Kündigung ausgeschlossen.

(2) Die ersten sechs Monate gelten als Probezeit. Während dieser Zeit kann das Arbeitsverhältnis von beiden Parteien mit einer Frist von zwei Wochen gekündigt werden.

§ 2 Tätigkeit und Pflichten des Arbeitnehmers

(1) Der Arbeitnehmer wird als ....[3]
eingestellt und mit allen einschlägigen Arbeiten nach näherer Anweisung des Arbeitgebers beschäftigt.

(2) Arbeitsort ist das Fotostudio in ....[4]

(3) Der Arbeitnehmer verpflichtet sich, die während der Dauer des Arbeitsverhältnisses auf ihn zukommenden Aufgaben gewissenhaft, sorgfältig und nach bestem Vermögen zu erfüllen und in jeder Hinsicht die Interessen des Arbeitgebers zu wahren.

§ 3 Arbeitszeit

(1) Die regelmäßige wöchentliche Arbeitszeit beträgt ....[5] Stunden.

(2) Gearbeitet wird an folgenden Wochentagen: .... [6]
Die Arbeitszeit beginnt jeweils um .... Uhr und endet um .... Uhr. [7]

§ 4 Vergütung

(1) Der Arbeitnehmer erhält für seine Tätigkeit ein monatliches Bruttogehalt von .... €. [8]

(2) Die Auszahlung des Nettogehalts erfolgt bis zum letzten Werktag eines Monats durch Überweisung auf ein dem Arbeitgeber bekannt zu gebendes Bank- oder Sparkassenkonto.

§ 5 Weitere Beschäftigungen

(1) Der Arbeitnehmer versichert, dass er derzeit (*Zutreffendes bitte ankreuzen*) [9]

☐ keine weitere Beschäftigung ausübt.

☐ neben der hier vereinbarten Beschäftigung zwar eine sozialversicherungspflichtige
Hauptbeschäftigung, aber keine weiteren geringfügig entlohnten Beschäftigungen ausübt.

☐ keine sozialversicherungspflichtige Hauptbeschäftigung, aber mehrere geringfügige entlohnte
Beschäftigungen ausübt und das Arbeitentgelt aus allen diesen Beschäftigungen einschließlich
der hier vereinbarten Beschäftigung den Bruttobetrag von 400,00 € monatlich nicht übersteigt.

(2) Der Arbeitnehmer hat dem Arbeitgeber die geplante Aufnahme eines weiteren Arbeitsverhältnisses oder eine Änderung bereits bestehender Arbeitsverhältnisse unverzüglich anzuzeigen. Der Arbeitnehmer wird ausdrücklich darauf hingewiesen, dass die Aufnahme weiterer Beschäftigungen oder die Änderung bereits bestehender Beschäftigungsverhältnisse zu einer umfassenden Sozialversicherungs- und Lohnsteuerpflicht der hier vereinbarten Beschäftigung führen kann.

(3) Bei unwahren Angaben über bestehende Beschäftigungsverhältnisse (§ 5 Abs. 1) oder bei einer Verletzung der Anzeigepflicht (§ 5 Abs. 2) ist der Arbeitnehmer verpflichtet, dem Arbeitgeber den dadurch entstehenden Schaden zu ersetzen. [10]

§ 6   Krankenversicherung, Lohnsteuer

(1) Der Arbeitnehmer ist Mitglied folgender Krankenkasse: .... [11]
Seine Sozialversicherungsnummer lautet: ....

(2) Die pauschale Lohnsteuer in Höhe von zur Zeit 2 % des Bruttogehalts wird vom Arbeitgeber entrichtet und vom monatlichen Gehalt einbehalten, sofern nicht der Arbeitnehmer durch Vorlage seiner Lohnsteuerkarte die völlige Steuerfreiheit nachweist. [12] In dem Pauschalbetrag ist die Kirchensteuer und der Solidaritätszuschlag enthalten.

§ 7   Verzicht auf Rentenversicherungsfreiheit

(1) Der Arbeitnehmer wird darauf hingewiesen, dass er jederzeit die Möglichkeit hat, durch schriftliche Erklärung gegenüber dem Arbeitgeber auf die Versicherungsfreiheit in der gesetzlichen Rentenversicherung zu verzichten. [13]

(2) Der Verzicht auf die Versicherungsfreiheit kann nur mit Wirkung für die Zukunft und bei mehreren geringfügigen Beschäftigungen nur einheitlich für alle Beschäftigungsverhältnisse erklärt werden. Er ist für die Dauer der Beschäftigungen bindend.

(3) Wird der Verzicht erklärt, ist der Arbeitnehmer verpflichtet, den gesetzlichen Pauschalbeitrag zur Rentenversicherung von 15 % des monatlichen Bruttogehalts auf den jeweils gültigen gesetzlichen Rentenversicherungsbeitrag aufzustocken. Durch diese eigenen Zuzahlungen werden volle Leistungsansprüche in der Rentenversicherung erworben.

§ 8   Arbeitsverhinderung

(1) Der Arbeitnehmer ist verpflichtet, jede Arbeitsverhinderung und ihre voraussichtliche Dauer unverzüglich dem Arbeitgeber anzuzeigen.

(2) Im Falle einer Erkrankung ist der Arbeitnehmer verpflichtet, dem Arbeitgeber vor Ablauf des dritten Kalendertages nach Beginn der Arbeitsunfähigkeit eine ärztliche Bescheinigung über die Arbeitsunfähigkeit sowie deren voraussichtliche Dauer vorzulegen. Dauert die Arbeitsunfähigkeit länger als in der Bescheinigung angegeben, ist der Arbeitnehmer verpflichtet, innerhalb von drei Tagen eine neue ärztliche Bescheinigung einzureichen.

(3) Ist der Arbeitnehmer infolge unverschuldeter Krankheit arbeitsunfähig, besteht Anspruch auf Fortzahlung der Arbeitsvergütung bis zur Dauer von sechs Wochen nach den gesetzlichen Bestimmungen.

§ 9 Urlaub

Der Arbeitnehmer erhält pro Kalenderjahr einen Erholungsurlaub von ....[14] Arbeitstagen. Die Festlegung des Urlaubs erfolgt durch den Arbeitgeber unter Berücksichtigung der Wünsche des Arbeitnehmers.

§ 10 Wettbewerbsverbot [15]

Solange das Arbeitsverhältnis besteht, ist es dem Arbeitnehmer untersagt, bei den Kunden des Arbeitgebers für sich selbst oder für Dritte Aufträge zu akquirieren, selbst wenn die Aufträge erst nach Beendigung des Arbeitsverhältnisses ausgeführt werden.

§ 11 Pflichten des Arbeitnehmers

(1) Der Arbeitnehmer ist verpflichtet, über die ihm anvertrauten, zugänglich gemachten oder sonst bekannt gewordenen Betriebs- und Geschäftsgeheimnisse sowie über vertrauliche Angelegenheiten des Arbeitgebers und seiner Kunden Stillschweigen zu bewahren und alle im Rahmen des Arbeitsverhältnisses erhaltenen Informationen, Dokumente, Materialien und sonstigen Unterlagen sowie die für ihn zugänglichen Bilddaten, Kundendaten und sonstigen Daten streng geheim zu halten. Diese Verschwiegenheits- und Geheimhaltungspflicht besteht auch nach Beendigung des Arbeitsverhältnisses fort. Sie erstreckt sich nicht auf solche Informationen und Geheimhaltungsgegenstände, die zum Zeitpunkt der Weitergabe bereits veröffentlicht oder jedermann zugänglich sind.

(2) Dem Arbeitnehmer ist es untersagt, die auf den Rechnern und Datenträgern des Arbeitgebers gespeicherten Daten, insbesondere Bild- und Kundendaten, ohne die Zustimmung des Arbeitgebers für eigene oder fremde Zwecke zu kopieren oder auf sonstige Weise zu vervielfältigen. Das gilt auch für Fotoarbeiten und andere Arbeiten, die der Arbeitnehmer im Rahmen des Arbeitsverhältnisses selbst angefertigt hat. [16]

(3) Alle schriftlichen Unterlagen, Arbeitsgeräte, Daten und sonstigen Gegenstände, die dem Arbeitnehmer im Rahmen des Arbeitsverhältnisses zur Verfügung gestellt werden oder die auf sonstige Weise in seinen Besitz gelangen, sind von ihm sorgfältig und geschützt vor der Einsichtnahme oder dem Zugriff Dritter aufzubewahren und nach Aufforderung, spätestens bei Beendigung des Arbeitsverhältnisses, unverzüglich zurückzugeben. Die Geltendmachung eines Zurückbehaltungsrechts wird ausgeschlossen.

(4) Der Arbeitnehmer ist verpflichtet, den Arbeitgeber über jede Veränderung seiner persönlichen Verhältnisse (Familienstand, Anzahl der Kinder, Anschrift, Bankverbindung etc.) unverzüglich zu informieren.

§ 12 Rechte an Arbeitsergebnissen [17]

(1) Der Arbeitgeber hat das alleinige Recht, sämtliche Arbeitsergebnisse, die aus der Tätigkeit des Arbeitnehmers für den Arbeitgeber entstehen oder maßgeblich auf Arbeiten, Ideen oder Erfahrungen des Arbeitgebers beruhen, ohne jede sachliche, zeitliche oder räumliche Beschränkung zu verwerten oder verwerten zu lassen. Dem Arbeitnehmer ist jede direkte oder indirekte Verwertung von Arbeitsergebnissen untersagt, sofern der Arbeitgeber einer solchen Verwertung nicht ausdrücklich zustimmt.

(2) Soweit es sich bei den vorstehend beschriebenen Arbeitsergebnissen um Lichtbildwerke oder Lichtbilder handelt, deren Urheber oder Miturheber der Arbeitnehmer ist, räumt er dem Arbeitgeber an diesen Arbeiten die ausschließlichen, zeitlich und räumlich unbeschränkten Nutzungsrechte für alle bekannten

Verwertungsarten ein. Der Arbeitgeber ist insbesondere berechtigt, die Lichtbildwerke und Lichtbilder im Original oder in abgeänderter, bearbeiteter oder umgestalteter Form zu veröffentlichen, zu vervielfältigen, zu verbreiten, auszustellen und öffentlich wiederzugeben.

(3) Zur vollständigen oder teilweisen Ausübung der ihm übertragenen Rechte bedarf der Arbeitgeber keiner weiteren Zustimmung des Arbeitnehmers. Der Arbeitgeber ist ferner ohne Einholung einer weiteren Zustimmung des Arbeitnehmers berechtigt, die ihm übertragenen Rechte ganz oder teilweise auf Dritte weiterzuübertragen oder Dritten entsprechende Rechte einzuräumen.

(4) Der Arbeitnehmer erkennt an, dass bei den Lichtbildwerken und Lichtbildern, deren Urheber oder Miturheber er ist, keine Verpflichtung zur Urhebernennung besteht.

(5) Die vorstehende Rechtseinräumung und -übertragung bleibt von der Beendigung des Arbeitsverhältnisses unberührt. Eine Verpflichtung des Arbeitgebers, dem Arbeitnehmer nach Vertragsbeendigung die von diesem während der Dauer des Arbeitsverhältnisses geschaffenen Arbeitsergebnisse zugänglich zu machen, besteht nicht.

(6) Die Einräumung und Übertragung der Rechte an den Arbeitsergebnissen ist durch die laufenden Bezüge des Arbeitnehmers abgegolten, und zwar auch für die Zeit nach Beendigung des Arbeitsverhältnisses.

§ 13 Beendigung des Arbeitsverhältnisses

(1) Das Arbeitsverhältnis kann nach Ablauf der Probezeit mit einer Frist von vier Wochen zum Fünfzehnten oder zum Ende eines Kalendermonats gekündigt werden. [18] Die Verlängerung der Kündigungsfrist richtet sich nach den gesetzlichen Bestimmungen. An eine eventuelle Fristverlängerung ist auch der Arbeitnehmer bei Kündigungen gegenüber dem Arbeitgeber gebunden.

(2) Das Recht zur fristlosen Kündigung aus wichtigem Grund bleibt unberührt.

(3) Die Kündigung bedarf zu ihrer Wirksamkeit der Schriftform. [19] Die elektronische Form ist ausgeschlossen.

§ 14 Vertragsbruch

(1) Der Arbeitnehmer verpflichtet sich für den Fall, dass er schuldhaft die Arbeit nicht zu dem vertraglich vereinbarten Zeitpunkt aufnimmt oder das Arbeitsverhältnis bis zum Ende der Probezeit vertragswidrig beendet, zur Zahlung einer Vertragsstrafe in Höhe eines halben Bruttomonatsverdienstes an den Arbeitgeber. Wird das Arbeitsverhältnis nach dem Ende der Probezeit vertragswidrig beendet, ist eine Vertragsstrafe in Höhe eines Bruttomonatsverdienstes zu zahlen.

(2) Handelt der Arbeitnehmer dem Wettbewerbsverbot gemäß § 10 des Vertrages zuwider, kann der Arbeitgeber unbeschadet seiner sonstigen Rechte für jeden Fall der Zuwiderhandlung eine Vertragsstrafe in Höhe eines Bruttomonatsverdienstes verlangen. Eine Vertragsstrafe in dieser Höhe wird auch bei jeder Verletzung der Verschwiegenheits- und Geheimhaltungspflicht (§ 11 Abs. 1) sowie bei jedem Verstoß gegen das Vervielfältigungsverbot (§ 11 Abs. 2) fällig. [20]

(3) Der Arbeitgeber bleibt in den Fällen, in denen der Arbeitnehmer eine Vertragsstrafe zu zahlen hat, zur Geltendmachung eines weitergehenden Schadens berechtigt.

§ 15   Schlussbestimmungen

(1)   Änderungen und Ergänzungen des Vertrages sowie die Änderung oder Aufhebung dieser Schriftformklausel sind nur wirksam, wenn sie schriftlich vereinbart werden, es sei denn, sie beruhen auf einer ausdrücklichen oder individuellen Vertragsabrede. Auch wenn der Arbeitsvertrag im Wege einer betrieblichen Übung, also insbesondere durch wiederholte Leistungen oder Vergünstigungen des Arbeitnehmers ohne Vertragsabrede (z. B. Zahlung von Gratifikationen, Arbeitszeitregelungen, Arbeitserleichterungen), geändert oder ergänzt wird, sind diese Änderungen und Ergänzungen nur wirksam, wenn sie schriftlich abgefasst werden. [21]

(2)   Die Nichtigkeit oder Unwirksamkeit einzelner Bestimmungen dieses Arbeitsvertrages berührt die Gültigkeit der übrigen Bestimmungen nicht.

Ort, Datum

....
(Fotograf)   (freier Mitarbeiter)

---

1   *Hier sind die vollständigen Namen und Anschriften des Fotografen (Arbeitgebers) und des Mitarbeiters (Arbeitnehmers) einzutragen. Diese Angaben sind gesetzlich vorgeschrieben (§ 2 Abs. 1 Ziff. 1 NachwG).*

2   *Hier ist das Datum einzutragen, mit dem das Arbeitsverhältnis beginnen soll. Auch diese Angabe ist gesetzlich vorgeschrieben (§ 2 Abs. 1 Ziff. 2 NachwG). Aus praktischen Gründen wird meist der Erste oder der Fünfzehnte eines Monats als Anfangsdatum festgelegt.*

3   *Hier ist die Art der Tätigkeit des Mitarbeiters zu bezeichnen. In § 2 Abs. 1 Ziff. 5 NachwG heißt es dazu, dass in dem schriftlichen Arbeitsvertrag „eine kurze Charakterisierung oder Beschreibung der vom Arbeitnehmer zu leistenden Tätigkeit" erfolgen muss. Es empfiehlt sich, die Tätigkeitsbeschreibung nicht zu eng zu fassen, weil sonst eine Änderung der Tätigkeit sehr schnell dazu führen kann, dass die Zustimmung des Arbeitnehmers eingeholt und bei einer Verweigerung der Zustimmung eine sozial gerechtfertigte Änderungskündigung ausgesprochen werden muss.*

4   *Die Angabe des Arbeitsortes gehört zu den Pflichtangaben in einem Arbeitsvertrag (§ 2 Abs. 1 Ziff. 4 NachwG). Falls der Arbeitnehmer nicht nur an einem Ort tätig sein soll, ist hier der Hinweis einzufügen, dass er an verschiedenen Orten beschäftigt werden kann.*

5   An dieser Stelle ist die Anzahl der wöchentlichen Arbeitsstunden einzutragen. Die schriftliche Festlegung der Arbeitszeit ist gesetzlich vorgeschrieben (§ 2 Abs. 1 Ziff. 7 NachwG).

6   Da geringfügig entlohnte Arbeitnehmer normalerweise nur an einzelnen Wochentagen arbeiten, sollte hier festgehalten werden, an welchen Wochentagen der Arbeitnehmer zur Arbeit zu erscheinen hat (z.B. „Montag, Mittwoch und Freitag"). Eine präzise Vereinbarung zur Verteilung der wöchentlichen Arbeitszeit auf die einzelnen Wochentage ist nicht zuletzt deshalb empfehlenswert, weil das die Berechnung des Urlaubsanspruchs (dazu Anmerkung 14) und die Klärung der Lohnfortzahlungspflicht bei gesetzlichen Feiertagen erleichtert.

7   Hier sind Beginn und Ende der Arbeitszeit einzutragen. Falls für die einzelnen Wochentage jeweils unterschiedliche Arbeitszeiten vereinbart werden, ist der Text entsprechend zu ändern bzw. zu ergänzen. Dabei ist zu beachten, dass die Summe der wöchentlichen Arbeitszeiten der in § 3 Abs. 1 des Arbeitsvertrages genannten Gesamtstundenzahl entsprechen muss.

8   Einzutragen ist hier das monatliche Bruttogehalt, das mit dem Mitarbeiter vereinbart wird. § 2 Abs. 1 Ziff. 6 NachwG schreibt dazu zwingend vor, dass in dem Arbeitsvertrag „die Zusammensetzung und die Höhe des Arbeitsentgelts einschließlich der Zuschläge, der Zulagen, Prämien und Sonderzahlungen sowie anderer Bestandteile des Arbeitsentgelts und deren Fälligkeit" anzugeben sind.

9   Die geringfügig entlohnte Beschäftigung bleibt für den Arbeitnehmer nur dann sozialversicherungsfrei, wenn einer der hier aufgelisteten Fälle vorliegt. Die jeweils zutreffende Alternative ist anzukreuzen. Sofern der Arbeitnehmer bei Abschluss des Arbeitsvertrages außer einer Hauptbeschäftigung bereits eine oder mehrere andere geringfügig entlohnte Beschäftigung(en) ausübt, ist das hier vereinbarte Beschäftigungsverhältnis – außer in der Arbeitslosenversicherung – in allen Sparten der Sozialversicherung versicherungspflichtig. Die Regelungen in § 5, § 6 und § 7 des Arbeitsvertrages sind dann gegenstandslos. In diesem Fall kann das auf Seite 262 ff. abgedruckte Vertragsmuster verwendet werden.

10 Bei einer Verletzung der Anzeigepflicht gehören die Arbeitgeberanteile der Beiträge zur gesetzlichen Kranken- und Rentenversicherung, die der Arbeitgeber nachentrichten muss, nicht zu dem zu ersetzenden Schaden (BAG NJW 1989, 1692/1693). Etwas anderes gilt nur dann, wenn der Arbeitgeber bei rechtzeitiger Anzeige die Möglichkeit gehabt hätte, das Arbeitsverhältnis wegen der Aufnahme der weiteren Beschäftigung zu kündigen.
Bei der Durchsetzung von Schadensersatzforderungen ist außerdem zu beachten, dass der Arbeitgeber die Erstattung rückständiger Arbeitnehmeranteile zur Sozialversicherung von dem Arbeitnehmer nur im Lohnabzugsverfahren verlangen kann. Ist dieses Verfahren wegen der Beendigung des Arbeitsverhält-

nisses nicht mehr möglich, lässt sich der Erstattungsanspruch nur realisieren, wenn der Arbeitgeber nachweisen kann, dass ihm der Arbeitnehmer in einer gegen die guten Sitten verstoßenden Weise vorsätzlich einen Schaden zugefügt hat (BAG NJW 1989, 1692 / 1694).

11   Der Textvorschlag geht davon aus, dass der Arbeitnehmer Mitglied einer gesetzlichen Krankenversicherung ist. Ist das nicht der Fall oder ist der Arbeitnehmer als Familienmitglied in einer Krankenkasse mitversichert, entfällt für den Arbeitgeber die Verpflichtung zur Zahlung einer Pauschalabgabe für die Krankenversicherung. Der Vertragstext ist dann entsprechend zu ändern.

12   Der Arbeitgeber hat die bei den Minijobs fällig werdende „Abgeltungssteuer" von 2 % des Bruttolohns (§ 40 a Abs. 2 EStG) zusammen mit den Pauschalabgabe für die Krankenversicherung und die Rentenversicherung an die zuständige Einzugsstelle (Bundesknappschaft) zu zahlen. Eine Abrechnung mit dem Finanzamt ist also nicht nötig. Der Arbeitgeber kann diese Pauschalsteuer entweder selbst übernehmen oder dem Arbeitnehmer vom Gehalt abziehen.
Bei dem hier vorgeschlagenen Text ergibt sich bereits aus der Formulierung „Bruttogehalt" in § 4 Abs. 1, dass die Pauschalsteuer vom Lohn abgezogen werden soll. Um allerdings jegliches Missverständnis auszuschließen, sollte an dieser Stelle noch einmal ausdrücklich festgehalten werden, dass der Arbeitnehmer die Steuerbelastung trägt. Falls eine andere Regelung gewünscht wird, ist der Formulierungsvorschlag in § 6 Abs. 2 durch folgenden Text zu ersetzen: „Die pauschale Lohnsteuer in Höhe von zur Zeit 2 % des Bruttogehalts trägt der Arbeitgeber." In diesem Fall ist die Formulierung „Bruttogehalt von .... € " in § 4 Abs. 1 des Arbeitsvertrages durch „Gehalt von .... € brutto für netto" zu ersetzen.

13   Das Nachweisgesetz verpflichtet den Arbeitgeber, den geringfügig entlohnten Beschäftigten auf die gemäß § 5 Abs. 2 Satz 2 SGB VI bestehende Möglichkeit zur freiwilligen Aufstockung des Rentenversicherungsbeitrags hinzuweisen.

14   In diese Zeile ist die Anzahl der Arbeitstage einzutragen, die als Jahresurlaub gewährt werden. Die schriftliche Fixierung des jährlichen Erholungsurlaubs ist zwingend vorgeschrieben (§ 2 Abs. 1 Ziff. 8 NachwG). Sofern es sich bei der geringfügig entlohnten Beschäftigung um eine Teilzeitarbeit handelt (was wohl der Regelfall sein dürfte), kann die Anzahl der Urlaubstage mit der von der Rechtsprechung entwickelten Formel ermittelt werden:

$$\frac{\text{Nominale Anzahl der Urlaubstage}}{\text{Arbeitstage pro Woche}} \times \text{tatsächliche Arbeitstage pro Woche}$$

Die Anwendung der Formel setzt zunächst die Festlegung der nominalen Anzahl der Urlaubstage voraus. Dabei ist zu berücksichtigen, dass der gesetzliche Mindesturlaub für einen Arbeitnehmer 24 Werktage beträgt (§ 3 Abs. 1 BUrlG). Die nominale Anzahl der Urlaubstage darf dieses Minimum nicht unterschreiten. Wenn man beispielsweise den nominalen Jahresurlaub mit 25 Arbeitstagen ansetzt und davon ausgeht, dass der geringfügig entlohnte Arbeitnehmer an zwei von fünf Wochentagen arbeitet, ergibt sich bei Anwendung der Berechnungsformel folgende Anzahl von Urlaubstagen: 25 : 5 x 2 = 10 Tage.

15 *Falls der Arbeitnehmer nicht mit fotografischen Arbeiten und auch nicht mit anderen Arbeiten im unmittelbaren Tätigkeitsbereich des Arbeitgebers (Fotografen), sondern beispielsweise nur mit einfachen Büroarbeiten betraut oder als Putzhilfe beschäftigt wird, kann auf die Vereinbarung eines Wettbewerbsverbots verzichtet und § 10 des Arbeitsvertrages gestrichen werden. Die Nummerierung der nachfolgenden Paragrafen ist dann entsprechend zu ändern.*

16 *Falls auszuschließen ist, dass der Arbeitnehmer im Rahmen des Arbeitsverhältnisses selbst Fotografien anfertigt, kann dieser Satz gestrichen werden.*

17 *Die Regelung geht davon aus, dass der geringfügig entlohnte Arbeitnehmer mit fotografischen Arbeiten betraut wird und die Arbeitsergebnisse urheberrechtlich geschützt sind. In solchen Fällen ist zu klären, wem die Rechte an den Arbeitsergebnissen zustehen. Wird der Vertrag dagegen mit einem Arbeitnehmer geschlossen, der nur einfache Büroarbeiten ausführt oder beispielsweise als Putzhilfe beschäftigt wird, bedarf es dieser Klärung nicht. § 12 des Arbeitsvertrages ist dann zu streichen und die Nummerierung der nachfolgenden Paragrafen entsprechend zu ändern.*

18 *Die Angabe der Frist für die Kündigung des Arbeitsverhältnisses ist gesetzlich vorgeschrieben (§ 2 Abs. 1 Ziff. 9 NachwG). Die hier vorgeschlagene Kündigungsfrist entspricht der gesetzlichen Regelfrist (§ 622 Abs. 1 BGB). Kürzere Fristen können vereinbart werden, wenn ein Mitarbeiter nur zur vorübergehenden Aushilfe eingestellt wird und das Arbeitsverhältnis nicht länger als drei Monate dauert oder der Arbeitgeber (was bei selbständigen Fotografen wohl die Regel ist) nicht mehr als 20 Arbeitnehmer beschäftigt und die Kündigungsfrist vier Wochen nicht unterschreitet. Die Vereinbarung von Kündigungsfristen, die länger sind als die gesetzlichen Regelfristen, ist problemlos möglich. Allerdings darf die Kündigungsfrist für den Arbeitnehmer nicht länger sein als die Frist für den Arbeitgeber.*

19 *Handelt es sich bei dem Arbeitgeber um eine Gesellschaft bürgerlichen Rechts (GbR), ist darauf zu achten, dass alle Gesellschafter die Kündigung unterschreiben. Unterschreibt nur ein Gesellschafter, ohne dabei kenntlich zu machen, dass er die Kündigungserklärung auch im Namen und mit Vollmacht seiner Mitgesellschafter abgibt, kann das zur Unwirksamkeit der Kündigung führen (BAG NJW 2005, 2572).*

20   *Falls das Wettbewerbsverbot in § 10 gestrichen wird, ist auch § 14 Abs. 2 Satz 1 des Arbeitsvertrages zu streichen und § 14 Abs. 2 Satz 2 wie folgt zu ändern:*

„Bei einer Verletzung der Verschwiegenheits- und Geheimhaltungspflicht (§ 11 Abs. 1) und bei einem Verstoß gegen das Vervielfältigungsverbot (§ 11 Abs. 2) hat der Arbeitnehmer für jeden Fall der Zuwiderhandlung eine Vertragsstrafe in Höhe eines Bruttomonatsverdienstes an den Arbeitgeber zu zahlen. "

21   *Die hier vorgeschlagene Schriftformklausel soll eine Bindung des Arbeitsgebers durch eine betriebliche Übung verhindern, die nicht schriftlich festgehalten wird (dazu Bloching/Ortolf NJW 2009, 3393/3397).*

Vertrag über die freie Mitarbeit eines Assistenten

Meist werden Fotoassistenten, die Fotografen bei der Vorbereitung und Abwicklung von Fotoproduktionen unterstützen, als freie Mitarbeiter deklariert. Das ist jedoch angesichts der Tatsache, dass Assistenten häufig wie Angestellte in den Betrieb des Fotostudios eingebunden sind, eine riskante Sache.

Ob die Beschäftigung eines Fotoassistenten rechtlich als Arbeitsverhältnis oder als freie Mitarbeit zu qualifizieren ist, hängt nicht davon ab, wie die Parteien die Vertragsbeziehung bezeichnen. Ein Assistent, der 40 Stunden pro Woche zu genau festgelegten Zeiten im Studio des Fotografen nach dessen Anweisungen zu arbeiten hat und dafür eine feste monatliche Vergütung erhält, ist und bleibt Arbeitnehmer. Er kann dem Schutz des Arbeitsrechts nicht dadurch entzogen werden, dass formal ein freies Mitarbeiterverhältnis vereinbart und die Vergütung zuzüglich Mehrwertsteuer gezahlt wird.

Für die Einstufung eines Beschäftigten als Arbeitnehmer oder freier Mitarbeiter ist nicht die gewählte Bezeichnung maßgebend, sondern die praktische Durchführung der Vertragsbeziehung. Dabei sprechen insbesondere folgende Merkmale für ein Arbeitsverhältnis und gegen eine freie Mitarbeit:

• Der Assistent beschäftigt im Zusammenhang mit der von ihm ausgeübten Tätigkeit regelmäßig keinen versicherungspflichtigen Arbeitnehmer, dessen Arbeitsentgelt aus diesem Beschäftigungsverhältnis die Geringfügigkeitsgrenze von 400,00 € im Monat übersteigt.

• Der Assistent ist auf Dauer und im Wesentlichen nur für einen Auftraggeber tätig.

• Sein Auftraggeber (Fotograf) oder vergleichbare Auftraggeber lassen entsprechende Tätigkeiten regelmäßig von Angestellten verrichten.

• Die Tätigkeit des Assistenten lässt typische Merkmale unternehmerischen Handelns nicht erkennen.

• Die Tätigkeit entspricht dem äußeren Erscheinungsbild nach der Tätigkeit, die der Assistent für denselben Auftraggeber zuvor bereits als Angestellter ausgeübt hat.

Generell spricht eine Tätigkeit nach Weisungen und eine Eingliederung in die Arbeitsorganisation des Auftraggebers für eine abhängige Beschäftigung. Aber auch wenn keine Weisungsbefugnis besteht und keine Eingliederung in einen fremden Betrieb feststellbar ist, kann die für einen Arbeitnehmer typische Abhängigkeit gegeben sein, sofern die oben aufgeführten Merkmale erfüllt sind.

Für einen Fotografen kann es sehr unangenehme finanzielle Folgen haben, wenn er einen Assistenten gegenüber den Sozialversicherungsträgern und dem Finanzamt als freien Mitarbeiter ausgibt, obwohl in Wirklichkeit eine abhängige Beschäftigung vorliegt. Stellt ein Sozialversicherungsträger bei einer Überprüfung fest, dass der Assistent tatsächlich den Status eines Arbeitnehmers hat, muss der Fotograf damit rechnen, dass er rückwirkend ab dem Beginn der „freien Mitarbeit" zur Nachzahlung von Sozialversicherungsbeiträgen herangezogen wird. Außerdem ist in diesem Fall mit Lohnsteuernachforderungen des Finanzamtes sowie damit zu rechnen, dass dem Fotografen in Bezug auf die Mehrwertsteuerbeträge, die ihm der „freie Mitarbeiter" in Rechnung gestellt hat, die Möglichkeit des Vorsteuerabzugs verwehrt und er zur Nachzahlung der zu Unrecht abgezogenen Vorsteuern verpflichtet wird.

Wer solche unangenehmen Überraschungen vermeiden will, sollte vor Beginn einer solchen Zusammenarbeit klären, ob eine echte freie Mitarbeit überhaupt möglich ist oder ob nur eine Beschäftigung im Angestelltenverhältnis in Frage kommt. Wenn die Beteiligten diese schwierige Frage nicht selbst klären können, besteht die Möglichkeit, bei der Deutschen Rentenversicherung Bund (DRV) ein Statusfeststellungsverfahren zu beantragen. Die DRV ist als bundesweite Clearingstelle dafür zuständig, in Zweifelsfällen den sozialversicherungsrechtlichen Status eines Mitarbeiters verbindlich festzustellen. Die Statusentscheidungen der DRV sind für die anderen Sozialversicherungsträger verbindlich. Zu den Einzelheiten des Verfahrens und zum Verfahrensablauf wird auf das BFF-Handbuch „Basiswissen" (4. Auflage 2010, S. 326f.) verwiesen.

Das hier vorgestellte Vertragsmuster geht davon aus, dass eine echte freie Mitarbeit beabsichtigt und auch möglich ist. Der Vertrag setzt voraus, dass der Assistent als selbständiger Künstler oder Publizist bei der Künstlersozialkasse (KSK) pflichtversichert ist und eine Überprüfung der Selbständigkeit durch einen Sozialversicherungsträger somit bereits stattgefunden hat. Wenn keine KSK-Mitgliedschaft besteht und bei dem betreffenden Assistenten mehrere der oben genannten Merkmale der Scheinselbständigkeit vorliegen, ist von einer Verwendung des Vertragsmusters dringend abzuraten. In einem solchen Fall sollte entweder zunächst ein Statusfeststellungsverfahren bei der DRV durchgeführt oder gleich ein Anstellungsvertrag entsprechend dem Muster auf Seite 262 ff. abgeschlossen werden.

Vertrag über eine freie Mitarbeit

zwischen[1]

....

– nachfolgend „Fotograf" genannt –

und

....

– nachfolgend „freier Mitarbeiter" genannt –

§ 1   Vertragsgegenstand

(1) Der freie Mitarbeiter wird den Fotografen bei der Vorbereitung und Abwicklung einzelner Fotoprodukti-onen unterstützen. Art und Umfang der von dem freien Mitarbeiter zu erbringenden Leistungen werden in Einzelverträgen festgelegt, die zu jeder Fotoproduktion gesondert abzuschließen sind.

(2) Die Bedingungen dieser Rahmenvereinbarung gelten unmittelbar für die noch abzuschließenden Einzel-verträge, auch wenn in den Einzelverträgen nicht auf die Rahmenvereinbarung Bezug genommen wird.

§ 2   Abschlussfreiheit

(1) Der Fotograf ist nicht verpflichtet, den freien Mitarbeiter an einer Fotoproduktion zu beteiligen.

(2) Der freie Mitarbeiter kann seinerseits die Mitarbeit an einer Fotoproduktion und den Abschluss eines entsprechenden Einzelvertrages ohne Angabe von Gründen ablehnen. Eine solche Ablehnung berechtigt den Fotografen nicht zur fristlosen Kündigung dieser Rahmenvereinbarung.

§ 3   Sozialversicherungsrechtlicher Status des freien Mitarbeiters[2]

(1) Der freie Mitarbeiter ist als selbständiger Künstler nach dem Künstlersozialversicherungsgesetz (KSVG) pflichtversichert und Mitglied der Künstlersozialkasse (KSK). Beide Parteien gehen davon aus, dass sich der sozialversicherungsrechtliche Status durch den Abschluss dieser Rahmenvereinbarung nicht verän-dert und der freie Mitarbeiter weiterhin selbständig tätig ist.

(2) Der freie Mitarbeiter wird den Fotografen unverzüglich informieren, falls die KSK-Mitgliedschaft endet oder sich Anhaltspunkte dafür ergeben, dass die Voraussetzungen für eine Mitgliedschaft in der KSK nicht mehr bestehen und die Tätigkeit als abhängige Beschäftigung einzustufen sein könnte. Der freie Mitar-beiter ist in diesem Fall verpflichtet, durch die Erteilung von Auskünften und die Bereitstellung von Un-terlagen daran mitzuwirken, dass sein sozialversicherungsrechtlicher Status geklärt wird.

(3) Sollte ein Sozialversicherungsträger die freie Mitarbeit außerhalb eines Statusfeststellungsverfahrens als sozialversicherungspflichtige Beschäftigung einstufen, wird der freie Mitarbeiter den Fotografen unverzüglich informieren.

§ 4   Zusammenarbeit der Vertragspartner

(1) Der freie Mitarbeiter führt alle Arbeiten in eigener Verantwortung aus. Ein Weisungs- und Direktionsrecht des Fotografen besteht nicht, doch hat der freie Mitarbeiter die inhaltlichen und fachlichen Vorgaben zu beachten, die sich aus dem jeweiligen Auftrag ergeben.

Vertrag über die freie Mitarbeit eines Assistenten

(2) Der freie Mitarbeiter führt die ihm erteilten Aufträge mit eigenen Geräten und Arbeitsmitteln aus. Werden im Einzelfall zusätzliche Geräte oder Arbeitsmittel benötigt, sind sie von dem Fotografen bereit zu stellen. Der Fotograf hat außerdem dafür zu sorgen, dass der freie Mitarbeiter die Informationen und Unterlagen erhält, die er für die Auftragsdurchführung benötigt.

(3) Der freie Mitarbeiter ist nicht an feste Arbeitszeiten gebunden. Bei der Erledigung der ihm übertragenen Aufgaben hat er sich jedoch auf die zeitlichen Erfordernisse der jeweiligen Fotoproduktion einzustellen.

§ 5   Honorar und Nebenkosten

(1) Der freie Mitarbeiter erhält für seine Tätigkeit ein Honorar, dessen Höhe sich nach der jeweiligen zeitlichen Inanspruchnahme richtet. Grundlage für die Bemessung des Honorars sind folgende Tages- und Stundensätze: [3]

Tagessatz: .... €   Stundensatz: .... €

(2) Der freie Mitarbeiter wird den Tagessatz abrechnen, wenn er an einem Tag mehr als sechs Stunden und weniger als zehn Stunden für den Fotografen tätig geworden ist. Anderenfalls erfolgt eine Abrechnung nach Stundensatz. Die Abrechnung ist jeweils nach Abschluss einer Fotoproduktion zu erteilen.

(3) Der Fotograf ersetzt dem freien Mitarbeiter die erforderlichen und durch Belege nachgewiesenen Aufwendungen, die ihm durch seine Tätigkeit im Rahmen dieses Vertrages entstehen. Voraussetzung ist allerdings, dass die Aufwendungen vor ihrer Entstehung dem Grunde und – soweit möglich – auch der Höhe nach von dem Fotografen genehmigt worden sind.

(4) Sofern der freie Mitarbeiter mehrwertsteuerpflichtig ist, kommt zu den Honoraren und den der Mehrwertsteuer unterliegenden Kostenerstattungen noch die gesetzliche Mehrwertsteuer hinzu.

§ 6   Rechte an Arbeitsergebnissen

(1) Der Fotograf hat das alleinige Recht, sämtliche Arbeitsergebnisse, die aus der Tätigkeit des freien Mitarbeiters im Rahmen dieses Vertrages entstehen oder maßgeblich auf Arbeiten oder Ideen des Fotografen beruhen, ohne jede sachliche, zeitliche oder räumliche Beschränkung zu verwerten oder verwerten zu lassen. Dem freien Mitarbeiter ist jede direkte oder indirekte Verwertung dieser Arbeitsergebnisse untersagt, sofern der Fotograf einer solchen Verwertung nicht ausdrücklich zustimmt.

(2) Soweit es sich bei den vorstehend beschriebenen Arbeitsergebnissen um Lichtbildwerke oder Lichtbilder handelt, deren Urheber oder Miturheber der freie Mitarbeiter ist, räumt er dem Fotografen an diesen Arbeiten die ausschließlichen, zeitlich und räumlich unbeschränkten Nutzungsrechte für alle bekannten Verwertungsarten ein. Der Fotograf ist insbesondere berechtigt, die Lichtbildwerke und Lichtbilder im Original oder in abgeänderter, bearbeiteter oder umgestalteter Form zu veröffentlichen, zu vervielfältigen, zu verbreiten, auszustellen oder öffentlich wiederzugeben.

(3) Zur vollständigen oder teilweisen Ausübung der ihm übertragenen Rechte bedarf der Fotograf keiner weiteren Zustimmung des freien Mitarbeiters. Der Fotograf ist ferner ohne Einholung einer weiteren Zustimmung des freien Mitarbeiters berechtigt, die ihm übertragenen Rechte ganz oder teilweise auf Dritte weiterzuübertragen oder Dritten entsprechende Rechte einzuräumen.

(4) Der freie Mitarbeiter erkennt an, dass bei den Lichtbildwerken und Lichtbildern, deren Urheber oder Miturheber er ist, keine Verpflichtung zur Urhebernennung besteht.

(5) Die vorstehende Rechtseinräumung und -übertragung bleibt von der Beendigung des Vertragsverhältnisses mit dem freien Mitarbeiter unberührt. Eine Verpflichtung des Fotografen, dem freien Mitarbeiter

nach Vertragsbeendigung die von diesem während der Dauer des Mitarbeitervertrages geschaffenen Arbeitsergebnisse zugänglich zu machen, besteht nicht.

(6) Die Einräumung und Übertragung der Rechte an den Arbeitsergebnissen ist durch das gemäß § 5 zu zahlende Honorar bereits vollständig abgegolten, und zwar auch für die Zeit nach Beendigung des Vertragsverhältnisses.

§ 7 Schweigepflicht und Rückgabe von Unterlagen

(1) Der freie Mitarbeiter ist verpflichtet, über die ihm anvertrauten, zugänglich gemachten oder sonst bekannt gewordenen Betriebs- und Geschäftsgeheimnisse sowie über vertrauliche Angelegenheiten des Fotografen und seiner Kunden Stillschweigen zu bewahren und alle aus Anlass oder gelegentlich der freien Mitarbeit erhaltenen Informationen, Dokumente, Materialien und sonstigen Unterlagen sowie die für ihn zugänglichen Bilddaten, Kundendaten und sonstigen Daten streng geheim zu halten. Diese Verschwiegenheits- und Geheimhaltungspflicht besteht auch nach Beendigung der freien Mitarbeit fort. Sie erstreckt sich nicht auf solche Informationen und Geheimhaltungsgegenstände, die zum Zeitpunkt der Weitergabe bereits veröffentlicht oder jedermann zugänglich sind.

(2) Dem freien Mitarbeiter ist es untersagt, die auf den Rechnern und Datenträgern des Fotografen gespeicherten Daten, insbesondere Bild- und Kundendaten, ohne die Zustimmung des Fotografen für eigene oder fremde Zwecke zu kopieren oder auf andere Weise zu vervielfältigen. Das gilt auch für Fotoarbeiten und andere Arbeiten, die der freie Mitarbeiter im Rahmen der Zusammenarbeit anfertigt.

(3) Alle Unterlagen, Arbeitsgeräte, Daten und sonstigen Gegenstände, die dem freien Mitarbeiter im Rahmen der Zusammenarbeit zur Verfügung gestellt werden oder die auf sonstige Weise in seinen Besitz gelangen, sind von ihm sorgfältig und geschützt vor der Einsichtnahme oder dem Zugriff Dritter aufzubewahren und nach Aufforderung, spätestens bei Beendigung der freien Mitarbeit, unverzüglich zurückzugeben. Die Geltendmachung eines Zurückbehaltungsrechts wird ausgeschlossen.

§ 8 Wettbewerbsverbot

(1) Der freie Mitarbeiter verpflichtet sich, während der Laufzeit dieses Vertrages nicht für andere Fotografen tätig zu sein, die in ihrer Stilrichtung und Arbeitsweise sowie aufgrund ihres Kundenkreises und/oder ihres geografischen Wirkungsbereiches unmittelbare Konkurrenten des Fotografen sind. In Zweifelsfällen hat sich der freie Mitarbeiter mit dem Fotografen abzustimmen.

(2) Der freie Mitarbeiter ist ferner verpflichtet, während der Dauer des Vertragsverhältnisses bei den Kunden des Fotografen weder für sich selbst noch für Dritte Aufträge zu akquirieren, auch wenn die Aufträge erst nach Beendigung des Mitarbeitervertrages ausgeführt werden.

§ 9 Vertragsstrafe und Schadensersatz

(1) Der freie Mitarbeiter verpflichtet sich, an den Fotografen für jeden Fall der Zuwiderhandlung gegen das Wettbewerbsverbot (§ 8) oder das Vervielfältigungsverbot (§ 7 Abs. 2) sowie bei jeder Verletzung der Verschwiegenheits- und Geheimhaltungspflicht (§ 7 Abs. 1) eine Vertragsstrafe zu zahlen, deren Höhe von dem Fotografen nach billigem Ermessen bestimmt wird und die im Streitfall vom zuständigen Gericht überprüft werden kann. [4]

(2) Der Fotograf bleibt in den Fällen, in denen der freie Mitarbeiter eine Vertragsstrafe zu zahlen hat, zur Geltendmachung eines weitergehenden Schadens berechtigt.

§ 10 Vertragsdauer und Kündigung

(1) Das Vertragsverhältnis beginnt mit Unterzeichnung dieser Vereinbarung und kann von beiden Parteien mit einer Frist von vier Wochen zum Ende eines Kalendermonats gekündigt werden. Die Kündigung hat schriftlich zu erfolgen.

(2) Das Recht zur fristlosen Kündigung aus wichtigem Grund bleibt unberührt. Ein wichtiger Grund liegt für den Fotografen insbesondere dann vor, wenn der freie Mitarbeiter

(a) den Fotografen über eine Beendigung der KSK-Mitgliedschaft oder über Anhaltspunkte dafür, dass die Voraussetzungen für eine Mitgliedschaft in der KSK nicht mehr bestehen und die Tätigkeit als abhängige Beschäftigung einzustufen sein könnte, nicht unverzüglich informiert (§ 3 Abs. 2 Satz 1 des Vertrages);

(b) trotz Fristsetzung und Androhung der fristlosen Kündigung die Auskünfte und Unterlagen, die der Fotograf zur Überprüfung der sozialversicherungsrechtlichen Verhältnisse des freien Mitarbeiters benötigt, nicht oder nicht vollständig erteilt bzw. vorlegt (§ 3 Abs. 2 Satz 2 des Vertrages);

(c) den Fotografen nicht unverzüglich informiert, wenn ein Sozialversicherungträger die freie Mitarbeit außerhalb eines Statusfeststellungsverfahrens als sozialversicherungspflichtige Beschäftigung einstuft (§ 3 Abs. 3 des Vertrages).

§ 11 Schlussbestimmungen

(1) Änderungen und Ergänzungen des Vertrages sowie die Änderung oder Aufhebung dieser Schriftform-klausel sind nur wirksam, wenn sie schriftlich vereinbart werden, es sei denn, sie beruhen auf einer ausdrücklichen oder individuellen Vertragsabrede.

(2) Soweit in diesem Vertrag keine Bestimmungen getroffen sind, kommen ergänzend die Vorschriften über den Werkvertrag (§§ 631 ff. BGB) und die Vorschriften des Urheberrechtsgesetzes zur Anwendung.

(3) Die Nichtigkeit oder Unwirksamkeit einzelner Bestimmungen des Vertrages berührt die Gültigkeit der übrigen Bestimmungen nicht.

Ort, Datum

....

(Fotograf)   (freier Mitarbeiter)

---

1   *Hier sind die Namen und Anschriften des Fotografen und des freien Mitarbeiters vollständig einzutragen.*

2   *Das Vertragsmuster geht davon aus, dass der freie Mitarbeiter Mitglied der KSK und die Selbständigkeit somit positiv festgestellt ist. Da sich allerdings der sozialversicherungsrechtliche Status im Laufe der Zusammenarbeit ändern kann, sieht der Vertrag in § 3 Abs. 2 vor, dass der Mitarbeiter den Fotografen über Entwicklungen, die Auswirkungen auf seinen Status haben können (z.B. Beendigung der KSK-Mitgliedschaft), unverzüglich informiert. So wird der Fotograf vor unangenehmen Überraschungen bewahrt und*

sichergestellt, dass er sich auf die Folgen einer veränderten sozialversicherungsrechtlichen Situation rechtzeitig einstellen kann.

Bei einer Zusammenarbeit mit Personen, die nicht Mitglied der KSK sind, ist § 3 und die ergänzende Regelung in § 10 Abs. 2 Satz 2 des Vertrages zu streichen. In solchen Fällen empfiehlt sich zumindest dann, wenn die Selbständigkeit des Mitarbeiters nicht zweifelsfrei feststeht, die Durchführung eines Statusfeststellungsverfahrens (§ 7 a SGB IV). Der Antrag auf Statusfeststellung sollte bei der DRV innerhalb eines Monats nach Beginn der Zusammenarbeit zwischen dem Fotografen und dem Mitarbeiter gestellt werden, damit die Chance gewahrt wird, eine rückwirkende Belastung mit Sozialversicherungsabgaben zu vermeiden (§ 7 a Abs. 6 SGB IV).

3   *Hier sind die Tages- und Stundensätze einzutragen, die Grundlage für die Honorarbemessung sein sollen.*

4   *Das hier vorgeschlagene Vertragsstrafeversprechen, das dem Fotografen die Bestimmung der Vertragsstrafe nach billigem Ermessen ermöglicht und dem freien Mitarbeiter vorbehält, den vom Fotografen festgesetzten Betrag gerichtlich überprüfen zu lassen, entspricht dem „modifizierten Hamburger Brauch". Soll die Vertragsstrafe bereits in dem Vertragstext konkret beziffert werden, kann folgende Formulierung verwendet werden:*

„Der freie Mitarbeiter verpflichtet sich, an den Fotografen für jeden Fall der Zuwiderhandlung gegen das Wettbewerbsverbot (§ 8) oder das Vervielfältigungsverbot (§ 7 Abs. 2) sowie bei jeder Verletzung der Verschwiegenheits- und Geheimhaltungspflicht (§ 7 Abs. 1) eine Vertragsstrafe in Höhe von .... € zu zahlen."

Wenn die Höhe der Vertragsstrafe bereits in dem Vertrag festgelegt wird, ist zu beachten, dass sie nicht unverhältnismäßig hoch sein darf (§ 343 BGB).

Praktikantenvertrag

Das hier vorgestellte Vertragsmuster regelt die Rechtsbeziehungen zwischen einem Fotodesigner und einem Praktikanten, der sich im Studio des Fotodesigners einer berufspraktischen Ausbildung unterzieht. Das Muster ist nur für Vertragsabschlüsse mit Praktikanten verwendbar.

Praktikanten sind von den Auszubildenden (Lehrlingen) zu unterscheiden. Als Auszubildende bezeichnet man Arbeitnehmer, die eine berufliche Grundausbildung in einem anerkannten Ausbildungsberuf erhalten. Zu den anerkannten Ausbildungsberufen gehört z.B. das Fotografenhandwerk, nicht aber der Beruf des Fotodesigners. Praktikant ist, wer sich einer bestimmten Ausbildung in einem Betrieb unterzieht, weil er diese im Rahmen einer Gesamtausbildung (z.B. um die Zulassung zum Studium und zur Hochschulprüfung zu erlangen) nachweisen muss. Wer ein Fotodesign-Studium beginnen und erfolgreich abschließen will, muss vor Beginn des Studiums oder während des Studiums meist ein Praktikum absolvieren. Ein solches Praktikum ist bei einem selbständigen Fotodesigner möglich.

Die Praktikanten dürfen nicht mit Werkstudenten und Schülern verwechselt werden, die regelmäßig nicht zu ihrer Berufsausbildung beschäftigt werden, sondern einer Ferienarbeit nachgehen und zu diesem Zweck ein Aushilfsarbeitsverhältnis abschließen. Auch Schüler, die im Rahmen eines Betriebspraktikums in die Arbeitswelt eingeführt werden, sind keine Praktikanten in dem hier beschriebenen Sinne. Auf solche „Betriebspraktikanten" findet das Arbeitsrecht im Allgemeinen keine Anwendung.

Grundsätzlich ist zwischen dem Vorpraktikum, dem Zwischenpraktikum (Fachpraktikum), dem Nachpraktikum und den sonstigen Ausbildungsverhältnissen zu unterscheiden:

- Als Vorpraktikum bezeichnet man die berufspraktische Tätigkeit vor Aufnahme des Studiums. Ob Studienbewerber für das Fach Fotodesign bzw. Kommunikationsdesign ein Grundpraktikum nachweisen müssen, richtet sich nach den Studienordnungen der einzelnen Hochschulen und Fachhochschulen. Dort finden sich auch Regelungen zu den Inhalten und der Dauer des Vorpraktikums.

- Als Zwischenpraktikum (Fachpraktikum) bezeichnet man ein Praktikum, das während des Studiums absolviert wird. Die Notwendigkeit und die Dauer des Fachpraktikums ist in den Studienordnungen der Hochschulen und Fachhochschulen unterschiedlich geregelt.

- Als Nachpraktikum bezeichnet man ein Praktikum, das nach dem erfolgreichen Abschluss einer theoretischen Hochschulausbildung absolviert werden muss.

- Ein Praktikum kann auch absolvieren, wer nicht studieren, sondern sich die Kenntnisse und Fertigkeiten eines Fotodesigners autodidaktisch aneignen will. Bei solchen Praktikanten ist das Berufsbildungsgesetz (BBiG) zu beachten. Gemäß § 26 BBiG gelten die §§ 10 bis 23 und § 25 BBiG mit der Maßgabe, dass die gesetzliche Probezeit abgekürzt, auf die Vertragsniederschrift verzichtet und bei vorzeitiger Lösung des Vertragsverhältnisses nach Ablauf der Probezeit abweichend von § 23 Abs. 1 Satz 1 BBiG kein Schadenersatz verlangt werden kann.

• Von den in den Studienordnungen geregelten Praktika zu unterscheiden ist das einjährige gelenkte Praktikum zum Erwerb der Fachhochschulreife, wie es beispielsweise in Nordrhein-Westfalen für Schüler der Fachoberschulen, für Absolventen der zweijährigen Berufsfachschule sowie für Schüler nach der Jahrgangsstufe 12 vorgesehen ist. Zu diesen speziellen Ausbildungsverfahren gibt es eine vom nordrhein-westfälischen Ministerium für Schule und Weiterbildung erlassene Praktikum-Ausbildungsverordnung (Abl. NRW 1/07 S. 38), die detaillierte Regelungen zur Durchführung des Praktikums und zu den Anforderungen an die Praktikumsstelle enthält. Wegen der besonderen Voraussetzungen und Formalien, die für das einjährige gelenkte Praktikum gelten, ist jedem selbständigen Fotodesigner, der ein solches Praktikum anbieten möchte, zunächst eine gründliche Prüfung der Ausbildungsverordnung anzuraten.

Das nachfolgende Vertragsmuster ist ausschließlich für Praktikanten bestimmt, die ein Vorpraktikum vor Beginn eines Fotodesign- bzw. Kommunikationsdesign-Studiums, ein Zwischenpraktikum (Fachpraktikum) während eines solchen Studiums oder ein sonstiges Praktikum, das kein einjähriges gelenktes Praktikum ist, ableisten wollen.

Vereinbarung

zwischen [1]

....

– nachstehend „Fotodesigner" genannt –

und

– nachstehend „Praktikant" genannt –

1   Zweck des Praktikums

1.1   Der Praktikant wird im Studio des Fotodesigners ein Praktikum absolvieren. Zweck des Praktikums ist der Erwerb von beruflichen Kenntnissen, Fertigkeiten und Erfahrungen in folgendem Fachbereich: [2]

....

1.2   *Alternative 1:* [3]
Der Praktikant ist als ordentlicher Student an folgender Hochschule / Fachhochschule eingeschrieben: [4]

....

Das Praktikum ist in der Studien- bzw. Prüfungsordnung der Hochschule / Fachhochschule

☐ als Zwischenpraktikum (Fachpraktikum) vorgeschrieben.

☐ nicht vorgeschrieben. [5]

Alternative 2:

Der Praktikant ist nicht als Student an einer Hochschule oder Fachhochschule eingeschrieben. Das Praktikum [6]

☐ ist ein Vorpraktikum (Zwischenpraktikum), das vor Beginn einer geplanten Hochschul- oder Fachhochschulausbildung absolviert wird.

☐ ist ein Nachpraktikum, das nach dem erfolgreichen Abschluss einer theoretischen Hochschul- bzw. Fachhochschulausbildung absolviert wird.

☐ dient nicht der Vorbereitung oder Ergänzung einer Hochschul- oder Fachhochschulausbildung.

2   Beginn des Praktikums und Probezeit

2.1   Das Praktikum beginnt am .... und endet am .... [7]

2.2   Das Praktikum beginnt mit einer Probezeit von .... Monat(en). [8] Während der Probezeit kann der Praktikantenvertrag von beiden Parteien jederzeit mit eintägiger Frist ohne Angabe von Gründen gekündigt werden. Die Kündigung muss schriftlich erfolgen.

3   Vergütung und Sozialversicherung [9]

3.1   Der Praktikant erhält eine monatliche Vergütung von .... € brutto. [10] Beginnt das Praktikum nicht am Monatsersten oder wird es vor dem Monatsletzten beendet, wird die Vergütung für den jeweiligen Monat anteilig gezahlt. Die Vergütung ist am letzten Arbeitstag eines jeden Monats fällig.

3.2   *Alternative 1:* [11]

Der Praktikant ist wie folgt krankenversichert: [12]

☐ in der Krankenversicherung für Studenten.

☐ in der Familienversicherung.

Für ihn besteht während der Dauer des Praktikums eine Versicherungspflicht in der gesetzlichen Rentenversicherung. [13]

Alternative 2:

Für den Praktikanten besteht während der Dauer des Praktikums eine Versicherungspflicht in allen Zweigen der Sozialversicherung (Kranken-, Pflege-, Renten- und Arbeitslosenversicherung). [14]

4   Tägliche Ausbildungszeit und Urlaub

4.1   Die regelmäßige tägliche Ausbildungszeit beträgt .... Stunden. [15]

4.2   Der Praktikant hat Anspruch auf Urlaub entsprechend den gesetzlichen Bestimmungen (Bundesurlaubsgesetz oder Jugendarbeitsschutzgesetz).

5   Pflichten des Fotodesigners

5.1   Der Fotodesigner verpflichtet sich, im Rahmen seiner Möglichkeiten dafür zu sorgen, dass dem Praktikanten die zum Erreichen des Ausbildungsziels erforderlichen Fertigkeiten und Kenntnisse vermittelt werden. Ist das Praktikum Bestandteil einer Hochschul- oder Fachhochschulausbildung, wird der Fotodesigner die für die Durchführung des Praktikums geltenden Richtlinien und Ausbildungspläne der Hochschule bzw. Fachhochschule – soweit vorhanden – berücksichtigen.

5.2 Der Fotodesigner wird dem Praktikanten die erforderlichen Ausbildungsmittel, insbesondere Geräte und Materialien, kostenlos zur Verfügung stellen. Handelt es sich um ein Zwischenpraktikum, wird der Fotodesigner den Praktikanten für begleitende Lehrveranstaltungen der Hochschule oder Fachhochschule, die im Zusammenhang mit dem Praktikum stattfinden, freistellen. [16]

5.3 Der Fotodesigner verpflichtet sich, dem Praktikanten bei Beendigung des Praktikums einen schriftlichen Tätigkeitsnachweis zu erteilen.

6 Pflichten des Praktikanten

6.1 Der Praktikant verpflichtet sich, die ihm übertragenen Arbeiten sorgfältig und gewissenhaft auszuführen, die von dem Fotodesigner erteilten Weisungen zu befolgen, die ihm anvertrauten Geräte und alle Einrichtungen des Studios pfleglich zu behandeln und die nach den Richtlinien und Studienplänen erforderlichen Tätigkeitsberichte zu erstellen.

6.2 Der Praktikant hat dem Fotodesigner jede Verhinderung und ihre voraussichtliche Dauer unverzüglich anzuzeigen und im Falle einer Erkrankung vor Ablauf des dritten Kalendertages nach Beginn der Arbeitsunfähigkeit eine ärztliche Arbeitsunfähigkeitsbescheinigung vorzulegen.

6.3 Der Praktikant ist ferner verpflichtet, über alle ihm anvertrauten, zugänglich gemachten oder sonst bekannt gewordenen Geschäftsgeheimnisse und vertraulichen Angelegenheiten des Fotodesigners und seiner Kunden auch nach Beendigung des Praktikums Stillschweigen zu bewahren.

7 Rechte an Arbeitsergebnisse

7.1 An den Lichtbildwerken und Lichtbildern, die ihm Rahmen dieses Praktikantenvertrages entstehen und deren Urheber oder Miturheber der Praktikant ist, werden dem Fotodesigner die ausschließlichen, zeitlich und räumlich unbeschränkten Nutzungsrechte für alle bekannten Verwertungsarten eingeräumt. Der Fotodesigner ist berechtigt, die Lichtbildwerke und Lichtbilder zu veröffentlichen, zu vervielfältigen, zu verbreiten, auszustellen oder öffentlich wiederzugeben und die eingeräumten Rechte ganz oder teilweise auf Dritte zu übertragen. Der Praktikant erkennt an, dass bei einer Nutzung der Bilder keine Verpflichtung zur Urhebernennung besteht.

7.2 Die vorstehende Rechtseinräumung und -übertragung bleibt nach Abschluss des Praktikums wirksam und wird – auch für die Zeit nach Beendigung des Praktikantenvertrages – durch die gemäß Ziffer 3.1 gezahlte Vergütung abgegolten.

7.3 Der Praktikant bleibt ungeachtet der Regelung in Ziffer 7.1 berechtigt, die von ihm angefertigten Lichtbildwerke und Lichtbilder für seine weitere Ausbildung, insbesondere im Rahmen eines Studiums an einer Hochschule und Fachhochschule, zu verwenden.

8 Beendigung des Praktikums

8.1 Das Praktikum endet mit dem Ablauf der vereinbarten Ausbildungszeit (Ziffer 2.1), ohne dass es einer besonderen Kündigung bedarf.

8.2 Nach der Probezeit kann der Praktikantenvertrag nur von dem Praktikanten mit einer Kündigungsfrist von vier Wochen gekündigt werden. Das Recht beider Parteien, den Praktikantenvertrag aus wichtigem Grund fristlos zu kündigen, bleibt unberührt.

8.3 Jede Kündigung muss schriftlich und unter Angabe der Kündigungsgründe erfolgen. Eine Kündigung in elektronischer Form ist ausgeschlossen.

9 Schlussbestimmungen

9.1 Änderungen oder Ergänzungen dieses Vertrages bedürfen der Schriftform.

9.2 Die Unwirksamkeit einzelner Vertragsregelungen berührt nicht die Wirksamkeit der übrigen Bestimmungen des Praktikantenvertrages.

9.3 Der Praktikant bestätigt durch seine Unterschrift, dass ihm eine von dem Fotodesigner unterzeichnete Ausfertigung dieses Vertrages ausgehändigt worden ist.

Ort, Datum

....
(Fotodesigner) (Praktikant)

---

1 Die Namen und Anschriften des ausbildenden Fotodesigners und des Praktikanten sind hier vollständig einzutragen.

2 An dieser Stelle ist der jeweils zutreffende Fachbereich einzutragen (z. B. „Fotodesign", „Kommunikationsdesign").

3 Hier werden zwei alternative Formulierungsmöglichkeiten vorgeschlagen. Welche dieser Möglichkeiten in Frage kommt, richtet sich nach dem Status des Praktikanten. Ist er als ordentlicher Student bei einer Hochschule oder Fachhochschule immatrikuliert, ist die „Alternative 1" zutreffend. Ist er dagegen kein Student, muss die „Alternative 2" gewählt werden.
Da die Verpflichtung zur Zahlung von Sozialversicherungsbeiträgen davon abhängt, ob der Praktikant als Student an einer Hochschule oder Fachhochschule eingeschrieben ist, muss sein Status unbedingt geklärt werden. Dazu wird ergänzend auf die Erläuterungen in Anmerkung 9 verwiesen.

4 Ist der Praktikant als ordentlicher Student bei einer Hochschule oder Fachhochschule immatrikuliert und wird deshalb die „Alternative 1" ausgewählt, ist in die Leerzeile der Name der betreffenden Hochschule/Fachhochschule einzutragen.

13

5 Hier ist die zutreffende Alternative anzukreuzen. Die Beantwortung der Frage, ob das Praktikum in der Studien- oder Prüfungsordnung der Hochschule/Fachhochschule vorgeschrieben ist, dient der Klärung einer eventuellen Rentenversicherungspflicht. Weitere Erläuterungen dazu in Anmerkung 9.

6 Falls der Praktikant nicht als ordentlicher Student immatrikuliert ist und deshalb die „Alternative 2" ausgewählt wird, ist hier anzukreuzen, ob ein Vorpraktikum, ein Nachpraktikum oder ein sonstiges Berufspraktikum absolviert werden soll.

7 In diese Zeile sind die genauen Daten des Beginns und der Beendigung des Praktikums einzutragen. Bei einem vorgeschriebenen Vorpraktikum, Zwischenpraktikum (Fachpraktikum) oder Nachpraktikum sollte die Dauer des Praktikums den Zeitvorgaben in den jeweiligen Studien- und Prüfungsordnungen der Hochschule / Fachhochschule entsprechen.

8 Die Probezeit sollte mindestens einen Monat und höchstens vier Monate betragen (§ 20 Abs. 2 BBiG). Zwar geht das Bundesarbeitsgericht (BAG) davon aus, dass das Berufsbildungsgesetz nicht für ein Berufspraktikum gilt, das im Rahmen eines Studiums oder zur Vorbereitung eines Studiums absolviert wird und das in den Schulgesetzen der Bundesländer geregelt ist (BAG AP Nr. 3 zu § 3 BAT). Diese Rechtsprechung ist jedoch nicht unumstritten. Abgesehen davon führt sie angesichts der unterschiedlichen Formen des Praktikums auch zu einer gewissen Rechtsunsicherheit. Deshalb wird empfohlen, einen Praktikantenvertrag auch dann, wenn es sich um ein Vor-, Zwischen- oder Nachpraktikum handelt, vorsorglich unter Beachtung der Vorschriften des Berufsbildungsgesetzes abzuschließen.

9 Die Sozialversicherungspflicht eines Praktikanten richtet sich nach der Art des Praktikums:
- Handelt es sich um ein Zwischenpraktikum (Fachpraktikum), das in der Studien- und Prüfungsordnung vorgeschrieben ist und während des Studiums absolviert wird, besteht für den Praktikanten die studentische Krankenversicherung bzw. die Familienversicherung fort. In der gesetzlichen Kranken-, Pflege-, Renten- und Arbeitslosenversicherung bleibt er während des Praktikums auch dann versicherungsfrei, wenn er ein Arbeitsentgelt erhält (§ 6 Abs. 1 Ziff. 3 SGB V). Entsprechendes gilt in der Pflegeversicherung, die grundsätzlich der Krankenversicherung folgt, sowie in der Arbeitslosenversicherung (§ 27 Abs. 4 Ziff. 2 SGB III). Auch in der Rentenversicherung sind solche Praktika versicherungsfrei (§ 5 Abs. 3 SGB VI).
- Handelt es sich um ein vorgeschriebenes Praktikum, das entweder vor Studienbeginn (Vorpraktikum) oder nach dem erfolgreichen Abschluss einer Hochschulausbildung (Nachpraktikum) absolviert wird, besteht für den Praktikanten eine Versicherungspflicht in allen Zweigen der Sozialversicherung (Kranken-, Pflege-, Renten- und Arbeitslosenversicherung). Allerdings wird die Kranken- und Pflegeversicherungspflicht bei Vorpraktikanten nicht wirksam, wenn für sie eine Familienversicherung besteht und ihr

Gesamteinkommen regelmäßig im Monat die Entgeltgrenze von einem Siebtel der monatlichen Bezugsgröße nach § 18 SGB IV nicht überschreitet (§ 10 Abs. 1 Satz 1 Ziff. 5 SGB V), also nicht höher ist als 365,00 € pro Monat (Stand: Januar 2011).

- Anders als bei den in den Studien- und Prüfungsordnungen vorgeschriebenen Praktika bestehen für nicht vorgeschriebene Praktika hinsichtlich der versicherungsrechtlichen Beurteilung keine Sonderregelungen. Personen, die ein nicht vorgeschriebenes Praktikum gegen Arbeitsentgelt ausüben, sind deshalb in allen Zweigen der Sozialversicherung (Kranken-, Pflege-, Renten- und Arbeitslosenversicherung) versicherungspflichtig. Lediglich Studierende, die zwar eine Beschäftigung gegen Arbeitsentgelt ausüben, deren Zeit und Arbeitskraft aber überwiegend durch das Studium in Anspruch genommen wird, können in der Kranken-, Pflege- und Arbeitslosenversicherung (nicht dagegen in der Rentenversicherung) versicherungsfrei sein. Versicherungsfreiheit kommt im Übrigen auch dann in Betracht, wenn es sich beim dem nicht vorgeschriebenen Praktikum um eine geringfügige Beschäftigung gemäß § 8 SGB IV handelt.

Sofern für den Praktikanten eine Sozialversicherungspflicht besteht und das an ihn gezahlte Arbeitsentgelt den Betrag von 325,00 € im Monat nicht übersteigt, trägt der Arbeitgeber (Fotodesigner) den Gesamtsozialversicherungsbeitrag allein (§ 20 Abs. 3 Ziff. 1 SGB IV). Beträgt das monatliche Arbeitsentgelt dagegen mehr als 325,00 €, sind die Beiträge zur Kranken-, Pflege-, Renten- und Arbeitslosenversicherung von dem Praktikanten und dem Arbeitgeber jeweils zur Hälfte zu tragen.

10 Bei der Festlegung der Vergütung sollte auch dann, wenn das Berufsbildungsgesetz nicht zwingend anzuwenden ist, § 17 Abs. 1 BBiG beachtet werden. Danach hat der Ausbildende dem Praktikanten eine angemessene Vergütung zu gewähren. Die Höhe der Vergütung ist hier einzutragen.

11 Die hier vorgeschlagenen Textalternativen korrespondieren mit den unterschiedlichen Formulierungsmöglichkeiten unter Ziffer 1.2. Falls der Praktikant als ordentlicher Student immatrikuliert ist, ist die „Alternative 1" zutreffend. Ist er dagegen nicht an einer Hochschule/Fachhochschule eingeschrieben, muss der Text der „Alternative 2" in den Vertrag eingesetzt werden.

12 Wird bei Ziffer 3.2 die „Alternative 1" ausgewählt, ist hier anzukreuzen, welche Krankenversicherung besteht. Falls der Praktikant angibt, in der Familienversicherung krankenversichert zu sein, ist zu beachten, dass die kostenfreie Familienversicherung entfällt, wenn das Gesamteinkommen des Praktikanten regelmäßig im Monat die Entgeltgrenze von einem Siebtel der monatlichen Bezugsgröße nach § 18 SGB IV überschreitet (§ 10 Abs. 1 Satz 1 Ziff. 5 SGB V), also höher ist als 365,00 € pro Monat (Stand: Januar 2011). In diesem Fall ist eine studentische Krankenversicherung erforderlich.

13

13 *Der Hinweis auf die Versicherungspflicht in der gesetzlichen Rentenversicherung trifft nur dann zu, wenn das Praktikum in der Studien- oder Prüfungsordnung nicht vorgeschrieben ist (vgl. dazu die Erläuterungen in Anmerkung 9). Handelt es sich also um ein in der Studien- bzw. Prüfungsordnung vorgeschriebenes Praktikum, ist der Hinweis zu streichen.*

14 *Falls bei Ziffer 3.2 die „Alternative 2" ausgewählt wird, sollte man den Praktikanten vorsorglich darauf hinweisen, dass für ihn eine umfassende Sozialversicherungspflicht besteht. Ein solcher Hinweis empfiehlt sich insbesondere dann, wenn das Arbeitsentgelt den Betrag von 325,00 € im Monat übersteigt, weil der Praktikant dann die Beiträge zur Kranken-, Pflege-, Renten- und Arbeitslosenversicherung zur Hälfte mittragen muss (dazu Anmerkung 9). Sofern es sich allerdings um ein vorgeschriebenes Vorpraktikum handelt, der Praktikant familienversichert ist und sein Gesamteinkommen die Entgeltgrenze nach § 18 SGB IV nicht überschreitet (dazu Anmerkung 12), ist der Text dahingehend abzuändern, dass eine Versicherungspflicht während der Dauer des Praktikums (nur) in der Renten- und Arbeitslosenversicherung besteht.*

15 *Hier ist die Dauer der regelmäßigen täglichen Ausbildungzeit einzutragen.*

16 *Falls keine begleitenden Lehrveranstaltungen stattfinden, ist der letzte Satz zu streichen.*

Gründung einer GmbH im vereinfachten Verfahren

Häufig werden Fotografen von ihren Kunden dazu gedrängt, eine GmbH zu gründen und sämtliche Leistungen über die GmbH abzurechnen. Für die Kunden hat diese Lösung den Vorteil, dass sie für die Entgelte, die sie an die GmbH zahlen, keine Künstlersozialabgabe entrichten müssen. Allerdings irren die Kunden, wenn sie glauben, dass sie damit Geld einsparen, denn die Künstlersozialabgabe fällt in diesem Fall zwar nicht bei ihnen, wohl aber bei der GmbH an. Die GmbH wird diese Kosten bei einer vernünftigen kaufmännischen Kalkulation über ihre Preise an die Kunden weitergeben müssen.

Abgesehen davon, dass die Gründung einer GmbH für die Kunden keinen wirklichen Spareffekt hat, kann sie für die Fotografen mit erheblichen Nachteilen verbunden sein. So fallen bereits bei der Gründung der Gesellschaft zumindest dann, wenn es sich nicht um eine Gründung im vereinfachten Verfahren handelt, einige Kosten an. Später kommen dann noch die Kosten für die gesonderte Buchführung und Steuerberatung der GmbH hinzu. Außerdem sind die steuerlichen Nachteile zu bedenken, insbesondere die Tatsache, dass die GmbH ein Gewerbebetrieb ist, für den auch dann Gewerbesteuer anfällt, wenn die von der GmbH abgerechneten Fotoarbeiten künstlerischen Charakter haben. Arbeiten die Fotografen außerdem – wie es regelmäßig der Fall sein wird – für die GmbH als Geschäftsführer, müssen sie damit rechnen, dass die kompletten Geschäftsführerbezüge künstlersozialabgabepflichtig werden. Zu diesen steuer- und abgaberechtlichen Konsequenzen wird ergänzend auf das BFF-Handbuch „Basiswissen" (ISBN 978-3-933989-43-7) verwiesen. Dort werden die nachteiligen Folgen einer GmbH-Gründung auf den Seiten 260 und 295 näher erläutert.

Wer sich als Fotograf dennoch zu einer GmbH-Gründung entschließt, sollte die Möglichkeit einer Gründung im vereinfachten Verfahren prüfen und außerdem überlegen, ob die GmbH über das normalerweise vorgesehene Mindestkapital von 25.000,00 € verfügen muss oder ob nicht auch ein geringeres Stammkapital ausreicht.

Die „klassische" GmbH muss mit einem Stammkapital von mindestens 25.000,00 € ausgestattet werden. Um allerdings auch kapitalschwachen Unternehmern eine GmbH-Gründung zu ermöglichen, hat der Gesetzgeber vor einigen Jahren die haftungsbeschränkte Unternehmergesellschaft als Einstiegsvariante zur GmbH eingeführt. Die Unternehmergesellschaft hat den Vorteil, dass sie auch ohne ein bestimmtes Mindestkapital gegründet werden kann. Allerdings darf sie sich im geschäftlichen Verkehr nicht als „GmbH" bezeichnen. Stattdessen muss sie in ihrer Firma den Rechtsformzusatz „Unternehmergesellschaft (haftungsbeschränkt)" oder „UG (haftungsbeschränkt)" führen. Aus Gläubigerschutzgründen sind Unternehmergesellschaften außerdem verpflichtet, in die Bilanz ihrer Jahresabschlüsse eine gesetzliche Rücklage in Höhe eines Viertels des Jahresüberschusses einzustellen. Die Ansparpflicht entfällt erst dann, wenn die angesparten Rücklagen den Betrag des Mindeststammkapitals von 25.000,00 € erreichen oder die Gesellschaft eine entsprechende Kapitalerhöhung durchführt. Von diesem Zeitpunkt an darf dann auch statt der Bezeichnung „Unternehmergesellschaft" bzw. „UG" der Rechtformzusatz „GmbH" in der Firma geführt werden.

Eine GmbH kann ebenso wie die Unternehmergesellschaft durch eine oder mehrere Personen errichtet werden. Gibt es nur einen Gründer, entsteht eine Einmann-Gesellschaft. Auch die nachträgliche Vereinigung aller Geschäftsanteile einer Mehrpersonen-Gesellschaft bei einem Gesellschafter führt zur Entstehung einer Einmann-GmbH bzw. einer Einmann-UG.

Der Abschluss eines GmbH-Gesellschaftsvertrages bedarf normalerweise der notariellen Form. Allerdings kann eine Gesellschaft, die höchstens drei Gesellschafter und einen Geschäftsführer hat, in einem vereinfachten Verfahren gegründet werden. Für eine Gründung im vereinfachten Verfahren sind gesetzlich vorgegebene Musterprotokolle zu verwenden, die ein Notar beurkunden muss. Die auf den nachfolgenden Seiten wiedergegebenen Gründungsprotokolle entsprechen (einschließlich der Anmerkungen) exakt den gesetzlichen vorgegebenen Mustern. Das erste Protokoll ist für die Gründung einer Einmann-GmbH oder einer Einmann-UG gedacht. Das zweite Protokoll ist bei der Gründung einer Mehrpersonengesellschaft mit bis zu drei Gesellschaftern zu verwenden.

Musterprotokoll für die Gründung einer Einpersonengesellschaft

UR. Nr. ....

Heute, den ....

erschien vor mir, ...

Notar/in mit dem Amtssitz in ....

Herr/Frau [1] ....

.... [2]

1   Der Erschienene errichtet hiermit nach § 2 Abs. 1 a GmbHG eine Gesellschaft mit beschränkter Haftung
    unter der Firma ....
    mit dem Sitz in ....

2   Gegenstand des Unternehmens ist ....

3   Das Stammkapital der Gesellschaft beträgt .... € (i. W. .... Euro)
    und wird vollständig von Herrn/Frau [1] ....
    (Geschäftsanteil Nr. 1) übernommen. Die Einlage ist in Geld zu erbringen, und zwar sofort in voller
    Höhe/zu 50 Prozent sofort, im Übrigen sobald die Gesellschafterversammlung ihre Einforderung
    beschließt [3].

4   Zum Geschäftsführer der Gesellschaft wird Herr/Frau [4] ....,
    geboren am ...., wohnhaft in ...., bestellt.
    Der Geschäftsführer ist von den Beschränkungen des § 181 des Bürgerlichen Gesetzbuchs befreit.

5   Die Gesellschaft trägt die mit der Gründung verbundenen Kosten bis zu einem Gesamtbetrag von 300 €,
    höchstens jedoch bis zum Betrag ihres Stammkapitals. Darüber hinausgehende Kosten trägt der Gesell-
    schafter.

6   Von dieser Urkunde erhält eine Ausfertigung der Gesellschafter, beglaubigte Ablichtungen die Gesell-
    schaft und das Registergericht (in elektronischer Form) sowie eine einfache Abschrift das Finanzamt
    – Körperschaftsteuerstelle –.

7   Der Erschienene wurde vom Notar/von der Notarin insbesondere auf Folgendes hingewiesen:
    ....

Anmerkungen siehe Seite 298

Musterprotokoll für die Gründung einer Mehrpersonengesellschaft mit bis zu drei Gesellschaftern

UR. Nr. ....

Heute, den ....

erschien vor mir, ...

Notar/in mit dem Amtssitz in ....

Herr/Frau [1] ....

.... [2]

Herr/Frau [1] ....

.... [2]

Herr/Frau [1] ....

.... [2]

1 Die Erschienenen errichten hiermit nach § 2 Abs. 1 a GmbHG eine Gesellschaft mit beschränkter Haftung unter der Firma ....

mit dem Sitz in ....

2 Gegenstand des Unternehmens ist ....

3 Das Stammkapital der Gesellschaft beträgt.............. € (i. W..Euro) und wird wie folgt übernommen:

Herr/Frau [4] ....

übernimmt einen Geschäftsanteil mit einem Nennbetrag in Höhe von .... €

(i. W... Euro), (Geschäftsanteil Nr. 1),

Herr/Frau [4] ....

übernimmt einen Geschäftsanteil mit einem Nennbetrag in Höhe von .... €

(i. W... Euro), (Geschäftsanteil Nr. 2),

Herr/Frau [4] ....

übernimmt einen Geschäftsanteil mit einem Nennbetrag in Höhe von .... €

(i. W... Euro), (Geschäftsanteil Nr. 3),

Die Einlagen sind in Geld zu erbringen, und zwar sofort in voller Höhe/zu 50 Prozent sofort, im Übrigen sobald die Gesellschafterversammlung ihre Einforderung beschließt. [3]

Gründung einer GmbH im vereinfachten Verfahren

14

4 Zum Geschäftsführer der Gesellschaft wird Herr/Frau[4] ....,
geboren am ...., wohnhaft in ....,
bestellt. Der Geschäftsführer ist von den Beschränkungen des § 181 des Bürgerlichen Gesetzbuchs
befreit.

5 Die Gesellschaft trägt die mit der Gründung verbundenen Kosten bis zu einem Gesamtbetrag von 300 €,
höchstens jedoch bis zum Betrag ihres Stammkapitals. Darüber hinausgehende Kosten tragen die Gesellschafter im Verhältnis der Nennbeträge ihrer Geschäftsanteile.

6 Von dieser Urkunde erhält eine Ausfertigung jeder Gesellschafter, beglaubigte Ablichtungen die Gesellschaft und das Registergericht (in elektronischer Form) sowie eine einfache Abschrift das Finanzamt
– Körperschaftsteuerstelle –.

7 Die Erschienenen wurden vom Notar/von der Notarin insbesondere auf Folgendes hingewiesen:
....

1 *Nicht Zutreffendes streichen. Bei juristischen Personen ist die Anrede Herr/Frau wegzulassen.*

2 *Hier sind neben der Bezeichnung des Gesellschafters und den Angaben zur notariellen Identitätsfeststel-
lung ggf. der Güterstand und die Zustimmung des Ehegatten sowie die Angaben zu einer etwaigen Ver-
tretung zu vermerken.*

3 *Nicht Zutreffendes streichen. Bei der Unternehmergesellschaft muss die zweite Alternative gestrichen
werden.*

4 *Nicht Zutreffendes streichen.*

Anhang

Download der Vertragsmuster und Formulare

Die Vertragsmuster und Formulare, die in dem Buch mit dem Download-Symbol gekennzeichnet sind, stehen auch in digitaler Form zur Verfügung. Der Ersterwerber des Vertragshandbuchs kann sich die Dateien aus dem Internet herunterladen. Wie der Download funktioniert und wie die Dateien zu handhaben sind, soll hier kurz erläutert werden.

Registrierung mit dem Zugangscode

Alle Vertragsmuster und Formulare, die in digitaler Form zur Verfügung stehen, können von der Webseite www.bff.de heruntergeladen werden. Die Texte sind in einer ZIP-Datei archiviert. Für den Download benötigen Sie den zwölfstelligen Zugangscode, der auf Seite 313 des Buches zu finden ist. Wie sich mit diesem Code die ZIP-Datei herunterladen lässt, wird auf Seite 312 erläutert.

Der Zugangscode ist nur einmal verwendbar und wird nach der Registrierung gesperrt. Wenn Sie sich allerdings mit dem Zugangscode als Ersterwerber des Buches registriert haben, können Sie die Vertragsmuster und Formulare später jederzeit erneut aus dem Internet herunterladen. Sie müssen dazu lediglich auf der Webseite www.bff.de ein Login durchführen und dabei die Mail-Adresse und das Passwort eingeben, das Ihnen mit der Registrierungsbestätigung zugeteilt worden ist. Um in den Login-Bereich zu gelangen, klicken Sie auf den entsprechenden Link in der Registrierungsbestätigung. Alternativ können Sie die Webseite www.bff.de aufrufen. Wählen Sie dort im Hauptmenü den Menüpunkt „Der BFF". Klicken Sie anschließend in dem Untermenü zunächst auf „Publikationen" und dann auf „Download Verträge". In dem Fenster, das sich daraufhin öffnet, können sich bereits registrierte Ersterwerber des Buches erneut einloggen.

Das Recht zum kostenlosen Download der Vertragsmuster und Formulare hat nur derjenige, der sich auf der Webseite des BFF mit dem Zugangscode als Ersterwerber hat registrieren lassen. Eine Weitergabe der Zugangsdaten und insbesondere des Passwortes an andere Personen ist nicht erlaubt.

Die Möglichkeit zum Download der Vertragsmuster und Formulare ist für die Ersterwerber der dritten Auflage des BFF-Handbuchs „Verträge" bis zum Erscheinen der vierten Auflage gewährleistet. Falls die Registrierung nicht funktionieren sollte oder beim Download irgendwelche Probleme auftreten, schicken Sie bitte eine Mail an info@bff.de und teilen Sie dem BFF Ihren Zugangscode mit.

Technische Hinweise

Um die in dem ZIP-Paket enthaltenen Textdateien entpacken zu können, benötigen Sie eine spezielle Software. Diese Software ist auf den meisten Rechnern bereits vorinstalliert, so dass Sie die ZIP-Datei nach dem Download nur noch anklicken und dann angeben müssen, wo Sie die entpackten Textdateien speichern wollen. Sollte das Entpackungsprogramm auf Ihrem Rechner noch nicht installiert sein, können Sie es kostenlos aus dem Internet herunterladen.

• http://www.freeware.de/zip

Das ZIP-Paket enthält 35 Vertragsmuster und Formulare. Bei den Mustertexten des Buches, die vollständig auf konkrete Anwendungsbeispiele zugeschnitten und deshalb nicht allgemein verwendbar sind, wurde auf die Bereitstellung einer digitalen Version verzichtet. Auch die von der VG Bild-Kunst verwendeten Anmeldeformulare sind in der ZIP-Datei nicht enthalten, da diese Formulare von der Verwertungsgesellschaft immer wieder aktualisiert werden und deshalb in der jeweils aktuellsten Version unmittelbar von der Webseite www.bildkunst.de (Menüpunkt „Download" > „Meldeformulare") heruntergeladen werden sollten.

In der ZIP-Datei sind die Vertragsmuster und Formulare im Dateiformat „Word" archiviert. Die Geschäftsbedingungen für Fotografen, für Architekturfotografen, für Galerieverkäufe im Internet und für die Lieferung von Bildmaterial gibt es außerdem im PDF-Format. Die PDF-Dateien komprimieren die AGB-Texte auf eine DIN-A4-Seite, so dass sie nur noch ausgedruckt werden müssen und sofort verwendbar sind. Auch von dem Produktionsvertrag für Bildjournalisten, dem Vertrag über Bildlizenzen für einen Fotokalender, dem an den Agenturinteressen ausgerichteten Vertrag zwischen einem Bildautor und einer Bildagentur und dem Vertrag über eine Royalty-Free-Lizenz gibt es jeweils eine PDF-Version, die beispielhaft zeigt, wie sich die beiden Vertragsteile auf der Vorder- und Rückseite eines DIN-A4-Bogens platzieren lassen.

Die in dem ZIP-Paket enthaltenen Textdateien lassen sich mit dem Programm „Microsoft Word" und mit anderen Textverarbeitungsprogrammen, die Word-Dokumente lesen können, öffnen und bearbeiten. Falls ein solches Programm auf Ihrem Rechner nicht installiert ist, sollten Sie sich die Software „Open Office" aus dem Internet herunterladen. Mit diesem Programm können Sie auch Word-Dokumente bearbeiten.

• http://de.openoffice.org

Für die im PDF-Format gespeicherten Dateien benötigen Sie eine aktuelle Version der Software Adobe Reader. Auch dieses Programm ist kostenlos im Internet erhältlich.

• http://get.adobe.com/de/reader

Anhang

Warnhinweis

Verwenden Sie die in dem ZIP-Paket enthaltenen Textdateien grundsätzlich nur zusammen mit der gedruckten Ausgabe des BFF-Handbuchs „Verträge", denn nur die gedruckte Ausgabe enthält die Erläuterungen und weiterführenden Hinweise, die Sie zum Verständnis der Textmuster benötigen. Ein sinnvoller und fehlerfreier Einsatz der Vertragsmuster und Formulare ist nur bei Beachtung der Erläuterungen und Hinweise in dem Buch gewährleistet.

Die Textmuster wurden zwar mit größtmöglicher Sorgfalt verfasst, doch können Änderungen der Rechtslage, abweichende Rechtsansichten und Fehler des Autors niemals vollständig ausgeschlossen werden. Deshalb erhebt keiner der Texte oder der darin enthaltenen Formulierungen Anspruch auf uneingeschränkte Rechtsgültigkeit. Der BFF und der Autor übernehmen demzufolge auch keine Gewähr für die Richtigkeit, Vollständigkeit und Aktualität der in dem Buch vorgestellten bzw. in der ZIP-Datei gespeicherten Formulare, Muster und sonstigen Texte.

Auswahl der Textmuster

So können Sie ein bestimmtes Textmuster finden:

Auswahl mit der „start"-Datei

Der einfachste Weg ist die Suche mit Hilfe der „start"-Datei, die zu dem ZIP-Paket gehört. Wenn Sie nach dem Extrahieren des ZIP-Pakets den Ordner „BFF_Vertraege" öffnen, finden Sie dort eine HTML-Datei mit der Bezeichnung „start". Beim Anklicken dieser Datei öffnet sich Ihr Web-Browser und auf dem Bildschirm erscheint eine Liste der Textdateien, die Ihnen zur Auswahl zur Verfügung stehen. Die Abbildung auf der nächsten Seite zeigt, wie diese Liste aussieht. Die Gliederung der Liste entspricht dem Inhaltsverzeichnis des Buches. Die Icons in den beiden letzten Spalten zeigen, in welchen Dateiformaten die Texte zur Verfügung stehen. Um ein bestimmtes Dokument auszuwählen, klicken Sie mit dem Mauszeiger bzw. dem Handsymbol auf das entsprechende Icon. Ist das ausgewählte Dokument eine Word-Datei, wird nach dem Anklicken das Textverarbeitungsprogramm geöffnet, das diese Datei lesen kann, und der gewünschte Text erscheint auf dem Bildschirm. Falls Sie eine PDF-Datei anklicken, wird die Datei mit dem Programm „Adobe Reader" geöffnet.

BFF **Handbuch** Verträge

Anhang

Download der Vertragsmuster und Formulare

Um eine bestimmtes Vertragsmuster oder Formular zu finden, können Sie auch direkt den Ordner „Text-dateien" öffnen, den Sie mit dem ZIP-Paket erhalten. Die in dem Ordner gespeicherten Textdateien sind mit aussagekräftigen Namen und außerdem mit Nummern versehen, die den Nummern der einzelnen Buchkapitel entsprechen. Das erleichtert Ihnen das Auffinden des gesuchten Textes. Wenn Sie in dem Ordner das passende Muster oder Formular gefunden haben, klicken Sie die betreffende Datei an. Es öffnet sich dann – je nach Dateiformat – entweder das Textverarbeitungsprogramm oder aber der Adobe Reader und das Textmuster erscheint auf dem Bildschirm.

Sie können die Word-Dateien auch von Ihrem Textverarbeitungsprogramm aus öffnen. Geben Sie dazu nach dem Aufrufen des Programms den Befehl „Datei > Öffnen" ein. Steuern Sie anschließend den Ordner „Textdateien" an und wählen Sie dort die Datei aus, die Sie bearbeiten möchten. Auch die PDF-Dateien lassen sich auf diese Weise direkt mit dem Programm „Adobe Reader" öffnen.

Hinweise zu den Word-Dateien

Die im Word-Format gespeicherten Dateien sind gegen unbeabsichtigte Änderungen geschützt. Solange der Dokumentschutz nicht aufgehoben wird, können Sie lediglich die grau hinterlegten Formularfelder ausfüllen. Der übrige Text und die Typographie lassen sich dagegen nicht verändern.

In den grau hinterlegten Formularfelder befinden sich in der Regel punktierte Linien, damit die Formulare bei Bedarf einfach ausgedruckt und mit der Hand ausgefüllt werden können. Wenn Sie die Formulare direkt am Bildschirm ausfüllen möchten, gehen Sie am besten so vor:

- Öffnen Sie die betreffende Word-Datei mit Ihrem Textverarbeitungsprogramm. Beim Öffnen wird das erste der grau hinterlegten Formularfelder komplett markiert.
- Geben Sie den gewünschten Text in das markierte Feld ein.
- Bedienen Sie die Tabulatortaste, um zum nächsten ausfüllungsbedürftigen Formularfeld zu gelangen und dieses Feld zu markieren. Fahren Sie mit der Texteingabe fort.
- Wenn alle Felder ausgefüllt sind, klicken Sie auf „Datei > Speichern unter…", um das ausgefüllte Dokument als neue Datei zu speichern. Geben Sie an, wo und unter welcher Bezeichnung das Word-Dokument gespeichert werden soll.
- Nach dem Schließen der Ausgangsdatei steht Ihnen das Formular für weitere Anwendungen in der ursprünglichen Fassung zur Verfügung.

Wenn Sie nicht nur die Formularfelder ausfüllen, sondern auch den Text und die Typographie ändern möchten, müssen Sie zunächst den Dokumentschutz aufheben. Wählen Sie dazu in Ihrem Textverarbei-tungsprogramm „Extras > Dokumentschutz aufheben". Danach können Sie dann die gewünschten

Änderungen wie bei jedem anderen Word-Dokument durchführen. Wenn Sie das Formular nach einer Änderung erneut schützen wollen, um weitere unbeabsichtigte Änderungen auszuschließen, müssen Sie den Dokumentschutz wieder aktivieren. Wählen Sie dazu „Extras > Dokument schützen ...".

Weitere Hinweise zur Bearbeitung der Word-Formulare finden Sie in der Hilfe-Dokumentation Ihres Textverarbeitungsprogramms.

Abkürzungen

A

Abs.	Absatz
AG	Aktiengesellschaft
AGB	Allgemeine Geschäftsbedingungen
AP	Arbeitsrechtliche Praxis (Entscheidungssammlung)
ArbZG	Arbeitszeitgesetz
Art.	Artikel

B

BAG	Bundesarbeitsgericht
BAT	Bundes-Angestelltentarifvertrag
BBiG	Berufsbildungsgesetz
BDG	Bund Deutscher Grafik-Designer
BeckRS	Beck-Rechtsprechung (Datenbank)
BFF	Bund Freischaffender Foto-Designer
BG	Berufsgruppe (in der VG Bild-Kunst)
BGB	Bürgerliches Gesetzbuch
BGBl.	Bundesgesetzblatt
BGH	Bundesgerichtshof
BLZ	Bankleitzahl
BSG	Bundessozialgericht
BUrlG	Bundesurlaubsgesetz
BVPA	Bundesverband der Pressebild-Agenturen und Bildarchive
bzw.	beziehungsweise

C

ca.	circa
CD	Compact Disk
cm	Zentimeter
CMYK	Subtraktives Farbmodell aus Cyan, Magenta, Gelb und Schwarz

D

d.h.	das heißt
DIN	Deutsche Industrienorm
DL-InfoV	Dienstleistungs-Informationspflichten-Verordnung
dpi	dots per inch
DRV	Deutsche Rentenversicherung
DVD	Digital Versatile Disc (ursprünglich: Digital Video Disc)

E

E-Book	elektronisches Buch
EBV	Elektronische Bildbearbeitung
EGBGB	Einführungsgesetz zum Bürgerlichen Gesetzbuch
e.K.	eingetragener Kaufmann
EStG	Einkommensteuergesetz
EuGH	Europäischer Gerichtshof
e.V.	eingetragener Verein
etc.	et cetera (und so weiter)
evtl.	eventuell

F

f.	folgend
Fa.	Firma
ff.	fortfolgend

G

GbR	Gesellschaft bürgerlichen Rechts (BGB-Gesellschaft)
GEMA	Gesellschaft für musikalische Aufführungs- und mechanische Vervielfältigungsrechte
ggf.	gegebenenfalls
GmbH	Gesellschaft mit beschränkter Haftung
GmbHG	Gesetz betreffend die Gesellschaften mit beschränkter Haftung
GRUR	Gewerblicher Rechtsschutz und Urheberrecht (Fachzeitschrift)

H

HGB	Handelsgesetzbuch
HTML	Hypertext Markup Language
http	Hypertext Transfer Protocol

I

ID	Identifikationsnummer
inkl.	inklusive
ISBN	Internationale Standard-Buch-Nummer
ISO	International Standards Organization (Internationale Normen-Organisation)
i.W.	in Worten

J

JPEG	Joint Photographic Experts Group (Bilddatenformat)
jpg	Joint Photographic Experts Group (JPEG)

K

KB	Kilobyte
KG	Kommanditgesellschaft
km	Kilometer
KSK	Künstlersozialkasse
KSVG	Künstlersozialversicherungsgesetz
Kto.	Konto
KUG	Gesetz betreffend das Urheberrecht an Werken der bildenden Künste und der Photographie (Kunsturhebergesetz)

L

LG	Landgericht
lit.	littera (lateinisch für „Buchstabe")

M

MFM	Mittelstandsgemeinschaft Foto-Marketing
Mio.	Million
MwSt.	Mehrwertsteuer

N

NachwG	Nachweisgesetz
NJW	Neue Juristische Wochenschrift
Nr.	Nummer
NRW	Nordrhein-Westfalen

O

o.a.   oben angeführt/e/r
o.g.   oben genannt
OLG   Oberlandesgericht

P

PDF   Portable Document Format (Dateiformat)
PKW   Personenkraftwagen
P.O.S.   Point of Sale

R

RAW   Rohdatenformat
RDG   Rechtsdienstleistungsgesetz
RGB   Additiver Farbensatz auf Grundlage der Lichtprimärfarben Rot, Grün und Blau

S

S.   Seite
Std.   Stunde(n)
SGB   Sozialgesetzbuch
SGb   Die Sozialgerichtsbarkeit (Fachzeitschrift)

T

Tel.   Telefon
TIFF   Tagged Image File Format (Bilddatenformat)

U

u.a.   unter anderem
UG   Unternehmergesellschaft
UrhG   Urheberrechtsgesetz
UR. Nr.   Urkundennummer des Notars
UStDV   Umsatzsteuer-Durchführungsverordnung
UStG   Umsatzsteuergesetz
USt-ID   Umsatzsteuer-Identifikationsnummer
u.U.   unter Umständen
UWG   Gesetz gegen den unlauteren Wettbewerb

Anhang

V

VerlG	Verlagsgesetz
VG	Verwertungsgesellschaft
vgl.	vergleiche

W

WUA	Welturheberrechtsabkommen
www	World Wide Web

Z

z.B.	zum Beispiel
Ziff.	Ziffer
ZIP	Format für komprimierte Dateien
ZUM-RD	Zeitschrift für Urheber- und Medienrecht - Rechtsprechungsdienst
zzgl.	zuzüglich

Wer ist der BFF?

Der BFF Bund Freischaffender Foto-Designer ist nun seit über 40 Jahren das unbestrittene Markenzeichen in Deutschland für professionelle Fotografie auf höchstem Niveau. Nicht nur große Namen wie Peter Lindbergh, Oliviero Toscani, Prof. F. C. Gundlach, Hans Hansen, Walter Schels, Thomas Höpker, Stefan Moses, Prof. Robert Häusser, Prof. Xiao Hui Wang, Sarah Moon, Ben Oyne, Jacques Schumacher, Christian von Alvensleben, Peter Keetman, Andreas Feininger, Elliott Erwitt, Reinhart Wolf, Walter E. Lautenbacher, Dietmar Henneka, Franz Lazi, Alfred Eisenstaedt und weltbekannte Werbekampagnen der Mitglieder stehen hinter diesem Verband, sondern auch ein leistungsstarkes Angebot.

1969 als Berufsverband gegründet, zählt der BFF heute mit seinen 500 ausschließlich freiberuflich tätigen Fotografen und Hochschullehrern zu den renommiertesten Fotografenverbänden in Europa. Mitglied wird man nicht dadurch, dass man eine Beitrittserklärung unterschreibt, sondern durch die Erfüllung von Aufnahmebedingungen wie selbständige Tätigkeit als Foto-Designer und die positive Beurteilung einer Mappe mit mindestens 30 neueren Werken durch eine Jury. Dadurch ist der BFF in gewissem Sinne ein elitärer Verband, was aber letztlich auch das hohe fotografische Niveau der Mitglieder sicherstellt.

Seit seiner Gründung im Jahre 1969 lädt der BFF regelmäßig zu internationale Kongressen ein, die in der Werbe-, Medien- und Fotoszene über Deutschland hinaus schon zu einer festen Institution geworden sind. Ebenso zählt das seit 1970 herausgegebene BFF-Jahrbuch mit zu den wichtigsten Werken zeitgenössischer Fotografie und ist wohl das interessanteste Dokument, das die Entwicklung und Tendenzen professioneller Fotografie in Deutschland aufzeigt. Die rund 500 Seiten umfassenden Bücher zeigen Jahr für Jahr nicht nur die neuesten Arbeiten der BFF-Mitglieder, sondern stellen auch die ebenfalls jährlich vergebenen Preise und Auszeichnungen des Verbandes vor. Dazu gehören der „BFF-Award" für die beste Arbeiten im BFF-Jahrbuch und der mit 15.000 Euro dotierte „Internationale BFF & Reinhart-Wolf-Award" für die besten Hochschul-Abschlussarbeiten im Bereich Fotografie. Der seit 1988 ausgeschriebene Förderpreis wird vom BFF getragen und von Kodak, dem stern, NEON, der „photokina", der Reinhart-Wolf-Stiftung und vom Wirtschaftsministerium Baden-Württemberg unterstützt. Darüber hinaus bietet der BFF Seminare und Workshops an und gibt eine eigene Fachbuchreihe zu den Themen Existenzgründung und Vertragsrecht, Urheberrecht, Honorare, Steuern u. a. heraus.

International war der BFF bereits in USA, Canada, China, Singapore sowie in vielen europäischen Staaten mit Foto-Ausstellungen präsent. Auch in Deutschland werden regelmäßig die Arbeiten der BFF-Mitglieder in Ausstellungen gezeigt.

www.BFF.de

Zugangscode für den Download

Der Ersterwerber dieses Handbuchs kann sich die Vertragsmuster und Formulare, die in dem Buch mit dem Download-Symbol ⊕ gekennzeichnet sind, als Textdateien aus dem Internet herunterladen.

So funktioniert der Download der Dateien

1 Rufen Sie www.bff.de auf und klicken Sie im Hauptmenü der Webseite auf „Der BFF" und in dem danach erscheinenden Untermenü auf „Publikationen".

2 Klicken Sie in dem Untermenü zu „Publikationen" auf „Download Verträge". Es öffnet sich ein neues Fenster. Geben Sie dort den nebenstehenden zwölfstelligen Zugangscode ein und klicken Sie anschließend auf „Weiter".

3 Geben Sie jetzt Ihren Namen und Ihre Mail-Adresse ein. Sie erhalten anschließend unter der von Ihnen angegebenen Mail-Adresse eine Registrierungsbestätigung mit Ihrem Login, Ihrem Passwort und einem Bestätigungslink.

4 Klicken Sie in der Registrierungsbestätigung auf den dort angegebenen Bestätigungslink. Sie öffnen damit die Startseite für den Download. Klicken Sie dort auf den Button „Download", um die ZIP-Datei mit den Vertragsmustern und Formularen auf Ihren Rechner herunterzuladen.

Zugangscode:

854495383875